西安交通大学 XI'AN JIAOTONG UNIVERSITY 本科"十四五"规划教材

普通高等教育机械类专业"十四五"系列教材

U0719673

车辆工程导论

主编 张 琦 徐 俊

西安交通大学出版社

XI'AN JIAOTONG UNIVERSITY PRESS

图书在版编目(CIP)数据

车辆工程导论 / 张琦,徐俊主编.--西安:西安
交通大学出版社,2025.7. --(西安交通大学本科"十
四五"规划教材). -- ISBN 978 - 7 - 5693 - 2438 - 9

Ⅰ.U27

中国国家版本馆 CIP 数据核字第 2024K1N632 号

书　　名	车辆工程导论	
	CHELIANG GONGCHENG DAOLUN	
主　　编	张　琦　徐　俊	
责任编辑	李　佳	
责任校对	王　娜	
装帧设计	伍　胜	

出版发行　西安交通大学出版社

　　　　　(西安市兴庆南路 1 号　邮政编码 710048)

网　　址　http://www.xjtupress.com

电　　话　(029)82668357　82667874(市场营销中心)

　　　　　(029)82668315(总编办)

传　　真　(029)82668280

印　　刷　西安五星印刷有限公司

开　　本　787 mm×1092 mm　1/16　印张 19.875　字数 433 千字

版次印次　2025 年 7 月第 1 版　2025 年 7 月第 1 次印刷

书　　号　ISBN 978 - 7 - 5693 - 2438 - 9

定　　价　58.80 元

如发现印装质量问题,请与本社市场营销中心联系。

订购热线:(029)82665248　(029)82667874

投稿热线:(029)82668818

读者信箱:19773706@qq.com

前 言

　　车辆工程是主要研究汽车、拖拉机、机车、军用车辆及其他工程车辆的学科专业，其涵盖的汽车产业是我国的支柱性产业，高铁是我国装备制造的亮丽名片。车辆工程是全球新一轮科技革命和产业变革发展最快、新技术应用最快的领域之一，也是市场竞争最激烈的领域之一，特别是近几年发展迅速的新能源汽车、智能网联汽车已经颠覆了传统汽车的模式。新技术的催生和更新速度快，导致了车辆工程相关教材无法适应技术快速发展步伐，学生获得的知识滞后产业界的问题。因此，车辆领域的教材需要加快知识更新，才能满足产业和时代的发展要求。同时，车辆工程是涉及机械、电子、材料等多学科的综合性学科，是车辆、机电、材料等传统领域与通信、自动化、计算机、大数据、人工智能、软件、光电及化学等领域的深度交叉与融合创新，需要系统梳理技术特点及相关学科知识才能满足车辆领域对学生所学知识的要求。

　　在本书的编写过程中，编者结合教学与科研经验，面向导论性课程特点，查阅与参考同类教材和相关文献，调研车辆工程领域使用的先进技术，通过深入浅出的方式对车辆工程涉及的理论、技术及应用进行简要介绍。第 1 章绪论主要介绍汽车法规及产业发展规划；第 2 章主要介绍汽车的发展历史与发展趋势；第 3 章主要介绍了车辆法规、汽车对环境影响和可持续发展等内容；第 4 章对燃油汽车的类型和基本结构进行介绍；第 5 章主要介绍混合动力汽车、电动汽车、燃料电池汽车等新能源汽车；第 6 章主要介绍智能驾驶、传感器、车联网等智能网联汽车内容；第 7 章对轨道交通类别和结构进行介绍；第 8 章对汽车生产制造与质量管理进行介绍。书中一些图片的彩色图可扫描前言的二维码观看。

　　本书由西安交通大学机械工程学院车辆工程系张琦教授与徐俊教授共同主编，其中张琦教授负责第 1、2、4、7 和 8 章的撰写，徐俊教授负责第 3、5 和 6 章的撰写。特别感谢为本书收集资料和提供协助的陈宇凯、张家昊、郭强、李芸瑜、郝志

1

双、郭喆晨、姜轶辉、林川平、徐梓铭、石明杰、韩文杰、贺小明、刘蒙蒙、汪义博、冯瑶、张毓、王一诺、罗昊、姜雨轩等研究生。

由于作者水平有限,书中疏漏在所难免,热诚希望读者批评指正。

编　者

目 录

第1章 概 论

1.1 车辆法规介绍

国际上通用的汽车管理体系如图1-1所示,这个体系分为三个层次,第一层次是汽车的法律体系,第二层次是汽车的技术法规,第三层次是汽车管理的各项制度。

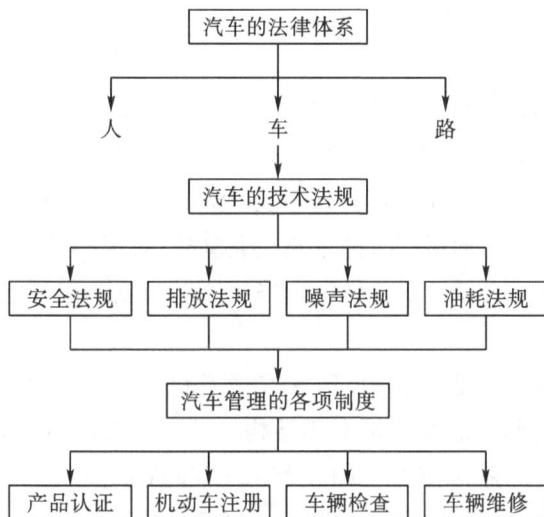

图1-1 国际上通用的汽车管理体系

1)第一层:汽车的法律体系

在市场经济下,政府管理是法制化管理,因此必须先立法。汽车运输系统涉及三个方面的因素:人、路、车。人指驾驶人、行人等道路使用者,路指汽车使用的道路,车指机动车辆,三者构成了一个有机的系统。因此,汽车的法律体系也是围绕这三大因素确立的,共同组成完整的汽车法律体系。

2)第二层:汽车的技术法规

因为对车辆的管理涉及大量的技术工程方面的问题,因此必须有一个技术法规体系,其作用是将法律规定的目标和原则转换成为可操作的技术要求,以便实施。

为了满足有关汽车安全、环境保护和节约能源三方面的要求,汽车技术法规主要包括安全法规、排放法规、噪声法规和油耗法规。汽车技术法规是汽车制造者、销售者以及使用者都必须遵守的法规。

3)第三层:汽车管理的各项制度

为了保证汽车技术法规的技术要求得以实施,政府还必须按系统的要求建立一套涉及各个环节的管理制度,这套管理制度由产品认证制度、机动车注册制度、车辆检查制度和车辆维修制度四方面组成。

值得注意的是,车辆报废作为汽车管理的最后一个环节,在美国、日本和欧洲地区却没有相关的管理制度。一是因为车辆一旦被个人购买,就成为拥有者的个人财产,这些国家和地区政府无权将个人财产报废或没收;二是因为发达国家和地区有很完善的二手车交易市场及再制造业,产品的更新换代速度快,使用者的换代速度也快。没有这方面的政府管理制度并不代表政府没有相应的措施,发达国家大多采用给予技术先进的车辆政府补贴,且随车辆使用年限增长而增加车辆检查次数等办法来促使老旧车辆的报废更新。

1.1.1 汽车技术法规基本内容

1. 汽车安全法规

目前,汽车道路交通事故已成为全球范围内的一大问题。我国国家统计局数据显示,2021年全国发生交通事故273098起,死亡62218人,受伤281447人,造成直接财产损失145036万元,其中,汽车发生交通事故171941起,导致43601人死亡,166473人受伤,造成直接财产损失118578万元。面对严重的道路交通事故,我国和世界上许多国家(特别是工业发达国家)都制定了汽车安全法规,对汽车安全等技术性能加以控制。

1)美国的汽车安全技术法规

美国汽车安全技术法规是在美国《国家交通及机动车安全法》的授权下,由美国国家公路交通安全管理局制定的与机动车辆结构及性能有关的机动车安全法规。该法规包括美国联邦机动车安全法规(Federal Motor Vehicle Safety Standard,FMVSS),与FMVSS配套的管理性汽车技术法规,美国汽车产品安全召回法规和美国联邦机动运载车安全法规。从1968年1月10日实行以来,这一系列法规经过不断修改,对各条款的要求日益严格。

美国FMVSS法规目前主要包括被动安全、主动安全、防止火灾等50多项法规。概括起来,主要包括以下几方面内容:

(1)避免车辆交通事故的安全标准。避免交通事故的安全标准,即汽车主动安全法规,主要提供了与风窗玻璃、灯光信号装置、前后视野及制动和操纵稳定性等与汽车整体性能相关的法规标准。

(2)发生事故时减少驾驶人及乘员伤害的安全标准。发生事故时减少驾驶人及乘员伤害的安全标准,即汽车被动安全法规,目前共计26项,美国已形成完整的体系,见表1-1。

表 1-1 美国 FMVSS 中相关被动安全法规

编号	FMVSS 法规内容	编号	FMVSS 法规内容
201	车辆内部碰撞中的乘员保护	217	客车的紧急出口及车窗的固定和松开
202	头枕	219	风窗玻璃区的干扰
203	驾驶员受转向系伤害的碰撞保护	220	校车倾翻保护
204	转向控制装置的向后位移	221	校车车身的连接强度
205	玻璃材料	222	校车乘客座椅和碰撞保护
206	车门锁和车门固定组件	223	后碰撞保护装置
207	座椅系统	224	后碰撞保护
208	乘员碰撞保护	225	儿童约束固定系统
209	座椅安全带总成	301	燃料系统的完整性
210	座椅安全带总成固定点	302	内饰材料的可燃性
212	风窗玻璃的安装	303	压缩天然气车辆的燃料系统完整性
213	儿童约束系统	304	压缩天然气燃料箱的完整性
214	侧面碰撞保护	305	电动车辆-电解液的溅出和电击保护
216	车身顶板抗压强度		

2)欧洲汽车安全技术法规

相对于美国安全法规偏重于汽车的被动安全,欧洲的安全法规更加偏重于汽车的主动安全。欧洲各国的汽车法规起步较早,20世纪50年代初一些欧洲国家就对汽车灯具、制动等装置制定了一些规定,但各国规定的检查方法、效果的评定以及限值都不同。各国从20世纪60年代后期开始制定被动安全性法规,他们参照美国法规并根据自身特点加以修正,经过多年的研究、实施,如今也形成了比较完善的被动安全法规体系。

联合国欧洲经济委员会汽车法规(Economic Commission of Europe,ECE)自1958年制定以来,经过不断修正,至今已颁布实施的109项法规中,有88项安全法规,其中主动安全法规62项,被动安全法规26项。ECE法规非常重视灯光和信号装置的安全性,另外,在动态试验方面规定了车辆正面碰撞、侧面碰撞、翻车时车身强度及碰撞时防止火灾等方面也有要求。部分ECE安全法规见表1-2。

表 1-2 ECE 中的部分内容

编号	ECE 法规内容
R12	关于就碰撞中防止转向机构伤害驾驶员方面批准车辆的统一规定
R14	关于就安全带固定点方面批准车辆的统一规定

编号	ECE 法规内容
R16	关于批准机动车成年乘客用安全带和约束系统的统一规定
R17	关于就座椅、座椅固定点和头枕方面批准车辆的统一规定
R25	关于批准与车辆座椅一体或非一体的头枕的统一规定
R29	关于就商用车驾驶室乘员防护方面批准车辆的统一规定
R32	关于就追尾碰撞中被撞车辆的结构特性方面批准车辆的统一规定
R33	关于就正面碰撞中被撞车辆的结构特性方面批准车辆的统一规定
R34	关于火灾预防方面批准车辆的统一规定
R80	关于就座椅及其固定点方面批准大型客车座椅和车辆的统一规定
R94	关于就正面碰撞中乘员保护方面批准车辆的统一规定
R95	关于就侧面碰撞中乘员保护方面批准车辆的统一规定

3）我国汽车安全技术法规

我国早期的汽车强制性标准体系主要以欧洲经济共同体（European Economic Community，EEC）和联合国欧洲经济委员会汽车法规（Economic Commission of Europe，ECE）体系为参照，其中安全标准按照主动安全、被动安全和一般安全划分。主动安全项目主要涉及照明与光信号装置、制动、转向、轮胎等；被动安全项目涉及座椅、门锁、安全带、突出物、车身碰撞防护以及防火等；一般安全项目涵盖视野、指示器与信号装置、车辆结构与防盗等。我国的汽车强制性标准首先从主动安全开始，随着汽车工业的发展和技术、经济的发展逐步向一般安全、被动安全扩展，约80%与ECE等法规等效。

我国的汽车安全法规包括强制性国家标准《机动车运行安全技术条件》，中国首部关于道路交通安全的法律《中华人民共和国道路交通安全法》和《中华人民共和国道路交通安全法实施条例》。

在汽车技术方面，目前我国实施的相关标准《机动车运行安全技术条件》（GB7258—2017）是从2018年1月1日起开始执行的。该标准是中国机动车国家安全技术标准的重要组成部分，是进行注册登记检验和在用机动车检验、机动车查验等机动车运行安全管理及事故车检验最基本的技术标准，同时也是中国机动车新车定型强制性检验、新车出厂检验和进口机动车检验的重要技术依据之一。该标准规定了机动车的整车及主要总成、安全防护装置等有关运行安全的基本技术要求，以及消防车、救护车、工程救险车和警车及残疾人专用汽车的附加要求。适用于在中国道路上行驶的所有机动车，但不适用于有轨电车及并非为在道路上行驶和使用而设计和制造、主要用于封闭道路和场所作业施工的轮式专用机械车。

2. 汽车油耗法规

20世纪70年代中期以前，各国还没有强制执行的汽车油耗法规或标准。美国政府一直是用低汽油税的办法来压低国内汽油销售价格,以适应国内大型舒适轿车的生产和销售。直到 1973 年的中东石油危机导致全球石油价格飞涨,而且全球石油资源在逐渐枯竭,美国民众开始转向购买省油的小型汽车,日本和欧洲的低油耗车大举入侵美国汽车市场,使美国的汽车工业遭受了前所未有的打击。1974 年,美国议会指令交通部和能源部研究对 1980 年以后制造的新轿车和轻型载货汽车颁布一个燃料经济性改进标准。1975 年,美国政府颁布了能源保护法和能源政策,并制定了 1978—1985 年控制汽车燃油消耗量的法规,该法规成为了世界上第一部强制执行的汽车油耗法规。

20 世纪 80 年代以来,各国开始关注温室效应引起的全球范围的气候变暖。二氧化碳（CO_2）是造成温室效应的主要因素,各种温室气体中 CO_2 占了约 50%,而汽车排放的 CO_2 约占 CO_2 总排放量的 7%,工业发达国家汽车排放的 CO_2 约占该国 CO_2 总排放量的 30%～40%。

1992 年世界环保大会要求各工业发达国家 2000 年 CO_2 排放总量维持 1990 年的水平,《京都议定书》则要求工业发达国家 2000 年 CO_2 排放总量在 1990 年的基础上进一步降低。

由于汽车的燃油消耗量与 CO_2 的排放量有直接关系,所以油耗法规的意义不单是能源问题,还关系到降低 CO_2 的问题。

1）美国油耗法规

美国平均油耗法（Corporate Average Fuel Economy,CAFE）于 1975 年出台。当时第一次石油危机刚过,许多阿拉伯国家实行石油限运,油价居高不下,美国作为世界最大的石油消费国,面临能源安全的强大压力。为了减少石油的消费,美国国会通过了 CAFE 法案,并在 1978 年首次实施。

该法规中规定不管某汽车公司生产多少个档次的汽车,其平均油耗必须符合国家规定。所谓平均油耗标准,就是每一年每个汽车企业销售的所有新车,按销量的加权平均油耗值不能超过一个最高值。如果车企这一年的平均油耗超过了限值,就需要按全年的总销量和平均油耗超过限值的部分的乘积缴纳罚款。2007 年该法规又增加了新的规定,车企如果当年平均油耗低于限值,可以积攒下点数,在其他超出限值的年份抵用。

在 1978 年,只有轻型乘用车（轿车和后来的城市越野车）受到该法规的限制。到 1979 年,该法规也为轻型卡车（主要是皮卡,包括采用类皮卡底盘的越野车和大型厢式面包车）制定了不同的油耗限值。而重型皮卡和重型商用卡车直到 2012 年和 2014 年才被纳入到该法规中。

2）欧洲油耗法规

欧洲汽车油耗法规由欧洲经济委员会和欧洲经济共同体共同制定。该法规是欧洲经济委员会参与国根据协议自愿采用相互认可的,指令则要求欧洲经济共同体参与国强制执行并相互认可。欧洲经济委员会法规一般均有欧洲经济共同体指令相对应,它们在技术内容上相同,但实施日期有差别。

作为世界上第一大经济体的欧盟,其石油资源对外的依赖程度极高。面对油价飞涨的势头,欧盟在 2004 年提出的三大应对策略中改变消费习惯位居第二。多年来欧盟还一直采取征收高燃油税和颁布严格的排放标准这两项措施:一方面鼓励人们尽可能更多地使用公共交通工具;另一方面使人们在购车时必须考虑汽车的燃油经济性,促进人们使用节省燃油的汽车(如小排量车、柴油车等),从而最大限度地降低汽车的能源消耗。

3)我国油耗法规

中国是石油消费大国,近年来我国经济持续快速发展,对石油资源的需求激增,能源供需矛盾日益突出,石油消费量逐年递增,对进口石油的依赖度不断提高。根据国家统计局数据,2018 年,中国石油表观消费量为 6.48 亿吨,较上年同期增加了 7%,增速明显提高;2019 年,国内石油表观消费量为 6.60 亿吨,相较 2018 年继续保持增长。同时,我国汽车消耗的燃料占燃料消耗总量的 40% 左右,汽车燃油消耗是石油消耗的主体,汽车节油也被列入节油措施中的重点。

因此,在油耗法规上,我国表现更为积极。2016 年生态环境部、国家市场监督管理总局联合发布《轻型汽车污染物排放限值及测量方法(中国第六阶段)》,公布了第六阶段轻型汽车的排放要求和实施时间。要求自 2020 年 7 月 1 日起,所有销售和注册登记的轻型汽车应符合该标准要求。然而,面对 2020 年实施严格的法规,以中国企业为中心的许多企业,对普通内燃机油耗改善并没有取得突破性进展,反而向大型化车辆方向发展,目前来看,企业对新法规的应对十分艰难。在该背景下,研究新能源汽车是有效的解决手段。

3. 汽车排放法规

随着城市经济的发展,汽车保有量的增加,汽车排放污染问题已成为世界普遍关注的焦点。世界各国陆续采取各种对策、措施以减少汽车排放污染,保护人类赖以生存的大气环境。多数国家在控制汽车污染时主要是围绕着新生产车排放控制、在用车排放控制、提高燃油质量、改善交通状况和发展公共交通五个方面采取综合性对策措施。减少汽车排放污染首先要从源头控制,即抓好新生产车的排放控制,这就要制定排放法规和强制性排放标准,辅以相应的经济刺激手段。不同国家和地区的经济基础、环境状况等不同,因此所采用的排放法规、标准体系也不尽相同。

目前美国、日本和欧洲的汽车排放法规是世界三个主要法规标准体系,许多国家都不同程度地采用这些法规和标准。我国的汽车排放法规主要参照欧洲标准。

美国是世界上汽车排放控制最早的国家,它们在 20 世纪 60 年代中期开始执行汽车污染物排放标准,日本起步比美国稍迟,而欧洲汽车排放控制起步已是 20 世纪 70 年代了。就轻型客车而言,这三个法规标准体系目前执行的标准限值与控制前相比,单车排放的一氧化碳(CO)分别降低 97%、97% 和 95%,碳氢化合物(HC)分别降低 98%、96% 和 95%,氮氧化物分别降低 93%、95% 和 91%。

美国是世界上排放控制指标种类最多、排放法规最严格的国家。美国的汽车排放法规分为联邦排放法规即美国国家环境保护局(U. S. Environmental Protection Agency,USEPA)排放法规和加利福尼亚州空气资源局(California Air Resources Board,CARB)排放法规。联邦排放法规落后加利福尼亚州排放法规 1~2 年。美国汽车油耗标准:截至 2016 年,美国汽车每加仑汽油平均行驶里程要达 35.5 mile(约 6.6 L/100 km)。

日本是从 1966 年起开始控制汽车排放污染的,要求对新车进行 4 工况检测,规定控制 CO 排放小于 3%,1969 年要小于 2.5%,1971 年规定小型车 CO 排放小于 1.5%,轻型车 CO 排放小于 3%。1973 年采用 10 工况法,增加 HC 和 NO_x 作为排放控制指标。1986 年对柴油轿车排放进行控制,对在用车实施定期车检法规。1991 年起新车采用 10.15 工况法试验,排放限值不变。1993 年开始对所有柴油车排放进行控制。日本汽车排放法规限值有最高值限值和平均值限值两种,每一辆车的排放量不得超过最高值限值,指每一季度测得的各辆车的平均值不得超过排放法规规定的平均值限值。

欧洲排放标准是由欧洲经济委员会的排放法规和欧洲经济共同体的排放指令共同加以实现的。其中排放法规由欧洲经济委员会参与国自愿认可,而排放指令是欧洲经济共同体或欧盟参与国强制实施的。汽车排放的欧洲法规(指令)标准在 1992 年前已实施若干阶段,从 1992 年起开始实施欧Ⅰ,此后大约每 4 年更新一次标准,目前已于 2013 年实行欧Ⅵ标准至今。

我国由于轿车车型大多从欧洲引进生产技术,所以我国大体上采用欧洲排放标准体系,自 2001 年推行国Ⅰ标准以来,基本保持每三年更新一次,目前执行的是国Ⅵ标准,是我国第一次自己制定的排放标准,它结合了我国汽车发展的实际情况并广泛调研了行业汽车工程师们的意见,相比国Ⅴ标准,在多方面要求更加严格:

(1)测试循环不同。对车辆的冷启动、加减速以及高速大负荷状态下的排放进行全面考核,覆盖了更大的发动机工作范围,对车辆的排放控制性能提出了更高的要求。

(2)测试程序要求不同。用更加严格的测试要求,有效避免汽车企业利用标准漏洞在实验室测试中得到一个漂亮的数据,但是在实际使用中却不尽如人意的行为。

(3)限值要求加严,相比"国Ⅴ"更加严格,另外,与国Ⅴ阶段汽油车、柴油车采用不同的限值相比,"国Ⅵ"标准根据燃料中立原则,对汽柴油车采用相同的限值要求。

(4)新增加实际道路行驶排放测试。第一次将排放测试从实验室转移到了实际道路,要求汽车既要在实验室测试达标,还要在市区、郊区和高速公路上,在正常行驶状态下利用便携式排放测试设备进行尾气测试,能够有效避免排放作弊行为。

(5)提高蒸发排放控制要求。"国Ⅴ"标准下,估测汽油车单车年均油气挥发约 8.8 kg。"国Ⅵ"标准对汽油蒸发排放控制提出了严格要求,同时还要求车辆安装 ORVR 油气在线回收装置,增加对加油过程的油气控制。

(6)增加排放质保期的要求。要求在 3 年或 6 万公里内,如果车辆的排放相关出现故障和损坏,导致排放超标,由汽车生产企业承担相应的维修和更换零部件的所有费用,保障车主权益。

(7)提高了低温试验要求。相比"国Ⅴ"的一氧化碳和碳氢化合物限值加严 1/3,同时还增加了对氮氧化物的控制要求,有效控制冬天车辆冷启动时的排放。

(8)引入了严格的汽车自诊断系统(on-board diagnostics,OBD)控制要求,全面提升对车辆排放状态的实时监控能力,能够及时发现车辆排放故障。

4. 汽车噪声法规

一些汽车工业发达的国家和地区自20世纪60年代起就对机动车辆噪声给予了足够的重视,制定了许多法规和标准来控制。联合国欧洲经济委员会、欧洲经济共同体、日本及美国等地区和国家从20世纪70年代起,每3~5年就修订一次相关的法规和标准,使各种车辆噪声的限值大幅度降低。这显著促进了汽车降噪技术和测量分析技术不断发展,减轻了其对环境和人类的影响和危害。

我国的汽车噪声控制工作从1979年开始,当时出台了两条国家标准《机动车允许噪声》(GB 1495—79)和《机动车辆噪声测试方法》(GB 1496—79)。GB 1495—79分两个阶段对各类汽车的加速噪声的限值进行了规定。从此以后有关部门对车型的鉴定和评价加入了噪声要求,各地也开始对汽车噪声重视起来。由于我国城市交通噪声污染日益严重,原国家环境保护总局和原国家质量监督检验检疫总局于1996年联合发布了国标《汽车定置噪声限值》(GB 16170—1996),对在用车辆处于定置工况下的噪声辐射实行控制(该标准至今仍有效),对轿车和重型货车的定置噪声分别规定了85 dB(A)和103 dB(A)的限值。2002年,为了适应现代车型的噪声测量及与国际惯例保持一致,原国家环境保护总局和原国家质量监督检验检疫总局又联合发布了《汽车加速行驶车外噪声限值及测量方法》(GB 1495—2002),有关部门对汽车的检测也加入了噪声标准,新型汽车的生产必须满足噪声要求,这大大推动了汽车降噪工作,也使我国汽车噪声的控制取得了很大的成效。

1.1.2 汽车新车认证制度

1. 中国汽车型式认证制度概述

目前,我国汽车型式认证采用的是由《汽车、民用改装车和摩托车生产企业及产品目录》管理过渡到《车辆生产企业及产品公告》管理的办法。

我国对汽车产品行使管理职能的国家机构有国家发展和改革委员会(国家发改委)、生态环境部、国家市场监督管理总局(国家认证认可监督管理委员会),地方单位有北京、南京和广州等地的环保局、质量技术监督局等。一个汽车新品要进入国内市场,必须经过上述政府部门的认证认可。

2. 中国新车评价规程简介

中国汽车技术研究中心在深入研究和分析国外新车碰撞测试(new car assessment program,NCAP)的基础上,结合我国的汽车标准法规、道路交通实际情况和车型特征,进行了广泛的国内外技术交流和实际试验后确定了中国新车评价规程(China - new car assessment program,C - NCAP)的试验和评分规则,对新车的被动安全性做出评价。

与我国现有汽车正面和侧面碰撞的强制性国家标准相比,C - NCAP不仅增加了偏置正面碰撞试验,还在两种正面碰撞试验中在第二排座椅增加假人,设置更细致严格的测试项目,技术要求也非常全面。

C-NCAP对试验假人及传感器的标定、测试设备、试验环境条件、试验车辆状态调整和试验过程控制的规定都比国家标准更严谨和苛刻。C-NCAP是将在市场上购买的新车型按照比我国现有强制性标准更严格和更全面的要求进行碰撞安全性能测试,评价结果按星级划分并公开发布,旨在给予消费者系统、客观的车辆信息,促进企业按照更高的安全标准开发和生产,从而有效减少道路交通事故的伤害及损失。C-NCAP经过多年发展,日益成熟,目前我国执行的是2021版的C-NCAP。

1.2 汽车产业发展规划

1.2.1 我国汽车产业发展现状

21世纪以来,我国汽车产业快速发展,形成了种类齐全、配套完整的产业体系。整车研发能力明显增强,节能减排成效显著,汽车质量稳步提高。中国汽车品牌迅速成长,国际竞争力逐步提升,特别是近年来在商用车和运动型多用途乘用车等细分市场形成了一定的竞争优势,新能源汽车发展取得重大进展,由培育期进入成长期。2016年,我国汽车产销突破2800万辆,连续8年位居全球第一,其中中国品牌汽车销量占比约50%,市场认可度大幅提高。2022年,我国仍以2686.4万辆的汽车销量稳居全球第一。

汽车产业不断发展壮大,在国民经济中的地位和作用持续增强,对推动经济增长、促进社会就业、改善民生等方面作出了突出贡献。汽车相关产业税收占全国税收比、从业人员占全国城镇就业人数比、汽车销售额占全国商品零售额比均连续多年超过10%。

与此同时,我国汽车产业大而不强的问题依然突出,表现在关键核心技术掌握不足,产业链条存在短板,创新体系仍需完善,国际品牌建设滞缓,企业实力亟待提升,产能过剩风险显现,商用车安全性能有待提高等。巨大的汽车保有量带来的能源、环保、交通等问题日益凸显。

1.2.2 汽车行业发展形势变化

1. 产品形态和生产方式深度变革

随着能源革命和新材料、新一代信息技术的不断突破,汽车加快向新能源、轻量化、智能和网联的方向发展,汽车正从交通工具转变为大型移动智能终端、储能单元和数字空间,乘员、车辆、货物、运营平台与基础设施等实现智能互联和数据共享。汽车生产方式向充分互联协作的智能制造体系演进,产业上下游关系更加紧密,生产资源实现全球高效配置,研发制造效率大幅提升,个性化定制生产模式将成为趋势。

2. 新兴需求和商业模式加速涌现

互联网与汽车的深度融合,使安全驾乘、便捷出行、移动办公、本地服务、娱乐休闲等需求充分释放,用户体验成为影响汽车消费的重要因素。互联网社交圈对消费的导向作用逐渐增强,消费需求的多元化特征日趋明显,老龄化和新生代用户比例持续提升,共享出行、个性化服务成为主要方向。

3. 产业格局和生态体系深刻调整

部分发达国家纷纷提出汽车产业升级战略,加快推进产业创新和融合发展。一些发展中国家也在加紧布局汽车产业,利用成本、市场等优势,积极承接国际产业和资本转移。汽车产业边界日趋模糊,互联网等新兴科技企业大举进入汽车行业。传统企业和新兴企业交融发展,价值链、供应链、创新链发生深刻变化,全球汽车产业生态正在重塑。

1.2.3 我国汽车产业发展规划目标

力争经过十年持续努力,迈入世界汽车强国行列。

1. 关键技术取得重大突破

产业创新体系不断完善,企业创新能力明显增强。动力系统、高效传动系统、汽车电子等达到国际先进水平,动力电池、驱动电机等关键核心部件处于国际领先水平。到 2025 年,新能源汽车骨干企业在全球的影响力和市场份额进一步提升,智能网联汽车进入世界先进行列。

2. 全产业链实现安全可控

突破车用传感器、车载芯片等先进汽车电子以及轻量化新材料、高端制造装备等产业链短板,培育具有国际竞争力的零部件供应商,形成从零部件到整车的完整产业体系。到 2025 年,形成若干家产值规模进入全球前十的汽车零部件企业集团。

3. 中国品牌汽车全面发展

中国品牌汽车产品品质明显提高,品牌认可度、产品美誉度及国际影响力显著增强,形成具有较强国际竞争力的企业和品牌,在全球产业分工和价值链中的地位明显提升,在新能源汽车领域形成全球创新引领能力。到 2025 年,若干中国品牌汽车企业产销量进入世界前十。

4. 新型产业生态基本形成

完成研发设计、生产制造、物流配送、市场营销、客户服务一体化智能转型,实现人、车和环境设施的智能互联和数据共享,形成汽车与新一代信息技术、智能交通、能源、环保等融合发展的新型智慧生态体系。到 2025 年,重点领域全面实现智能化,汽车后市场及服务业在价值链中的比例达到 55% 以上。

5. 国际发展能力明显提升

统筹利用国际国内两种资源,形成从技术到资本、营销、品牌等多元化、深层次的合作模式,企业国际化经营能力显著提升。到 2025 年,中国品牌汽车在全球影响力得到进一步提升。

6. 绿色发展水平大幅提高

汽车节能环保水平和回收利用率不断提高。到 2025 年,乘用车新车平均燃料消耗量降到 4.0 升/百公里,商用车新车平均燃料消耗量达到国际领先水平,排放达到国际先进水平,新能源汽车能耗处于国际领先水平,汽车实际回收利用率达到国际先进水平。

1.2.4 我国汽车行业发展基本思路

1. 完善创新体系,增强自主发展动力

坚持把增强创新能力作为提高产业竞争力的中心环节,坚持创新驱动发展导向,完善创新体系建设,加强核心技术攻关,提升平台服务能力,增强自主发展动力。制定节能汽车、纯电动汽车和插电式混合动力汽车、氢能燃料电池汽车、智能网联汽车、汽车动力电池、汽车轻量化、汽车制造等技术路线图,引导汽车及相关行业自主集成现有创新资源,组建协同攻关、开放共享的创新平台,加大研发投入,共同开展前沿技术和共性关键技术的研发,推动技术成果转移扩散和首次商业化,面向行业、企业提供公共技术服务。到2025年,创新中心高效服务产业发展,具备较强国际竞争力。

2. 强化基础能力,贯通产业链条体系

产业基础和先进装备是建设汽车强国的重要支撑。夯实安全可控的汽车零部件基础,大力发展先进制造装备,提升全产业链协同集成能力。支持优势特色零部件企业做强做大,培育具有国际竞争力的零部件领军企业。针对产业短板,支持优势企业开展"政产学研用"联合攻关,重点突破动力电池、车用传感器、车载芯片、电控系统、轻量化材料等工程化、产业化瓶颈,鼓励发展模块化供货等先进模式以及高附加值、知识密集型等高端零部件。

3. 加速跨界融合,构建新型产业生态

坚持跨界融合、开放发展,以互联网与汽车产业深度融合为方向,加快推进智能制造,推动出行服务多样化,促进汽车产品生命周期绿色化发展,构建泛在互联、协同高效、动态感知、智能决策的新型智慧生态体系。推进智能化、数字化技术在企业研发设计、生产制造、物流仓储、经营管理、售后服务等关键环节的深度应用,不断提高生产装备和生产过程的智能化水平,推动建立充分互联协作的智能制造体系。围绕跨领域大数据的应用,创新出行和服务模式,推动汽车企业向生产服务型转变。加快推进汽车产业绿色改造升级,积极构建绿色制造体系。到2025年,骨干企业研发、生产、销售等全面实现一体化智能转型,主要产品单耗达到世界先进水平。

4. 提升质量品牌,打造国际领军企业

坚持把质量建设和品牌建设作为提高产业竞争力的根本要求,严格质量控制,加强品牌培育,推进企业改革,培育具有国际竞争力的领军企业。建立和完善中国汽车质量品牌培育和发展机制,鼓励行业组织建立和推广中国汽车品牌评价标准体系,开展汽车品牌价值专业评价工作,引导行业企业加强品牌培育;鼓励优势企业通过收购国际知名汽车品牌和企业,实施品牌培育的跨越发展。到2025年,骨干汽车企业研发经费占营业收入6%左右,骨干企业新车平均故障率达到国际一线品牌同等水平。

5. 深化开放合作,提高国际发展能力

坚持把国际化发展作为汽车产业可持续发展的重要保障,健全服务保障体系,提升国际化经营能力,加强国际合作,加快推动中国汽车产业融入全球市场。基于多双边高层合作机制,促进汽车产业合作战略框架协议达成。鼓励重点企业深化国际合作,在重点国家布局汽车产业园和开展国际产能合作,推动中国品牌商用车与国际工程项目"协同出海"。引导组建汽车产业对外合作联盟,提升汽车企业海外发展服务能力。到 2025 年,中国品牌汽车国际市场占有率大幅提高,实现全球化发展布局。

1.2.5　我国汽车行业重点发展领域

大力发展汽车先进技术,形成新能源汽车、智能网联汽车和先进节能汽车梯次合理的产业格局以及完善的产业配套体系,引领汽车产业转型升级。

1. 新能源汽车

加快新能源汽车技术研发及产业化。利用企业投入、社会资本、国家科技计划(专项、基金等)统筹组织企业、高校、科研院所等协同攻关,重点围绕动力电池与电池管理系统、电机驱动与电力电子总成、电动汽车智能化技术、燃料电池动力系统、插电/增程式混合动力系统和纯电动力系统等 6 个创新链进行任务部署。

实施动力电池升级工程。充分发挥动力电池创新中心和动力电池产业创新联盟等平台作用,开展动力电池关键材料、单体电池、电池管理系统等技术联合攻关,加快实现动力电池革命性突破。

加大新能源汽车推广应用力度。逐步提高公共服务领域新能源汽车使用比例,扩大私人领域新能源汽车应用规模。加快充电基础设施建设,构建便利高效、适度超前的充电网络体系。完善新能源汽车推广应用,尤其是使用环节的扶持政策体系,从鼓励购买过渡到便利使用,建立促进新能源汽车发展的长效机制,引导生产企业不断提高新能源汽车产销比例。不断完善新能源汽车标准体系,提高新能源汽车生产企业及产品准入门槛,加强出厂安全性能检测,强化新能源汽车生产监管,建立健全新能源汽车分类注册登记、交通管理、税收保险、车辆维修、二手车管理等政策体系。逐步扩大燃料电池汽车试点示范范围。

2. 智能网联汽车

加大智能网联汽车关键技术攻关。充分发挥智能网联汽车联盟、汽车产业联合基金等作用,不断完善跨产业协同创新机制,重点攻克环境感知、智能决策、协同控制等关键核心技术,促进传感器、车载终端、操作系统等研发与产业化应用。研究确定我国智能网联汽车通信频率,出台相关协议标准,规范车辆与平台之间的数据交互格式与协议,制定车载智能设备与车辆间的接口、车辆网络安全等相关技术标准。促进智能汽车与周围环境和设施的泛在互联,在保障安全前提下,实现资源整合和数据开放共享,推动宽带网络基础设施建设和多行业共建智能网联汽车大数据交互平台。

开展智能网联汽车示范推广。出台测试评价体系,分阶段、按步推进智能网联汽车应用示范,稳步扩大试点范围。示范区内建设测试、验证环境及相应的数据收集分析、管理监控等平台,集中开展智能网联汽车产品性能验证的示范与评价,建立智能网联汽车与互联网、物联网、智能交通网络、智能电网及智慧城市等的信息交流和协同机制,探索适合中国国情、多领域联动的智能网联汽车创新发展模式。加快推进智能网联汽车法律法规体系建设,明确安全责任主体界定、网络安全保障等法律要求。

3. 节能汽车

加大汽车节能环保技术的研发和推广。推动先进燃油汽车、混合动力汽车和替代燃料汽车研发,突破整车轻量化、混合动力、高效内燃机、先进变速器、怠速启停、先进电子电器、空气动力学优化、尾气处理装置等关键技术。不断提高汽车燃料消耗量、环保达标要求,加强对中重型商用车节能减排的市场监管。完善节能汽车推广机制,通过汽车燃料消耗量限值标准、标识标准以及税收优惠政策等,引导轻量化、小型化乘用车的研发和消费。鼓励天然气、生物质等资源丰富的地区发展替代燃料汽车,允许汽车出厂时标称油气两用,开展试点和推广应用,促进车用能源多元化发展。

思考题 1

1. 你为什么报考工科,为什么报考车辆工程专业? 你所了解到的学习本专业后未来从事的职业是什么? 谈谈自己对未来的设想。

2. 谈谈你对国内外大学车辆专业学生的培养方案的理解,你是否对自己大学 4 年的学习过程有了大致的规划?

3. 你认为目前的汽车技术法规有什么不足的地方,如果有,如何对其改进呢?

4. 简述汽车产品认证制度的作用和意义。

5. 如何理解汽车工业对于一个国家的重要性?

6. 对于汽车行业未来的发展,你有何看法? 怎么理解汽车产业即将迎来的颠覆性变革? 在这个变革的过程中,你能做什么?

7. 智能网联汽车与传统汽车的根本区别是什么? 相比而言,它能为普通人的生活带来怎样的变化?

第 2 章　汽车的发展概况

2.1　汽车发展简史

2.1.1　车的起源

自由、快速地移动是人类与生俱来的梦想。依靠不断进步的交通工具,人类的足迹遍布陆地、海洋、天空乃至宇宙,越行越快、越行越远。

在原始社会,人类陆上迁徙的唯一方式就是步行,生产劳动中人们只能靠手提肩扛来运输笨重的东西,为此古人发明了木橇(见图 2-1),把笨重的物体放在木橇上拖着走,减小与地面之间的摩擦力,使其易于拉动。

图 2-1　用于拖动重物的木橇

随着实践,人们发现可以将圆木作为滚子,置于木橇或重物下拖着走,能够进一步降低运输的难度,这便是早期的木轮运输。后来,圆木逐渐演变为带轴的轮子,就形成了最早的车轮雏形,如图 2-2 所示。车轮就是由滚子改进而成的,把滚子的中央部分削成轴,边缘部分作为轮子,就完成了车的发明,这就是从滚子开始的车的发展说。

中国是最早使用车的国家之一。夏代的奚仲是中国轮式木车的创造者,《左传》中,奚仲担任"车正"官职,他发明的车由轮、轴、舆、辕等部件组成,这是一种单辕车,由车舆下方向前伸出一根较直辕木,牵车的马匹分别套在辕木左右两侧,这是世界上第一款轮式木车。到了商代,中国的车工技术已达到了相当高的水平,能制造出相当高级的两轮车。到了公元前200 多年的西汉时期,世界上最早能够记录里程的车辆——记里鼓车被制造了出来,如图 2-3 所示,它的原理是在车上装一组减速齿轮,利用车轮在地面上的滚动,带动齿轮转动,再变换为凸轮杠杆作用使木人抬手击鼓,每行走一里击鼓一次,这也是现代车辆中里程表的雏形。

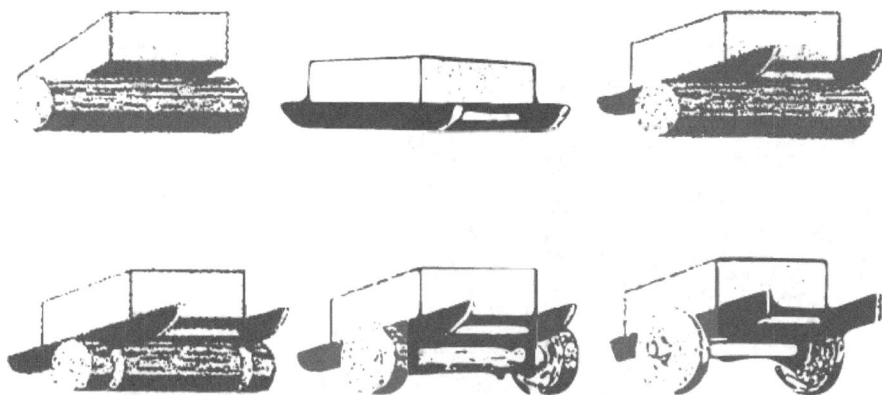

图 2-2　由滚子发展而成的人力车

图 2-3　西汉记里鼓车

在车辆发展过程中,指南车也是一个具有重要技术价值的发明。三国时期,一位名叫马钧的技师发明了指南车,如图 2-4 所示,这是一种双轮独辕车,车上立一个木人伸臂南指,只要开始行驶,不论车向什么方向转弯,木人的手臂始终指向南方。

用牛、马等牲畜作为动力拉车是车辆发展的另一个关键环节。西周时期,马车就已经很盛行了。春秋战国时期,由于各诸侯国之间频繁的战争,马车便成为了战争的工具,马拉战车的数量是一个国家强弱的重要标志。中国古代马车如图 2-5 所示。

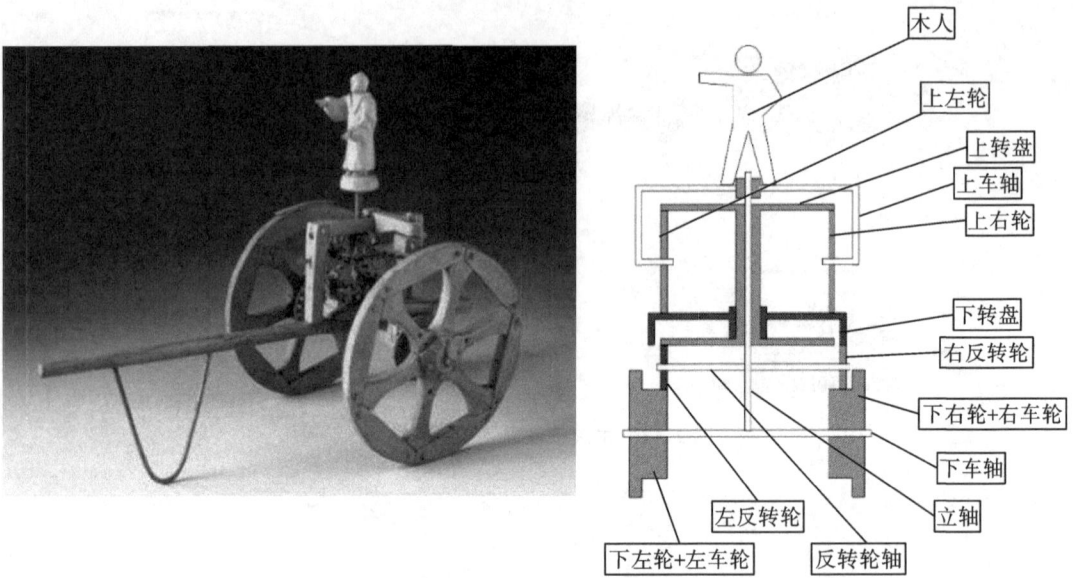

图 2-4　指南车原理图

图 2-5　中国古代马车

　　在国外,16 世纪时欧洲的马车制造技术提高了很多。中世纪的欧洲地区,大力发展了双轴四轮马车,如图 2-6 所示,这种马车装有转向盘,车身方面出现了活动车门和封闭式结构,并且在车身和车轴之间实现了弹簧连接,使乘坐者的舒适性有所改善。

图 2 - 6 欧洲的双轴四轮马车

1620 年,在伦敦出现了第一家出租马车队,由四辆四轮马车组成。1786 年,歌德就是乘马车前往他向往的意大利,从德国的魏玛到意大利的罗马,用了近 2 个月时间。直到 19 世纪,马车仍然是城市交通的十分重要的交通工具。到了 19 世纪末,科技革命和工业革命的成果深刻地改变了人类延续了几千年的陆上移动方式,诞生了各种各样的新一代陆上交通工具,昭示着人类文明的又一个新进程。

2.1.2 蒸汽机汽车的诞生与发展

车作为一种交通工具,其发展历史可以追溯到数千年以前,汽车的进化过程在整个车辆的发展史中只占据了极短的时间,但又在车辆的发展历史中占据了极为重要的地位。

狭义的现代汽车史通常指内燃机汽车史,从 1886 年德国的卡尔·本茨(Karl Benz)制造出世界上第一辆三轮汽车至今,汽车已有 130 多年的历史。这一百多年,世界汽车工业经历过几次革命和飞跃发展。同其他现代高级工具一样,汽车的发展进化并非一日而就,也非一人之功,最开始发明的汽车样式也与现代的汽车相差巨大,而内燃机汽车的前身——蒸汽机汽车与新诞生的内燃机汽车在外形上差不多。为此,我们从广义的世界汽车生产和汽车交通运输的历史开始,首先介绍蒸汽机汽车发展和蒸汽机汽车运输业的历史。

1712 年,英国人托马斯·纽科门(Thomas Newromen)发明了纽科门蒸汽机,又被称为"火机",这种机器发动起来浑身冒火,主要在矿山上用来抽水,所以被称为"矿工之友"。

1765 年,英国发明家詹姆斯·瓦特(James Watt)在总结前人经验的基础上,研制出具有独创性的动力机械——蒸汽机,如图 2 - 7 所示,并于 1769 年取得了专利,拉开了第一次工业革命的序幕,而汽车的诞生也因此有了必要的物质条件。

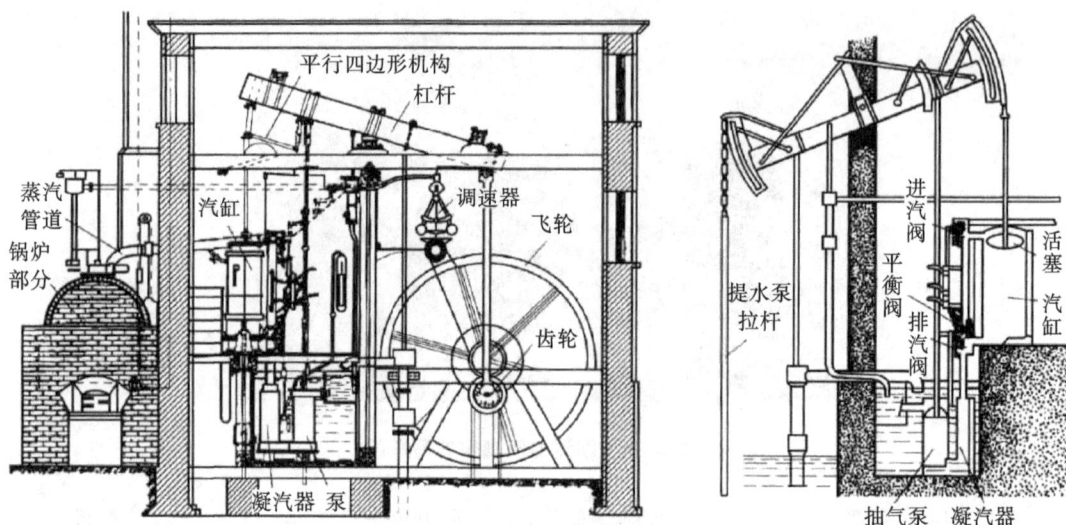

图 2-7 瓦特发明的蒸汽机

1769 年,法国人尼古拉斯·古诺(Nicholas Joseph Cugnot)研制出了世界上第一辆蒸汽机三轮汽车——"卡布奥雷",如图 2-8 所示,蒸汽机在锅炉前方,锅炉后边有两个汽缸,炉内产生的蒸汽存入汽缸,再推动活塞往复运动,驱动汽车前轮转动。这辆汽车运行速度仅有 3.5～3.9 km/h,且车辆十分笨重,操纵困难,而且在一次行驶中还发生了事故,被彻底毁坏,但是这却标志着人类以机械力代替自然力来驱动车辆时代的开始。

图 2-8 世界上第一辆蒸汽机汽车

到了 18 世纪末,蒸汽机汽车的发展进入了黄金时期,欧洲部分国家和美国均出现了研究和制造蒸汽汽车的热潮,各种用途的蒸汽机汽车相继问世,汽车的车身和其他机构也在迅速改进。

1801 年,英国理查德·特威迪克(Richard Trevithick)制造了英国最早的蒸汽汽车。这辆汽车能乘坐 8 个人,创造了在平路上速度为 9.6 km/h、坡道上速度为 6.4 km/h 的世界纪录。

1804 年,特威迪克又设计并制造了一辆类似于公共马车的蒸汽机汽车,这辆汽车还拉着十吨重的货物在铁路上行驶了 15.7 km,标志蒸汽机汽车的实用化。

1827 年,英国人戈尔斯瓦底·嘉内公爵(Gouswaddy Game)制造了世界上最早的蒸汽公共汽车,如图 2-9 所示,该车有 18 个座位,车速最高可以达到 19 km/h,由此开始了世界上最初的公共汽车营运。

图 2-9　蒸汽公共汽车

1828 年,哈恩格克造出了性能比嘉内公爵的汽车性能更好的蒸汽公共汽车,他的车可以搭载 22 名乘客,最高时速为 32 km/h,并开始了公共运输事业的企业化,营运后广受欢迎。到了 1834 年,哈恩格克发展成立了世界上最早的公共汽车运输公司——苏格兰蒸汽汽车公司。

同样在 1828 年,法国巴黎技工学校校长佩夸尔制造了一辆采用链条传动,具有差速器和独立悬架的蒸汽机车。这辆汽车首次采用将发动机置于车的前端,而由后轴驱动的总布置方案,发动机和后轴之间用链条传动。为了转弯灵活,后轴由两根半轴构成,当中由差速齿轮连接,这就是最早发明的差速器。此外,两个小前轮各自与车架弹性相接,这就是独立悬架。这样的设计具有划时代的意义,对汽车的发展贡献极大,至今仍在汽车上被广泛应用。

尽管蒸汽机汽车的出现在一定程度上改变了人们的出行、运输方式,但是蒸汽机汽车本身存在许多缺陷。由于蒸汽机的行程能力与锅炉的尺寸是否够大、水和煤的储量是否充足关系密切,这些都导致了蒸汽机车车身过于沉重,运行速度缓慢,还不易于操作方向,只能沿有固定水、煤供给的线路运行等问题。另外,炉压过高可能存在的安全问题,煤燃烧产生的环境污染问题等都不可忽视。因此,蒸汽机汽车很难成为一种理想的运输工具,但是蒸汽机汽车在汽车发展史上占有重要地位,它是现代汽车的奠基者。随着内燃机汽车的出现,蒸汽机汽车逐渐退出了历史舞台。

2.1.3　内燃机汽车的诞生与发展

汽车在经历了蒸汽机作为动力源的发展萌芽期后,人们越来越认识到了蒸汽机的不足,而这些不足之处,促使一些人开始研究新的动力装置,将锅炉与汽缸合二为一的内燃机应运

而生。内燃机的发展历史大致如下:

1860 年,法国发明家艾提力·雷诺(Etience Lenoir)研制了世界上第一台让燃料在发动机内部燃烧的蒸汽机(内燃机),用煤气和空气的混合气体取代了蒸汽,使用电池和感应线圈产生电火花,用电火花将混合气体点燃。

1876 年,德国工程师罗斯·奥古斯特·奥托(Nicolaus Auguet Otto)成功研制了以煤气为燃料,用电火花点燃的四行程内燃机,称为奥托循环机,如图 2-10 所示,并于第二年获得了专利。这是第一台可以替代蒸汽机的实用内燃机,结构小巧紧凑,性能稳定可靠,转速为 80~150 r/min,机械效率为 12%~14%。这是内燃机划时代的进步,被认为是内燃机发展史上的里程碑。

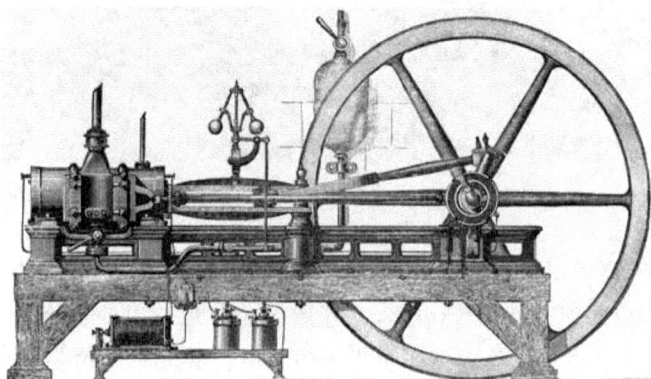

图 2-10 奥托发明的内燃机

1883 年,在奥托循环机的基础上,德国工程师戈特利布·戴姆勒(Gottlieb Daimler)与好友威尔赫姆·迈巴赫(Wilhelm Maybach)合作研制出了使用汽油的发动机(汽油机),并于 1885 年将此发动机安装于木制自行车上,从而发明了摩托车,如图 2-11 所示。该摩托车装有戴姆勒自制的单缸、风冷、四冲程、742 W 的汽油机,左、右各有一个支地小车轮,车速最高为 12 km/h。同年 11 月 10 日,戴姆勒的长子鲍尔(Bauer)驾驶这辆摩托车行驶了 3 km。

图 2-11 世界上第一辆摩托车

1892 年,德国工程师鲁道夫·狄塞尔(Rudolf Diesel)首次提出不用点火,采用压缩的方法使喷入汽缸的柴油着火的压燃式内燃机原理,希望通过提高压缩比来提高热效率。利用压缩气体产生的高温来点火,不但省去点火装置,而且可以用比汽油便宜的柴油做燃料,这成为了柴油机的理论基础,其结构如图 2-12 所示。第一次世界大战时,柴油机成为各国潜艇的主要动力源。如今,柴油机在汽车、船舶等工业领域都得到了广泛发展,狄塞尔也被称为"柴油机之父"。

图 2-12　狄塞尔试制的第一台柴油发动机

伴随着内燃机的发展和成熟,汽车发展进入了基本构造的完成期。1886 年 1 月 29 日,德国曼海姆专利局批准了卡尔·本茨为其在 1885 年研制成功的汽油机三轮汽车申请的专利。该三轮汽车后来被命名为"奔驰一号"[见图 2-13(左)],使用单缸四行程汽油机,排量为 0.785 L,转速为 200 r/min,功率为 0.654 kW,最高速度可达 15 km/h,具备了现代汽车的一些基本特点:如火花点火、水冷循环、采用钢管焊接车架,轴条式车轮,前轮转向、后轮驱动、带制动手柄等。1888 年 8 月,他的妻子贝尔塔·本茨(Berta Benz)驾驶着这辆汽车,带着两个孩子从曼海姆出发,试行了 144 km 到达普福尔茨海姆(Pforzheim)。

图 2-13　世界第一辆汽车(左)和世界第一辆四轮汽车(右)

同样在 1886 年,戴姆勒制成了世界上第一辆四轮汽车,被称为"戴姆勒 1 号",如图 2-13 (右)所示,该车采用单缸四行程汽油机,排量为 0.46 L,转速为 650 r/min,功率为 0.82 kW,最高速度达到了 18 km/h,也因此戴姆勒与本茨被并称为了"汽车之父"。

汽车诞生后,它的发展一刻也没有停止过,其技术逐步完善和成熟,早期的发展历程见表 2-1。从表中内容可以发现,内燃机气缸迅速由单缸过渡到多缸,排量直线上升,内燃机转速、功率和最高车速也在提高。然而,当汽车最高速度(实用行驶速度)接近 100 km/h 时,车速基本不再提高,这是因为实际公路行驶安全的限制,没有必要再提高。实际上,这个时期及稍后用于竞赛的汽车就不受此限制,汽车竞赛作为汽车技术发展的标志性赛事,在商业上和技术上都有重要意义,因此一直延续至今。

表 2-1 汽车技术发展历程(戴姆勒-奔驰公司史料)

年份	气缸数、排量/L	转速/(r·min⁻¹)	功率/kW	最高车速/(km·h⁻¹)
1886	单缸、0.460	700	1.1	16
1887	双缸、0.762	700	1.8	20
1904	4 缸、5.320	1200	21	60
1907	4 缸、9.236	1400	44	80
	6 缸、10.179	1280	51	95
1910	4 缸、5626	1220	32	80
1913	4 缸、2.612	1500	18	65

内燃机汽车诞生之初性能并不高,而且故障多,常常排出浓浓的黑烟,受到当时人们的怀疑,只有热衷于发明创造的工程师们为之孜孜不倦地工作,直到 1895 年,它在巴黎首次汽车竞赛中全面超越了蒸汽机汽车和电动汽车。相对成熟的内燃机以其体积小、功率大的优势使内燃机汽车具有前所未见的优越性能,从此揭开了内燃机汽车飞速发展的辉煌历史。如今,百公里加速只需要 2 秒多的超级跑车都已经出现,汽车发展的速度在这 130 年来非常惊人,无论是性能还是结构,汽车已发生了质的变化(见图 2-14)。新工艺、新材料、新技术得到广泛应用,尤其是电子控制技术,使当今的汽车集各种先进技术于一体,汽车俨然成为了现代工业发展的结晶。

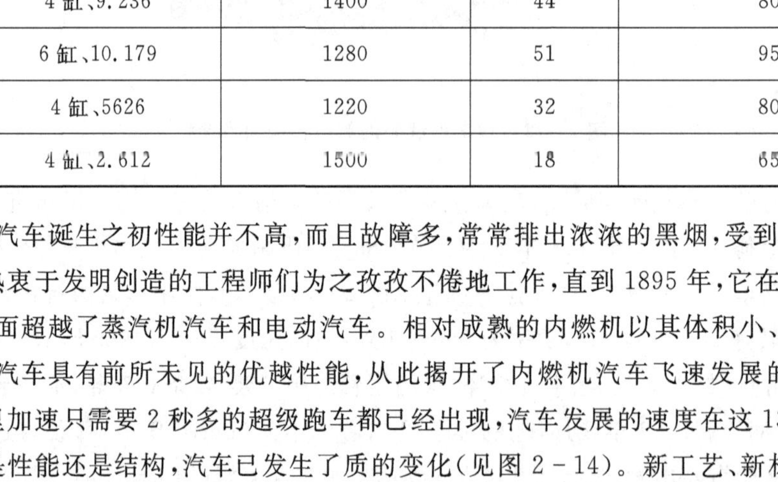

图 2-14 一百多年汽车的演变:第一辆奔驰汽车(左)与现在的奔驰跑车(右)

2.1.4 电动汽车的诞生与发展

电动汽车的出现实际上介于蒸汽机汽车和内燃机汽车两个时代之间,并不是一些人下意识认为的现代的产物。

基于以电气为主体的第二次工业革命,电磁现象的发现,电动机和发电机的发明以及能量存储密度较大的铅酸蓄电池的诞生为电动机汽车问世提供了全部条件,这使得电动汽车要比内燃机汽车早 12 年问世。1873 年,英国的罗伯特·戴维森(Robert Davidson)研制了世界上第一辆电动汽车(见图 2-15),这是一台长 4.8 m、宽 1.8 m 的载重汽车,使用硫酸-铁、锌、汞合金制成的蓄电池。随后欧洲各国相继生产出各类电动汽车,1880 年以后采用可以充放电的蓄电池,使电动汽车的技术上升了一个层次。到了 19 世纪末,电动汽车有过短暂的辉煌,那时电动汽车在欧洲已相当普及。在 1890 年前后,伦敦和巴黎街头行驶着电动大客车。1898 年,欧洲每 14 辆出租汽车中就有 13 辆电动汽车。早期的赛车运动,电动汽车也创造出了一些惊人的车速,例如,1899 年,法国的杰那茨(Camille Jenatzy)驾驶的44 kW 的双电动机后轮驱动电动汽车创造了当时的最高车速纪录,达到了 105 km/h。到了 1900 年,美国生产了 4159 辆汽车,其中电动汽车的产量就达 1575 辆。

图 2-15 世界上第一辆电动汽车

18 世纪末到 19 世纪初,电动汽车的发展迎来了短暂繁荣。一方面,当时已经问世的内燃机汽车因为还处于初期,性能不佳、故障多,正处于成熟前的发展阶段;另一方面,蒸汽机汽车技术已经相当成熟,发展接近尾声,因而电动汽车的发展迎来了短暂的繁荣。然而,电动汽车电池的储存能力在当时受到很大的限制,每行驶很短的距离就要充一次电,这对长途行驶很不利;而且,蓄电池充电费用相当高,当时一年的充电费用相当于购买一部新车的价格。到了 1909 年,随着内燃机技术的成熟和内燃机汽车大批量生产方式出现之后,电动汽车产量逐步减少,直到 1920 年,美国停止了生产电动汽车。

虽然那个时候的电动汽车只经历了短暂的发展历程便看似"夭折"了,但是时至今日,随着相关技术的成熟,人们面临新的需求,使电动汽车又成为各国工业发展的热点。

据不完全统计,仅中国本土目前注册的新能源汽车生产制造企业就超过 500 家,如比亚迪、吉利、长城、蔚来、北汽新能源等品牌已经在这条新赛道上发展了许久。世界领军的电动汽车品牌特斯拉,更是全力以赴推动电动汽车的技术研究与行业发展。而像大众、宝马、奔驰、奥迪等世界老牌车企也正纷纷进军电动汽车领域,推出一代又一代的新产品。毫不夸张地说,现如今的新能源电动汽车这条新赛道,发展得如火如荼!

2.2 国外汽车工业发展概况

在一百多年的汽车发展史中,虽然汽车最开始是在欧洲诞生并初步发展的,但是以大规模生产为标志的汽车工业是在美国形成的,然后又扩展到欧洲地区、日本直至世界各国。这么多年来,汽车工业总共经历了三次大变革:

第一次变革是美国福特汽车公司推出了 T 型车,发明了汽车装配流水线,使世界汽车工业发展中心从欧洲地区转向美国。

第二次变革是欧洲地区通过多品种的生产方式,打破了美国汽车公司在世界车坛上的长期垄断地位,使世界汽车工业的发展中心从美国又转回了欧洲地区。

第三次变革是日本通过完善生产管理体系形成精益的生产方式,发展物美价廉的经济轿车,使世界汽车工业的发展中心从欧洲地区转到日本,成为了第三个汽车工业发展中心。

总体来说,汽车诞生于德国,成长于法国,成熟于美国,兴旺于欧洲,挑战于日本。经过一百多年的演变与全球范围内的并购风潮,时至今日,世界汽车工业已相对稳定,主要有通用、福特、戴姆勒-克莱斯勒、丰田、大众、雷诺、本田、宝马、标致-雪铁龙等汽车集团。通过了解这些国家地区相关企业和产品的发展历程,可以对世界汽车工业的发展有系统、全面的了解。

2.2.1 美国汽车工业的发展概况

从 20 世纪初到现在,美国的汽车工业已有 100 多年的历史,美国成了名副其实的汽车大国,即汽车工业大国、汽车消费大国和汽车文化大国。

对于美国汽车工业的形成,美国汽车大王亨利·福特(Henry Ford)做出了巨大贡献。在他之前,欧洲汽车公司占据了当时世界汽车工业的统治地位,但都是以手工方式生产汽车,讲究豪华,价格昂贵。因此汽车只是少数富人买得起的奢侈品,普通人不可能买得起,这极大限制了汽车工业的发展。福特于 1895 年开始从事汽车制造业,他制造的第一辆汽油车结构简单而实用,最高车速可达 32 km/h。1903 年他成立了福特汽车公司,积极研制结构简单实用、性能完善而售价低廉的普及型轿车。1909 年福特汽车公司生产的福特 T 型汽车

[见图 2-16(左)]为汽车制造开创了新纪元,因为它是世界上第一条在生产线上装配而成的汽车,该车采用前置式四缸发动机,最高车速可达 67.5 km/h。

1913 年福特公司在底特律市创建了世界上第一条汽车装配生产流水线[见图 2-16(右)],并实行了工业化生产管理方式,实现了产品系列化和零部件标准化,首次实现了汽车的批量生产,T 型车的装配时间由 12.5 h 大幅度缩短到 1.5 h,且使生产成本大大降低。1914 年福特汽车年产量达到了 30 万辆,1926 年更是达到了 200 万辆,而每辆汽车的售价也由首批的 850 美元降低到 1923 年的 265 美元。到 1929 年 T 型车停产时总共生产了1500 万辆。当时的媒体一致推选福特 T 型汽车为 20 世纪最重要的汽车发明,因为 T 型车的出现,使汽车从有钱人的专用品变为大众化的商品。福特 T 型车使汽车在美国得到了普及,让汽车进入了美国的普通家庭。福特生产 T 型车的经验为美国,甚至为世界汽车工业的发展奠定了基础。可以说,从福特的 T 型车开始,人类才算真正地跨进了汽车时代,因此福特汽车公司被誉为"汽车现代化的先驱"。

图 2-16　福特 T 型汽车(左)和生产它的流水线(右)

时间退回到福特公司推出 T 型汽车的前一年(1908 年),通用汽车公司成立。在汽车大规模生产的组织模式上,福特公司是汽车上所有零部件都由自己制造的全能型公司,而通用汽车公司则实行"专业化"生产模式,并非一家企业包揽全部零部件的生产工作,而是由一些汽车制造企业联合起来,进行集团化生产,分工协作,建立统一的管理和销售体系,并于 1927 年超过福特公司而成为了当时世界上最大的汽车制造厂家。

在这两大汽车公司的努力下,汽车性能越来越好,销售量蒸蒸日上,美国的工业突飞猛进,再加上美国政府政策支持,使美国的汽车工业得以快速发展,处于世界领先地位。1923 年,美国汽车年产量达到 400 万辆,占全世界汽车年产总量的 91%。1924 年美国达到了每 7 个人一辆汽车的普及率。在美国经济大萧条前夕的 1929 年,美国汽车销售量更是突破了 500 万辆。汽车工业发展的另一个影响是大量农业人口向城市迁移,从图 2-17"汽车之城"底特律的人口变化可以看出,在美国发展的黄金年代,底特律人口迎来了飞速增长。

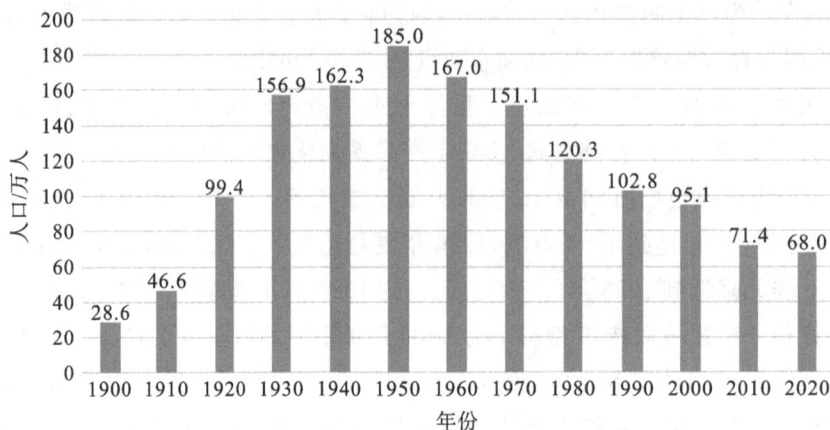

图 2 - 17 1900—2020 年"汽车之城"底特律的人口变化

相比较之下,由于两次世界大战和经济的萧条,欧洲和日本汽车大生产的局面真正开始已经是在 20 世纪 60 年代了。英国工业恢复后,直到 1954 年汽车产量才超过百万辆大关,法国在 1958 年才达到年产百万辆汽车,德国达到年产百万辆汽车是在 1956 年,日本在 1956 年仅产汽车 11 万辆,1963 年年产汽车才超过百万辆。

第二次世界大战期间,汽车发动机利用空气动力原理设计有了长足进步。但是,大量的汽车制造厂商投入军事车辆及机械的制造,汽车外观并无明显的变化。这个时期,汽车更重视实际需求,几乎无造型可言的吉普车随之出现,但帕卡德(Packard)汽车公司共制造了 7 种速度可达 160.9 km/h 的高性能 Packard Speedstar 汽车(其中一种如图 2 - 18 所示),被视为当时豪华汽车的代表。当时全球市场上有 15 家厂商制造豪华型汽车,Packard 公司的就占了 50% 的市场。

图 2 - 18 Packard 汽车

1946 年后的十九年,汽车造型趋向更低、更长、更宽,这与喷气飞机的诞生和发展关系密切。这个时期的汽车造型有两大特色:一是车身的防撞设计;二是尾翅的流行。这段时间最具特色的汽车就是家庭式旅行车(见图 2 - 19)。1955 年,福特公司生产的雷鸟 8 缸双人座敞篷跑车(见图 2 - 20),车顶为活动纤维玻璃,其华丽造型获得了高度评价,后因其控制轻巧,又被喻为私人车的象征,一度是福特公司跑车的代言者。

图 2 - 19　当时流行的 Station Wagon 汽车

图 2 - 20　福特的雷鸟汽车

从 20 世纪 80 年代起,随着日本汽车工业的飞速崛起,美国汽车工业几乎难以招架。为了提高行业竞争力,美国车企不断推出新造型汽车,被称为小型厢式车的客、货两用轻型汽车一举成为最受家庭喜爱的车种,各类车辆的外观更加讲究流线型设计。有载货和越野功能的多功能汽车成为人们的新宠。

如今,美国不仅有通用等传统大型汽车公司,还有现代高性能纯电动汽车界的"领路人"——特斯拉。除此之外,与汽车相关的技术发展在美国也十分成熟,各种各样的电子控制装置加入到汽车当中,提高其性能,通过不断创新发展,迎合消费者对汽车造型和性能的需求,引领了世界汽车工业。

2.2.2　欧洲汽车工业的发展概况

欧洲是汽车的诞生地,也是最早将汽车作为商品,出现汽车公司的地方。相较于美国汽车工业发展历史中呈现的一个时期单一的汽车风格,以及注重汽车的平民化和实用性,欧洲汽车工业以其精细的做工、典雅而新潮的独特造型、大胆采用最新世界先进技术而著称,这与欧洲人将汽车更多地定位成贵族的奢侈品而非代步工具有关。由于欧洲国家较多,并且各国的地域与文化的差异很大,因此尽管这些国家同处欧洲大陆,却造就了各国汽车设计风格的迥然不同,汽车外观呈现了百家争鸣,百花齐放的特色,无论是法国、德国、还是意大利,其汽车都在产品发展的过程中形成了独树一帜的风格。从造型设计,到工艺设计,欧洲汽车都呈现出多元化的发展趋势,而多元化也是未来各国汽车发展的走向。

欧洲汽车业经历了一百多年的风雨,汽车工业主要集中在了西欧地区,其中德国、法国、意大利、英国和西班牙最为发达,19 世纪末 20 世纪初,这五个国家的汽车总产量约占欧洲汽车产量的 90%(见表 2-2)。

表 2-2　1990、2002、2003 年欧洲部分国家汽车产量及在欧洲份额

国家	1990 年		2002 年		2003 年	
	产量/万辆	份额/%	产量/万辆	份额/%	产量/万辆	份额/%
德国	497.7	32.2	546.9	32.4	550.7	32.8
法国	376.9	24.4	368.3	21.8	360.9	21.5
意大利	212.1	13.7	142.7	8.5	132.2	7.9
英国	156.6	10.1	181.9	10.8	184.6	11.0
西班牙	205.3	13.3	285.5	16.9	303.0	18.0

1. 德国汽车工业的发展

德国是无可争议的世界汽车强国,奔驰、宝马、奥迪、大众、保时捷等都是让人耳熟能详的品牌。德国汽车工业发展的成就和战略特征在整个欧洲最为突出和典型。德国既是世界汽车的发源地之一,也是目前世界第四大汽车生产国,汽车工业实现的增加值约占德国国内生产总值的 1/5。德国悠久的汽车发展历史中,汽车工业也是经历了萌芽、完善、高速发展的阶段,并且一直与德国的政治、经济、社会大事件紧密相连。

19 世纪末 20 世纪初,伴随着内燃机的发明和汽车的诞生,许多德国汽车厂相继出现,一些其他行业的厂家也转向汽车生产。1901 年,全德国只有 12 家汽车厂,专门的工人 1773 名,年产车辆仅 884 辆,其中包括 1883 年卡尔·本茨成立的奔驰公司和 1890 年戴姆勒和迈巴赫成立的戴姆勒发动机研究院。而到了 1908 年,德国的汽车厂已达到 53 家,工人 12000 多名,年产车辆 5547 辆。到第一次世界大战前,德国汽车工业已基本形成了一个独立的工业部门,汽车制造工人 5 万多名,年产量达到 2 万辆,仅次于当时开始流水线生产的美国。

第一次世界大战结束后,德国仅用了 10 年左右的时间就使汽车工业超过了战前的繁荣。1923—1929 年是德国汽车工业黄金时期,这一时期,汽车工业发展迅速,现代汽车技术不断得到完善。而且在 1926 年,奔驰和戴姆勒这两家公司正式合并,组成了汽车史上举足轻重的戴姆勒-奔驰汽车公司,生产梅赛德斯-奔驰轿车。这两家公司的人员相互接触,协调设计和生产,为德国的汽车工业飞速发展提供了助力。

1933 年,希特勒成为德国领导人,高速公路建设和国民轿车的生产提上了日程,发展汽

车工业及与此相关的行业被摆到十分显著的位置。这对刚刚经历了 20 年代末、30 年代初世界性的经济大萧条后的德国打入了一剂强心剂,汽车的诱人前景和迅速发展起来的高速公路网,使此后的 20 世纪 30 年代再次成为德国汽车生产的"黄金时代"。

　　1937 年 3 月 28 日,为了响应希特勒要生产一种廉价的"大众汽车"的构想,大众汽车公司宣告成立,随后于 1938 年建设了当时世界最大的汽车厂。恰逢这个时期,面对美国汽车工业的飞速崛起,欧洲各国为了保护本国民族工业,开始利用本国的技术优势,针对美国车型单一、体积庞大、油耗高等缺点,开发了许多新车型。大众汽车公司的甲壳虫轿车就对德国汽车的普及起了关键作用,该车模仿甲壳虫外形,如图 2 - 21 所示,采用流线型设计,车身迎风阻力很小,空气动力学的原理在这种车身上得到了很好的应用,也为以后在车身外形设计上运用"仿生学"开创了先河。

图 2 - 21　第一批的甲壳虫汽车

　　1939 年 8 月 15 日,第一批甲壳虫汽车问世,由于第二次世界大战,甲壳虫的生产线转为生产吉普车和水陆两用军车。直到 1949 年,甲壳虫汽车才真正大批量生产,20 世纪 40、50 年代才开始为普通大众所采用,到了 20 世纪 60、70 年代广受人们喜爱,20 世纪 80 年代人们仍然钟情于它,凭借其低调朴素、质量优秀、售后完善的优点,甲壳虫汽车成为了一款经典汽车。2003 年 7 月 30 日,大众汽车最后一辆甲壳虫在位于墨西哥的普埃布拉工厂驶下生产线,才终于结束其 60 多年生产历史。

　　因为第二次世界大战,德国的汽车工业经历了一段战时生产军用车辆,战后身为战败国艰难恢复,难以发展的特殊阶段。在十分困难的条件下,德国的汽车工业很快得到恢复并获得了重生,并在 20 世纪 50 年代,德国的汽车工业进入了迅速发展的时期。

　　1950 年,德国的汽车产量达到 30 万辆。随着国内高速普及汽车以及汽车出口竞争能力的不断提高,汽车产量大幅度上升。以甲壳虫汽车为代表,标志着德国汽车工业的飞速发展。到了 1960 年,德国的汽车年产量已达 200 万辆,10 年内增长了 5.7 倍,年均增长率达 21%,从此成为欧洲最大的汽车生产国和出口国。

　　从 20 世纪 60 年代开始,德国的汽车工业继续以较高速度增长,虽然这期间汽车厂家减少到仅剩下 10 多家,但是产量却不断提高。许多现代科技被广泛应用于汽车工业,汽车生产开始进入一个成熟阶段。

20 世纪 70 年代,由于汽车已经完成广泛普及,加之石油危机的影响,德国汽车工业的年产量徘徊在 300 万到 400 万辆之间。

到了 20 世纪 80 年代,德国的汽车年产量达到过 570 万辆。随着欧洲一体化进程的加快,德国的汽车工业也进入一个新的发展阶段。

进入 21 世纪,汽车工业仍是德国国民经济的支柱产业,德国 1/7 的就业岗位、1/4 的税收都来源于汽车及其相关产业。德国汽车工业也同世界其他发达国家的汽车业一样,正面临着来自全球化、能源、环境等因素带来的挑战和发展机遇。

2. 法国汽车工业的发展

法国是一个具有悠久汽车工业历史的国度,法国汽车的总体特点就是在设计小巧新颖的同时,注重实用性,尤其重视制造质量和安全性,符合大众化的方向,因此法国汽车在欧洲成为家庭轿车的热门车型。雷诺的 TwinGo 微型车在欧洲曾多次获销量第一,如图 2-22 所示。标致-雪铁龙的车型如图 2-23 所示,车身采用双面镀锌钢板,可以保证多年都不生锈。但是在豪华车和跑车领域,法国汽车公司就不如美、德、意等国的汽车公司出色,这是法国汽车业的短板。

图 2-22 雷诺的 TwinGo　　　　图 2-23 标致-雪铁龙的车型

1769 年,法国诞生了世界上第一辆具有实用价值的蒸汽机汽车,引发了世界性的研究和制造汽车的热潮。但随后的法国大革命却让法国的汽车研发中断了几十年,直到 1828 年,巴黎技工学校校长欧内西佛·配夸尔研发了汽车的差速器及独立悬架技术,该技术至今仍被广泛应用。

汽车产业是法国的经济支柱之一,在历史上曾经为法国带来过一个又一个辉煌,也曾经把法兰西的浪漫文化撒播到全世界。2006 年法国汽车总产量为 317 万辆,位居世界第六位。法国汽车工业产值达 920 亿欧元,占国民经济总产值的 15%,汽车公司雇员总数约 150000 人。法国拥有两大本土汽车企业:标致-雪铁龙集团和雷诺集团。

1890 年,由阿尔芒·标致(Armand Peugeot)创立的标致公司生产了法国的第一辆燃油四轮汽车,该车采用戴姆勒发动机。1892 年,标致公司共生产了 29 辆车,标致公司也是那年第一家在汽油动力汽车上采用橡胶轮胎的制造商。到了 1896 年,标致推出了自己的发动机,从此不再依靠戴姆勒公司提供。随着汽车的技术不断进步,发动机从汽车下面被移到了车前盖下面,方向盘也被采用,这时的车看起来已经非常像现代的汽车了,如图 2-24 所示。

第一次世界大战前,标致汽车公司的年产量已经达到 1.2 万辆,到 1939 年时年产量达 4.8 万辆。

图 2-24　1902 年标志的 39 型汽车

　　标志汽车公司的发展势头迅猛,1913 年时甚至生产了法国约一半的汽车,但是 1915 年创办的雪铁龙汽车公司发展更快。1919 年 6 月 4 日,雪铁龙公司推出雪铁龙 A 型车,凭借着第一条引入欧洲的大批量、低成本、全装备的生产线,第一辆左舵驾驶车,第一款面向大众消费群体的汽车等诸多优势以及比同类产品便宜一半的价格,迅速占领了当时的市场。20 世纪 20 年代初,雪铁龙公司年产量就突破了 10 万辆。1928 年日产汽车 400 辆,占当时全法国汽车产量的 1/3。

　　创办于 1898 年的大型汽车厂雷诺汽车公司发展也很快,1914 年便形成了大规模生产,在第一次世界大战期间更是因生产军火筹集了大量资金用于汽车生产。然而由于雪铁龙公司的强势竞争以及紧跟而来的进口车冲击,加上 20 世纪 20、30 年代全球性的经济动荡,使雷诺汽车公司失去了统治地位。1945 年,雷诺公司被法国政府接管,成为当时全球最大的一家国有汽车公司。在法国政府的支持下,雷诺公司兼并了许多小公司,1975 年汽车年产量超过 150 万辆,成为法国第一大汽车公司。而标致汽车公司的产量也在第二次世界大战后的 20 年内猛增十几倍,一跃成为法国第二大汽车公司,20 世纪 80 年代更是超过雷诺登上榜首。雪铁龙汽车公司则因经营不善于 1976 年被标致汽车公司收购。

　　进入 20 世纪 80 年代,世界性的经济危机使法国汽车工业受到了一定的挫折,雷诺公司更是连年亏损,1984 年产量急剧下降到 30 万辆,但几年后雷诺公司便恢复了元气,1999 年 3 月还收购了日本日产汽车公司 36.8% 的股份。

　　进入 21 世纪后,由于又一次的世界金融危机,法国车市在几年内处于低迷。2012 年,法国新车销量从上一年的 220 万辆跌到 190 万辆,2013 年和 2014 年均处于 180 万辆水平。2015 年新车销量达 191.72 万辆,比上一年增长 6.8%,销量和增幅均超预期,根据表 2-3 和表 2-4 的数据来看,标致、雷诺、雪铁龙、达契亚这些法国本土企业的车型稳居前列,说明法系车在本土车市的地位和受欢迎程度还是非常出色的。

表 2 - 3 2022 年法国本土市场车型销量排行

排名	车型	销量/辆
1	标志 208	88812
2	达契亚 Sandero	64293
3	雷诺 Cilo	64012
4	雪铁龙 C3	58880

表 2 - 4 2022 年法国本土市场最畅销的汽车品牌排行

排名	品牌	所占市场份额/%
1	标志	16.1
2	雷诺	15.5
3	达契亚	8.6
4	雪铁龙	8.5

3. 意大利汽车工业的发展

意大利汽车设计居世界领先地位,拥有一批被世界公认的汽车设计大师。宾尼法利纳、乔治亚罗和博通等设计公司展出的最新概念车,无论是设计理念还是设计手段都代表着当今世界最新的设计潮流,超前并准确地表达一种追求和价值体现。意大利汽车工业孕育出法拉利、兰博基尼、帕加尼、阿尔法·罗米欧、布加迪、玛莎拉蒂等闻名世界的汽车品牌。如图 2 - 25 所示就是意大利著名的超跑。

图 2 - 25 意大利著名的超跑

意大利仅有菲亚特集团(缩写 F.I.A.T.)一家大型汽车制造商,是世界十大汽车公司之一,旗下的菲亚特、蓝旗亚、法拉利(独立运营)、玛莎拉蒂、阿尔法罗密欧都是知名车型,菲亚特公司的发展历史与意大利汽车工业的发展史紧密相关。

菲亚特是世界上第一个微型汽车生产厂家,其前身是意大利都灵汽车制造厂,由乔瓦尼·阿涅利和其余 29 位股东创立于 1899 年。1900 年,菲亚特的第一家工厂在但丁街落成,当时拥有 150 名工人,12000 平米厂房,这一年,菲亚特生产了 30 辆汽车。1902 年,菲亚特有了自己的第一辆赛车——24 HP Corsa。1915 年菲亚特为意大利军队生产了将近 1000 辆的菲亚特 501 车型。1923 年,菲亚特的林格托工厂正式落成,标志着菲亚特公司工业化生产的开始。1930—1935 年期间,菲亚特发布了 15 款车型,其中几款成为了汽车史上的里程碑车型,包括广受欢迎的 508 Balilla、豪华的 518 及 527 Ardita、拥有空气动力学设计的 1500、经济车型 500 Topolino 和 1100 Musone 等。

菲亚特注重车型的外观设计,旗下一些经典车型都出自知名设计师之手。1957 年,菲亚特创造了经典车型菲亚特 500,如图 2 - 26 所示,赢得了欧洲最悠久、最具声望的"金罗盘"设计大奖,时尚的设计语言经久不衰。

图 2 - 26　菲亚特的经典车型——菲亚特 500

20 世纪 80 年代,全球工业经历了巨大变革,一切都和电子、新材料和人们环保意识的发展产生了关联。为了环保,菲亚特集团研发了电动车型和天然气车型,并成立了汽车回收 Fare 项目。

到了 2013 年,意大利汽车年产量 65.8 万辆。意大利是全球人均汽车拥有量最高的国家之一,每 100 人拥有汽车 62 辆,在欧盟国家中排名第二。如今,意大利汽车产量和汽车制造业的利润正在逐年下降,汽车工业的就业人数也在下降,这与意大利汽车工业转移到全球生产关系密切,意大利正在逐渐成为一个汽车设计国而非汽车生产国。

2.2.3　日本汽车工业的发展概况

相较于欧美国家,日本汽车工业起步较晚,但也有一百多年的历史。最早进入日本人视野的就是美国汽车公司 Locomobile。1901 年,Locomobile 公司在东京开设了专卖店,日本人第一次亲眼见识当时最先进的汽车工业产品。到了 1904 年,吉田真太郎成立了日本第一家汽车厂——东京汽车制造厂(现五十铃汽车公司),标志着日本汽车制造业的开端。3 年后,日本第一台汽油轿车"太古里 1 号"问世,随后日本成立了许多汽车制造厂。出于军事需要,日本政府颁布了《军用汽车补助法》,对汽车厂商进行扶持,这成为早年日本汽车业发展的原动力。

以第一次世界大战和日本关东大地震(1923年)为契机,日本逐步将汽车产业发展起来。特别是在震灾的恢复过程中,汽车作为物资运输和城市交通工具发挥了巨大作用,其实用性受到了日本人民广泛的认识。在这种情况下,出现了一批着手汽车生产的企业家和从其他行业转到汽车产业领域的企业。日本汽车工业对欧美亦步亦趋,车型多为仿制。1914年,三菱重工制造了22台 Modal A 汽车,如图2-27所示,Model A 的外观借鉴了菲亚特A3-3车型,这是日本汽车历史上第一款量产车型。

图2-27　日本历史上第一款量产车型

1925—1927年期间,福特、克莱斯勒、通用三大美国汽车巨头先后在日本开设工厂。如福特公司于1924年在横滨设立了"日本福特"(资本金400万日元,1927年增资到800万日元);通用公司于1927年在大阪设立了"日本通用"(资本金800万日元),以零部件进口方式开始组装生产。在此后10年间,这三家公司在日本生产了近21万台车,产量是日本本土车企的近两倍,占据日本汽车市场过半的份额。

面对美国汽车的巨大竞争压力,1936年,日本政府通过《汽车制造行业法》,明确规定保护本土汽车业,日本汽车真正的国产化序幕由此拉开。到了1939年,外国汽车制造商几乎全被逐出日本。

日本汽车工业在1955年进入高速发展阶段,也在这一段时间打下了坚实的基础。20世纪60年代,日本进入自由经济时期,也是其汽车产业发展的规模化阶段。1960年丰田公司轿车工厂建成投产,1962年日产公司轿车生产已具规模。1960年日本汽车产量为48万辆,1969年为489万辆,10年间增长了约10倍。到了1970年,日本国内汽车销量达到238万辆,千人平均汽车保有量达到170辆,比1950年增加了将近60倍。日本迎来了汽车普及的时代,汽车产业已达到了一定规模。

20世纪70年代的石油危机重创了欧美车企,但却让推崇小排量车(见图2-28)的日本车企从中受益,日本汽车就此被推上了世界汽车的舞台。而在欧洲各国注重节能减排之后,日本车又进一步抓住了欧洲市场,一跃成为世界汽车工业的巨头。1976年,日本汽车出口达到250万辆之多,首次超过国内销量。20世纪70年代以后,虽然日本经济走向成熟,经济增长率下降,但汽车产业继续保持近15%的年增长率。而日本汽车产业的这一"黄金时期"

基本持续到 20 纪 80 年代中期。

图 2-28 20 世纪 70 年代日本的小排量汽车

进入 20 世纪 80 年代以后,由于贸易摩擦,美国要求日本实施自愿出口限制,这个手段被意大利、法国、英国等仿效,这对 40% 依赖美国市场,20% 依赖欧洲市场的日本汽车产业打击巨大。

1991 年,日本的经济泡沫被刺破,日本汽车生产也陷入低迷期,1994 年日本汽车年产量下滑至 1050 万台。从 20 世纪 90 年代到现在,日本经济处于低迷时期,也是日本以及全球汽车市场饱和,市场能力严重过剩,环保标准日趋严格,消费者要求快速提升的阶段。因此,日本正围绕着汽车生产、销售和技术、新产品开发等方面同其他国家展开更加激烈的竞争。

进入 21 世纪,日本汽车发展突飞猛进,海外市场表现尤为突出,成为全球最大的汽车生产出口国。特别是以丰田为例,在进入 21 世纪以后,依靠自身的产品竞争力,成功超越了福特和通用,于 2013 年成为全球产销第一的汽车品牌,之后连续多年都保持着第一的位置。2022 年,丰田依旧以 1010 万辆的销量占据全球份额 13.0%,稳居世界第一。

2.3 中国汽车工业的发展概况

汽车在中国的起步实际上并不比其他国家落后,然而汽车工业在中国的起步却要从新中国成立后算起,这其中有来自各方面的因素。因此,需要将中国汽车工业的发展历史分成新中国成立前和成立后的两个部分。

2.3.1 新中国成立前的汽车工业

1885 年卡尔·本茨就发明了内燃机汽车,而在 16 年后的 1901 年,中国进口了第一辆汽车。当时旅居上海的匈牙利人李恩时(Leine)将两辆美国生产的奥兹莫比尔(Oldsmobile)汽车由海路运到上海,一辆是凉篷式汽车,如图 2-29 所示,另一辆是折叠式软篷。两辆车均为木制轮毂,实心橡胶轮胎,车的前面为单人驾驶座,后面是双人的乘客座位,专供在上海租界内的外国人使用,从此中国出现了汽车。当给这辆车申请牌照时,由于没有先例,上海公共租界工部局开会讨论后,决定发给临时执照,暂列入车马类,每月捐银 2 元。工部局随即在 1902 年决定,除增设汽车执照专门项目之外,还起草制定了汽车主需遵守的规则。

图 2-29 1901 年传入中国的汽车之一

1902 年 11 月,时任直隶总督袁世凯花了 1 万两白银从香港购进了一辆美国 Dueyea 小汽车,这是中国人拥有的第一辆汽车,如图 2-30 所示。这辆车的车身为木质敞开式,带有顶棚,双排座,发动机为三缸四马力后置式汽油机,旁置两挡齿轮式变速器,经皮带传到后轴以实现驱动,最高速度可以达到 15 km/h,该车现陈列于颐和园的德和园内。

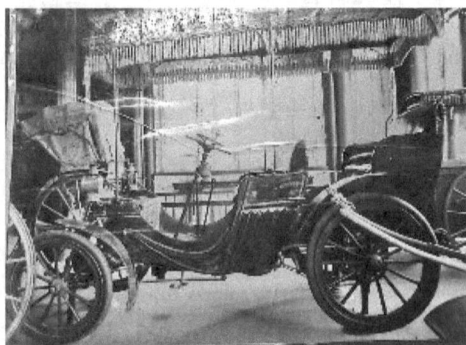

图 2-30 中国人拥有的第一辆汽车

1903 年以后,上海陆续出现了从事汽车及零部件销售、汽车出租的洋行。1908 年初,英美公共租界汽车发放的牌照总数增至 119 辆,之后法租界也开始有汽车。直至 1927 年,中国汽车进口量已达 18781 辆,世界各国汽车蜂拥而入,其中超过一万辆的汽车都在上海。

繁荣的汽车销售也在中国催生出了一些功能性用车,例如,1908 年,上海公共租界出现了第一辆出租汽车,也是中国的第一辆出租汽车,由四川路(今上海市四川中路)97 号美商环球供应公司百货商场开始出租给购买商品的顾客。到 1927 年,上海公共租界已有出租汽车 628 辆。北京和南京分别到 1913 年和 1922 年才有了第一辆出租车。1915 年,国内第一辆消防汽车也在上海问世,之后上海邮局也开始利用载货汽车取代马车来运送邮件和货物。

随着汽车进入中国,公路也开始出现。1912 年,孙中山先生在江阴视察江防工作时,还曾作了"关于道路与自动车建设"的专题报告,阐明了修筑公路、开办长途客货汽车运输对货物流畅、便利交通和发展经济的重要作用。

到了 1930 年,中国汽车保有量为 38484 辆,然而却没有一辆是国产汽车,面对国产汽车工业空白的窘境,不少有识之士都想制造中国自己的汽车。其实早在 1920 年,孙中山先生发表的《建国方略》就提出要建立中国汽车工业,后来在东北的张学良将军成为了第一个组织生产国产汽车的人。1928 年,张学良在东北易帜后,认为要化兵为工,于是在辽宁迫击炮厂内筹办了民用工业制造处,先后拨款 80 万大洋用于试制汽车,还聘请了美国人迈尔斯(Myers)作为总工程师。通过对引进的一辆美国"瑞雷号"汽车进行拆卸、装配,另行设计制造,历时两年,于 1931 年 5 月试制成功第一辆定名为"民生牌"的 75 型汽车,如图 2 - 31 所示,它开辟了中国人自己制造汽车的先河。这辆"民生牌"汽车采用六缸水冷汽油发动机,车长 4.7 m,功率为 65 马力,最高车速可达 40 km/h,可装载 1.8 t 货物,适于城镇使用。张学良曾计划制造另一种型号的货车,可载重 2.7 t,适用于较差路面。可惜的是,1931 年"九一八"事变爆发,日军占领了我国东北地区,扼杀了我国汽车工业的萌芽。

图 2 - 31　我国自制的"民生牌"汽车

除沈阳的"民生牌"外,还有太原的"山西牌"、长沙的"衡岳牌"、上海的"中国牌"、云南的"资源牌"、天津的"飞鹰牌"等国产汽车出现,但都仅仅是昙花一现。

1932 年,阎锡山以"生产救国,开发实业"为口号,将晋绥军修械所的兵工厂中的双向引信厂改为山西汽车修理厂。1932 年 12 月,该厂仿美国飞德乐(Federal)牌汽车试制成一辆装载量为 1.5 t 的汽油载货汽车,定名为山西牌。到 1933 年夏,试车行驶约 1.8 万公里,各部件尚且完好。

山西制成汽车的消息在国内也盛传一时,然而,山西省虽有创办汽车厂的举措,后终因资金短缺、工业基础薄弱、时局动荡,最后以失败而告终。

抗日战争结束后,全国的汽车经济都开始恢复,而且因为那时物价飞涨,很多企业主购买汽车作为交易的筹码。到了1948年,全国汽车保有量恢复到50900辆。1949年,全国公路里程达到了13万公里,超过抗日战争前的水平。

2.3.2 新中国成立后的汽车工业

新中国的汽车工业与中华人民共和国共命运,经过了半个多世纪的努力,中国汽车工业经历了从无到有、从小到大的发展历程,中国从一个"只有卡车没有轿车""只有公车没有私车""只有计划没有市场"的国家,发展成了一个种类齐全、生产能力和生产水平成长迅速的汽车工业国。

1950年,建设一座现代化的汽车制造厂被列入苏联援助中国的重点工业项目之一。1953年7月,中国第一汽车制造厂(简称"一汽")在吉林省长春市奠基,从而拉开了新中国汽车工业筹建工作的帷幕。

1956年7月13日,国产第一辆汽车驶下总装配生产线,这是由一汽生产的载重4吨的"解放牌"载货汽车,如图2-32所示。"解放牌"汽车的出现,结束了中国不能制造汽车的历史,圆了中国人自己生产国产汽车之梦,一汽也因此被誉为"中国汽车工业的摇篮"。同时,也决定了中国汽车业自诞生之日起就重点选择以中型载货汽车、军用车以及其他改装车(如救护车、消防车等)为主的发展战略,使得中国汽车工业的产业结构从开始就形成了"缺重少轻"的特点。

图2-32 1956年生产的"解放牌"汽车

1957年,一汽开始仿照国外(主要是苏联)的轿车自主设计国产轿车。1958年,我国计划在建国十周年的庆典上用上国产的高级轿车,有关部门向一汽下达了制造国产高级轿车的任务。一汽的技术人员们以1955款的克莱斯勒高级轿车为蓝本,进行拆解和研制,并正式给生产的轿车命名为"红旗"。经过数次实验之后,于1958年7月,一汽试制出了红旗CA72型大型豪华轿车,如图2-33所示,红旗牌轿车成为了国产高级轿车的先驱。

图 2 - 33　1959 年的红旗 CA72 型轿车

1963 年 8 月,一汽建成了具有小批量生产能力的轿车分厂,逐步形成具有批量生产能力的红旗牌轿车生产基地,经过进一步改进产品性能和质量,一汽又试制出红旗 CA770 型三排座高级轿车,如图 2 - 34 所示。

1965 年底,全国民用汽车保有量近 29 万辆,其中国产汽车 17 万辆(一汽累计生产 15 万辆)。到了 1966 年,我国已经形成了"一大四小"的汽车产业体系,一大是吉林长春的一汽,而四小则分别是上海汽车制造厂、北京汽车制造厂、南京汽车制造厂和济南汽车制造厂。这五个汽车生产基地,年生产能力为 6 万辆,已经推出了 9 个车型品种,标志着我国汽车工业的雏形初步形成。

图 2 - 34　红旗 CA770 型轿车

这五个汽车生产基地中,除了一汽以外,实力最强的属上海汽车制造厂(简称"上汽"),这与新中国成立前上海深厚的汽车底蕴关系密切。它的前身是原上海汽车装修厂,在合并了汽车内燃机、汽车底盘等相关的厂后成立,主要产品是丰收牌拖拉机和工农型手扶拖拉机,以及著名的上海牌 SH760 轿车,如图 2 - 35 所示。

图 2-35　上汽生产的上海牌 SH760 轿车

北京汽车制造厂在当时实力同样不差,其前身是北京第一汽车附件厂,主要产品是仿自苏联 Gaz69 的 BJ212 型吉普车,如图 2-36 示。该厂也试制过小型轿车和三轮摩托车,但在当时因为轻型客车需求受到限制,并没有大规模生产。

图 2-36　1965 年北京 BJ212 型吉普车

轻型卡车的最大制造商则是南京汽车制造厂,主要产品是仿自 Gaz51 的跃进系列轻型卡车,如图 2-37 所示。

图 2-37　跃进系列轻型卡车

最后是前身为济南汽车配件厂的济南汽车制造总厂,主要产品是仿自斯柯达702系列,载重8吨的黄河系列重型卡车。其于1962年推出黄河牌JN150型载重汽车,如图2-38所示,更是中国第一辆重型载货汽车,济南汽车后来也逐步发展成了中国重汽集团,成为了我国商用汽车产业中最重要的企业之一。

图 2-38　黄河 JN150 型卡车

1966—1980年期间,我国确定在三线建设以中重型载货汽车和越野车为主的汽车厂。1968年,在湖北省十堰市动工兴建我国当时规模最大的第二汽车制造厂(简称"二汽",如今也被称为"东风"汽车厂)。与一汽不同,二汽是依靠中国自己的力量创建起来的工厂,二汽拥有约2万台设备、100多条自动生产线,只有1%的关键设备是引进的。1975年,二汽设计并生产了第一个车型——能载重2.5 t的东风第一代越野车EQ240,如图2-39(左)所示,并于1978年7月,正式投产主导产品——载重5 t的东风EQ140货车,如图2-39(右)所示。二汽的建成,标志着中国汽车工业上了一个新台阶。

二汽建成后,我国又在四川、陕西等地规划并建成了生产重型汽车的较大的汽车制造厂。随着汽车生产能力逐渐增长,汽车保有量也大幅提高,到1984年,全国汽车保有量已经达到260.4万辆,是1956年的20多倍,其中188.37万辆都是货车,也说明此时中国汽车工业"缺重少轻"和"轿车基本空白"的问题较为明显,而这一现状的转变,要从改革开放后开始。

图 2-39　东风第一代越野车 EQ240(左)和东风 EQ140(右)

1978年，中国开始改革开放，中国的汽车工业进入了全面发展阶段。打开的国门迅速让中国的汽车市场从三十年的闭塞和单一走向多元化，解放、跃进、黄河这些老牌车型开始升级换代。1984年，我国把汽车工业作为发展国民经济的支柱产业。同年1月，中国第一个合资车企——北京吉普成立，从这之后，世界汽车工业的先进技术和产品开始涌入中国，见表2-5和表2-6，包括德国大众、法国标致和雪铁龙、日本铃木等都与国内一些汽车厂进行合作和合资，先后引进先进技术100多项，其中整车项目10多项，极大改变了中国的经济和社会。

表2-5 20世纪80、90年代重要的合资车企和成立时间

年份	合资车企
1984	北京吉普、上海大众
1985	广州标致、重庆五十铃
1991	一汽大众
1992	神龙汽车（东风雪铁龙）
1993	长安铃木、郑州日产、江西五十铃
1995	昌河铃木、东南汽车
1996	南京依维柯

表2-6 中外合作的汽车产品和推出时间

年份	合资车企
1984	天津大发（华利）
1985	上海大众桑塔纳，北京吉普切诺基
1986	奥迪100、广州标致505
1988	天津夏利
1991	一汽大众捷达、金杯海狮
1992	神龙富康
1993	南京依维柯A30
1995	上海大众桑塔纳2000，郑州日产D21皮卡

1987年，我国把轿车工业作为我国汽车工业发展的重点，并正式将轿车项目列为国家重点支持项目，中国汽车工业开始了战略转移。我国汽车工业结束了多年来主要生产载货车和越野车的历史，进入崭新的"轿车时代"，如图2-40和图2-41所示是中外合作生产的夏利和捷达轿车。

图 2 - 40　夏利 TJ7100 型轿车

图 2 - 41　捷达 CL 型轿车

　　1994 年，我国颁布了第一部《汽车工业产业政策》，作为指导我国汽车工业发展的纲领。提出增强企业开发能力，提高产品质量和技术装备水平，促进产业组织的合理化，实现规模经济。

　　从 2000 年到 2010 年，中国汽车工业经历了最迅速的扩张和变革。如果说 20 世纪 80年代中期外资厂商进入中国生产轿车标志着中国汽车近代史的开端，那么直到 2000 年以后，才是真正的中国汽车现代史。在 2001 年中国加入 WTO 后，我国于 2004 年适时推出了新的《汽车产业发展政策》，坚持对外开放和自主发展相结合，扩大企业自主决策权与加强宏观调控相结合，国内外两个市场发展相结合，坚持全面协调和可持续发展。随着我国改革开放进一步深入，各主要汽车集团公司都与国外大汽车公司合作。国内汽车企业进一步改组兼并，初步完成汽车产业的组织结构优化调整，形成了"3＋6"格局，即一汽、东风、上汽三大汽车集团，加上广州本田、重庆长安、安徽奇瑞、沈阳华晨、南京菲亚特、浙江吉利 6 个独立骨干轿车企业。

　　如图 2 - 42 所示，2002 年时，中国汽车销量还只有 325 万辆，只是世界第 4 大汽车销售国，而到了 2012 年，中国汽车销量就已经达到了 1931 万辆，几乎是 2002 年的 6 倍，中国市场可选的国产车型数量就有上百种。而从 2009 年开始，中国就取代美国成为第一大汽车销售国，同时取代日本成为第一大汽车生产国。2016 年，我国汽车销量首次超过 2800 万辆，稳居世界第一。中国汽车工业的快速发展一直持续到了 2017 年，2018 年以后，我国汽车产业在转型升级中受到了中美经贸摩擦、环保标准切换、市场饱和等因素的影响，承受了较大压力。但我们积极应对市场变化和环境变化，寻找新的出路，在不懈努力下，2022 年，我国汽车产销分别为 2702.1 万辆和 2686.4 万辆，产销量仍继续蝉联全球第一。目前我国汽车工业的主要问题仍是自主研发能力相较于国外较弱，如何提升我国汽车工业的核心竞争力，避免汽车产业的空心化，真正将中国品牌走出去，是我国汽车工业未来的发展重点。

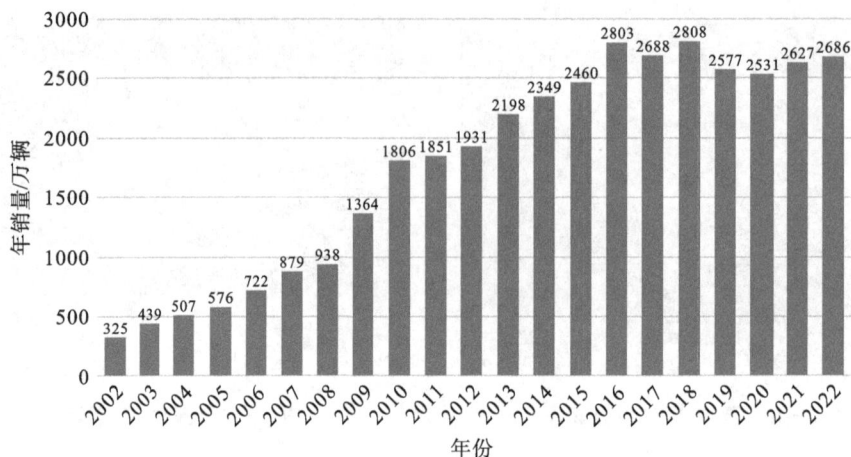

图 2−42　2002—2022 年中国汽车年销量

2.4　汽车发展展望

进入 21 世纪以来,汽车工业已经在美国、欧洲、日本、中国、韩国等国家有了全面的发展,促使汽车这一交通工具的广泛普及。对于发达国家而言,高度机动化、高度城市化、人口老龄化和对汽车的高度依赖性成为其主要特征。而对于发展中国家,高速城市化、年轻人口数量猛增,对运输的需求随着人口的增长和经济活动的发展而增强,同时还与城市化相关联。毫无疑问,汽车正成为人们日常生活中不可或缺的交通工具。

在汽车工业的发展过程中,各类社会问题接踵而至,各种汽车制造的新技术和新思路相应出现,竞争愈发激烈的汽车市场,使得未来汽车的发展充满了许多可能性,给人无限的想象空间,也给各个汽车制造商、各个国家的汽车工业提出了新的挑战。总的来说,未来汽车的发展主要围绕着绿色化、智能化和多维度化展开。

2.4.1　新能源汽车

20 世纪 70 年代,由于中东战争的爆发,全球油价飞涨,引起了全球能源危机。这给一些汽车生产者敲响了警钟,人们开始意识到石油作为一种不可短期再生的能源,随着汽车的增加会有枯竭的风险。恰好此时拥有大量消费者的亚洲市场的开拓,加深了人们这样的认知。汽车的普及性、不可或缺性和石油资源存在枯竭的风险之间的矛盾,成为了一些国家和厂商开始研究新能源汽车的因素之一。

促使研究和推广新能源汽车的另一个因素是环境污染问题的加剧,尤其是现今全球已有的十几亿辆汽车的化石燃料燃烧系统,向大气层释放出大量的二氧化碳,汽车目前排放的二氧化碳占全球二氧化碳排放量的 $12\%\sim15\%$。而汽车的数量还在增长,预计到 2050 年时,汽车数量将会增至现在的 $2\sim3$ 倍。一氧化碳、二氧化碳等的排放问题已经成为汽车发展中遇到的重要阻碍,这就使得汽车从传统能源向新能源转换已经成为了未来汽车发展的重要趋势。

全球各地相继开始实施全面禁售燃油汽车的计划,例如挪威、墨西哥、法国巴黎等将在 2025 年正式禁售燃油汽车;德国、英国、印度、瑞典、荷兰、中国海南等将在 2030 年正式禁售燃油汽车;日本、加拿大魁北克省等将在 2035 年全面禁售燃油汽车;法国、西班牙、加拿大不列颠哥伦比亚省等将在 2040 年正式禁售燃油汽车等。新能源汽车的研究、生产和普及也被提上了日程。新能源汽车具有低能耗、轻污染等传统燃油汽车不可比拟的优点,可以改善能源紧缺与环境污染等问题。汽车的新能源化,目前包括四大类型:混合动力汽车(hybrid electric vehicle,HEV)、纯电动汽车(battery electric vehicle,BEV)、燃料电池电动汽车(fuel cell electric vehicle,FCEV)、其他新能源汽车。前三种新能源汽车都是运用了现代电驱动概念,属于电动汽车(electric vehicle,EV)的范畴,其基本原理如图 2 - 43 所示。

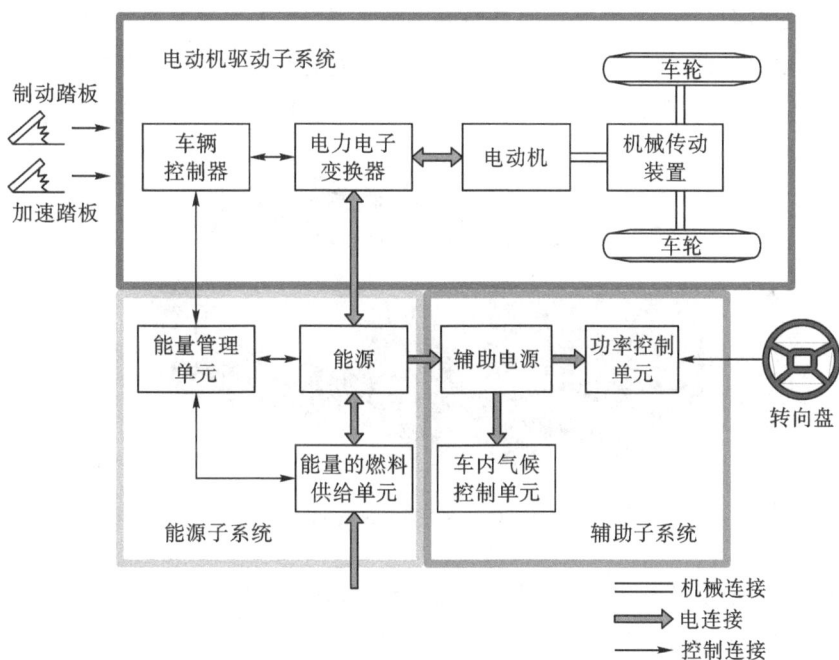

图 2 - 43 电动汽车(EV)的基本原理图

前文提到过,电动汽车的出现其实早于内燃机汽车,但是受限于当时的技术条件,电动汽车只是昙花一现。现如今,许多厂商都在积极研究电动汽车的相关技术,推广自家的电动汽车产品。如知名的美国高性能纯电动汽车厂商——特斯拉(Tesla),就于 2012 年推出了四门纯电动豪华轿跑车——Model S,2015 年推出纯电动豪华 SUV——Model X,如图 2 - 44 所示。

图 2 - 44　特斯拉 Model S(左)和 Model X(右)

以 2023 款 Model S 为例,该车长 4979 mm,宽 1964 mm,高 1445 mm,零百公里加速时间为 3.2 s,最高车速可达 250 km/h,CLTC 续航里程最高可达 715 km,这样的性能已经超过很多燃油车。

一些老牌的传统汽车厂商同样也推出一些电动汽车的产品或者概念车,如德国大众旗下的子公司奥迪汽车公司在 2019 年推出纯电动高性能 SUV——奥迪 e - tron,如图 2 - 45 所示。该车为了提高续航里程和电效率,车身采用轻量化设计,全铝车身框架搭配强化碳纤维材料,零百公里加速仅需 5.7 s,最高时速可达 248 km/h。

图 2 - 45　奥迪 e - tron SUV

奥迪公司还在研发核动力汽车,以核能这种清洁、高效的能源驱动汽车,并于 2018 年推出奥迪概念汽车 Mesarthim F - Tron Quattro,如图 2 - 46 所示。

图 2 - 46　奥迪核动力超跑概念图

除此之外,市场上还有氢能汽车(hydrogen internal combustion engine vehicle, HICEV)。这种汽车同样不会产生对于环境严重污染的尾气,氢能汽车要比完全以电能为能源的汽车续航能力要更强。氢能汽车的未来市场很广阔,美国、韩国、加拿大等都将氢能汽车的研究和广泛应用纳入长期发展计划之中。

中国的汽车企业对新能源汽车的生产和研发同样重视,如 2020 年 3 月 29 日,比亚迪公司发布了自研的、比磷酸铁锂电池更安全、效率更高的刀片电池,并首先搭载到了可选混合动力和纯电动的"汉"系列电动汽车上,如图 2-47 所示,不仅零百公里加速仅需 4.7 s,最大续航里程也达到了 605 km。除了私家车,比亚迪还推出了不少新能源商用车,比如城市公交车、城市垃圾车等,广泛地应用于国内许多大城市,并在海外市场中占据了一席之地。

图 2-47 比亚迪"汉"轿车

中国有相当庞大的新能源汽车的市场潜力,中国新能源汽车产销量和保有量多次名列世界第一。根据中国汽车工业协会《2022 年汽车工业经济运行报告》,2022 年,新能源汽车在国内汽车市场的占有率达到 25.6%,与传统汽车行业发展状况相比,市场占有率虽然略低,但增长趋势显著,其中纯电动汽车产销量分别增长 83.4% 和 81.6%,插电式混合动力汽车产销量分别增长 1.6 倍和 1.5 倍,燃料电池汽车产销量均增长 1.1 倍。

总的来说,新能源汽车在未来汽车行业有着广阔的应用前景和社会价值,虽然如今还面临着市场认可度低、普及率小、成本较高等问题,但随着电池技术的突破,汽车结构设计的优化,还有一系列相关技术的提升,新能源汽车在不远的将来必将取代传统的汽车,步入每个人的生活。

2.4.2 智能化汽车

在汽车发展的历史中我们可以看到,汽车的发展与人类数次工业革命的历程有着密切联系。18 世纪的第一次工业革命诞生了蒸汽机,出现了蒸汽机汽车;19 世纪的第二次工业革命诞生了内燃机,此时人类历史上产生了第一辆真正意义上的汽车;20 世纪的第三次工业革命,进入自动化时代,汽车开始普及;到了现在的 21 世纪,第四次工业革命开始,人类进入了智能化时代,人工智能、机器语言、5G 技术开始被应用到了汽车行业,智能汽车应运而生。

智能汽车是集多领域高新技术于一身的汽车载体,在使用中与汽车周围数据相结合,进行全程的路况分析,为使用者提供智能化数据,实现辅助驾驶甚至无人驾驶的功能,乃至满足万物互联、人机交互的各类功能需求。毋庸置疑,智能汽车时代将给汽车行业带来重大变革,随着智能技术的逐渐优化与完善,实现智能汽车与互联网技术的无缝连接,不仅可以使人们享受智能汽车带来的智能空间,还有助于缓解城市道路拥堵带来的环境污染问题。

当前,全球汽车企业和一些互联网巨头都在从各自行业优势入手,开辟智能汽车的技术路线。2012 年 8 月,谷歌宣布其研发的无人驾驶汽车(见图 2-48)已经在电脑的控制下安全行驶了 30 万英里。谷歌无人驾驶汽车依靠激光测距仪、视频摄像头、车载雷达、传感器等获得环境感知和识别能力,确保行驶路径遵循谷歌街景地图预先设定的路线。但由于装置价格昂贵,大约需 30 万美元,还难以大规模推广应用。

图 2-48 谷歌的无人驾驶汽车

国内的百度公司也在研究无人驾驶汽车项目。2013 年,百度深度学习研究院主导研发该项目,陆续推出 CarLife、MyCar、CoDriver 等产品。2016 年 9 月,百度与英伟达公司合作,共同搭建自动驾驶云平台。2018 年,百度 Apollo 无人车(见图 2-49)亮相央视春晚。同年,该车型在港珠澳大桥开跑,并在无人驾驶模式下完成"8"字交叉跑的高难度动作。

图 2-49 百度的 Apollo 无人驾驶汽车

与互联网公司不同,宝马、奔驰、奥迪、沃尔沃、丰田、福特等汽车巨头均选择了更具实用性的民用智能车技术路线。在技术装置方面主要采用常规的雷达、相机、传感器、摄像机等进行环境感知和识别,通过基于车联网的协同式辅助驾驶技术进行智能信息交互,结合 GPS 导航实现路径规划,并且更加注重智能汽车的交互性、互联性,在提高用户体验的同时降低成本。如沃尔沃公司正在研发构建智能化的 Sensus 汽车生态系统(见图 2－50),提供包括了互联、服务、娱乐、导航、控制在内的车载互联功能,为使用者提供便捷、安全、富有乐趣的车内互联体验。

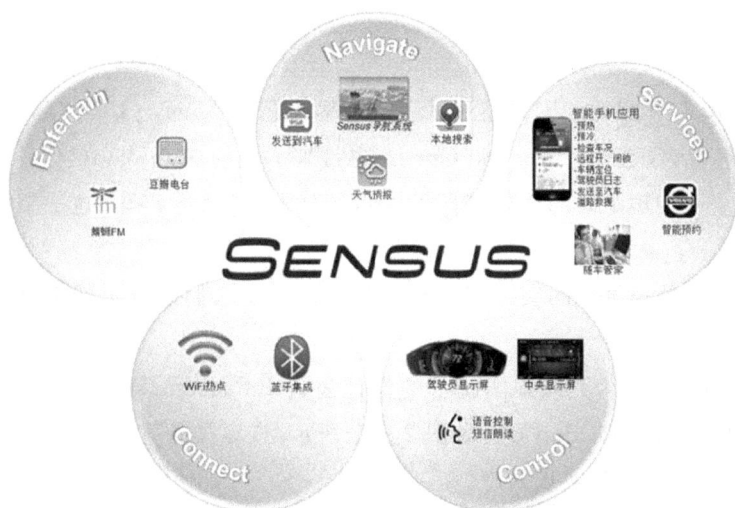

图 2－50　手机与汽车互联的 Sensus 汽车系统

奔驰 smart 也于 2018 年推出了极具科技感和未来感的概念车型,该车没有方向盘,可实现无人驾驶,还能与人智能交互,如图 2－51 所示。

图 2－51　奔驰 smart 智能汽车

虽然现在的智能汽车仍然面临着诸如安全性、经济性等因素的影响,但智能汽车是未来汽车发展的必由之路,智能汽车将颠覆当前的汽车交通运输产业的运作模式,使汽车交通系统的概念迎来变革。

2.4.3　多维度的汽车

汽车作为一种影响深远的交通工具,一直吸引着许多人对其展开天马行空的遐想。在许多经典科幻片中,总会出现一些让人印象深刻的未来汽车,这些汽车造型超前、功能丰富,既可以翱翔于天空,又能够行驶于水面,甚至是潜入海底,这些想象承载着设计者对未来的猜想——汽车将不仅仅只行驶于陆地这单一维度,而成为能够自由行驶于多维度的交通工具,无论是天空、海洋还是宇宙。

1. 飞行汽车

早在 1906 年,科学家在法国巴黎测试了第一辆飞行器 Vuia I;1917 年,美国"飞行汽车之父"格伦·柯蒂斯(Glenn Hammond Curtis)也带来了他的 Autoplane,但这辆汽车并未真正起飞,只实现了一些短距离的飞行式跳跃。这却标志着"飞行汽车"这一概念已经在一百多年前诞生。

如今,一些汽车公司推出的实际产品和概念车似乎将人们对汽车的美好想象带得更近了一些。

2017 年日内瓦车展上,大众集团旗下的设计公司 Italdesign 和空客公司联手推出了一个飞行汽车模型,名为 Audi Pop Up,如图 2-52 所示,该车具备垂直起飞和降落功能,而且是自动驾驶,预计于 2025 年实现量产。

图 2-52　Italdesign 公司和空客公司合作推出的 Audi Pop Up 汽车

2018 年 7 月,阿斯顿·马丁公司发布了 Volante Vision Concept 飞行汽车,如图 2-53 所示,他们将飞行汽车定位为私人豪华出行设备,为此在产品设计上加入了很多奢华元素。

图 2-53　阿斯顿·马丁设计的飞行汽车

　　2017 年,国内的吉利汽车公司宣布收购国外的 Terrafugia 飞行汽车公司,计划量产与交付首款商用化的飞行汽车——Transition,如图 2-54 所示。这款飞行汽车飞行高度可达 3048 m,在空中可实现续航里程 640 km,空中最高速度 161 km/h,空中油耗 16 L/h,而转换为汽车模式后则将采用纯电驱动以节省燃油。除此之外,吉利还推出了 TF-X 概念飞行汽车,如图 2-55 所示,有望在未来量产。

图 2-54　吉利推出的首款商用飞行汽车

图 2-55　吉利推出的 TF-X 概念飞行汽车

2. 水陆两栖车

有记载的真正意义上的水陆两栖车是第一次世界大战期间奥地利军队的水陆两栖车,但由于种种原因该车最终并未量产。第二次世界大战时,大众汽车公司为德国部队生产了上万辆 128 型和 166 型水陆两栖车,不过此时还只是停留在军用车的范畴。1961 年纽约车展上,真正的民用两栖汽车 AMPHICAR Model 770 问世,如图 2-56 所示。

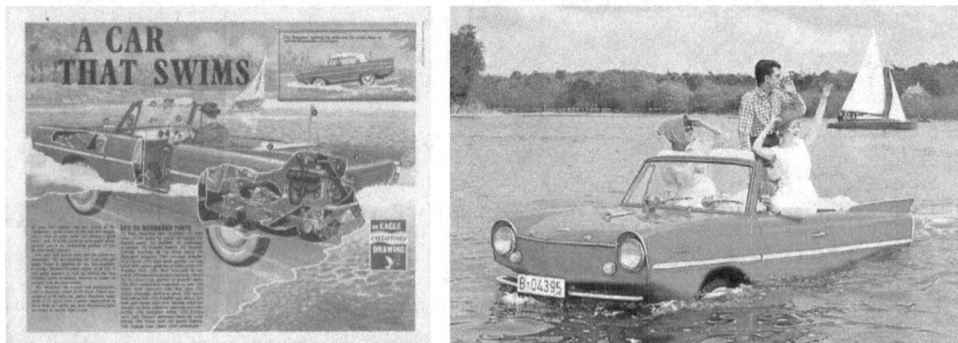

图 2-56 水陆两栖汽车 AMPHICAR Model 770

水上汽车的研发在 21 世纪也有了许多提升,如达顿公司(Dutton Surf)通过改装,推出了超级水陆两栖汽车——Python,如图 2-57 所示。

图 2-57 Dutton Surf 公司的超级水陆两栖汽车 Python

2023 年 1 月 5 日,中国自主汽车品牌比亚迪以"敢越星河"为主题,在深圳召开了"仰望"品牌技术发布会,正式发布了全新高端汽车品牌"仰望"及其核心技术"易四方",发布会中带来的一款自主研发的仰望 U8 车型引爆全场,如图 2-58(左)所示,搭载"易四方"和"云辇 P"技术的仰望 U8 不仅可以"坦克"掉头,还能在水中短暂行驶,实现应急脱困,如图 2-58(右)所示。

图 2 - 58　比亚迪仰望 U8(左)和浮水测试(右)

3. 太空汽车

还有一些汽车公司对未来汽车提出的构想更为科幻,2020 年 1 月,丰田和雷克萨斯的欧洲研发工作室就发布了关于未来太空汽车的概念设计,如图 2 - 59 所示,让人对未来太空汽车的存在不免产生向往。

图 2 - 59　丰田公司和雷克萨斯公司关于未来太空汽车的构想

思考题 2

1.蒸汽机汽车是在哪一年发明的? 为什么蒸汽机汽车没有得到广泛普及?

2.为什么汽车的发明日采用的是内燃机汽车的发明日,而不是蒸汽机汽车或者电动汽车的发明日?

3 世界上第一条汽车流水生产线是在哪一年建成? 简述其对汽车工业的影响。

4.为何德国大众的甲壳虫汽车会创造神话? 它对现代车型设计有何借鉴作用?

5.日本汽车工业的快速发展有什么值得我们借鉴的地方?

6.为何中国汽车工业发展的早期呈现"缺重少轻"的现象?

7.你觉得制约中国当前汽车工业发展的主要因素是什么?

8.你对中国汽车工业发展的前景有什么看法?

9.试展望 2030 年后世界汽车的发展和汽车工业的状况。

第3章 车辆对环境的影响

3.1 汽车排放法规

3.1.1 排放法规发展历程

排放法规是对汽车尾气相关成分含量的规定。汽车尾气中含有大量的有害物质,主要包括一氧化碳、氮氧化物、碳氢化合物和固体悬浮颗粒等,无论对环境还是人体健康都有着极大的威胁,欧美各国在上个世纪中旬便陆续开始制定相关的排放法规。

在空气污染防治方面,英国人最早付诸行动,1952年的伦敦雾霾事件让英国痛下决心整治空气污染。而世界上第一个汽车排放法规的出台,却要追溯到1966年的美国加州,而加州出台这一法规也同样是因为空气污染问题,1943年洛杉矶光化学烟雾事件导致了数百人死亡,众多植物枯死,因此演变而来对各个行业的污染物排放进行严格限制。各国排放法规的发展历程如图3-1所示。

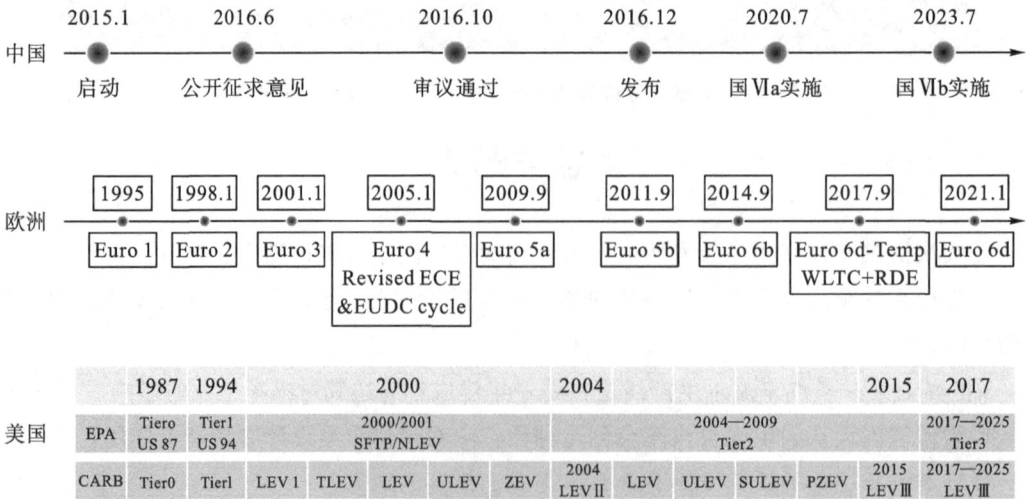

图 3-1 各国排放法规发展历程

图3-1中,EPA(Environmental Protection Agency)为美国国家环境保护署;Tier系列排放标准是EPA为减少发动机排放而制定的一系列标准,旨在逐步降低各种有害废气排

放,包括 Tier1-Tier3。CARB(California Air Resources Board) 为加州空气资源委员会,推出的排放标准等级包括:TLEV(transitional low-emission vehicle,过渡性低排放车),LEV(low-emission vehicle,低排放车),ULEV(ultra-low-emission vehicle,超低排放车),SULEV(super ultra-low-emission vehicle,高超低排放车),PZEV(partial zero-emission vehicle,部分零排放车),ZEV(zero-emission vehicle,零排放车)。

1. 欧洲排放法规

欧洲排放法规是由联合国欧洲经济委员会的汽车排放法规和欧洲共同体的汽车排放指令共同实现的,自 1992 年开始执行欧Ⅰ(欧Ⅰ型式认证排放限值)标准,1996 年实行欧Ⅱ标准(欧Ⅱ型式认证和生产一致性排放性排放限值),然后形成了四年周期,即平均四年就推出下一级别的排放法规。而欧盟的排放法规由于其成熟与严谨性,成为了大部分国家制定法规时的参考标准。值得注意的是,在 2000 年欧Ⅲ标准实施之前,对汽车排放烟雾都没有要求,而在此之后加入了对该项的限制要求。

2. 美国排放法规

美国排放法规以加利福尼亚州(加州)为代表。自 20 世纪 50 年代起,美国加州空气资源委员会为限制汽车废气对环境的污染制定了相关排放法规,经历不断发展,其制定的法规标准除了在该地区实行以外,还被世界其他国家借鉴和使用。其主要的发展历程为:1959 年,开始控制汽油 CO 和 HC 尾气排放,制定了大气质量标准。1961 年强制执行排放标准。1964 年,要求 1966 年生产的汽车采用最小排放控制系统,并首次制定有关 HC 和 CO 的尾气排放标准。1967 年,获许执行自订的排放标准。1975 年,第一次采用法规减少汽车臭氧排放。1978 年,开始实施 HC 排放标准,并针对不同发动机采用不同的 HC 标准。1988 年,要求从 1994 年开始生产的汽车装备汽车诊断仪,检测汽车排放,同年,采纳 LEV Ⅱ排放标准。1993 年至 2003 年,实施 Tier 1 和 TLEV 标准。2004 年至 2010 年,开始实施 LEV Ⅱ标准。LEV Ⅲ加州法规在 2015 年至 2025 年分阶段实施,并于 EPA Tier3 逐步统一要求。

3. 我国排放法规

与欧洲相比,我国在排放法规领域起步晚了 9 年,2001 年才在全国范围内开始执行国Ⅰ标准,接下来以约三年一周期的速度推出新级别法规。在日益严重的环境污染和空气污染下,我国在 2018 年 1 月刚实施国Ⅴ标准的情况下,又立马把国Ⅵ提上了议程,于 2020 年在全国范围内实施国Ⅵ标准。2016 年 12 月 23 日,原环境保护部、原国家质检总局发布《轻型汽车污染物排放限值及测量方法(中国第六阶段)》,自 2020 年 7 月 1 日起实施。2018 年 6 月 22 日,生态环境部、国家市场监督管理总局发布《重型柴油车污染物排放限值及测量方法(中国第六阶段)》,自 2019 年 7 月 1 日起实施。2021 年 7 月起,我国全面实施重型柴油车国Ⅵ排放标准,标志着我国汽车标准全面进入国Ⅵ时代,基本实现与欧美发达国家接轨。2023 年 7 月 1 日起,全国范围全面实施国Ⅵ排放标准Ⅵb阶段,禁止生产、进口、销售不符合国Ⅵ排放标准Ⅵb阶段的汽车。

3.1.2 我国国Ⅵ排放法规标准

1. 基本内容

我国国Ⅵ标准在排放物限制上既参考了欧Ⅵ标准,又参考了美国的 EPA Tier3 标准的 OBD 和蒸发排放等要求,因此也被称为"全球最严"标准。由于国Ⅵ排放标准相比国Ⅴ排放标准升级幅度较大,因此设置了国Ⅵa和Ⅵb两个阶段,其中在国Ⅵb阶段,多数指标相比国Ⅴ的标准严格了50%。据测算,按照国Ⅵ排放标准,轻型汽油车的一氧化碳、碳氢、非甲烷总烃和氮氧化物排放将比国Ⅴ阶段降低 50%左右,颗粒物排放降低 40%左右;对于重型柴油车,氮氧化物和颗粒物将比国Ⅴ阶段降低 60%以上。按照汽车尾气占一线城市大气污染20%~40%的比例计算,实施国Ⅵ能为城市空气质量带来 10%以上的明显提升。

轻型车国Ⅵ排放标准改变了以往等效转化欧洲排放标准的方式,邀请汽车行业全程参与编制,充分听取专家学者和企业界的意见和建议。编制组开展了大量的调查研究工作,共分析汇总 8600 种国Ⅴ车型排放数据,调查了 50 万辆轻型车行驶里程情况,设计开展了验证试验。轻型车国Ⅵ标准的重要意义体现在:一是从以往跟随欧美机动车排放标准转变为大胆创新,首次实现引领世界标准制定,有助于我国汽车企业参与国际市场竞争,推动我国汽车产业发展;二是在我国汽车产能过剩的背景下,可以起到淘汰落后产能、引领产业升级的作用;三是能够满足重点地区为加快改善环境空气质量而加严汽车排放标准的要求。

轻型车国Ⅵ标准在技术内容上具有六个突破,一是采用全球轻型车统一测试程序,全面加严了测试要求,有效减少了实验室认证排放与实际使用排放的差距,并且为油耗和排放的协调管控奠定基础;二是引入了实际行驶排放(real drive emission,RDE)测试,改善了车辆在实际使用状态下的排放控制水平,有利于监管,能够有效防止实际排放超标的作弊行为;三是采用燃料中立原则,对柴油车的氮氧化物和汽油车的颗粒物不再设立较松限值,而是对汽柴油车采用了相同的限制要求;四是全面强化对挥发性有机物(volatile organic compounds,VOCs)的排放控制,引入 48 小时蒸发排放试验以及加油过程 VOCs 排放试验,将蒸发排放控制水平提高到 90%以上;五是完善车辆诊断系统要求,增加永久故障代码存储要求以及防篡改措施,有效防止车辆在使用过程中超标排放;六是简化主管部门监督检查的规则和判定方法,使操作更具有可实施性。

为保证汽车行业有足够的准备周期来进行相关车型和动力系统变更升级以及车型开放和生产准备,轻型车国Ⅵ标准采用分步实施的方式,设置国Ⅵa和Ⅵb两个排放限值方案,已于 2020 年 7 月和 2023 年 7 月实施。目前,标准实施的行业生产和油品条件也已初步具备。多家轻型汽车生产企业已基本完成符合轻型车国Ⅵ标准样车的开发工作。国家市场监督管理总局、国家标准委也已于同期批准发布了第六阶段车用汽、柴油国家标准。

2. 与国Ⅴ排放法规的对比

从表 3-1 中可见,相对于国Ⅴ排放法规,国Ⅵ法规在测试上和排放限值上都有更严格的要求,在试验方面:Ⅱ型试验由双怠速试验改为实际行驶污染物排放试验,并且国Ⅵb要求使用车载排放测试系统进行 RDE 测试,并进行排放评估,已于 2023 年 7 月 1 日实行;Ⅲ型曲轴箱污染物排放试验规定发动机曲轴箱通风系统不允许将污染物从曲轴箱里排放到大气中,对没有曲轴箱强制通风的汽车,应将曲轴箱污染物计入排气污染物总量;Ⅳ型蒸发污染物排放试验借鉴了美国蒸发排放测试规程,提高了测试要求,加入了燃油排放泄漏诊断模块(diagnostic module tank leakage,DMTL);Ⅴ型污染控制装置耐久性试验将要求提升到 200000 km;Ⅵ型低温冷启动排气污染物排放试验提高了针对−7 ℃污染物测试要求;Ⅶ型加油污染物排放试验参考了美国加油排放标准,采用了车载加油回收系统(onboard refueling vapor recovery,ORVR);在 OBD 检测中,国Ⅴ是检测失火、催化器、氧传感器三项功能和一项电气元件性能,而国Ⅵ是检测失火、催化器、氧传感器三项功能并抽检其他列入监测的任意两项功能。在测试工况方面,国Ⅴ法规排放和油耗试验都采用新欧洲驾驶循环(new european driving cycle,NEDC)工况,国Ⅵ法规仍然使用 NEDC 作为油耗试验循环,但采用了更为严格的世界轻型车测试循环(world light vehicle test cycle,WLTC)工况作为排放试验循环。

表 3-1 国Ⅴ国Ⅵ试验对比

试验类型	国Ⅴ	国Ⅵ
Ⅰ型试验	常温下冷启动排气污染物排放试验	
Ⅱ型试验	双怠速试验	实际行驶污染物排放试验
Ⅲ型试验	曲轴箱污染物排放试验	
Ⅳ型试验	蒸发污染物排放试验	
Ⅴ型试验	污染控制装置耐久性试验	
Ⅵ型试验	低温冷启动后排气污染物排放试验	
Ⅶ型试验	无	加油污染物排放试验
OBD	3+1	3+2

从表 3-2 中可见,在对污染物的排放限值上,国Ⅴ发展到国Ⅵ的主要变化是:①增加了 N_2O 污染物限值;②增加了汽油 PN 值,2021 年 1 月 1 日前,汽油车 PN 适用于 6×10^{12} 个/千米的过渡值;③汽油车与柴油车统一了限值;④国Ⅵb 限值大幅降低。

表 3-2 试验排气部分污染物的限值对比(第一类车)

污染物	THC /(mg·km^{-1})		CO /(mg·km^{-1})		NO$_x$/(mg·km^{-1})		PN /(个·千米$^{-1}$)		PM /(mg·km^{-1})	
	汽油	柴油	汽油	柴油	汽油	柴油	汽油	柴油	汽油	柴油
国Ⅴ	100	—	1000	500	60	180	无	6×10^{11}	4.5	4.5
国Ⅵa	100		700		60		6×10^{11}		4.5	
国Ⅵb	50		500		35		6×10^{11}		3	

3. 与欧Ⅵ排放法规的对比

从表 3-3 中可见,相对于欧Ⅵ排放法规,国Ⅵ法规主要有以下几方面不同:

(1)对Ⅰ型试验的测试程序进行了修改,采用全球技术法规轻型车测试程序;

(2)Ⅱ型试验改为 RDE 试验,并对Ⅳ型试验进行了修改;

(3)Ⅶ型试验增加对柴油车以及 NO_x 的控制要求;

(4)增加了对加油过程污染物排放试验要求并加严了各项污染物排放限值;

(5)增加了炭罐有效容积和初始工作能力的试验要求;

(6)增加了催化转化器载体体积、贵金属总含量及贵金属比例的试验要求;

(7)修订生产一致性检查的判定方法,新增催化转化器、炭罐的生产一致性检查要求;

(8)在用符合性增加了蒸发排放和加油过程污染物排放的检查要求;

(9)增加了对型式检验样车的确认检查;

(10)修改了 OBD 以及试验用基准燃料的技术要求。

表 3-3　汽油车试验排气部分污染物的限值对比(第一类车)

污染物	THC /(mg·km^{-1})	CO /(mg·km^{-1})	NO_x /(mg·km^{-1})	PN /(个·千米$^{-1}$)	PM /(mg·km^{-1})
国 Ⅵa	100	700	60	$6×10^{11}$	4.5
国 Ⅵb	50	500	35	$6×10^{11}$	3
欧 Ⅵ	1000	100	60	$6×10^{11}$	4.5

3.1.3　针对排放法规的技术路线

面对空前严格的排放法规,为了达到相应标准,需要在目前的技术水平上进行提升,主要的对策有以下几个方面。

1. 燃油供给系统的改进

首先需要调整优化的就是炭罐,如图 3-2 所示,因为根据国Ⅵ排放标准的要求,在加油过程中需要对油箱出来的蒸汽进行回收,该蒸汽需要通过活性炭罐过滤,然后再排放到大气中。在国Ⅵ标准中加油过程污染物排放试验要求排放量应小于 0.05 g/L,而且新增加车载加油油气回收系统,要求更加严格。一般应对措施是:①增大炭罐 2~3 倍;②应用高性能炭粒,如圆柱状炭粒。

国Ⅴ　　　　　　　国Ⅵ

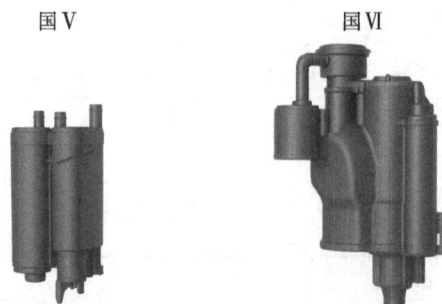

图 3-2　国Ⅴ与国Ⅵ标准的炭罐对比

车辆的油箱也要做相应的变化,如图 3-3 所示,国Ⅵ标准中蒸发污染物排放试验要求排放限值不超过 0.7 g/test,相比于国Ⅴ排放限值不超过 2.0 g/test,加严了渗透排放测试的要求。在油箱材料方面,应用多层材料,减少渗透排放;在燃油箱总成方面,油箱总成及管路设计优化减少蒸发渗透,国Ⅴ所有阀门采用穿透性焊接,阀门、管路等均可在外表面看到,国Ⅵ燃油箱采用内置阀管总成,无法在外侧看到。

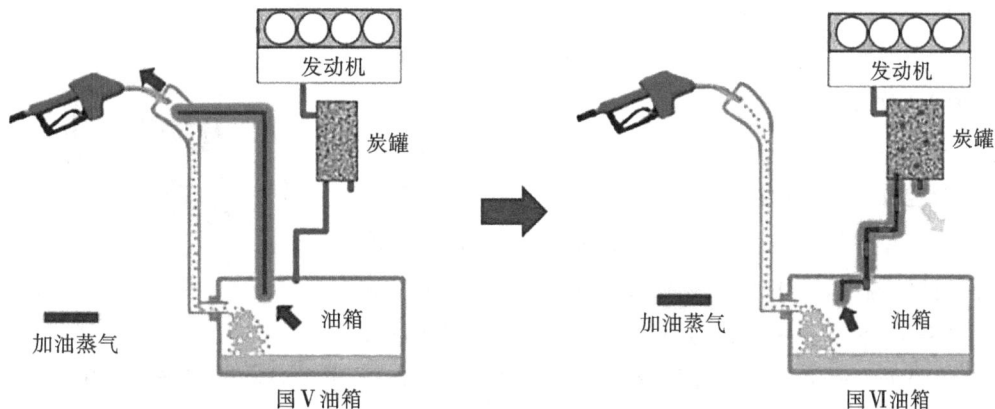

图 3-3　国Ⅴ与国Ⅵ燃油供给系统的对比

2. 后处理的改进

发动机后处理示意如图 3-4 所示,由于对尾气排放物要求更加严苛,具体措施包括:优化催化器涂层(KAT 增加贵金属涂覆量),一般做法都是将三元催化器载体的目数由 400 提升至 600(每平方英寸上孔的数量),同时对壁厚及贵金属配比进行调整,从而提升催化转化效率,改善颗粒物排放;增加颗粒捕集器、压差传感器和前后温度传感器;增加二次空气系统用于颗粒捕集器再生;改用线性氧传感器;增加蒸燃油排放泄漏诊断模块和制动电子真空泵。

相比国Ⅴ的车型,国Ⅵ柴油机上普遍在选择性催化还原系统的基础上增加了柴油氧化催化器和颗粒捕捉器系统。后处理机构的增加必然会让排气管的布局更加复杂。部分卡车的国Ⅵ后处理会有氨逃逸催化器,通过催化氧化作用降低选择性催化还原系统后端排气中泄漏出的氨。而重型商用车主要的技术路线是排气再循环,燃烧后将没有燃烧完全的气体重新进入发动机燃烧的技术(手法或方法)。主要目的为降低排出气体中的氮氧化物(NO_x)与没有充分燃烧的气体再次燃烧,提高材料利用率。

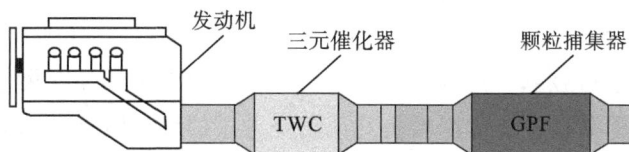

图 3-4　发动机后处理示意

3. 缸内技术的改进

对于汽油机来说,为改善缸内燃烧,普遍的做法都是提升喷射压力,提升汽油的雾化效果。对于汽油机例如目前上汽通用的第八代 Ecotec 发动机就将喷油嘴的喷射压力提升到了 35 MPa,同时采用可变截面涡轮增压系统(variable geometry turbocharger,VGT)、可变涡流进气歧管等技术改善缸内燃烧,提升效率。对于汽油机缸内燃烧的改进,主要采用缸内直喷技术,如图 3-5 所示,采用均质燃烧或分层燃烧的方式提高燃烧效率,改善排放。为了避免高速大负荷区域混合气加浓,可解决的措施包括:排气歧管集成冷却水套降低排气温度;采用低压冷却 EGR 进而抑制爆震,降低排气温度;采用喷水技术来抑制爆震,降低排气温度;同时采用 48 V 系统混合动力避免内燃机工作在高速大负荷区。降低启动和暖机过程的混合气加浓程度则需要通

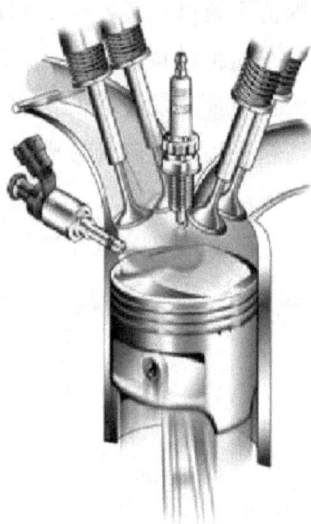

图 3-5　国Ⅵ汽油机缸内直喷技术

过改善混合气制备,使燃油与空气更好地混合,相应的措施有:优化进气系统,对于增压发动机可以改进进气系统增大滚流比;增大气门重叠角,利用内部 EGR 加热混合气改善冷机阶段的燃油雾化条件;降低喷油器的平均颗粒大小;提高冷机阶段的系统压力,采用多孔喷油器,优化喷射导向。

对于柴油机来说,其燃油喷射系统主要采用电控高压共轨技术,如图 3-6 所示,少数产品采用电控单体泵和泵喷嘴。高压喷油的基本目的是改善雾化质量,是满足国Ⅳ排放法规要求的有效技术之一。目前,泵喷嘴系统喷油压力可达 200 MPa 以上,美国威斯康辛大学开发的电控泵喷嘴系统最高喷油压力已达 260 MPa;博世公司第 1 代共轨系统的喷油压力只有 135 MPa,第 2 代达到 160 MPa,第 3 代已经达到 180 MPa,第 4 代将增大到 220 MPa。新型电控喷油系统的最高喷油压力已超过 150 MPa,超高压电控喷油系统的最大喷射压力可达 300 MPa。高喷油压力对喷油系统的可靠性提出更高要求,而先进的喷油系统可使喷油压力达 250 MPa 以上。泵喷嘴系统在喷油压力方面有比较明显的优势,而电控共轨燃油系统在柔性控制性方面优点突出。因此,将高喷油压力和柔性控制集于一身的具有高压和高灵活性的喷油系统则代表了未来柴油机电控喷油系统的发展方向。

除此之外,改进燃烧模式也是有效的措施,柴油机主要需要克服的排放是 PM 和 NO_x,目前正在研发适应未来需求的均质充量压燃模式(homogeneous charge compression ignition,HCCI)和低温燃烧(low temperature combustion,LTC)模式。HCCI 燃烧即在燃烧开始前尽可能在气缸内形成均匀的油气混合气,以改善由于燃油在燃烧室空间内分布不均而带来的排放问题,目前主要的困难是其他燃烧方式的燃烧特性(如燃烧始点、燃烧持续期、放热率重心等)主要由喷油时刻和气缸内的状态(温度、压力等)决定,而 HCCI 燃烧方式的燃烧过程则主要由燃烧反应的化学动力学决定,这使得 HCCI 燃烧的可控程度较小,且

HCCI 所能实现的工况范围较窄。LTC 燃烧主要是为了解决柴油机的 PM 和 NO_x 排放的折中问题,一般通过控制 EGR 率来实现。LTC 燃烧目前存在的主要问题是 LTC 一般是在小负荷工况下实现的,其与 HCCI 一样面临着负荷拓展以及 CO 和 UHC 排放过高的问题。目前主要是通过对喷油时刻的控制、对燃烧室形状的改进等措施改进缸内的混合气分布和流动状态(滚流、涡流)等对其进行改进。通过对燃油喷射系统、缸内燃烧系统的改进能够从反应机理层面减小反应物的生成,进而减轻后处理系统的压力。

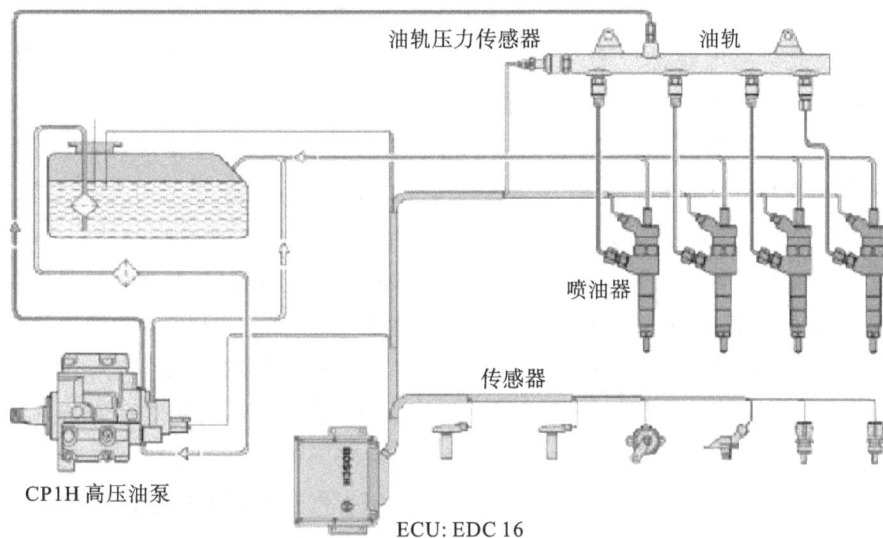

图 3-6　国Ⅵ柴油机高压共轨技术

3.2　车辆试验

3.2.1　车辆试验分类

车辆试验指在指定的试验场所,使用专用的仪器设备,依照试验大纲及有关标准,对汽车或总成部件进行各种测试的过程。指定的试验场所指专用试验场、其他专用场地或实验室,可以根据需要在常规道路或典型地域进行相关试验,如限定工况的实际行驶试验或地区适应性试验等。车辆试验的作用包括改进设计、评价性能和故障诊断。

车辆试验按目的可分为质量检查试验、新产品定型试验、科研型试验。按试验对象可分为整车试验及总成试验、零部件试验。按试验方法可分为室内台架试验、室外道路试验、试验场试验。

汽车试验过程包括三个阶段:试验准备阶段、试验实施阶段(启动阶段、工况监测、等样读数、数据校核)、试验总结阶段(定性分析、数据处理、评价结论、写实验报告)。

3.2.2 典型试验装置和试验设施

1. 典型试验仪器

典型的车辆试验仪器包括车速测量仪、燃油消耗量测量仪、陀螺仪、负载拖车等。

车速测量仪的主要功能是测量并记录汽车行驶过程的速度、时间和位移。常用的车速测量仪包括第五轮仪、光电式车速测量仪、GPS定位车速测量仪。

五轮仪固定在试验车尾部或侧面,当其随汽车运动而转动时,磁电传感器由于齿圈齿顶、齿谷交替变化产生电脉冲进而对汽车速度进行测量。该设备体积相对较大、不利于携带、仪器安装便捷性不好,目前已较少使用。光电式车速测量仪是利用空间滤波原理检测车速的非接地式测速仪,与五轮仪相比,光电式车速仪安装方便、测量精度高,适用于高速测量,最高测量车速可达 250 km/h,但其光源耗电量大,并且在车速很低时测量误差大,小于 1.5 km/h 时不能测量,同时在冰雪路面上由于低附着系数无法实现光线的良好反射,导致信号丢失,仪器失效。GPS定位车速测量系统使用高性能的卫星接收器,利用位置已知的卫星的三维坐标来确定被测目标的三维坐标,根据卫星发射的无线信号的传播延时结合测量得到的各卫星与目标位置的距离确定被测目标在地面上的位置,计算被测目标的位移和速度。

燃油消耗量测量仪又称油耗仪,如图 3-7 所示,它可测量某一段时间间隔或某一里程内通过管道的总体积或总质量。油耗仪按其测量方法不同可分为质量式油耗仪和容积式油耗仪。这两种油耗仪都能连续、累积测量油耗,都可用于汽车燃料消耗量台架试验。

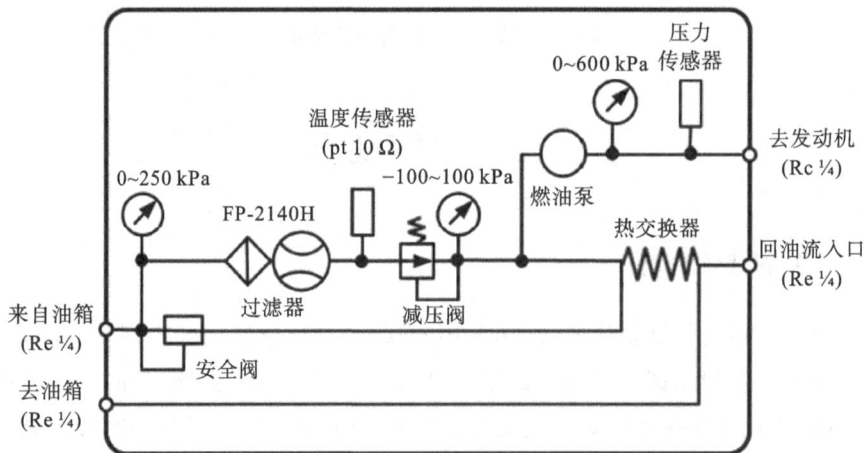

图 3-7 汽油机油耗仪

质量式油耗仪通过测定消耗一定质量燃料所用的时间或测量规定时间消耗的燃油质量计算耗油量,测量准确度不受发动机供油系统燃油回流的影响。该方法不适用于动态测试,一般不能用于道路试验,多用于台架试验。容积式油耗仪通过测定消耗一定体积的燃油所需时间来计算容积油耗量。燃油流量过高时,过大的压力下降可能会影响发动机的供油性能,流速低时,由于通过传感器元件泄漏,测量准确度有下降的趋势,尤其是怠速泄漏,将导致准确度下降。

在汽车操纵稳定性试验中,经常要在汽车运动状态下测定某些动态运动参数,如汽车前进方位角、汽车横摆角速度及纵倾角(俯仰角)等,这些运动参数通常用陀螺仪进行测量。如图 3-8 所示,陀螺仪是一个安装在内、外框架上能高速旋转的转子,并且该转子还能在框架内绕自转轴线上的一个固定点向任意方向回转。陀螺仪主要包括垂直陀螺仪和角速度陀螺仪,垂直陀螺仪是具有保持自转轴垂直的三自由度陀螺仪,由三自由度陀螺仪、修正装置和指示机构或角度传感器等部分组成,可测量汽车车身侧倾角和俯仰角。角速度陀螺仪又称二自由度陀螺仪,用来测定汽车的横摆角速度,其通常刚性安装在汽车地板上,安装时应保证其敏感轴与地垂线平行。汽车在稳态转圈时,车身侧倾角对横摆角速度输出的影响很小,在转向和制动联合作用时,应进行修正,角速度陀螺仪还应保证输入频率在 0~2.5 Hz 范围内,其输出是线性的。

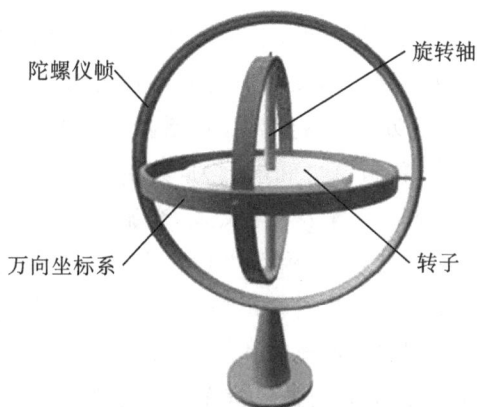

图 3-8　陀螺仪示意图

负荷拖车用以给试验车辆提供负荷,是一种现代化的车辆测试设备,利用该设备可以在平坦的试验路面上模拟车辆的各种行驶工况,按有无动力可分为有动力负荷拖车和无动力负荷拖车。主要由功率吸收器、力传感器、速度传感器、手控盒和计算机等组成。负荷拖车的车轮轮轴通过传动系与功率吸收器相连,当拖车由车辆牵引前进时,车轮滚动带动转子转动,功率吸收器开始吸收能量,负荷拖车产生负荷,力传感器受载,将载荷转换为电信号并输入计算机进行处理,同时速度传感器产生脉冲信号输入计算机。手控盒上两个调节开关用于调节拖车速度大小与负荷大小。

2. 典型试验设施

1)转鼓试验台

转鼓试验台也称作底盘测功机,如图 3-9 所示,是检测汽车底盘输出功率及其相关参数的一种检测设备。它以转鼓表面模拟路面,通过加载装置给转鼓轴加载负荷以模拟汽车在实际行驶时的阻力,以可调风速的供风系统提供汽车迎面行驶风,从而在室内实现汽车道路行驶工况的模拟。转鼓试验台可分为单转鼓试验台和双转鼓试验台,单转鼓直径较大、试验精度比较高,主要用于汽车制造厂和科研单位;双转鼓直径小、试验精度低、使用较为方便,适用于对汽车技术状况检查和故障诊断。

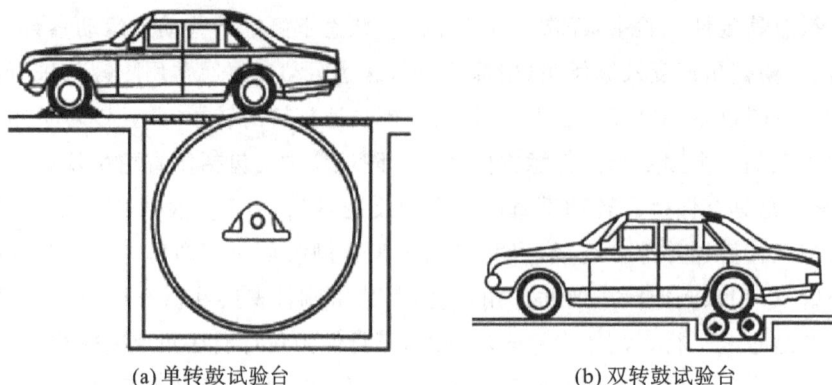

(a) 单转鼓试验台 　　　　　(b) 双转鼓试验台

图 3-9　转鼓试验台

转鼓由加载装置、测量装置、转鼓组件、举升装置、纵向约束装置以及测控管理系统等组成。加载装置用于模拟汽车在公路上行驶时所受的各种阻力,其根据介质不同可分为水力测功机、电力测功机和电涡流测功机。测量装置包括测力装置、测速装置和功率指示装置,测力装置主要可分为液压测力、机械测力和电测力,其中机械测力装置可靠且精确,其测量精度在5%以内,但成本较高;测速装置多为电测式,交流发电机的电压测速装置精度较高。转鼓试验组件主要包括转鼓和飞轮,飞轮用于调节惯量,模拟非稳定工况的汽车质量。在转鼓试验台上可进行的试验包括汽车输出轮输出功率测试、汽车滑行能力测试、汽车传动系统传动效率测试、车速表与里程表校准、汽车加速性能、最大爬坡度、最大车速测试。转鼓试验台与排气分析仪和油耗仪配合使用,还可测试汽车多工况排放指标和油耗指标。

2)道路模拟试验机

将整车或车辆的部分总成、构件置于道路模拟试验机上,如图3-10所示,通过激振机构进行加振,所施加的振动能尽量正确地再现实际车辆上产生的现象。其优点是试验条件恒定,可实施复杂的振动测试,可精确地测定和观察汽车各部分的振动状态。道路模拟试验机主要研究汽车振动性能,包括汽车平顺性、悬架特性研究评价、模态试验等,同时可对汽车结构耐久性试验进行研究。

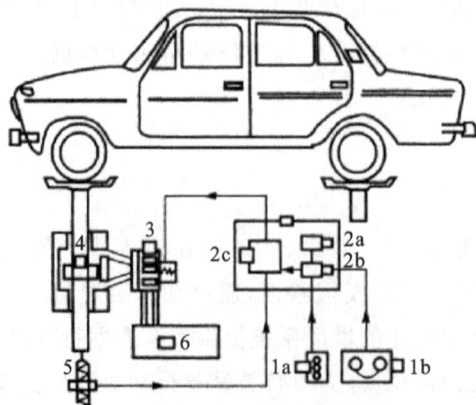

1a—遥控台;1b—磁带记录仪;2a—标准信号发生器;2b—放大器;2c—校正放大器;3—电子伺服阀;4—工作油缸;5—位移传感器;6—油压泵。

图 3-10　道路模拟试验机

道路模拟试验机的基本组成包括信号产生系统、电控系统、伺服控制系统、机械执行系统、动力供给系统。其中闭环数控系统是实现室内再现技术的关键。试验时,将规定的载荷谱输入到计算机中,经数模转换器,将数字信号转变为模拟信号,通过功率控制器去控制激振器的动作,以进行各种试验。各种传感器从被测对象上取出各种加载后的信息,经由电荷放大器输入到数模转换器,将模拟量数字化。数字量的信息进行快速傅里叶解析,再将修正的频谱重新传递给加载系统。

3)内燃机高海拔模拟试验台

高海拔(低气压)模拟试验台可以在平原地区模拟高原环境的大气状况进行内燃机性能试验,研究并评价内燃机及其附件在不同海拔高度环境的动力性、经济性、排放以及启动性能。通过进气节流降压实现进气压力的模拟,通过真空泵从排气稳压箱中抽取真空来实现排气背压的模拟,通过进排气稳压箱相连来实现曲轴箱内压力的模拟。

试验台不仅可对发动机不同海拔高度下的动力性、经济性以及排放性进行试验研究,还可以通过试验研究发动机附件在不同海拔高度下的适应性问题,如发动机打气泵在不同海拔高度下压力的变化情况、风扇转速的变化情况以及发动机水箱压力变化等。

4)高低温模拟实验室

通过高低温模拟实验室可了解汽车在高温、低温环境下的工作性能及部件老化情况。其中高温试验室主要包括日照装置、供风系统、加热装置和路面辐射装置等,用于评价汽车主要部件保持适度的温度能力,检测内容包括冷却性能试验、动力性能试验、耐热性能试验以及空调性能试验等。低温试验室主要包括低温试验间、制冷机房和制冷系统、换气系统、冷却水系统、测控及观察间、数据采集与处理系统、通用系统及配电动力系统等,检测内容包括发动机的启动性能试验、发动机低温行驶性能匹配、汽车行驶安全性检验、汽车寒区适应性试验、刮水器等总成的低温性能试验、非金属零件的低温适应性试验、汽车燃油、润滑油、液压油等的低温性能验证试验和其他必要的低温性能、低温适应性试验。

5)消声室和混响室

消声室是在闭合空间内建立的自由声场室内,根据空间吸声面数量可分为全消声室和半消声室。半消声室内五面装有吸声体,地面为水磨石,作为声音发射面,可模拟汽车行驶时的声音反射特点;全消声室示意如图 3-11 所示。消声室的主要功能包括自由场空间,即声波在无限大空间里传播时,不存在任何反射体和反射面,其还可以提供低背景噪声的环境以适应测试环境的要求,另外可对尖劈吸声系数为 0.99 的最低频率(截止频率)进行研究。在消声室进行的试验项目包括发动机声功率级测量、声场分布、1m 声压级测量、排气噪声研究测量、传动系噪声研究、启动机噪声研究、电喇叭频谱分析及可靠性试验、声学仪器的计量等。

混响室是一个能在所有边界上全部反射声能并在其中充分扩散,形成各处能量密度均匀、在各传播方向作无规则分布的扩散声场试验室,其可用于机器声功率级的测量、汽车车身隔音性能研究、吸声材料系数的测量等,消声室和混响室联合使用可用于材料隔声性能的研究。

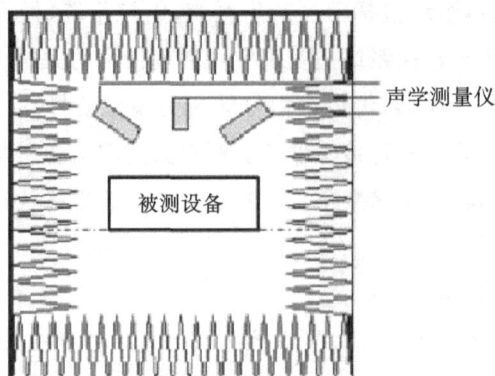

图 3-11　全消声室示意图

6)汽车风洞

汽车风洞是用来研究汽车空气动力学的常用手段,在进行汽车试验时产生和实际道路上行驶的气流流动状态相同或接近的流场。汽车风洞从结构上可分为回流式和直流式,回流式汽车风洞结构示意如图 3-12 所示,回流式汽车风洞又可分为单回流式和双回流式。风洞试验形式一般分为开口试验段、闭口试验段和开槽壁试验段。根据风洞的功能可对风洞划分不同类型,空气动力风洞分实车风洞和模型风洞,实车风洞主要进行实车或全尺寸模型的空气动力试验,而模型风洞进行缩尺寸的空气动力学试验,缩尺模型的试验费用低,改动方便,目前应用较广。噪声风洞用于研究气流造成的车体噪声,如风噪声、漏风噪声等噪声风洞的设计是通过在风道顶盖和围墙加吸声材料、在转角叶片加吸声材料并整形等,使试验段成为无回声室,进而降低风洞背景噪声来测量汽车风噪。气候风洞用于汽车的环境适应性试验,气候风洞的阻塞度修正因子需通过在大型风洞或道路上校测来确定,并据此对风洞的气流速度进行调整,同时还可采用缓冲板等辅助设备,以使汽车表面上的压力分布尽可能与道路上的表面压力分布一致。

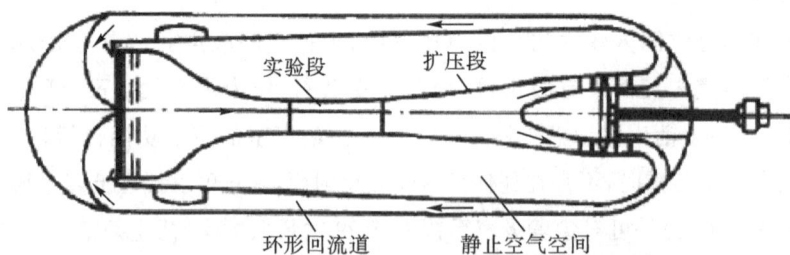

图 3-12　回流式汽车风洞结构示意图

风洞特性方面,实车风洞的最大试验风速至少不低于汽车的最高车速,而在最大风速方面,目前奔驰和日产等公司的汽车风洞最大风速超过 270 km/h,随着轿车的空气阻力系数越来越小,其空气动力特性对风速越来越敏感。风洞收缩比的选择直接关系到风洞试验段气流的紊流度、均匀度等。现有的风洞的收缩比很广,从 1.45：1 到 12：1,为将紊流度降低到一定水平,汽车风洞的收缩比通常最低选用 4 ∶ 1。

3.3　汽车对环境的影响

3.3.1　汽车制造及报废对环境的污染

1. 汽车制造过程中对环境的污染

汽车的塑料铸件中使用氟利昂作为发泡脱沫剂,氟利昂对臭氧层有破坏作用;铅基涂料会造成铅污染;油漆溶剂的散逸也会造成污染;铸造过程中产生的粉尘、烟尘、废沙等;冲压过程中板材酸洗液排放、噪音、清洗废液等;焊接过程中光污染、烟尘、噪音等;涂装过程中各种废液排放等以及机加产生的废液、切屑、表面处理废液等都会对环境造成污染。

汽车制造污染防治措施主要从废水污染防治处理、废气污染防治处理及噪声污染防治处理三个方面进行分析,寻求最佳污染防治处理模式,从根本上减轻环境污染。

2. 汽车报废过程中对环境的污染

1)报废汽车的环境污染和其他问题

(1)露天堆放:占用土地、鼠害虫害、钢铁零件锈蚀、增加拆卸难度及清洗难度、经日晒雨淋污染环境、影响景观,如图 3-13 所示。

图 3-13　报废汽车露天堆放

(2)润滑油:滴漏、人为随意排放或焚烧,导致地表水和地下水污染、土壤污染、大气污染。

(3)蓄电池:硫酸和重金属铅污染水体、土壤,直接或间接危害人体健康。

(4)废旧轮胎:堆放场占用土地,处理时造成严重的大气和水体污染,如图 3-14 所示。

(5)发动机冷却剂:含有毒物质乙二醇,处置不当可能会使人中毒。

(6)空调制冷剂:部分报废汽车的空调制冷剂为 CFC-12,散逸出或人为放掉后对臭氧层造成破坏。

(7)破解或拆解:烟气、铁锈和油漆粉尘、废渣等。

(8)拼装车:经非法渠道拼装后重新上路,耗油量大,尾气和噪声污染更严重,交通隐患更突出。

（9）在车辆拆卸、处理过程中会产生大量固体废弃物、废水、废油等，一方面占用大量土地，另一方面，废机油会随雨水漫流，污染周边环境。

图3-14　汽车废旧轮胎堆积

2）治理措施

（1）国家应对报废汽车回收企业实行严格的资格认定制度。报废汽车回收企业必须符合国家规定的有关资质条件，取得报废汽车回收企业资格认定外的任何单位和个人不得从事报废汽车回收活动。不具备条件取得报废汽车回收企业资格认定或者未取得报废汽车回收企业资格认定从事报废汽车回收活动的企业或个人，应给予严惩。

（2）政府各部门应加大对报废汽车回收企业的监管力度，认真执行国家对报废汽车制定的政策。经济贸易管理部门对报废汽车回收企业实施经常性的监督检查，发现报废汽车回收企业不再具备规定条件的，应当立即告知原审批发证部门注销营业执照。公安机关对其治安状况实施监督，堵塞销赃渠道。工商行政管理部门对其经营活动实施监督：对未取得报废汽车回收企业资格认定，擅自从事报废汽车回收活动的，由工商行政管理部门没收非法回收的报废汽车并送报废汽车回收企业拆解，没收违法所得。

（3）应制定有关法律，完善对报废汽车的拥有单位或个人的管理，应要求他们及时向公安机关办理机动车报废手续。由公安部门出具《机动车报废证明》，并告知其将报废汽车交给报废汽车回收企业。对于达到报废年限而没有报废的车主，车管部门可采取对其新购车辆不予上牌等措施。

（4）监察部门要加强对报废汽车工作监督管理部门及行政人员的监督。

3.3.2　汽车运行过程中对环境的影响

1. 汽车尾气排放

据研究表明，汽车尾气成分非常复杂，有一百多种，其主要污染物包括：一氧化碳（CO）、氮氧化物（NO_x）、碳氢化合物（HC）、铅（Pb）、苯并芘（BaP）等，这些污染物不仅污染环境，对人体也有巨大危害，如图3-15所示。

图 3 - 15　汽车尾气排放

1）CO 及其危害

CO 是汽油燃烧不完全的产物，其数量占尾气成分的首位。化石燃料的不完全燃烧和高温下的产物使 CO 存在于所有实际燃烧器的尾气中。

CO 是无色无臭的气体，它是一种窒息性的有毒气体，对人体危害极大（见图 3 - 16）。由于 CO 和血液中有输氧能力的血红素蛋白（Hb）的亲和力比氧气和 Hb 的亲和力大 200～300 倍，因而 CO 能很快和 Hb 结合形成碳氧血红素蛋白（CO - Hb），使血液的输氧能力大大降低，使心脏、大脑等重要器官严重缺氧，引起头晕、恶心、头痛等症状，轻度是使中枢神经系统受损、慢性中毒，严重时会使心血管工作困难，直至死亡。为保护人类不受 CO 的毒害，应将环境的 CO 浓度限制在 5 mg/m³ 以内。CO 和 Hb 结合是可逆的，如果人体吸入低浓度 CO 后被置于新鲜空气中或进入高压氧舱，已经与 Hb 结合的 CO 会被分离出来，通过呼吸系统排出体外。

一氧化碳中毒症状

头痛　　恶心　　呼吸困难　　虚脱　　头晕目眩　　意识丧失

图 3 - 16　一氧化碳危害

2）氮的氧化物及其危害

氮的氧化物种类很多，但在大气中有危害作用的主要是 NO 和 NO_2，习惯上将这两种化合物以 NO_x 表示，称为氮氧化物。NO_x 主要是在气缸点火的高温瞬间由空气中的氮与氧化物合成的。

NO_x 对人体有危害，它进入人体后，开始是刺激呼吸器官，然后逐渐侵入肺部，与细胞液中水分结合成亚硝酸和硝酸后产生强烈的刺激与腐蚀作用，引起肺水肿。NO_2 的毒性高于

NO, NO_2 气体呈红棕色，有特殊刺激臭味。NO_x 既对人体健康有害，还会腐蚀建筑物，并能导致形成酸雨和光化学烟雾，被列为大气中的重要污染物。

3）碳氢化合物及其危害

碳氢化合物指各种烃类及其衍生物，品种极多，一般以 HC 表示（此处 HC 主要是指油箱及化油器的逸散和滴漏的燃料油和部分因燃烧不完全而生成的烃类及其各种衍生物）。汽车尾气排放的未经燃烧的汽油和燃烧不完全产生的烃类衍生物成分极其复杂，其中有饱和烃、不饱和烃、芳香烃以及这些烃类的含氧衍生物（如醛、酮等），不仅成分种类多，且组成变化也大。烃类污染物对自然界的危害主要是破坏了生态系统的正常循环，还会诱发产生光化学烟雾。

4）可吸入颗粒物及其危害

直径大于 $10~\mu m$ 的颗粒，能依靠其自身重力作用降落到地面，称为降尘，它们在空气中停留时间短，不易被人吸入，故危害不大。直径小于 $10~\mu m$ 的颗粒，在空气中可较长时间飘游，称为飘尘。对人体健康危害性最大的是 $0.5\sim5~\mu m$ 的颗粒，这种飘尘可直接到达肺细胞而沉积在肺中，如图 3-17 所示，并可进入血液，导致呼吸道疾病，它们还可能和 SO_2、NO_2 等产生协同作用，损害黏膜、肺细胞，引起支气管和肺部炎症，部分病人最后会导致肺心病。

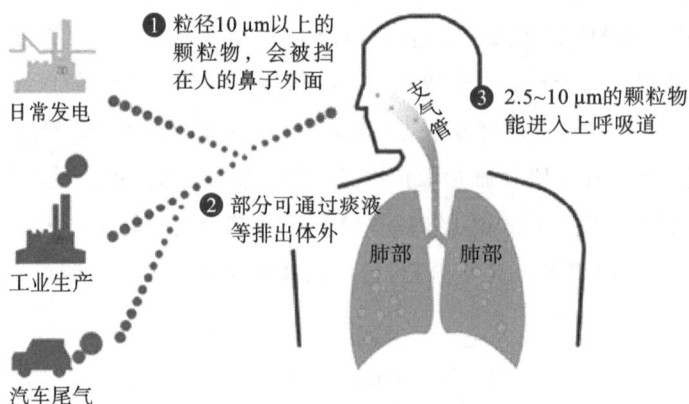

图 3-17 可吸入颗粒物危害

汽车尾气中的颗粒物包括铅化合物、碳颗粒和油雾等。铅化合物是大气的重金属污染中毒性较大的一种，它来自于汽油的抗爆添加剂，这是一种含铅的有机化合物四乙基铅，其毒性比无机铅化合物约大百倍，并且随行车和风力扩散。它是引起急性精神病症的剧毒物质，它可以在人体中不断积累，当血液铅含量超过 $0.1mg$ 时，可造成贫血等中毒症状。所以现在逐步推广使用无铅汽油。碳颗粒是燃料不完全燃烧的产物，而油雾通常是从油箱及化油器中逃逸泄漏而造成的。

5）汽车尾气对植物的危害

汽车尾气不仅对人产生危害，对植物也有毒害作用，尾气中的二次污染物臭氧、过氧乙酯基硝酸酯可使植物叶片出现坏死病斑和枯斑，尾气中的乙烯可影响植物的开花、结果。汽车尾气对甜菜、菠菜、西红柿、烟草的毒害更为严重。因此公路两侧的农作物减产与汽车尾气的污染分不开。

6)治理汽车尾气主要有三条途径

(1)最根本和最终的途径——改变汽车的动力。如开发电动汽车及代用燃料汽车,此途径使汽车根本不产生或只产生很少的污染气体。

(2)改善现有的汽车动力装置和燃油质量。采用设计优良的发动机、改善燃烧室结构、采用新材料、提高燃油质量等都能使汽车排气污染减少,但是不能达到“零排放”。

(3)采用汽车尾气的净化技术。如采用一些先进的机外净化技术对汽车产生的尾气进行净化以减少污染,但此途径也不能达到“零污染”。

2. 汽车噪声及其危害

1)汽车噪声的产生

按照噪声产生的过程,汽车上的噪声分为发动机噪声、行驶噪声和附属噪声(防盗器噪声)三种。

2)汽车噪声的危害

在汽车噪声作用下,语言、通信系统输入或输出的信噪比降低,影响人们正常的工作和生活。当噪声级低于谈话声级时,谈话能正常进行;当噪声级与谈话声级相近时,正常的谈话就会受到限制干扰;当噪声级高于谈话声级 10 dB 以上时,谈话就完全被掩蔽。以正常的声音谈话时,在距离唇部 1 m 处的声压级在 70 dB 以下,当噪声级超过 65 dB 时,就会干扰正常的谈话了。而对于汽车噪声而言,其声级在 60~100 dB。在噪声环境中工作,会使人的工作效率下降、心情浮躁、容易出现失误。长期受到噪声的影响会使人的睡眠质量下降,出现呼吸急促、神经兴奋等,使人产生失眠、多梦、记忆力衰退等疾病。

另一方面,噪音对消化系统、心血管系统也有严重不良影响,会造成消化不良、食欲不振、恶心呕吐,从而导致胃病的发病率提高,还会使高血压、动脉硬化和冠心病的发病率比正常情况明显提高。

3)汽车噪声的控制方法

在汽车噪声控制方法中,被动降噪方法采用阻尼比较大的吸声材料,利用隔声、隔振技术进行结构设计控制噪声,会导致汽车体积大而且降噪效果也不十分理想。而主动控制的关键在于硬件基础、控制逻辑、微处理器等,保证传感器所测信号的准确性。主动降噪的研究还处于发展阶段,距离技术成熟和普及仍有一定的差距,但也取得了一定进展,例如在汽车悬架振动中实现了自适应控制,可以预见主动控制技术必将在未来的汽车工程中得到广泛应用。

3.3.3　间接影响

1. 汽车拥堵

由于汽车保有量剧增,交通堵塞已经成为各国大城市的顽疾。交通拥堵使城市环境日益恶化,行车速度降低,耗油量增加,导致燃料费用增加;同时汽车尾气排放量增加,导致环境恶化。尾气和噪声这两个交通污染源已成为大中城市主要的污染源,严重的交通拥堵造成的经济、安全和环境等方面的重大损失已引起社会的广泛关注。城市交通拥堵不仅是我国经济发展中遇到的问题,也是世界各国需要共同面对的难题。在我国,随着国民经济的高速发展和城市化进程的加快,人民的生活水平逐步提高,人们追求出行的舒适性、快捷性,我国机动车拥有量及城市道路交通量急剧增加,导致交通进一步恶化。同时我国道路交通基础设施建设相对缓慢,交通管理水平相对落后,交通意识难以跟上形势。由此导致的城市道路交通拥挤、环境污染也成为我国城市面临的极其严重的"城市病"之一,成为影响城市可持续发展乃至国民经济进一步发展的瓶颈问题。

汽车拥堵降低整个社会的效率,而且加重了空气污染。汽车频繁启动、刹车和低速行车使尾气中氮氧化物、一氧化碳、碳氢化合物等污染物比正常行驶时多得多,大量拥堵的汽车废气集中排放,在距地面约 1.5 m 处形成一个污染层,正好在人的呼吸带附近,危害人体健康。

2. 公路、停车场和加油站的影响

公路建设使沿线的植被被破坏、水土流失、农田耕地被占用等。露天停车场除了占地外,还会改变城市的气流的方向和速率,加剧城市的热岛效应。加油站是城市道路的重要服务配套设施,其主要功能是为一定区域内的机动车提供加油服务,此外,加油站还可为机动车提供充气、加水、润滑和洗车等服务,并可配设便利店。但是加油站项目建设完成后,会对周边交通产生极大的干扰,给交通组织和管理带来较大的考验,而且加油站项目本身设计方案存在的缺陷也会对交通运行产生不利影响,致使加油站项目建成后毗邻的一些道路和路段在加油高峰时间内出现车速降低、排队等候甚至交通拥堵,如图 3-18 所示。

图 3-18 加油站的拥挤状况

3.4 可持续发展

3.4.1 能源环境问题

近年来,全球变暖问题日益严峻,由此带来的危害也日益显著。温室气体的过度排放是造成全球变暖的主要原因。传统的汽车以内燃机作为动力来源,通过消耗石油等化石能源获取动力,这在一方面加剧了不可再生能源的消耗,另一方面加剧了温室气体的排放。研究表明,由于温室气体的排放而导致全球变暖的问题中,汽车工业占比 17%。

化石能源是过去经济活动发展的主要能源,随着经济的进一步发展,化石能源的消耗也急剧增加。化石能源作为不可再生的能源,随着人类的加速攫取也日渐减少。自然界经历几百万年逐渐形成的化石燃料,可能在几百年内全部被人类耗尽。从探明的储量分析,地球上的石油、天然气和煤炭的总储量和使用时间见表 3-4。

表 3-4　化石能源储量分析与预计使用时间

类型	储量分析	使用时间/a
石油	约 1 万亿桶	45~50
煤炭	约 1 万亿吨	200~220
天然气	约 120 万亿立方米	50~60

由上表可以看出人类当前面临着严峻的能源耗尽的危机。

随着经济的高速发展,我国能源出现供不应求的情况。1993 年我国从石油净出口国变为净进口国,之后能源安全问题成为国家发展战略关注的重点,石油对外依存度过高等传统能源安全问题一直未能得到彻底解决;同时,随着国际能源供需格局不断变化、贸易保护主义抬头、对气候环保问题的逐步重视,能源安全正面临新的挑战。1993 年中国石油对外依存度仅为 1.6%,2000 年扩大到 26.9%,2010 年增至 53.8%,2019 年则已超过 72%,2022年下降为 71.2%。同时,我国天然气进口量迅速增长;在环保压力下,"煤改气"工程加速推进,天然气进口量迅速增长,2019 年天然气对外依存度达到 42.8%,2022 年下降为 40.5%。

经过 40 多年的发展,中国环境战略与政策已经形成了较为完整的体系架构,在战略理念、政策导向、政策手段等方面都发生了重大转变。在环境战略理念方面,目前我国已经由"先污染后治理、边污染边治理、经济发展优先于环境保护"向"保护环境与经济增长并重、协同推进经济高质量发展与生态环境高水平保护"转变。

3.4.2　汽车行业可持续发展

1. 可持续发展技术路径

如今,世界上每生产 3 辆汽车,就有约 1 辆是在中国制造的,足以说明中国汽车产业规模的庞大。目前,中国汽车产业已经成为体系完善、品类齐全的国民经济支柱产业,中国也成为世界上最大的汽车生产国和消费国,并逐步向汽车强国迈进。从发展趋势看,中国汽车制造业对品质的追求在不断提高,可持续发展的进程在不断深化。随着全球汽车保有量的迅速增长,因能源和环境带来的压力日益加大,汽车产业必须解决能源、污染等问题,才能实现可持续发展。新能源汽车由于其环境友好性,利用电能驱动等优势,成为了汽车行业未来发展的方向。

2. 我国汽车行业法规

1）双积分政策

双积分政策，即《乘用车企业平均燃料消耗量与新能源汽车积分并行管理办法》，是由工信部、财政部、商务部、海关总署、原质检总局五部委局于 2017 年 9 月 28 日发布的。双积分政策的实质是通过建立积分交易机制，形成促进节能与新能源汽车协调发展的市场化机制。2019—2023 年新能源汽车积分比例要求如图 3-19 所示。2022 年，我国新能源汽车产销量分别完成 705.8 万辆和 688.7 万辆，分别比上年增长 96.9% 和 93.4%，市场占有率达到 25.6%，行业平均油耗实际值达到 4.1 L/100 km，较 2019 年下降约 19.6%。"双积分政策"的实施，有力促进了行业技术创新和新能源汽车生产推广，基本实现了预期目标。

图 3-19　新能源汽车积分比例要求

2）新能源车免征购置税

2014 年 8 月 7 日，财政部、国家税务总局、工业和信息化部正式对外发布公告，自 2014 年 9 月 1 日起，对购置的新能源汽车免征车辆购置税。不过，新能源车企在产品质量保证、产品一致性、售后服务、安全监测、动力电池回收利用等方面符合相关要求下，才可享受免征购置税的补贴，这不仅对车企提出了更高的要求，也有助于市场中产品的升级迭代。新政策推出后，减免购置税受益最大的无疑是购买新能源车的消费人群。据推算，消费者在购买 15～20 万元的新能源车，减免购置税后可省下 2 万元左右，这样的优惠幅度，给消费者带来了更大的选择空间。在纯电动汽车可能使用起来略有不方便的情况下，减免购置税将进一步降低购买插电式混动车型的成本，最终促进消费者转投新能源车型。

3）限行限购政策

2007 年好运北京奥运测试赛期间，北京最先实施单双号限行政策。该政策在实施后，北京市重要交通枢纽地区交通压力明显减弱。在奥运会结束后，北京开始实施轮换制度。自 2014 年起，北京市继续实施工作日高峰时段区域限行交通管理措施。按车牌尾号将工作日高峰时段区域限行的机动车车牌尾号分为五组，每 13 周轮换一次限行日。北京实施限行政策后，济南、兰州、杭州等城市相继跟进。该政策的成效较为显著，各城市交通压力得到显著改善。数据显示，以杭州为例，当年非浙 A 号牌小型客车占 9.32%，其中平峰为 11.95%，早晚高峰期间为 6.57%；上塘高架（德胜互通至上石互通段）占 13.05%，其中平峰为 17.07%，早晚高峰为 9.25%。限行政策不仅极大缓解了早晚高峰的交通拥堵情况，外地号牌车辆也减少了 6%～10%。

　　迫于交通压力，更多的城市开始推出限购政策。2010 年底，北京推出了《北京市小客车数量调控暂行规定》，以摇号的方式分配数万个指标以控制新增车辆。在北京推出限购政策后，贵阳、广州、天津、杭州、深圳等城市也纷纷开始推出限购政策。

思考题 3

　　1.世界上主要排放法规有哪几种？分别有什么特点？

　　2.我国目前采用的国Ⅵ排放法规较国Ⅴ法规有什么主要区别？和欧Ⅵ相比的主要区别是什么？

　　3.针对日益严苛的排放法规，汽车生产技术上的主要改进措施分为哪几方面？

　　4.车辆的试验主要包括哪几方面？典型的车辆仪器包括有哪些？

　　5.转鼓试验台的主要功能是什么？有几种类型以及异同点是什么？

　　6.汽车风洞的主要作用是什么？有哪几种结构形式，各有什么优缺点？

　　7.汽车在运行过程中容易产生哪些污染？主要解决措施包括哪些？

　　8.请对目前存在的交通拥堵提出技术上和政策上的相关建议。

　　9.汽车行业可持续发展战略的技术路径和法规政策包括哪些？

第4章 燃油汽车的类型和基本结构

4.1 汽车总体构造和行驶基本原理

4.1.1 汽车的基本构成

汽车是由数百个总成,上万个零部件装配而成的复杂机器。汽车的类型虽然很多,且各类汽车的用途和总体构造有所不同,但它们的基本构成是一致的。如图 4-1 所示,汽车都由发动机、底盘、车身和电气设备四个部分组成。

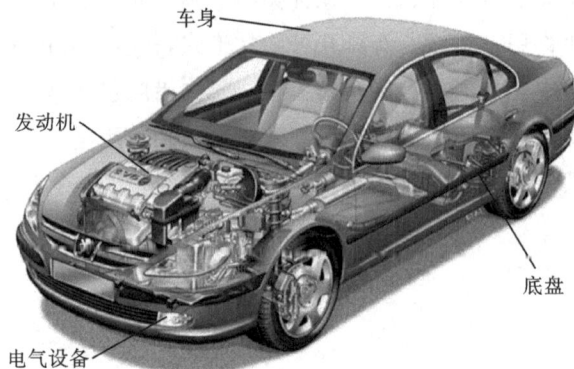

图 4-1 汽车的组成

1. 发动机

发动机是汽车的动力装置,发动机的作用是使供入其中的燃料经过燃烧产生的热能转变为机械能,然后通过底盘的传动系统驱动车轮,使汽车行驶。发动机一般由两大机构五大系统组成,分别是:曲柄连杆机构、配气机构、燃料供给系统、冷却系统、润滑系统、点火系统和启动系统组成。

2. 底盘

底盘是汽车的基础,用来支撑车身和安装汽车其他各部件及总成,形成汽车的整体造型。底盘接受发动机输出的动力,使汽车产生运动,并保证正常行驶。底盘由传动系统、行驶系统、转向系统和制动系统等四大系统组成。

3. 车身

车身的作用主要用来覆盖、包装和保护汽车的零部件,既具有结构性功能,又具有装饰性功能,其外形应能保证汽车在高速行驶时空气阻力小。轿车、客车的车身一般由整体式外壳和一些附件构成,货车车身一般由驾驶室和货箱两部分组成。

4. 电气设备

电气设备是对汽车实施动力传递控制、行驶控制,提供安全显示、方便操作、保证舒适的装置。电气设备由电源和用电设备两大部分组成。电源包括蓄电池和发电机;用电设备包括发动机的启动系统、汽油机的点火系统和其他用电装置,如照明、信号、仪表、空调、音响、刮水器等。

如图 4-2 所示为典型载货汽车的总体构造,图 4-3 为典型轿车的构造。

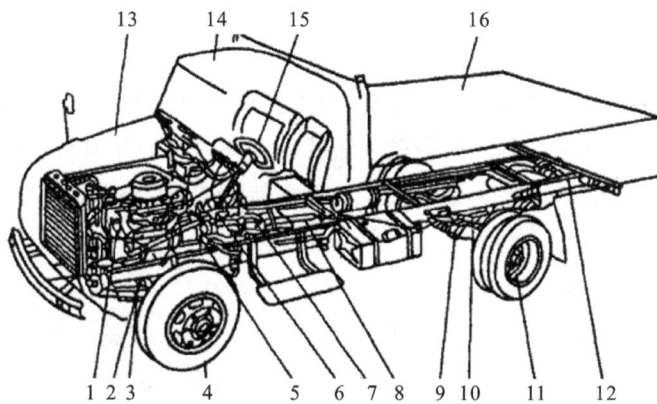

1—发动机;2—前轴;3—前悬架;4—转向车轮;5—离合器;6—变速器;7—手制动器;
8—传动轴;9—驱动桥;10—后悬挂;11—驱动车轮;12—车架;13—车前板制件;
14—驾驶室;15—转向盘;16—车厢。

图 4-2　载货汽车的总体构造

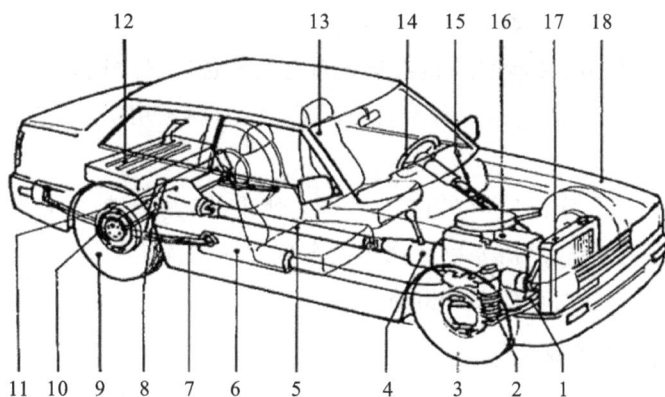

1—前桥;2—前悬架;3—前车轮;4—变速器;5—传动轴;6—消声器;7—后悬架;
8—减振器;9—后轮;10—制动器;11—后桥;12—燃油箱;13—座椅;14—转向盘;
15—转向器;16—发动机;17—散热器;18—车身。

图 4-3　典型轿车的总体构造

以上是当前大多数燃油汽车的总体构造,而汽车结构的发展过程是不断出现矛盾和解决矛盾的过程。因此,汽车是解决在使用、制造和维修过程中出现的一系列矛盾的结果,其结构形式并不是一成不变的。随着科学技术的发展,汽车的总体和部件的构造必将不断完善。

4.1.2 汽车的质量及尺寸参数

1. 汽车的质量参数

汽车的质量参数主要指汽车的整备质量、装载质量、总质量、整备质量利用系数和轴荷分配等。

1)汽车的整备质量

汽车的整备质量即汽车的整车装备质量,即人们常说的一辆汽车的自重。包括发动机、底盘、车身、全部电气设备和车辆正常行驶所需辅助设备的质量及加足燃料、润滑油、工作油液(如制动液等)、发动机冷却液并装备随车工具、备胎及其他备用品但未载人、未载货时的总质量。

2)汽车的装载质量

汽车的整备质量为汽车在道路上行驶时的最大额定装载质量。乘用车以座位数计算,包括驾驶员座位在内最多不超过 9 个座位。商用车中的客车以载客量计,商用车中的载货汽车以其在良好的硬路面上行驶时所装载货物质量的最大限额计。超载将导致车辆过早损坏,制动距离变长等,甚至造成交通事故。

3)汽车的总质量

汽车的总质量为已整备完好、装备齐全并按规定载满客货时的汽车质量。汽车的总质量是汽车装载质量和汽车整备质量的总和。

4)汽车的整备质量利用系数

汽车的整备质量利用系数是汽车的装载质量与其整备质量之比。它表明单位汽车整备质量所承受的汽车装载质量,此系数愈大表明该车型的材料利用率及设计与工艺水平愈高。

5)汽车的轴荷分配

汽车的轴荷分配为汽车的质量在前轴、后轴上所占的比例。轴荷分配的原则是依据轮胎均匀磨损和汽车主要性能的需要以及汽车的布置形式来确定的。为了使轮胎均匀磨损,一般希望满载时每个轮胎的负荷大致相等。

2. 汽车的主要尺寸参数

汽车主要尺寸参数包括汽车的外廓尺寸、轴距、轮距、前悬、后悬等,如图 4-4 所示。

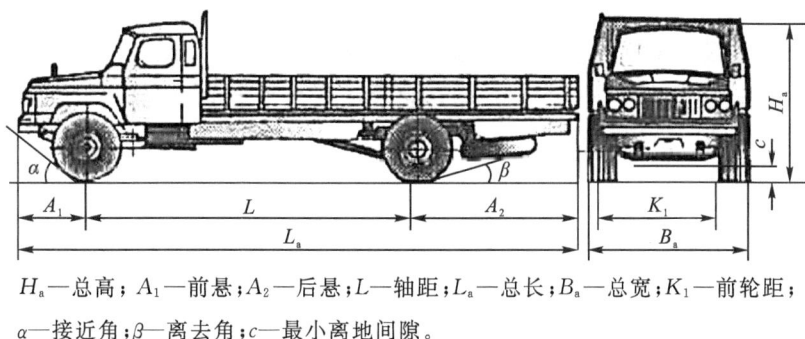

H_a—总高；A_1—前悬；A_2—后悬；L—轴距；L_a—总长；B_a—总宽；K_1—前轮距；

α—接近角；β—离去角；c—最小离地间隙。

图 4-4　汽车尺寸参数示意图

1）汽车的外廓尺寸（总长、总宽、总高）

总长（L_a）是垂直于车辆纵向对称平面并分别抵靠在汽车前、后最突出部位的两垂直面之间的距离；总宽（B_a）为平行于车辆纵向对称平面并分别抵靠车辆两侧最外处刚性固定突出部位（不包括后视镜、方位灯、侧面标志灯、转向指示灯等）的两平面之间的距离；总高（H_a）为车辆最高点与车辆支承平面之间的距离。在总体设计时要力求减少汽车的外廓尺寸，以减轻汽车的自重，提高汽车的动力性、经济性和机动性。

2）轴距（L）

轴距是汽车前轴中心到后轴中心的距离，通常可通过汽车前后车轮中心来测量。轴距的长短直接影响到汽车的长度、重量和许多使用性能。轴距短一些，汽车长度就短一些，自重就轻，最小转弯直径和纵向通过角就小，机动灵活，一般普通轿车及轻型载货汽车轴距较短。但若轴距过短，则会带来一系列缺点：如车厢长度不足或后悬过长，汽车行驶时纵摆和横摆较大；在加速、制动时或上坡时重量转移较大，导致汽车的操纵性和稳定性变坏。一般货车、中高级轿车轴距较长。

3）轮距（K_1、K_2）

轮距指同一轴左右轮胎中心之间的距离。如后轴为双胎，则为同一轴的一端两轮胎中心到另一端两轮胎中心间的距离。轮距越大，则横向稳定性越好，对增加轿车车厢的内宽也有利。但轮距过宽，汽车的总宽和总重一般也加大，容易产生向车身侧面甩泥的缺点，而且会影响汽车的安全性。因此，轮距应与车身宽度相适应。

4）前悬（A_1）

前悬（A_1）指汽车刚性固定件的最前端至前轴中心的距离。前悬的长度应足以固定和安装驾驶室前支点、发动机、水箱、转向机、弹簧前托架和保险杠等零件和部件。前悬不宜过长，否则汽车的接近角过小会影响通过性。

5）后悬（A_2）

后悬（A_2）指汽车刚性固定件的最后端至后轴中心的距离。后悬长度主要与货厢长度、轴距及轴荷分配有关。后悬不宜过长，否则会使汽车的离去角过小而引起上、下坡时刮地，同时转弯也不灵活。

6）最小转弯半径

当转向盘转到极限位置,汽车以最低稳定车速转向行驶时,外侧转向轮的中心平面在支撑平面上滚过的轨迹圆半径 R（见图 4-5）,它表征了汽车能够通过狭窄弯曲地面的能力。最小转弯半径越小,汽车的机动性越好,轿车的最小转弯半径一般为轴距的 $2\sim2.5$ 倍。

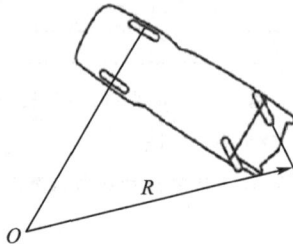

图 4-5　汽车最小转弯半径

4.1.3　汽车行驶的基本原理

汽车由静止至开始运动到以一定速度运动或在运动中加速、减速乃至停车,都受到外界的种种阻力及施加给汽车的推动力。通常把使汽车运动的力称为驱动力或牵引力,把阻碍汽车运动的力称为阻力。阻力主要有滚动阻力、空气阻力、上坡阻力和加速阻力。

1. 汽车的原动力和驱动力

汽车的原动力指汽车发动机的输出功率。

$$P_e = 0.1047 T_{tq} \cdot n \times 10^{-3} \qquad (4-1)$$

式中, P_e 为发动机有效功率（kW）; T_{tq} 为发动机输出转矩（N·m）; n 为发动机输出轴转速（r/min）。

式（4-1）表明,由发动机输出端输出的原动力即输出功率 P_e 表现为转矩 T_{tq} 和转速 n 的乘积。

汽车发动机输出的转矩经传动系统传至驱动车轮,产生驱动转矩 T_t（见图 4-6）,该转矩力图使驱动轮转动,由于车轮与路面间的附着作用,驱动车轮的边缘对路面作用一圆周力 F_0,同时地面对驱动车轮产生一反作用力,即是推动汽车前进的外力,就称为汽车的驱动力,也称牵引力 F_t,其值为

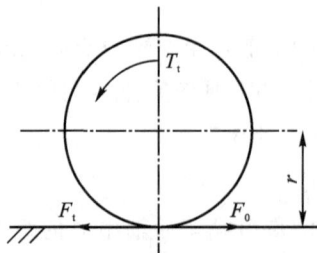

图 4-6　汽车的驱动力

$$F_t = \frac{T_t}{r} \tag{4-2}$$

式中，T_t 为作用于驱动车轮上的转矩（N·m）；r 为驱动车轮上的滚动半径（m），轮胎因受载荷而弹性变形，它比轮胎自由半径稍小一点。

汽车的驱动力与原动力之间的关系为

$$F_t = \frac{T_t}{r} = \frac{T_{tq} \cdot \eta \cdot i_g \cdot i_0}{r} \tag{4-3}$$

式中，η 为汽车传动系统效率；i_g 为变速器速比；i_0 为主传动速比。

2. 汽车的行驶阻力

汽车在道路上等速行驶时，须克服来自地面的滚动阻力 F_f 和来自空气的空气阻力 F_w；汽车在坡道上行驶时，还必须克服重力沿坡道的分力，即坡度阻力 F_i；汽车加速行驶时需要克服加速阻力 F_j，如图 4-7 所示。

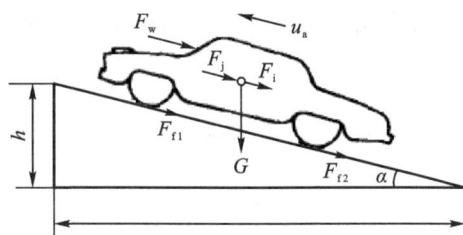

图 4-7　汽车的行驶阻力

因此，汽车行驶的总阻力为

$$\sum F = F_f + F_w + F_i + F_j \tag{4-4}$$

上述阻力中，滚动阻力和空气阻力是在任何行驶条件下均存在的，故可以把这两种阻力合在一起称作道路阻力。坡度阻力和加速阻力仅在一定行驶条件下存在，在水平道路上等速行驶没有坡度阻力和加速阻力。

1）滚动阻力

车轮滚动时，轮胎与地面的接触区域会产生轮胎和支撑路面的变形（当弹性轮胎在硬路面滚动时，轮胎的变形是主要的），由此而引起的地面对轮胎的阻力即为滚动阻力 F_f。滚动阻力等于滚动阻力系数与车轮负荷之乘积：

$$F_f = G \times f \tag{4-5}$$

式中，G 为车轮负荷；f 为滚动阻力系数。

滚动阻力系数与路面的种类、行驶速度以及轮胎的构造、材料、气压等有关。滚动阻力系数在车速低于 50 km/h 时变化不大，车速升高时变大，车速高于 100 km/h 时增长很快。普通结构轮胎（如普通斜交帘线轮胎）比子午线轮胎滚动阻力系数大；轮胎气压低也使滚动阻力系数增大。

2）空气阻力

汽车行驶时，其表面与空气相互作用产生的阻力称为空气阻力。汽车与空气的相互作用主要有空气涡流和摩擦两种。

汽车在空气中运动,最简单的情形是在无风的静止空气中移动,由于车体排开空气,迫使空气从汽车四周流过,对空气产生很大的扰动,空气在流动过程中又遇到车体上凸凹不平的物体或缝隙,因而形成许多不规则的涡流。这些空气涡流消耗汽车的能量形成阻碍汽车行驶的阻力,空气涡流主要与汽车外形有关。载重汽车外形近似一个长方体,而且凸出和缝隙明显,空气流动很不规则,所以涡流严重,阻力很大。小轿车的形状向流线型发展,所以阻力较小(见图 4-8)。现代汽车,不管是大型车或小型车,都在努力减小空气阻力。

图 4-8　流线型轿车

空气也是一种黏性流体,它与汽车表面的相对运动产生摩擦,这种摩擦也对汽车运动有阻碍作用。现代小轿车的表面十分光亮,因而摩擦小;卡车和大客车摩擦力较大。

由于空气阻力形成的原因复杂,影响因素很多,不能用理论计算公式表达,通常用空气阻力系数来估算汽车的空气阻力:

$$F_w = \frac{C_D \cdot A \cdot u_a^2}{21.15} \tag{4-6}$$

式中:A 为汽车的迎面面积(m^2);u_a 为汽车行驶速度(km/h);C_D 为空气阻力系数。

汽车迎风面积值受到使用空间的限制不易进一步减小,所以降低空气阻力系数是降低空气阻力的重要手段。在汽车行驶的速度范围内,空气阻力与车速的平方成正比,当车速很高时,空气阻力是行驶阻力的主要部分。

3)坡度阻力

当汽车上坡行驶时,汽车重力沿坡道方向的分力形成与汽车行驶方向相反的阻力称为上坡阻力,用 F_i 表示,其大小为

$$F_i = G \cdot \sin\alpha \tag{4-7}$$

道路的坡度 i 用坡高 h 与底长 s 之比表示,当坡度不大时,

$$i = h/s = \tan\alpha \approx \sin\alpha$$

故

$$F_i = G \cdot i \tag{4-8}$$

4)加速阻力

加速阻力也称惯性阻力,是阻止汽车改变速度的惯性力。它包括两个部分:一是由汽车

直线移动质量在速度变化时产生的，称为"直线移动惯性力"，另一部分是与车轮、传动系统、发动机曲轴等旋转部件做角加速度运动而产生的旋转质量的惯性力偶矩。为了便于计算，通常把旋转质量的惯性力偶矩也转化作直线移动的惯性力，附加在直线移动质量的惯性力上一起计算。因此，汽车加速时的总加速阻力为

$$F_j = \delta \cdot m \cdot \frac{du}{dt} \tag{4-9}$$

式中，δ 为汽车旋转质量换算系数；$\delta>1$；du/dt 为汽车加速度。

3. 汽车行驶方程

作用在行驶汽车上各种力的关系叫做汽车行驶方程。由以上分析可得

$$F_t = F_f + F_w + F_i + F_j \tag{4-10}$$

式(4-10)是驱动力与四个阻力的平衡。换一个写法对于理解汽车实际行驶更方便：

$$F_j = F_t - (F_f + F_w + F_i) \tag{4-11}$$

当汽车驱动力等于滚动阻力、空气阻力和坡度阻力之和时，$F_j=0$，汽车匀速行驶；当驱动力大于后三者时，$F_j>0$，汽车才能起步或加速行驶；当驱动力小于后三者时，$F_j<0$，则汽车无法起步或减速行驶，直至停车。所以汽车行驶的驱动条件为

$$F_t \geqslant F_f + F_w + F_i \tag{4-12}$$

这是汽车行驶的必要条件，但不是充分条件。因为汽车行驶除受牵引力条件限制外，还受轮胎与地面的附着条件的限制。

4. 汽车行驶的附着条件

汽车行驶时驱动力大，加速能力好，爬坡能力强，动力性能好，但这只有在轮胎与路面有足够大的附着力（如轮胎在干燥的水泥路面上）时才可以实现。在潮湿的沥青路面上附着性能差时，大的驱动力可能引起车轮在路面上急剧加速滑转，地面切向反作用力并不很大，动力性能也未进一步提高。由此可见，汽车的动力性能不只受驱动力的制约，还受到轮胎与地面附着条件的限制。我们把路面所能提供的反作用力的极限值称为附着力 F_φ，

$$F_\varphi = F_z \cdot \varphi \tag{4-13}$$

式中，φ 为附着系数；F_z 为驱动轮的地面法向反力，即汽车的总重力分配到驱动轮上的部分。因此，汽车行驶的充分条件是地面能够提供的附着力 F_φ 大于等于驱动力 F_t，即

$$F_t \leqslant F_\varphi = F_z \cdot \varphi \tag{4-14}$$

式(4-12)和式(4-14)合起来表示汽车行驶的必要条件和充分条件。

附着系数 φ 主要取决于路面的种类和状况、行驶车速、轮胎结构、气压等使用条件。良好的混凝土和沥青路面，干燥时 $\varphi=0.7\sim0.8$，潮湿时 φ 降低为 $0.5\sim0.6$；碎石路面干燥时 φ 为 $0.6\sim0.7$，干燥土路 φ 为 $0.5\sim0.6$，潮湿时 φ 低至 $0.2\sim0.4$。因此，湿路面上汽车容易打滑（也影响制动效果）。

轮胎的结构及材料对附着系数的影响也很显著。细而浅花纹的轮胎在硬路面上有较好的附着系数，而在松软地面上，花纹宽而深的轮胎则可获得较大的附着系数。低气压、宽断面和

子午线轮胎,与地面接触面积大,附着系数比一般轮胎高。当车速提高时,附着系数会下降。

汽车上坡时,前轮法向反力 F_{z1} 比在平路时减小,后轮法向反力 F_{z2} 比平路上增大。因此后轮作为驱动轮有利于增加附着力,这是大型车辆,尤其是卡车采用后轮驱动的主要原因。有些轿车采用前轮驱动是出于结构上的考虑,这时汽车的重心,汽车重量在前后轴上的分配应考虑各种条件下的附着条件,使作为驱动轮的前轮有足够的附着力可用。

4.2　发动机的工作原理

发动机是汽车的动力装置,是一种由许多机构和系统组成的复杂机器。无论是汽油机还是柴油机,无论是四冲程发动机还是二冲程发动机,无论是单缸发动机还是多缸发动机,要完成能量转换,实现工作循环,保证长时间连续正常工作,都必须具备一定的机构和系统。汽油机由两大机构和五大系统组成,即由曲柄连杆机构、配气机构、燃料供给系统、润滑系统、冷却系统、点火系统(仅汽油机)和启动系统组成。柴油机由两大机构和四大系统组成,即由曲柄连杆机构、配气机构、燃料供给系统、润滑系统、冷却系统和启动系统组成,柴油机是压燃的,不需要点火系统。

4.2.1　发动机的分类与组成

现代汽车发动机的结构形式很多,即使是同一类型的发动机,其具体构造也是各式各样的,但基本构造大同小异,如图 4-9 所示。

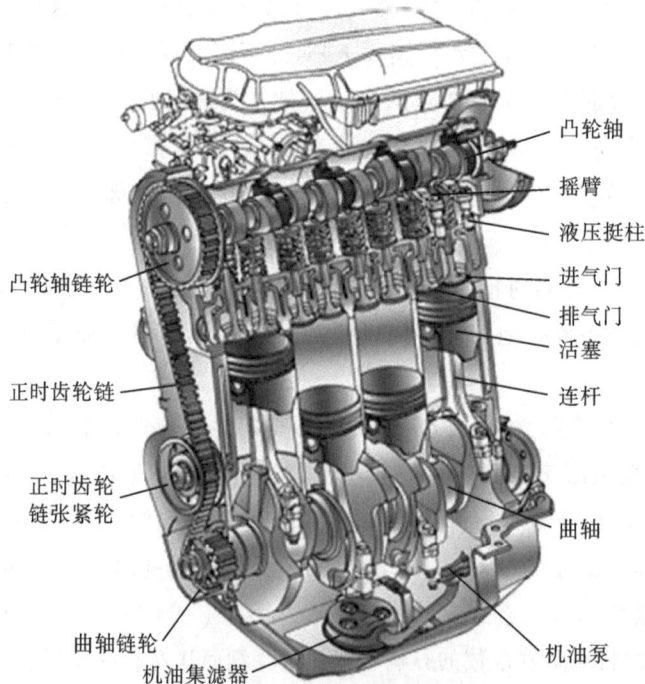

图 4-9　发动机结构图

发动机的分类方法很多,按照其所用的燃料、工作方式及结构的不同,可以把发动机分成不同的类型,如图 4 - 10 所示。

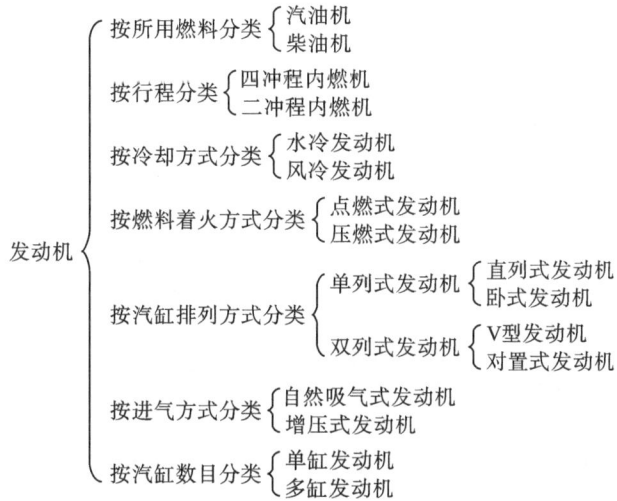

图 4 - 10　发动机分类图

1. 曲柄连杆机构

曲柄连杆机构是发动机实现工作循环,完成能量转换的主要运动零件,其作用是把燃气作用在活塞顶上的力转变为曲轴的转矩,从而对外输出机械能。在做功行程中把活塞的往复运动转变成曲轴的旋转运动,对外输出动力,而在其他三个辅助行程中,即进气、压缩、排气行程中又把曲轴的旋转运动转变成活塞的往复直线运动,为做功行程做准备。总的来说,曲柄连杆机构是发动机借以产生并传递动力的机构,通过它把燃料燃烧的热能转变为机械能。

曲柄连杆机构由机体组、活塞连杆组和曲轴飞轮组三部分组成。

1)机体组

机体组是发动机的骨架,安装着发动机所有的主要零件和附件,承受各种载荷。机体组主要由汽缸体、汽缸盖、汽缸垫、油底壳等零件组成如图 4 - 11 所示。

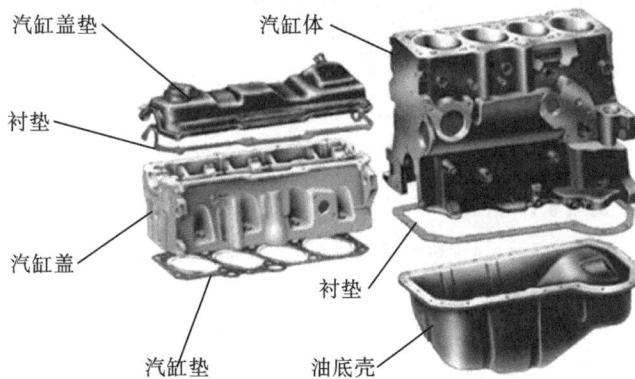

图 4 - 11　机体组

2）活塞连杆组

活塞通过承受汽缸中的气体压力，并将此力通过活塞销传给连杆，以推动曲轴旋转。活塞连杆组由活塞、活塞环、活塞销和连杆等主要机件组成，如图 4-12 所示。

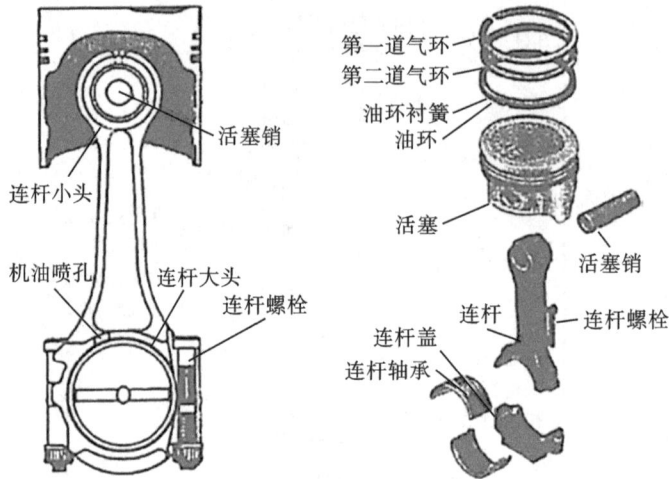

图 4-12　活塞连杆组

3）曲轴飞轮组

曲轴飞轮组的作用是将活塞通过连杆传来的力作为动力，使曲轴旋转产生转矩，从而使发动机做功，再由飞轮输出给传动系统，同时驱动其他附件工作。曲轴飞轮组主要由曲轴、飞轮和一些附件组成，其结构如图 4-13 所示。

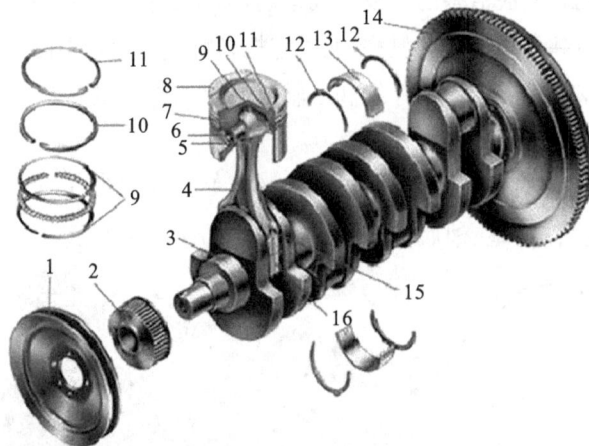

1—带轮；2—正时带轮；3—曲轴；4—连杆；5—卡环；6—活塞销；7—活塞环带；8—活塞；
9—油环；10—第二道气环；11—第一道气环；12—止推环；13—主轴承轴瓦；14—飞轮；
15—连杆螺栓；16—连杆盖。

图 4-13　曲轴飞轮组

2. 配气机构

配气机构的功用是根据发动机的工作顺序和工作过程，定时开启和关闭进气门和排气门,使可燃混合气或空气进入汽缸,并使废气从汽缸内排出,实现换气过程。进入汽缸的进气量对发动机的性能影响很大,进气量越多,发动机的有效功率和转矩就越大。因此,配气机构首先要保证进气充分,进气量尽可能多,同时废气要排除干净,因为汽缸内残留的废气越多,进气量将会越少。

配气机构一般由气门组、气门传动组和气门驱动组等组成。如图 4-14 所示为一台顶置凸轮轴直列 4 缸发动机的配气机构布置情况。该发动机使用正时齿形带驱动凸轮轴,凸轮轴直接驱动 8 个气门,在凸轮轴和气门之间布置了液压挺杆。

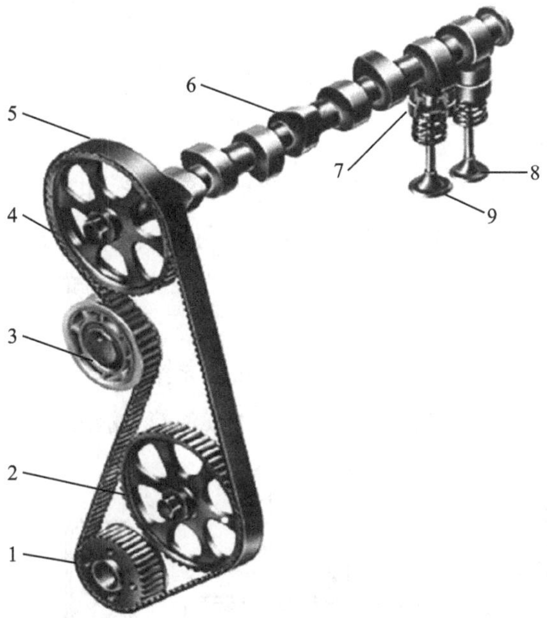

1—曲轴正时齿形带轮;2—中间轴齿形带轮;3—张紧轮;4—凸轮轴正时齿形带轮;
5—正时齿形带;6—凸轮轴;7—液压挺柱组件;8—排气门;9—进气门。

图 4-14　顶置凸轮轴直列 4 缸发动机的配气机构布置情况

3. 燃料供给系统

根据供给的燃料不同,燃料供给系统一般分为汽油机燃料供给系统和柴油机燃料供给系统。

1)汽油机燃料供给系统

汽油机供给系统(见图 4-15)的作用就是将空气与雾化后的汽油充分混合后,形成可燃混合气,提供给发动机,并对可燃混合气的供给量及其浓度进行有效控制,使发动机在各种工况下都能够连续、稳定地运转。根据发动机各种不同工况的要求,向发动机气缸内供给不同浓度和不同量的可燃混合气,以便在临近压缩终了时点火燃烧而放出热量燃气膨胀做功,最后将气缸内的废气排至大气中。

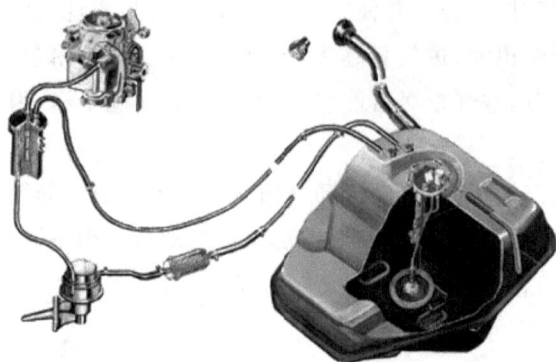

图 4 - 15   汽油机燃料供给系统

2)柴油机燃料供给系统

柴油机燃料供给系统的功用是:根据柴油机的工作要求,定时、定量、定压地将雾化质量良好的柴油按一定的喷油规律喷入气缸内,并使其与空气迅速且良好地混合并燃烧。燃料供给系统是柴油机最重要的辅助系统,它的工作情况对柴油机的功率和经济性能都有重要的影响。

柴油机燃料供给系统由燃油供给系统、空气供给系统、混合气形成系统及废气排出系统四部分组成。燃油供给系统图如图 4 - 16 所示,由柴油箱、输油泵、低压油管等组成。

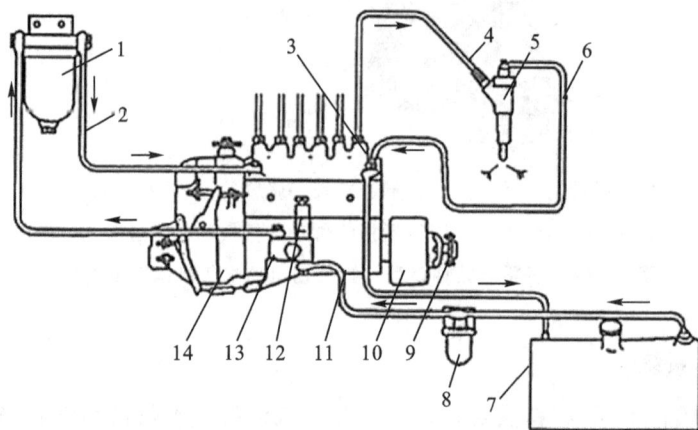

1—柴油滤清器;2—低压油管;3—溢油阀;4—高压油管;5—喷油器;6—回油管;7—柴油箱;
8—柴油粗滤清器;9—联轴节;10—供油自动提前器;11—喷油泵;12—手动输油泵;
13—输油泵;14—调速器。

图 4 - 16   柴油机的燃油供给系统

4. 点火启动系统

汽油机点火系统的功用是根据发动机的工作需要,及时点燃汽缸内的混合气。按对点火时刻的控制方式不同,点火系统可分为传统点火系统和电子点火系统(见图 4 - 17)。

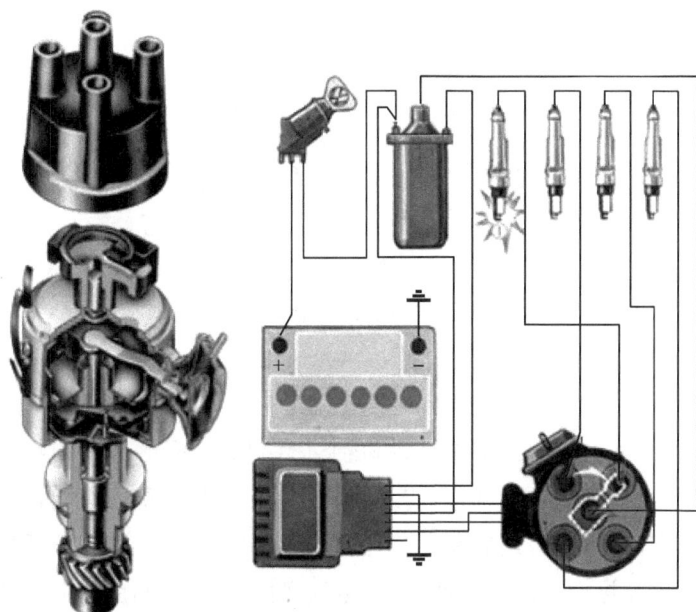

图 4-17　电子点火系统

　　传统点火系统利用机械装置控制点火时刻,通常由蓄电池、发电机、点火线圈、断电器、分电器、点火提前角调节器、火花塞和点火开关等组成;电子点火系统利用电子点火器控制点火时刻,其组成与传统点火系统类似,只是用电子元件取代了断电器,但仍保留部分机械装置,如真空式点火提前角调节器和离心式点火提前角调节器;微型计算机控制电子点火系统是一种全电子点火系统,完全取消了机械装置,由电控系统来控制点火时刻,通常包括蓄电池、发电机、点火线圈、分电器、火花塞和电子控制系统等。

5. 冷却系统

　　发动机工作时,由于燃料的燃烧,气缸内的气体温度高达 1927～2527℃,使发动机零部件的温度升高,特别是直接与高温气体接触的零部件,若不及时冷却,则难以保证发动机正常工作。冷却系统的作用就是使发动机保持在最适宜的温度范围(80～90℃)内工作。

　　根据冷却介质的不同,冷却系统可分为水冷式和风冷式两种。水冷式冷却系统以水为冷却介质,热量先由机件传递给水,靠水的流动把热量带走然后散入大气中,散热后的水再重新流回到受热机件处,适当调节水路和冷却强度,就能保持发动机的正常工作温度,同时还可以用热水预热发动机,便于冬季启动。风冷式冷却系统中高温零部件的热量直接散入空气中。

　　目前汽车发动机均采用强制循环式水冷却系统,它主要由冷却风扇、散热器、节温器和水泵等组成,各零部件布置如图 4-18 所示。

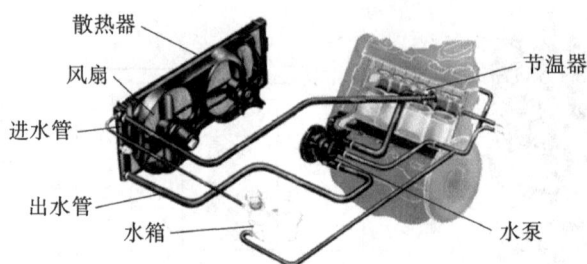

图 4-18 循环式水冷却系统的组成

6. 润滑系统

发动机运转时,必须向各润滑部位提供机油进行润滑。润滑系统的功用就是不断地使机油循环,从而润滑发动机的各个部位,使发动机的各个零件都能发挥出最大的性能。

润滑系统除了润滑作用外,还有密封作用、散热作用、清洗作用和防锈作用。润滑作用是指将零件间的直接摩擦变为间接摩擦,减少零件磨损和功率损耗;密封作用是指利用润滑油的黏性,提高零件的密封效果;散热作用是指通过润滑油的循环,将零件摩擦时产生的热量带走;清洗作用是指利用润滑油的循环,将零件相互摩擦时产生的金属屑带走;防锈作用是指使零件表面附上一层润滑油膜,可以防止零件表面被氧化锈蚀。

润滑系统主要由机油泵、机油滤清器、机油压力开关等组成,如图 4-19 所示。

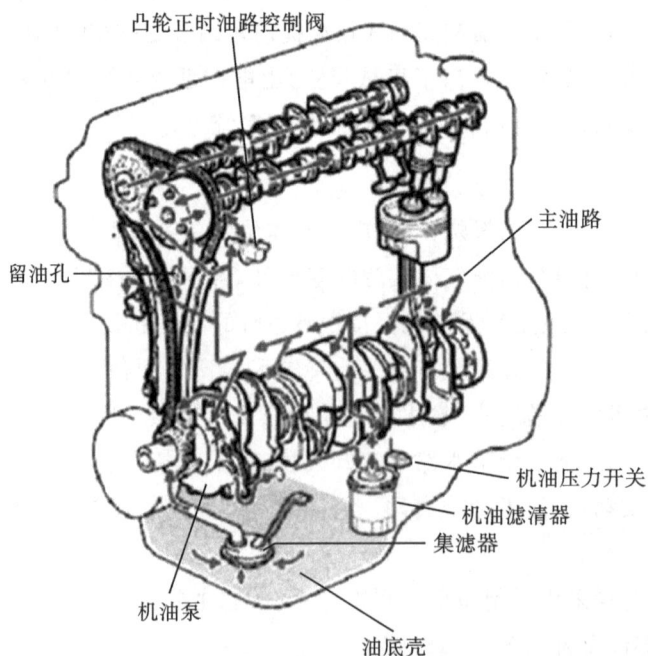

图 4-19 润滑系统的组成

发动机工作时,机油泵将机油从油底壳吸入,并压送到机油滤清器,经机油滤清器滤清后的机油流入主油道,然后分别流入曲轴轴承、凸轮轴轴承和连杆轴承等处,最后又重新回到油底壳。

7. 起动系统

发动机启动,就是用外力转动静止的曲轴,直至曲轴达到能保证混合气形成、压缩和燃烧并顺利运行的转速,使发动机自行运转的过程。常用的启动方法有手摇启动和起动机启动。现代汽车都采用电力起动机启动,操作方便、启动迅速且安全可靠。

起动系统主要由起动机、起动机继电器、点火开关和启动齿圈等组成。图 4 - 20 所示为起动机结构,起动机由直流电动机产生动力,经传动机构带动发动机曲轴转动,从而实现发动机的启动。

图 4 - 20　起动机结构

起动机的传动机构安装在电动机电枢轴上。在起动发动机时,将驱动齿轮与电枢轴连成一体,并使驱动齿轮与启动齿圈啮合,将起动机产生的电磁力矩传递给发动机的曲轴,使发动机启动;发动机启动后,飞轮转速提高,带着驱动齿轮旋转,将使电枢轴超速旋转而损坏。因此,在发动机启动后,驱动齿轮转速超过电枢轴转速时,传动机构应使驱动齿轮与电枢轴自动脱开,防止电枢轴超速。为此,起动机的传动机构必须有超速保护装置。

4.2.2　发动机的工作原理

1. 四冲程汽油机的工作原理

为使发动机产生动力,必须先将燃料和空气供入汽缸,经压缩后使之燃烧发出热能,以气体为工作介质并通过活塞和连杆使曲轴旋转,从而使热能转变为机械能,最后再将燃烧后的废气排出汽缸,至此,发动机完成了一个工作循环。此循环周而复始地进行,发动机便连续产生动力。活塞在汽缸内往复四个行程(相当于曲轴旋转两周)完成一个工作循环的发动机,称为四行程发动机(即四冲程发动机)。

四冲程汽油机的工作原理如图 4 - 21 所示,每个工作循环中分别是进气冲程、压缩冲程、做功冲程和排气冲程。四冲程汽油机的示功图如图 4 - 22 所示。

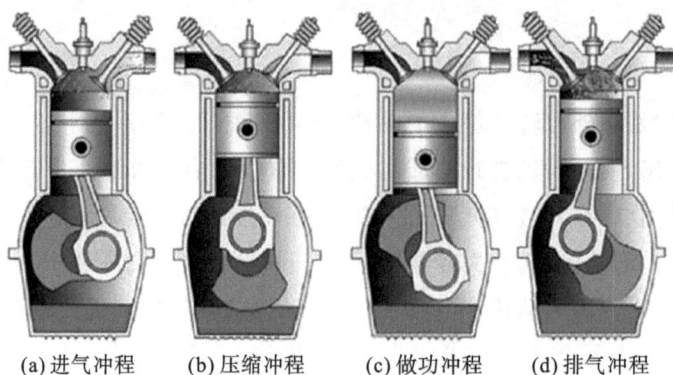

(a)进气冲程　　(b)压缩冲程　　(c)做功冲程　　(d)排气冲程

图 4 - 21　四冲程汽油机工作原理示意图

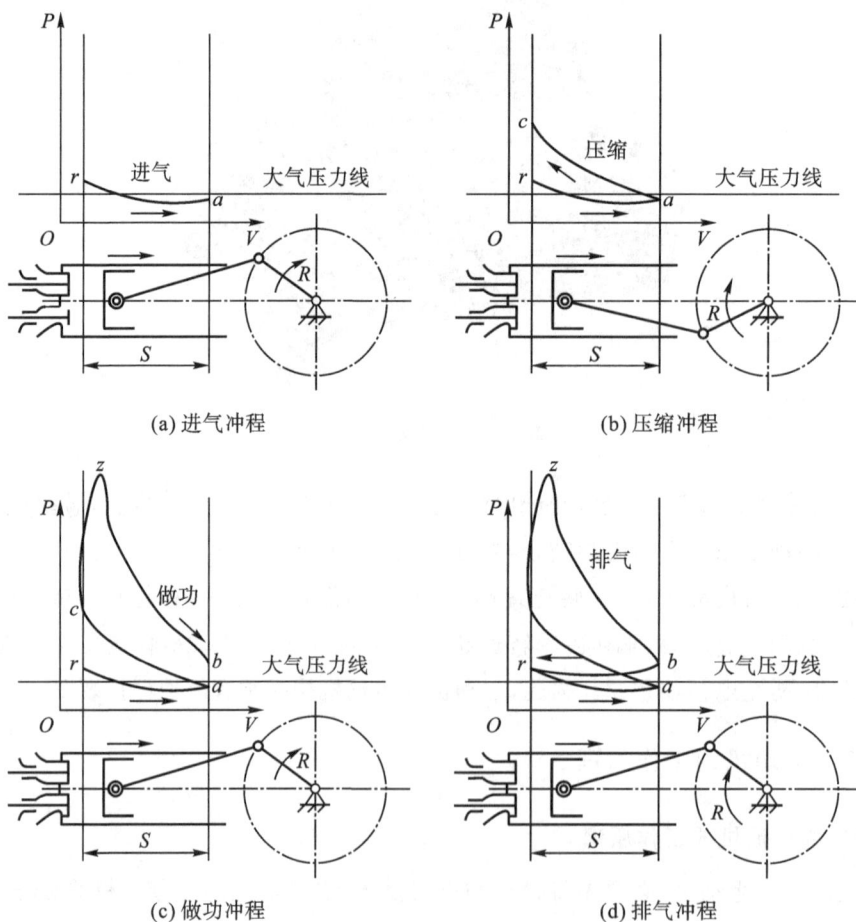

(a)进气冲程

(b)压缩冲程

(c)做功冲程

(d)排气冲程

图 4 - 22　四冲程汽油机的示功图

1)进气冲程

汽油发动机的空气和燃料是在汽缸外部进行混合,形成可燃混合气,然后被吸入汽缸的。如图 4-21(a)所示,进气冲程中,转动的曲轴带动活塞从上止点向下止点移动,此时进气门打开,排气门关闭。活塞在运动过程中,汽缸的容积由小到大,形成一定真空度而产生吸力,将可燃混合气经进气管和进气门吸入汽缸。在进气过程中,由于进气系统的阻力影响,进气终了时,汽缸内气体压力略低于大气压,为 0.075~0.09MPa,同时受到残余废气和高温机件加热的影响,温度达到 370~400 K。

气缸内的气体压力随气缸容积或曲轴转角的变化关系称为示功图,它能直观地显示气缸内气体压力的变化。进气冲程的示功图如图 4-22(a)所示,曲线 ra 表示进气行程中气缸内气体压力的变化。实际汽油机的进气门是在活塞到达上止点之前打开,并且延迟到下止点之后关闭,以便吸入更多的可燃混合气。

2)压缩冲程

如图 4-21(b)所示,进气冲程结束后,随着曲轴的继续旋转,活塞从下止点向上止点移动,这时进气门和排气门都关闭,气缸内成为封闭容积。随着活塞上移,气缸容积不断缩小,可燃混合气体受到压缩,压力和温度不断升高,当活塞到达上止点时压缩冲程结束。压缩终了时,气缸内气体的压力为 0.8~1.5 MPa,温度为 600~750 K。压缩冲程的示功图如图 4-22(b)所示,曲线 ac 表示进气冲程中气缸内气体压力的变化。

压缩比越大,压缩终了时气缸内的压力和温度越高,则燃烧速度越快,发动机功率也越大,但压缩比太高容易引起爆燃。所谓爆燃就是由于气体压力和温度过高,可燃混合气在没有点燃的情况下自行燃烧,且火焰以高于正常燃烧数倍的速度向外传播,造成尖锐的敲缸声,会使发动机过热,功率下降,汽油消耗量增加以及机件损坏。轻微爆燃是允许的,但强烈爆燃对发动机是很有害的。汽油机的压缩比一般为 8~12。

3)做功冲程

做功冲程包括燃烧过程和膨胀过程,在这一冲程中,进气门和排气门仍然保持关闭。如图 4-21(c)所示,当压缩冲程终了活塞接近上止点时,安装在气缸盖上的火花塞产生电火花点燃混合气,气缸中燃料燃烧放出热能,使气体受热膨胀,压力和温度急剧上升。在高温高压气体的作用力推动下,活塞向下止点运动,通过连杆使曲轴做旋转运动,产生转矩而做功。发动机至此完成了一次将热能转变为机械能的过程。

在做功冲程中,燃烧气体的最大压力可达 3.0~6.5MPa,最高温度可达 2200~2800 K。随着活塞向下止点移动,气缸容积不断增大,气体压力和温度逐渐降低。在做功冲程结束时,压力约为 0.35~0.5MPa,温度约为 1200~1500 K。做功冲程的示功图如图 4-22(c)所示,曲线 czb 表示做功冲程气缸内气体压力的变化。

4)排气冲程

如图 4-21(d)所示,排气冲程开始,排气门打开,进气门仍然关闭,曲轴带动活塞由下止点向上止点运动,此时混合气燃烧后的废气在其自身剩余压力和活塞的推动下经排气门排出气缸。活塞到达上止点附近时,排气冲程结束,排气门关闭。排气冲程终了时,在燃烧室内尚残留少量废气,称为残余废气。因为排气系统有阻力,所以残余废气的压力比大气压力略高,为 0.105~0.12 MPa,温度为 900~1100 K。

排气冲程的示功图如图 4-22(d) 所示,曲线 br 表示排气行程气缸内气体压力的变化。随着曲轴继续旋转,活塞从上止点向下止点运动,又开始了下一个工作循环。可见,四冲程汽油机经过进气、压缩、做功、排气四个冲程完成了一个工作循环。这期间活塞在上、下止点间往复运动了四个行程,相应地曲轴旋转了两圈。

2. 四冲程柴油机的工作原理

四冲程柴油机与四冲程汽油机一样,每个工作循环也经过进气、压缩、做功、排气四个过程,在各个活塞冲程中,进、排气门的关闭和曲柄连杆机构的运动与汽油机完全相同。由于柴油机所用燃料是柴油,其特点是黏度比汽油大且不易蒸发,但柴油的自燃温度比汽油低。故可燃混合气的形成、着火方式、燃烧过程以及气体温度压力的变化都和汽油机不同,下面主要分析一下柴油机和汽油机在工作过程中的不同点。

如图 4-23 所示为四冲程柴油机示意图。四冲程柴油机在进气行程中与汽油机不同的是柴油机吸入气缸的是纯空气而不是可燃混合气,由于进气系统阻力较小,进气终了时气体压力略高于汽油机而气体温度略低于汽油机。进气终了时气体压力为 0.085~0.095 MPa,气体温度为 300~370 K。

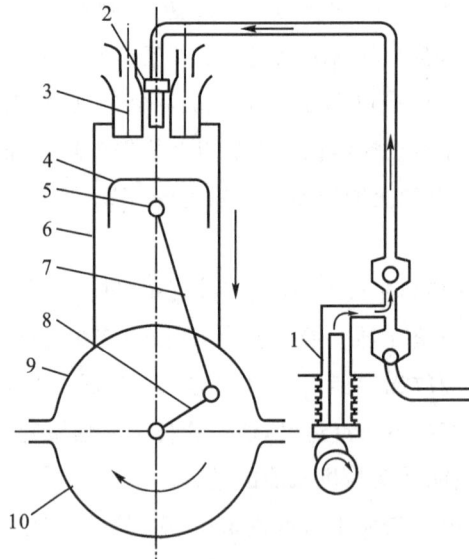

1—喷油泵;2—喷油器;3—气阀;4—活塞;5—活塞销;6—气缸;7—连杆;
8—曲轴;9—曲轴箱;10—油底壳。

图 4-23 柴油机的一般构造

四冲程柴油机的压缩行程压缩的也是纯空气,在压缩行程接近上止点时,喷油器将高压柴油以雾状喷入燃烧室,柴油和空气在气缸内形成可燃混合气并着火燃烧。柴油机的压缩比要比汽油机的压缩比大很多(一般为 16~22),压缩终了时气体温度和压力都比汽油机高,大大超过了柴油的自燃温度。压缩终了时,气体压力为 3.5~4.5 MPa,气体温度为 750~

1000 K,柴油机是压缩后自燃着火的,不需要点火,故柴油机又称为压燃机。

柴油喷入气缸后,在很短的时间内与空气混合后便立即着火燃烧。柴油机的可燃混合气是在气缸内部形成的,而不像汽油机那样,混合气主要是在气缸外部形成的。柴油机燃烧过程中气缸内出现的最高压力要比汽油机高得多,可高达 6～9 MPa,最高温度可高达 2000～2500 K。做功终了时,气体压力为 0.2～0. MPa,气体温度为 1200～1500 K。

柴油机的排气冲程和汽油机一样,废气同样经排气管排入到大气中去,排气终了时,气缸内气体压力为 0.105～0.125 MPa,气体温度为 800～l000K。

比较柴油机与汽油机,两者在进气行程、压缩行程和压缩行程末期的区别见表 4-1。相比于汽油机,柴油机的压缩比高、热效率高、燃油消耗率低,同时柴油价格较低,因此柴油机的燃料经济性能好,且柴油机的排气污染少,排放性能较好。但它的主要缺点是转速低、质量大、噪声大、振动大、制造和维修费用高。柴油机在其发展过程中不断发扬其优点,克服缺点,提高转速,有望得到更广泛的应用。

表 4-1　柴油机与汽油机工作时的区别

工作过程	汽油机	柴油机
进气冲程	吸入可燃混合气	吸入纯空气
压缩冲程	压缩可燃混合气,提高作功能力	压缩纯空气,使它形成强烈的涡流运动
压缩行程末期	火花塞跳火点燃可燃混合气	将高压柴油喷入气缸,与空气均匀混合,在高温高压下自燃

3. 多缸发动机的工作原理

四冲程发动机在一个工作循环的四个冲程中只有一个冲程是做功的,其余三个冲程则是做功的辅助冲程。即曲轴转两圈,只有半圈做功。做功冲程时,曲轴的转速比其他三个冲程内曲轴转速要高,所以曲轴转速是不均匀的,因而发动机运转就不平稳。功率越大,平稳性就越差。为了使运转平稳,单缸机一般都装有一个大飞轮,而这样做将使整个发动机质量和尺寸增加。显然,单缸发动机工作振动大。采用多缸发动机可以弥补上述缺点,因此现代汽车上基本不用单缸发动机,用得最多的是 4 缸、6 缸、8 缸发动机。

多缸发动机由多个结构相同的气缸组成,它们一般共用一个机体,一根曲轴。在多缸四冲程发动机的每个气缸内,所有的工作过程是相同的,并按进气、压缩、做功、排气次序进行,但所有气缸的做功冲程并不同时发生,而应该使各缸做功冲程均匀分布,按照一定的工作顺序做功,即曲轴在 720°曲轴转角内交替做功,因此,运转平稳、振动小。例如,在 4 缸发动机内,曲轴每转半周便有一个气缸在做功,其工作顺序有 1-3-4-2 和 1-2-4-3 两种,前者各缸的工作循环见表 4-2。在 8 缸发动机内,曲轴每转 1/4 周便有一个做功冲程。气缸数越多,做功间隔角越小,同时参与做功的气缸越多发动机运转越平稳。但发动机气缸数增多,将使其结构复杂,尺寸及质量增加。

表 4-2　缸机工作循环(工作顺序 1-3-4-2)

曲轴转角/(°)	第一缸	第二缸	第三缸	第四缸
0~180	做功	排气	压缩	进气
180~360	排气	进气	做功	压缩
360~540	进气	压缩	排气	做功
540~720	压缩	做功	进气	排气

4. 二冲程发动机工作原理

二冲程发动机的工作循环是在两个活塞行程即曲轴旋转一周的时间内完成的,如图 4-24 所示为曲轴箱换气式二冲程汽油机的工作原理示意图。由图可见,曲轴箱换气式二冲程汽油机不设进、排气门,而在汽缸的下部开设进气孔、排气孔和扫气孔,并由活塞来控制这三个孔的开闭,以实现换气过程。这种发动机的工作过程如下。

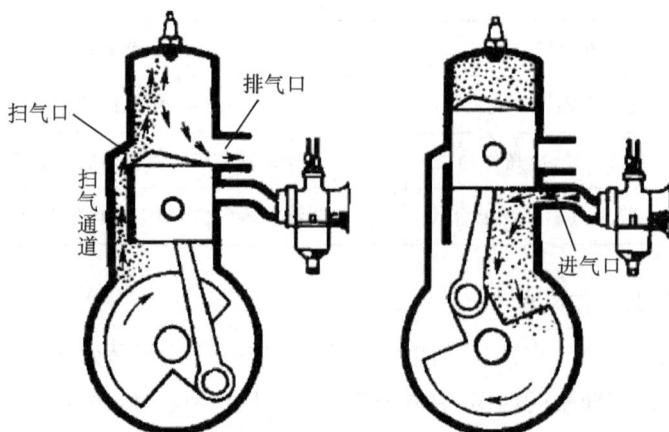

图 4-24　二冲程汽油机工作原理示意图

1)做功-换气冲程

活塞到达上止点,用电火花点燃混合气体(柴油机此时则向气缸内喷入柴油并随即自行着火),燃烧气体产生的压力将活塞从上止点推向下止点。活塞下行到接近下止点时,废气经排气口(或排气门)排出,同时曲轴箱内受压的新鲜混合气从扫气口冲入汽缸,进一步扫除废气,实现汽缸的换气。

2)换气-压缩冲程

活塞从下止点向上止点移动,当扫气口与排气口(柴油机采用排气门,位于汽缸顶部)关闭后,即对可燃混合气(或纯空气)进行压缩,利用活塞下部产生的部分真空,同时又将新鲜混合气吸入曲轴箱内,为换气过程做准备。

二冲程发动机曲轴每转一圈做功一次,四冲程发动机则每转两圈做功一次。因此当曲轴转速相同时,二冲程内燃机单位时间的做功次数是四冲程内燃机的 2 倍。由于曲轴每转一周做功一次,因此曲轴旋转的角速度比较均匀。但二冲程发动机的换气过程时间短,仅为四冲程发动机的 1/3 左右。另外,进、排气过程几乎同时进行,利用新气扫除废气,新气可能流失,废气也不易清除干净。因此,二冲程发动机的换气质量较差。

4.2.3　涡轮增压工作原理

发动机按进气状态不同,分为增压和非增压两类。若进气是在接近大气状态下进行的,称作非增压发动机或自然吸气式发动机;若利用增压器增高进气压力,进气密度增大,则称作增压发动机。大型发动机的动力之所以比小型发动机大,主要原因就是大型发动机的气缸排量大,能吸入更多的空气使更多的燃油燃烧,从而提高燃烧做功能力。当气缸容积一定时,提高进气压力也可以让发动机吸入更多的空气,因为在同样体积下,密度越高,其氧气含量也越高。将进气压缩后再吸入气缸,可以大幅增大进气量,从而提高发动机的动力输出,这就是配备增压器的根本原因。

涡轮增压发动机是指依靠涡轮增压器来加大发动机进气量的一种发动机,涡轮增压器实际上就是一个空气压缩机。如图 4-25 所示,涡轮增压装置主要由涡轮室和增压器组成。涡轮室的进气口与发动机排气歧管相连,排气口接在排气管上;增压器的进气口与空气滤清器管道相连,排气口接在进气管上;涡轮和叶轮分别装在涡轮室和增压器内,二者同轴刚性联接。

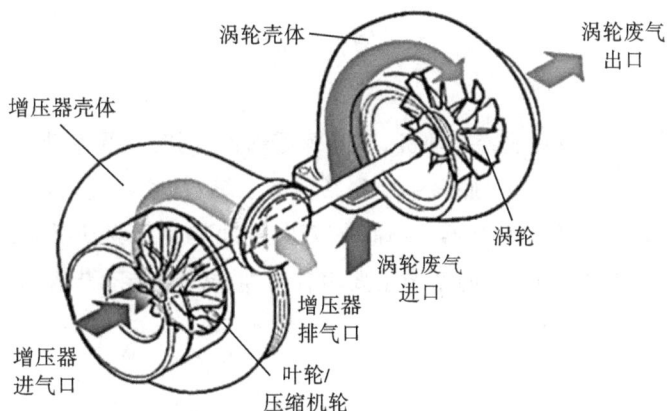

图 4-25　涡轮增压发动机结构示意图

涡轮增压的工作原理如图 4-26 所示,红色为高温废气,蓝色为新鲜空气。它是利用发动机排出的废气作为动力来推动涡轮室内的涡轮,使之高速旋转,涡轮又带动同轴的叶轮以同样的速度高速旋转,使之压缩进气,并强制将增压后的进气压送入气缸。发动机功率与进气量成正比,因此可提高发动功率。而且,涡轮增压发动机利用的是发动机排出的废气,所以整个增压过程基本不会消耗发动机本身的动力。

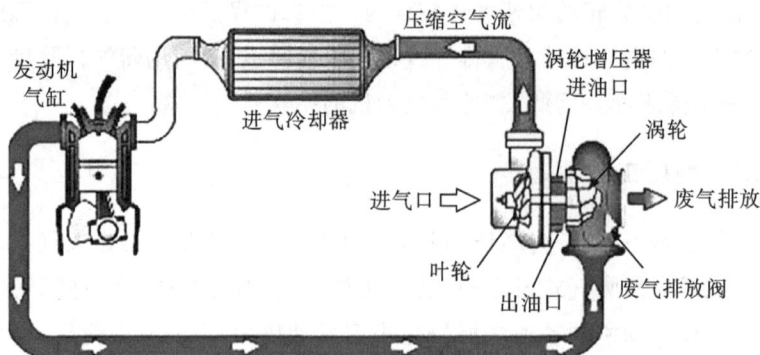

图 4 - 26 涡轮增压工作原理图(彩图扫描前言二维码)

一台发动机装上涡轮增压器后,其最大功率与未装增压器的时候相比可以增加 40% 甚至更高。同样一台发动机在经过增压之后能够输出更大的功率,但是耗油量却并不增加多少,即提高了燃油经济性。

但增压之后,空气被高比例压缩会产生很高的热量,导致空气膨胀密度降低,而同时也会使发动机温度过高造成损坏。要得到更高的容积效率,需要在注入气缸之前对高温空气进行冷却,因此,会在发动机和涡轮增压器之间加装一个散热器达到降温目的,这个散热器被称为中冷器,是增压系统的一部分。

4.3 汽车底盘

汽车底盘(见图 4 - 27)支承着发动机、车身等零部件,同时接受发动机输出的动力,使汽车运动,保证汽车正常行驶。汽车底盘主要包括传动系统、行驶系统、转向系统、制动系统四大部分。其中传动系统主要由离合器、变速器、万向传动装置和驱动桥组成;行驶系统主要由车架、车桥、车轮和悬架组成;转向系统主要由转向器和转向传动装置组成;制动系统主要由制动器和制动传动装置组成。

图 4 - 27 汽车底盘结构

4.3.1　汽车传动系统

汽车传动系统的作用是将发动机的动力传给驱动车轮,使汽车行驶。汽车传动系统主要由离合器、变速器、万向传动装置、驱动桥(减速器、差速器、半轴)等部件组成,如图 4 - 28 所示。

汽车传动系统的首要任务是与发动机协同工作,以保证汽车能在不同使用条件下正常行驶,并具有良好的动力性和燃油经济性。因此任何形式的传动系统都必须具有降速增矩、实现倒车、必要时中断传动系统的动力传递、实现差速等作用。

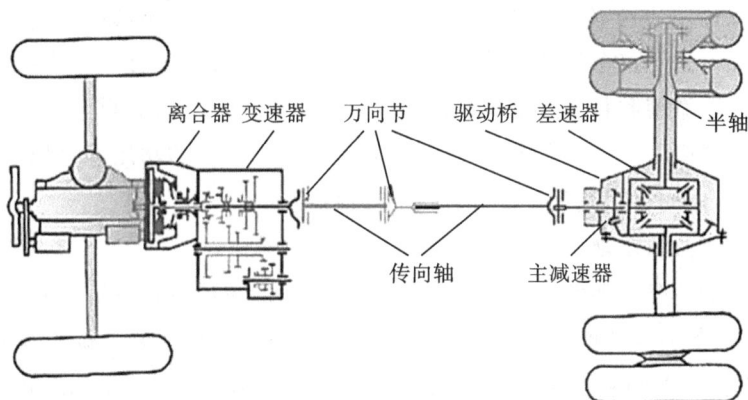

图 4 - 28　普通汽车传动系统组成和布置示意图

1. 传动系统的布置形式

传动系统的布置形式要与汽车总体布置方案相适应,传动系统的布置形式根据发动机与驱动轮的位置进行分类。常见的布置形式有前置发动机后轮驱动(front-engine rear-drive,FR)、前置发动机前轮驱动(front-engine front-drive,FF)、后置发动机后轮驱动(rear-engine rear-drive,RR)、前置发动机四轮驱动(4 wheel-drive,4WD)、中置发动机后轮驱动(middle-engine rear-drive,MR)五种布置方式,如图 4 - 29 所示。

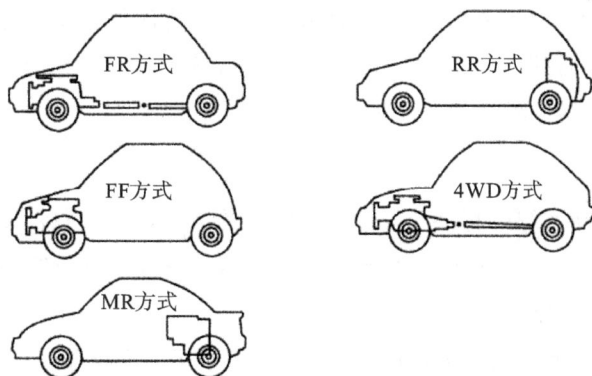

图 4 - 29　汽车发动机位置及驱动形式

1）前置发动机后轮驱动

发动机纵向安装在汽车前部，并且以后轮为驱动轮。发动机发出的动力依次经过离合器、变速器、由万向节和传动轴组成的万向传动装置以及安装在驱动桥中的主减速器、差速器和半轴传到驱动轮。这种布置形式的特点是结构简单，后驱动轮的附着力大，易获得足够的牵引力，传动系统需要一根较长的传动轴，目前广泛用在普通货车上。

2）前置发动机前轮驱动

前置发动机前轮驱动是将发动机、变速器、主减速器等都安置在汽车的前面，前轮为驱动轮的方案。这种布置形式的特点是结构紧凑，发动机可以纵置或横置，省去了变速器与驱动桥之间的万向传动装置，车身底板高度可以降低。由于是前轮驱动，有利于提高汽车高速行驶时的稳定性。由于整个传动系统集中在汽车前部，简化了传动系统的操纵机构。这种布置方案目前已在微型和普及型轿车上得到了广泛应用，在中、高级轿车上的应用也日渐增多。但由于前轮承受大部分的车重，并且同时具有转向和驱动的功用，所以和前置发机后轮驱动方式相比较，转向会稍微重一些，高速稳定性较差。

3）中置发动机后轮驱动

中置发动机后轮驱动即发动机放置在前、后轴之间的布局方式，最大的优点是轴荷分配最佳，具有很中性的操控特性，在加速性能和转向性能方面非常优异。缺点是发动机占去了座舱的空间，降低了空间利用率和实用性。所以这种方式较适用于跑车和高回转数车辆使用。

4）后置发动机后轮驱动

后置发动机后轮驱动即将发动机装于汽车的后部，后轮驱动。该布置多用于大型客车上，采用这种布置方案更容易做到汽车总质量在前后车轴之间的合理分配，并且具有空间利用率高的优点。但是这种布置形式由于发动机位于汽车后部，发动机冷却条件较差，且发动机和变速器、离合器的操纵机构都较复杂。

5）四轮驱动

对于通过性能要求较高的越野汽车，为了充分利用所有车轮与地面之间的附着条件，以获得尽可能大的牵引力，就将全部车轮作为驱动轮，即采用四轮驱动。为了将发动机传给变速器的动力分配给前、后两驱动桥，在变速器后增设了分动器。与发动机前置、后轮驱动的汽车相比，其前桥既是转向桥也是驱动桥。

2. 离合器

离合器是汽车传动系统中直接与发动机相联系的部件，其作用有：使发动机与传动系逐渐结合，保证汽车平稳起步；临时切断发动机与传动系的联系，便于发动机的启动和变速器的换挡；限制所传递的转矩，防止传动系统过载。

离合器的主动部分和从动部分可以暂时分离，又可以逐渐接合，并且在传动过程中还有可能相对运动。因此根据离合器传动介质的不同，汽车离合器有摩擦式离合器、液力耦合器、电磁式离合器。摩擦离合器靠机械摩擦传动，液力耦合器靠液体之间的耦合作用传动，电磁离合器靠电磁耦合作用传动。

目前在汽车上广泛采用的是摩擦式离合器,如图 4 - 30 所示。摩擦式离合器的工作原理如下:

(1)接合状态:离合器处于接合状态时,压紧弹簧将压盘、飞轮及从动盘互相压紧。发动机转矩经飞轮及压盘通过摩擦面的摩擦力矩传递到从动盘,再经变速器输入轴向传动系输入。

(2)分离过程:踏下踏板时,分离叉向前移动,分离叉内端则通过分离轴承推动分离杠杆内端向前移动,分离杠杆外端依靠安装在离合器盖上的支点拉动压盘向后移动,使其在进一步压缩压紧弹簧的同时解除对从动盘的压力。于是离合器的主动部分处于分离状态而中断动力的传递。

(3)接合过程:驾驶员松开离合器踏板,控制操纵机构使分离轴承和分离叉向后移,压盘弹簧的张力迫使压盘和从动盘压向飞轮。发动机转矩再次作用在离合器从动盘摩擦面,驱动变速器的输入轴。接合过程中,摩擦面间存在一定的打滑,直到离合器完全接合为止。

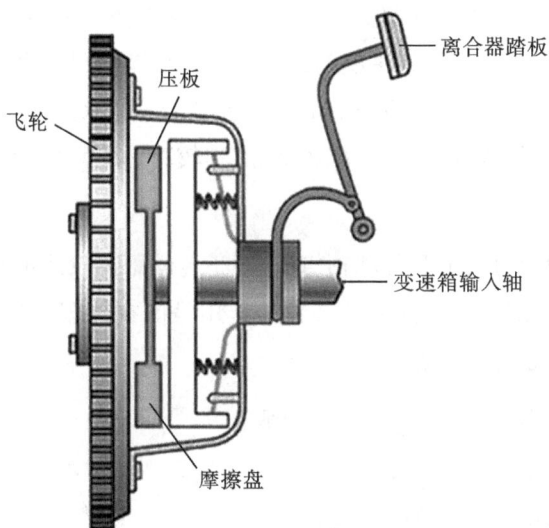

图 4 - 30　摩擦式离合器结构

3. 变速器

汽车的使用条件在很大范围内不断变化,这就要求汽车牵引力和速度也有相当大的变化范围。而现代燃油汽车上广泛采用的活塞式内燃机,在其整个转速范围内转矩的变化不大,而功率和燃油消耗率的变化却很大,因此保证发动机功率较大而燃油消耗率较低的曲轴转速范围(即有利的转速范围)是很窄的。为了使发动机在其有利的转速范围工作时,能满足汽车复杂的使用条件,使汽车的牵引力和车速能在相当大的范围内变化,应当使传动系统具有变速功能,即在传动系统中设置了变速器。

变速器的主要作用是：实现变速变矩、实现汽车倒驶、必要时中断传动和实现动力输出等。变速器按传动比变化方式可分为有级变速器、无级变速器和综合式变速器；按操纵方式不同可分为强制操纵式变速器、自动操纵式变速器和半自动操纵式变速器；按照工作轴数量（不含倒挡轴）可分为 3 轴式变速器和 2 轴式变速器，如图 4-31 所示为二轴式变速器的机构图。

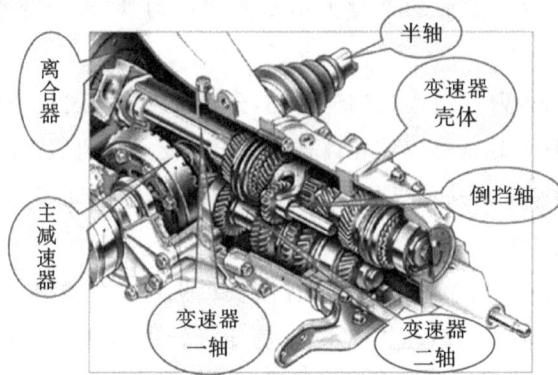

图 4-31 二轴式变速传动机构

传统的手动变速器具有传动效率高、工作可靠、结构简单和价格低廉等优点，但它也存在换挡操作复杂、换挡操作使行车不平稳的缺点。自动变速器是一种能实现自动变速、连续变矩的动力传动装置。其具有操作方便、简单省力、提高行车安全性、换挡平稳、乘坐舒适、过载保护性好等优点；但结构较复杂、效率较低、成本较高、修理比较麻烦。

4. 万向传动装置

万向传动装置一般由万向节和传动轴组成，对于传动距离较远的分段式传动轴，还需设置中间支承，如图 4-32 所示。万向传动装置的作用是能在汽车上任何一对轴间夹角和相对位置经常发生变化的轴之间传递动力。

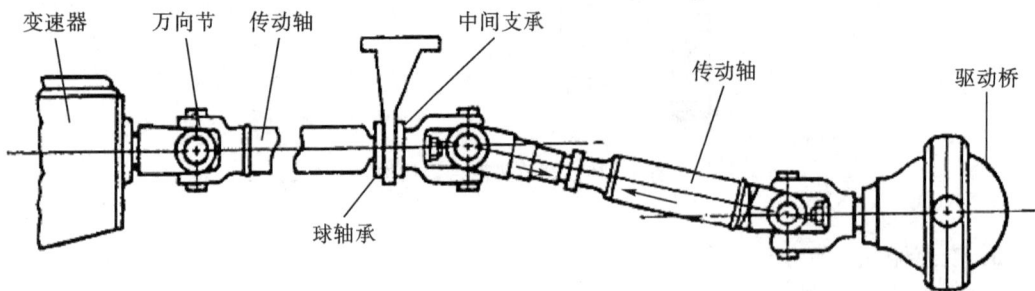

图 4-32 万向传动装置示意图

1）万向节

万向节是实现变角度动力传递的主要部件，用于需要改变传动轴线方向的位置。万向节按其在扭转方向上是否有明显的弹性可分为刚性万向节和挠性万向节。在前者中，动力靠零件的铰链式连接传递，而在后者中则靠弹性零件传递，且有缓冲减振作用。刚性万向节又可分为不等速万向节(常用为十字轴式)、准等速万向节(双联式、三销轴式等)和等速万向节(球叉式、球笼式等)。

十字轴式刚性万向节结构简单、传动可靠、效率高,且允许两传动轴之间有较大的交角,故普遍应用于各类汽车的传动系中。如图 4 - 33 所示为十字轴式刚性万向节的构造,主要由万向节叉、十字轴及轴承等组成。两个万向节叉分别与主、从动轴相连,其叉形上的孔分别套在十字轴的四个轴颈上。在十字轴轴颈与万向节叉孔之间装有滚针和套筒,用带有锁片的螺钉和轴承盖来使之轴向定位。为了润滑轴承,十字轴内钻有油道,且与润滑脂嘴、安全阀相通。

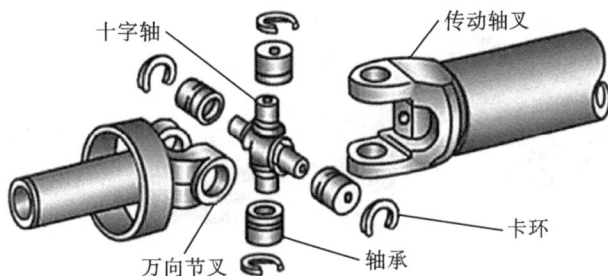

图 4 - 33　十字轴式刚性万向节构造

2)传动轴

在有一定距离的两部件之间采用万向传动装置传递动力时,一般需要在万向节之间安装传动轴。常见的轻、中型货车中,连接变速器与驱动桥的传动轴部件由传动轴及其两端焊接的花键轴和万向节叉组成(见图 4 - 34)。为适应汽车行驶过程中变速器与驱动桥的相对位置变化,传动轴中设有由伸缩套和滑动花键轴组成的滑动花键连接,使传动轴的长度能随传动距离的变化而伸缩。为了减少磨损,还装有用以加注润滑脂的注油嘴、油封、堵盖和防尘套。

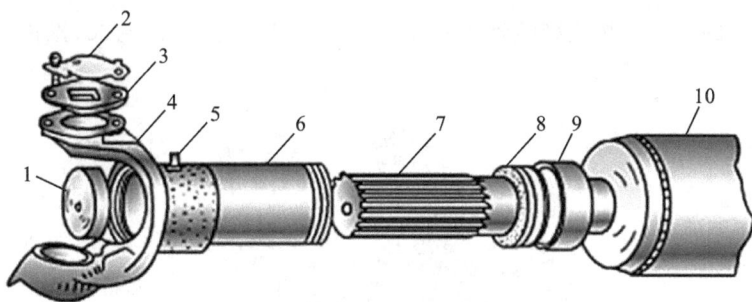

1—盖子;2—盖板;3—盖垫;4—万向节叉;5—润滑脂嘴;6—伸缩套;
7—滑动花键;8—油封;9—油封盖;10—传动轴管。

图 4 - 34　传动轴

5. 驱动桥

驱动桥由主减速器、差速器、半轴和驱动桥壳等组成,如图 4 - 35 所示。其功用是:将万向传动装置传来的发动机转矩通过主减速器、差速器、半轴等传到驱动车轮,实现降速增大转矩;通过主减速器锥齿轮副改变转矩的传递方向;通过差速器实现两侧车轮差速作用,保证内、外侧车轮以不同的转速转向。

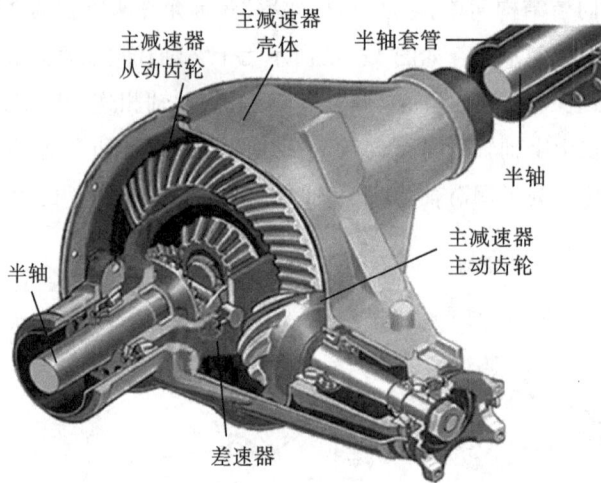

图 4-35　驱动桥结构

1)主减速器

主减速器(见图 4-36)的作用是将输入的转矩增大并相应降低转速以及当发动机纵置时还具有改变转矩传递方向的作用。

为满足不同的使用要求,主减速器的结构形式也不同。按参加减速传动的齿轮副数目分,有单级式主减速器和双级式主减速器。在双级式主减速器中,若第二级减速器齿轮有两对,并分置于两侧车轮附近,实际上成为独立部件,则称为轮边减速器。按主减速器传动比挡数分,有单速式和双速式,前者的传动比是固定的,后者有两个传动比供驾驶员选择,以适应不同行驶条件的需要。按主减速器齿轮副结构形式分,有圆柱齿轮式、锥齿轮式和准双曲面齿轮式。

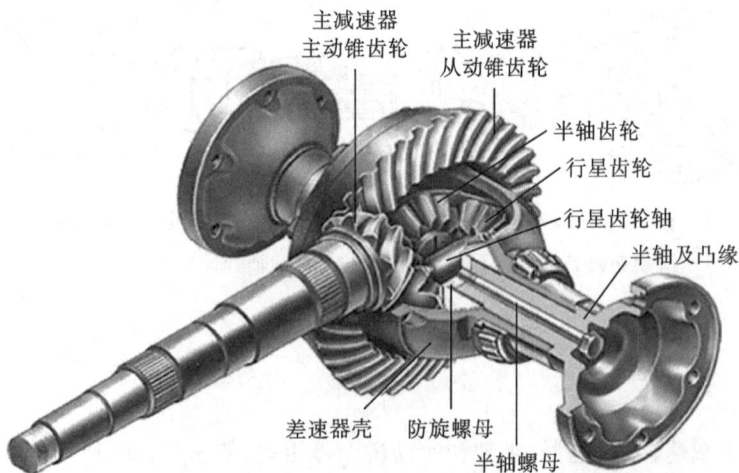

图 4-36　桑塔纳轿车主减速器和差速器

2)差速器

差速器的作用是当汽车转弯行驶或在不平路面上行驶时,使左右车轮以不同的转速滚动,即保证两侧驱动车轮作纯滚动运动。目前汽车上广泛采用的是对称锥齿轮差速器(见图4-37),它主要由行星齿轮、行星齿轮轴、半轴齿轮和差速器壳等组成。两个半轴齿轮与两个或四个行星齿轮啮合,半轴齿轮内花键与半轴相连。

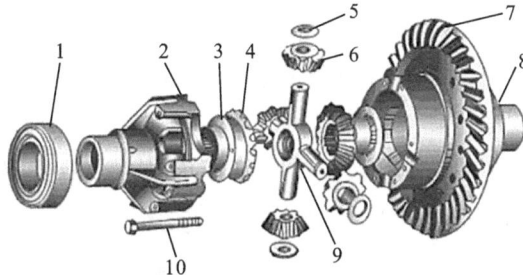

1—轴承;2—左半壳;3—垫片;4—半轴齿轮;5—球形垫片;6—行星齿轮;
7—从动齿轮;8—右半壳;9—十字轴;10—螺栓。

图 4 - 37　对称锥齿轮差速器零件分解图

3)半轴与桥壳

半轴用于将差速器传来的动力传给驱动轮。其内端与差速器的半轴齿轮连接,外端与驱动轮的轮毂相连,如图4-35所示。因其传递的转矩较大,常制成实心轴。

驱动桥壳既是传动系统的组成部分,也是行驶系统的组成部分。作为传动系统的组成部分,其功用是安装并保护主减速器、差速器和半轴,使左、右驱动车轮的轴向相对位置固定。作为行驶系统的组成部分,其作用是安装悬架或轮毂,和从动桥一起,支承汽车悬架以上各部分质量,承受驱动车轮传来的作用力和力矩,并在驱动车轮与悬架之间传力。

4.3.2　汽车行驶系统

汽车行驶系统(见图4-38)的基本作用是支承汽车总质量并保证汽车正常行驶。其主要功用有:通过驱动车轮与路面之间的附着作用,使传动系统传来的力矩变为汽车行驶的驱动力;支承汽车总质量,承受并传递路面作用于车轮上的各种力及力矩;缓和冲击、衰减振动,保证汽车的行驶平顺性;与转向系统配合工作,实现正确控制行驶方向,保证汽车的操纵稳定性。

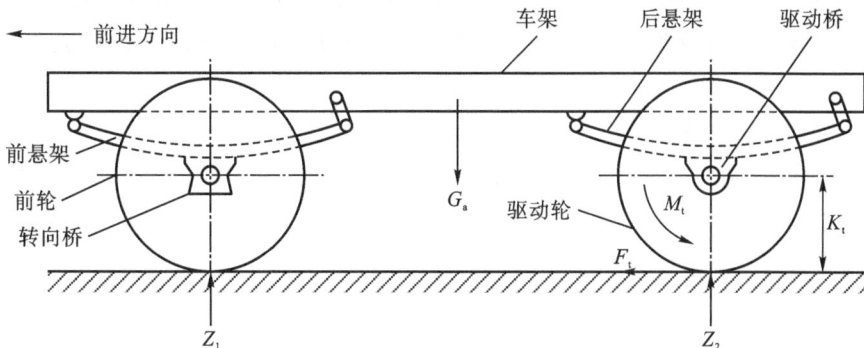

图 4 - 38　汽车行驶系统组成示意图

汽车行驶系统主要由车桥、车架、车轮和悬架组成。车架是全车的装配基体,将整个汽车连接成一整体;车轮安装在车桥上,支承着车桥与汽车;悬架把车架与车桥连接在一起,减少汽车在行驶中受到的各种冲击与振动。

1. 车桥

车桥(也称车轴)通过悬架和车架(或承载式车身)相连,两端安装车轮,其功用是传递车架(或承载式车身)与车轮之间各个方向的作用力及其力矩。

根据车桥上车轮的作用,车桥可分为转向桥、驱动桥、转向驱动桥和支持桥等。车桥的结构形式也与悬架结构及传动系的布置形式有关。按悬架结构不同,车桥分为整体式和断开式两种。整体式车桥的中部是刚性实心或空心梁,与非独立悬架配用;断开式车桥为活动关节式结构,与独立悬架配用,如图 4-39 所示。

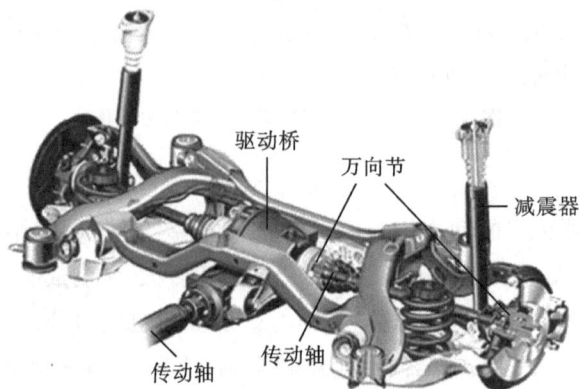

图 4-39 奥迪 A4 轿车的断开式后驱动桥

2. 车架

车架是连接在各车桥之间形似桥梁的一种结构,是整个汽车的连接基础。车架的作用是安装汽车的各总成和部件,并使它们保持正确的相对位置,并承受来自车上和地面的各种静、动载荷,因此,车架应具有足够的强度和适合的刚度。

车架本身结构简单,通常由纵梁和横梁组成,按其结构形式可分为边梁式、中梁式、综合式和无梁式车架。其中,以边梁式车架应用最广,如图 4-40 所示,边梁式车架由两根位于两边的纵梁和若干根横梁组成,用铆接法或焊接法将纵梁与横梁连接成坚固的刚性构架。

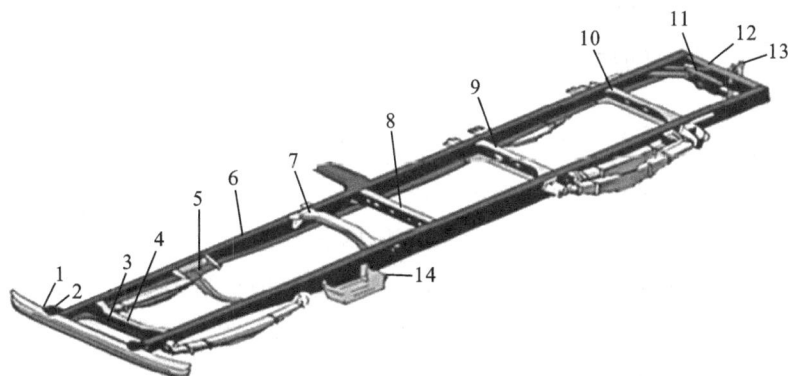

1—保险杠;2—挂钩;3—前横梁;4—发动机前悬置横梁;5—发动机后悬置右(左)支架和横梁;
6—纵梁;7—驾驶室后悬置横梁;8—第四横梁;9—后钢板弹簧前支架横梁;10—后钢板弹簧后支
架横梁;11—角撑横梁组件;12—后横梁;13—拖钩部件;14—蓄电池托架。

图 4 - 40　东风 EQI090E 型汽车边梁式车架

3. 车轮与轮胎

车轮与轮胎是汽车行驶系统中的重要部件,位于汽车车身与路面之间。其作用有:支承汽车和装载的质量;通过轮胎与路面间存在的附着作用来传递汽车与路面之间的各种力和力矩;缓冲车轮受路面颠簸时所引起的振动;保证汽车直线行驶和转向行驶的作用等。

如图 4 - 41 所示为桑塔纳 2000 型轿车的车轮和轮胎。轮辋和辐板焊接在一起,并用螺栓将其安装在车轮轮毂或制动鼓上组成车轮。平衡块用于对车轮进行动平衡,车轮饰板装在辐板外面。轿车的车轮辐板所用钢板较薄,常冲压成起伏多变的形状,以提高刚度。为了减轻车轮的质量和有利于制动鼓的散热,有些轿车采用铝合金铸造加工。

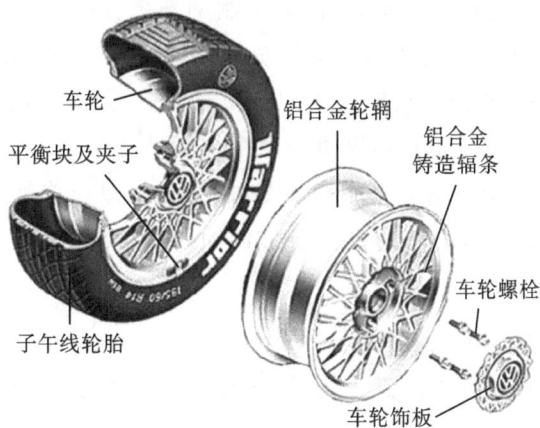

图 4 - 41　桑塔纳 2000 型轿车车轮和轮胎

4. 悬架

汽车悬架是车架(或车身)与车桥(或车轮)之间一切传力连接装置的总称。它的作用如下:迅速衰减由于弹性系统引起的振动,传递垂直、纵向、侧向反力及其力矩;缓和行驶中车辆受到的由不平路面引起的冲击力,保证乘坐舒适和货物完好;起导向作用,使车轮按一定轨迹相对车身运动。

现代汽车的悬架尽管有各种不同的结构形式,但是一般都由弹性元件、减振器、导向机构和横向稳定杆等组成,如图4-42所示。弹性元件用来承受和传递垂直载荷,减小路面的冲击;减振器用来衰减由于弹性系统引起的振动,限制车身和车轮的振动。导向机构用来传递纵向力、侧向力及力矩,并保证车轮相对于车身有正确的运动关系。有些轿车和客车上,为防止车身在转向等情况下发生过大的横向倾斜,在悬架系统中加设有横向稳定杆,目的是提高侧倾刚度,改善汽车的操纵稳定性和行驶平顺性。

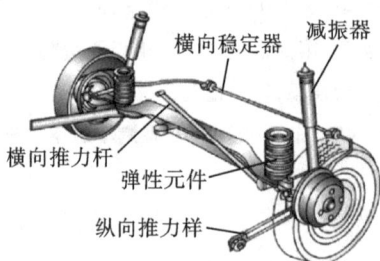

图4-42 悬架组成示意图

4.3.3 汽车制动系统

制动系统的作用是使行驶中的汽车按照驾驶员的要求进行强制减速甚至停车;使已停驶的汽车在各种道路条件下(包括在坡道上)稳定驻车;使卜坡行驶的汽车速度保持稳定。

制动系统按作用可分为行车制动系统、驻车制动系统、应急制动系统及辅助制动系统等;按制动操纵的动力来源可分为人力制动系统、动力制动系统和伺服制动系统等;按制动能量的传输方式,制动系统可分为机械式、液压式、气压式以及电磁式等。

制动系统一般由制动器和制动操纵机构两个主要部分组成。制动器也称制动执行装置,是通过产生制动力矩从而阻止车轮转动的装置;制动操纵机构是用来控制制动器工作、将操纵力传到制动器的机构,且是必要的供能和制动力的调节装置。

1. 制动器

制动器的旋转元件固定在车轮上,制动力矩直接作用于车轮上,称为车轮制动器。车轮制动器按结构分为鼓式和盘式两大类,如图4-43所示,二者都是利用固定元件与旋转元件工作表面的摩擦产生制动力矩。鼓式制动器的造价便宜,而且符合传统设计,在商用车领域应用较为广泛;与鼓式制动器相比较,盘式制动器的构造简单、散热性能很好、制动系统的反应也比较快速,可做高频率的刹车动作,但造价较为昂贵。

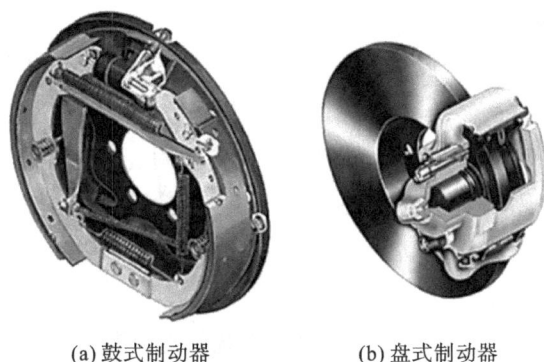

(a)鼓式制动器　　　　(b)盘式制动器

图 4 - 43　制动器结构

2. 制动操纵机构

制动操纵机构由制动踏板机构、制动主缸、制动轮缸和制动管路等组成,如图 4 - 44 所示,用来产生制动动作、控制制动效果,并将制动能量传输给制动器的各个部件。

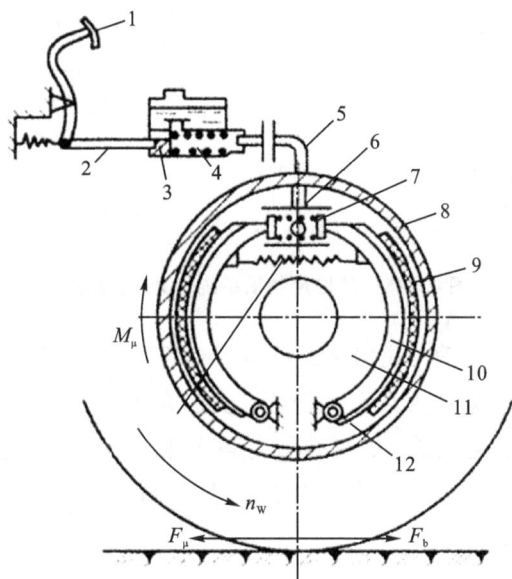

1—制动踏板;2—推杆;3—主缸活塞;4—液压制动主缸;5—制动油管;
6—液压制动轮缸;7—轮缸活塞;8—制动鼓;9—摩擦片;10—制动蹄;
11—制动底板;12—支承销;13—制动蹄回位弹簧。

图 4 - 44　液压制动系统的组成及工作原理示意图

制动系统的工作原理是:利用与车身或车架相连的非旋转元件和与车轮或传动轴相连的旋转元件之间的相互摩擦来阻止车轮的转动或转动的趋势,并将运动着的汽车的动能转化为摩擦副的热能耗散到大气中。

3. 防抱死制动系统(antilock brake system,ABS)

在汽车制动过程中,根据车轮与路面的相对运动特征,车轮运动可以分为滚动和滑动两种形式。其中,车轮滑动又可以分为沿着车轮滚动方向的纵向滑移和垂直于车轮滚动方向的侧向滑移。当车轮抱死滑移时,车轮与路面间的侧向附着力将完全消失,汽车将失去转向能力或产生侧滑(甩尾)现象,这些都极易造成严重的交通事故。汽车在制动时不希望车轮制动到抱死滑移,而是希望车轮制动到边滚边滑的状态,因此,在某些轿车、大客车和重型货车上装备了防抱死制动系统。

如图 4-45 所示,ABS 的组成有:控制整个系统的控制装置(电子计算机)、实际控制液压的调节器(也称为执行器)、检测汽车状态的车速传感器、输送制动液的液压泵等。

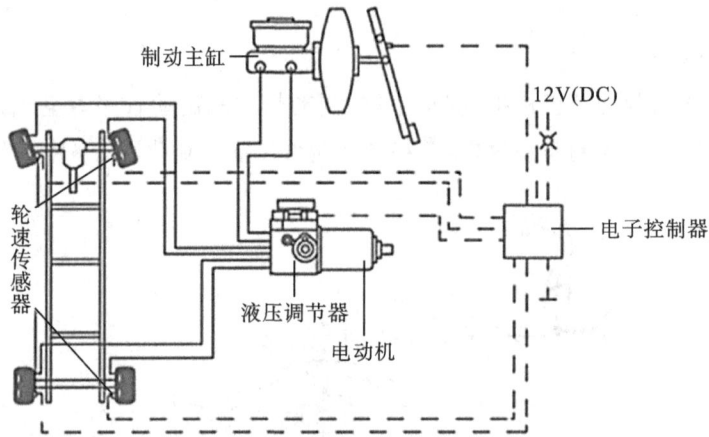

图 4-45 防抱死制动系统(ABS)的组成

当过度制动发生时,即制动力超出路面及车胎的摩擦力时,车轮抱死。为防止这一现象的发生,首先必须检测出车轮是否会发生抱死。安装在车轮上的车轮转速传感器检测出车轮的转速后,向控制装置发送信号,控制装置对各车轮信号进行比较,监视车轮是否抱死。当控制装置判断发生抱死后,向调节器发出信号,打开阀门使钳夹的液压力瞬间下降,使制动力变弱,车轮转速增加,

4.3.4 汽车转向系统

汽车在行驶过程中需要改变行驶方向时,必须使转向轮绕主销轴线偏转一定角度,直到新的行驶方向符合驾驶员的要求时,再将转向轮恢复到直线行驶位置。这种由驾驶员操纵转向轮偏转和回位的一套机构称为汽车转向系统,其基本结构如图 4-46 所示。因此,汽车转向系统的功能是保证汽车能够按照驾驶员的意志进行转向行驶。

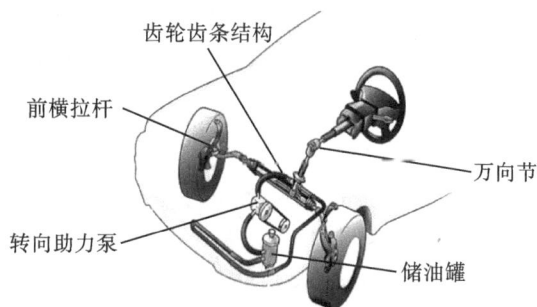

图 4 - 46　汽车转向系统结构

按转向能源的不同,转向系可分为机械式转向系统和动力转向系统两大类。

1. 机械式转向系统

以驾驶员的体力(手力)作为转向能源的转向系称为机械转向系,其中所有传力件都是机械的。图 4 - 47 为机械转向系统的组成示意图,此系统由转向器、转向传动机构和转向操纵机构组成。

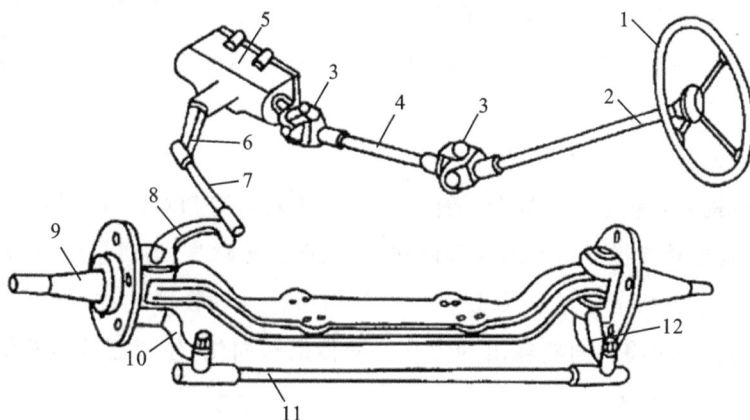

1—转向盘;2—转向轴;3—转向万向节;4—转向传动轴;5—转向器;6—转向摇臂;
7—转向直拉杆;8—转向节臂;9—左转向节　10—梯形臂;11—转向横拉杆;12—右转向节。

图 4 - 47　机械转向系统的组成

1)转向器

转向器的作用是改变力的传递方向和大小,获得所要求的速度和角度,进而通过传动机构带动转向轮偏转。一般按转向器中的传动副的结构形式分为齿轮齿条式、循环球式、蜗杆曲柄销式等几种。

齿轮齿条式转向器是一种最常见的转向器,主要由齿条、齿轮、转向器壳体等组成,如图 4 - 48 所示。转向轮与齿条啮合,当转动转向盘时,齿轮转动,使之啮合的齿条沿轴向移动。与齿条相连的横拉杆带动转向节转动,使转向轮偏转,实现汽车转向行驶。齿轮齿条式转向器结构简单、成本低廉、转向灵敏、操纵轻便、传动效率高,而且不需要转向摇臂和转向直拉杆,还使转向传动机构得以简化,因此在汽车上得到广泛应用。

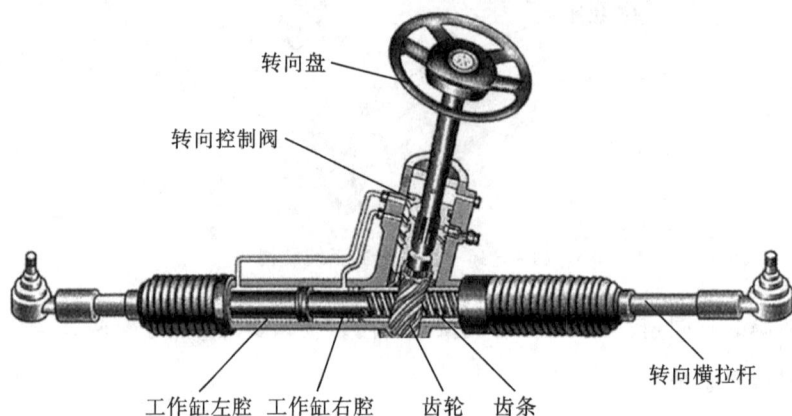

图 4 - 48　齿轮齿条式转向器结构

2)转向操纵机构

转向操纵机构一般由转向盘、转向轴、转向柱管、万向节及转向传动轴等组成。如图 4 - 47所示,从转向盘到转向传动轴这一系列部件和零件均属于转向操纵机构,它的主要作用是操纵转向器和转向传动机构,使转向轮偏转。

3)转向传动机构

转向传动机构主要包括转向摇臂、转向直拉杆、转向节臂和转向梯形臂等。如图 4 - 47所示,由转向摇臂至转向梯形这一系列部件和零件(不含转向节)均属于转向传动机构,转向梯形由固定在左、右转向节上的梯形臂和两端与梯形臂为球铰链连接的转向横拉杆组成。转向传动机构的功用是将转向器输出的力和运动传给转向轮,使两侧转向轮偏转以实现汽车转向。

4)机械式转向系统的工作原理

当汽车转向时,驾驶员对转向盘施加一个转向力矩。该力矩通过转向轴、转向万向节和转向传动轴输入转向器。经转向器放大后的力矩和减速后的运动传到转向摇臂,再经过转向直拉杆传给固定在左转向节上的转向节臂,使左转向节和它所支承的左转向轮偏转。经过转向梯形的传递,右转向节及其支承的右转向轮随之偏转相应的角度。

2. 动力转向系统

兼用驾驶员体力和发动机(或电动机)的动力为转向能源的转向系统称为动力转向系统,又称为助力转向系统。动力转向系统由机械转向器和动力转向装置组成,它是在机械转向系的基础上加设一套转向加力装置而形成的。在正常情况下,汽车转向所需的能量只有一小部分由驾驶员提供,而大部分是由发动机(或电动机)通过转向加力装置提供。

如图 4-49 所示为北京吉普切诺基汽车采用的动力转向系统的组成及布置示意图。其中属于转向加力装置的部件是转向油泵、转向油管、转向油罐以及位于动力转向器内部的转向控制阀及转向动力缸等。当驾驶员转动转向盘时，通过动力转向器中的转向器和横拉杆使前轮偏转，以实现转向。与此同时，转向器输入轴还带动转向器内部的转向控制阀转动，使转向动力缸内产生液压作用力，帮助驾驶员转向操纵。这样为了克服地面作用于转向轮上的转向阻力矩，驾驶员需要加于转向盘上的转向力矩，比采用机械转向系时所需的转向力矩小得多。另外，采用液压动力转向系还可提高汽车行驶的安全性。

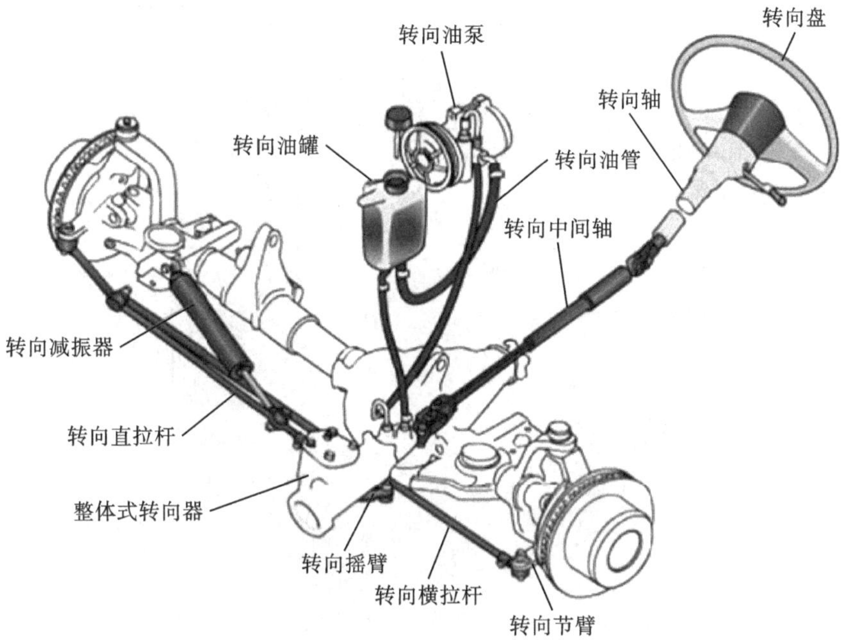

图 4-49　动力转向系统组成

4.4　汽车车身、汽车灯系、仪表及附属装置

4.4.1　汽车车身

汽车车身是指装在底盘上的建筑性结构，既是驾驶员的工作场所，也是容纳乘员和货物的场所。汽车车身应给驾驶员提供便利的驾驶条件，给乘客提供舒适的乘坐条件，保护他们免受汽车行驶时的振动、噪声以及外界恶劣气候的影响，并保证完好地运载货物且装卸方便。车身应保证汽车具有合理的外部形状，在汽车行驶时能有效地引导周围的气流，以减少空气阻力和燃料消耗。

汽车车身结构主要由车身壳体、车前板制件、车门、车窗、车身外部装饰件和内部饰件、座椅以及通风、暖气、空调装置等组成。车身按汽车用途的不同可分为轿车车身、客车车身、货车车身等几大类;按受力形式主要分为非承载式车身、承载式车身和半承载式车身。

1.非承载式车身

非承载式车身有独立完整的车架,车架及车身之间采用弹性元件做柔性连接,绝大部分载荷由车架承担。它是事先做好的骨骼框架(底盘),在此基础上安装动力单元、悬挂和车身框架,大部分重量和各零部件所受的力几乎全部压给底盘,而车体本身并不起主要的承载作用。这种结构通常会在大型的客车,货车,纯越野车等车型中出现。

绝大多数货车驾驶室都是非承载式的结构,如图 4-50 所示,驾驶室没有明显的骨架,由外部覆盖件和内部板件焊合成壳体,通过 3 点或 4 点弹性悬置与车架连接。

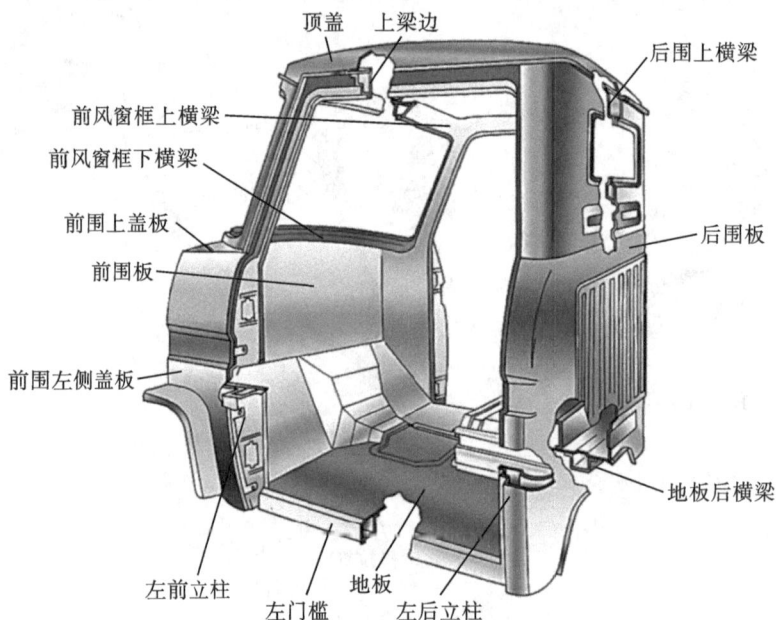

图 4-50 解放 CA1092 型货车驾驶室壳体

由于非承载车身离地间隙更高,接近角和离去角更大,因此越野能力就比承载式车身稍强。非承载式车身是由两根十分粗壮的钢梁焊接在一起的梯形车架为基础,这部分本身就很重,再加上类似于承载式车身外壳,相比之下重量会更大一些,加速性能就会有所下降,而油耗也会上升。非承载式车身的越野车(见图 4-51)通过比较崎岖的路面时,刚性很强的底盘具有很好的抗扭效果,车身相对承载式车身所发生的形变要小很多,这也是越野车普遍采用非承载式车身的主要原因之一。

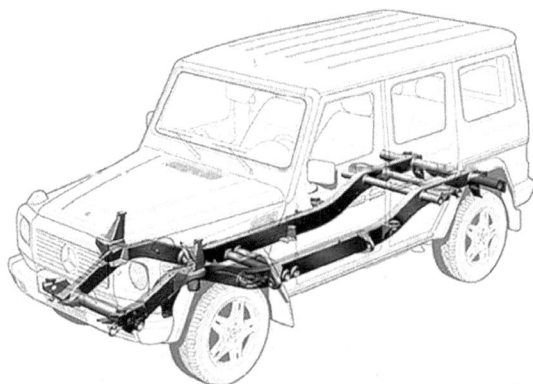

图 4 - 51　越野车的非承载式车身

2. 承载式车身

　　承载式车身没有车架,将车身作为发动机和底盘各总成的安装基础,载荷全部由汽车车身承受,车身的刚度和强度较大。现代轿车大多数都采用承载式车身,其结构如图 4 - 52 所示。

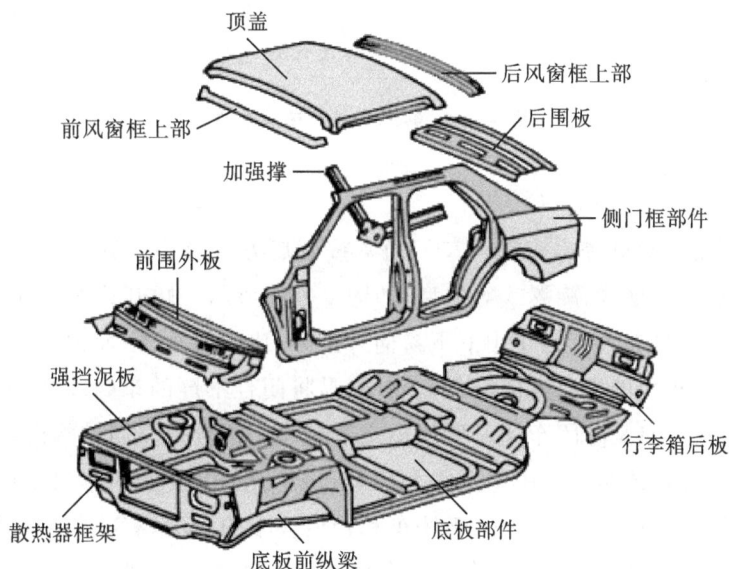

图 4 - 52　承载式轿车车身壳体结构

　　所谓承载式车身就是汽车除了底盘以外,汽车车体本身也起着主要承载作用的车身。承载式车身由于重心低,使得在同样横向振动情况下车内人员的晃动幅度比较小,加之车身重量比非承载式车身低,可以选用阻尼更小的减震器,故舒适性有较大优势。

3. 半承载式车身

　　半承载车身是一种介于非承载式车身和承载式车身之间的车身结构,通常有独立的车架(或称为底架)。车架是安装发动机、底盘多个总成的基础,车身结构件(如立柱等)的下端与车架两侧悬伸的横梁用焊接、铆接或螺栓刚性连接,与车架共同承受部分弯曲和扭转载荷,而上部结构件(如侧围窗立柱等)几乎不承受这些载荷。这种结构形式主要出现在大客车上,如图4-53所示。

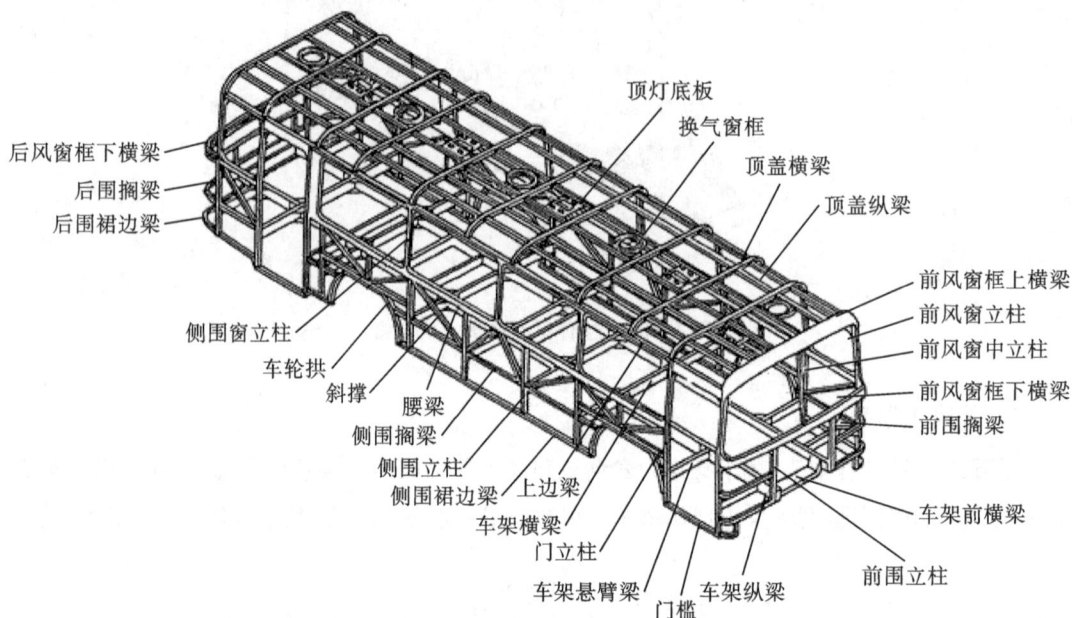

图4-53 客车半承载车身结构

4. 车门和车窗

车门的作用是供乘员进出汽车。车门通常按开启方法分为逆开式、顺开式、水平滑移式、折叠式、上掀式、外摆式、旋翼式等类型,如图4-54所示。顺开式车门在汽车行驶时可借气流的压力关上,且在气流的作用下不易向外推开,比较安全,因而被广泛采用。逆开式车门在汽车行驶时车门的开启方向与气流相同,易将闭合不严的车门冲开,因而用得较少。水平滑移式车门的优点是开闭车门时所用的空间较小。折叠式车门结构简单,广泛应用于大、中型客车上。外摆式车门常用于豪华大客车和公交车,与折叠式车门相比,其对车身外表面的随形性好。上掀式车门广泛用于轿车和轻型客车的背门,有些跑车上装有旋翼式车门。大型客车还应备有安全门,以便在发生事故时,供乘员撤离事故现场以及便于救援人员进入车内。

车窗的前挡风一般采用夹层玻璃,而其他部位玻璃都用钢化玻璃。为便于通风,汽车的侧窗一般可以上下移动或前后移动,在移动玻璃与窗框之间装有植绒密封槽。具有完善的冷、暖气、通风及空调设备的高级客车,通常将侧窗设计成不可打开的形式,以提高车身的密封性。许多汽车的前门还装有三角形通风窗,以加强自然通风。

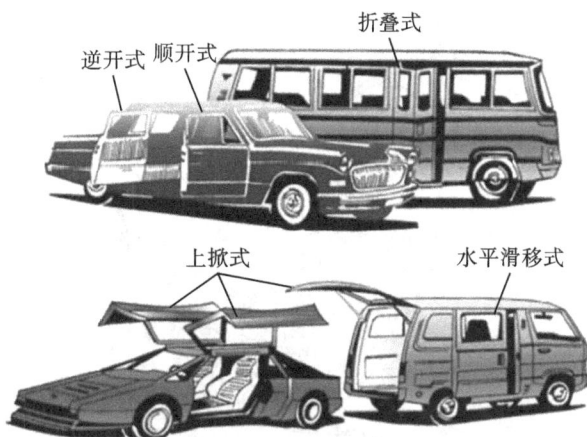

图 4 - 54　车门的类型

5. 安全防护装置

随着汽车数量增加以及交通运输日益繁忙,汽车事故逐渐增多,引起的人员伤亡和财产损失越来越严重,已成为一个不容忽视的社会问题。针对这一问题而设置的安全防护装置是现代汽车结构的重要组成部分。

汽车的安全防护装置一般有车外部防护装置和车内防护装置。车外部防护装置主要有保险杠和护条,作用是在相撞时使汽车和被撞体间产生一定的缓冲作用,保护被撞体和车辆。车外部防护装置除满足本身的功能和安全性要求外,还要求能起装饰作用。车内防护装置主要有安全带、头枕、安全玻璃和安全气囊等。

1)安全带

安全带是最有效且最廉价的防护装置,可以降低碰撞事故造成的伤亡,这已被大量实践证明。当汽车发生碰撞和倾翻等意外时安全带能有效地防止乘员遭受二次碰撞。安全带可分为二点式、三点式、全背式等。

如图 4 - 55 所示为最常用的三点式安全带的各个组成部分。带子由结实的合成纤维织成,包括斜挎前胸的肩带,绕过人体胯部的腰带,在座椅的外侧和内侧地板上各有一个固定点,第三个固定点位于座椅外侧车身支柱的上方,绕过上方固定点的环状导向板,带子伸入车身支柱内腔并卷在支柱下端的收卷器内。乘员肩部内侧附近有一个插扣,插扣由插板(松套在带子上)和锁扣(与内侧地板固定点相连)两部分组成,这两部分插合后即可将乘员约束在座椅上。

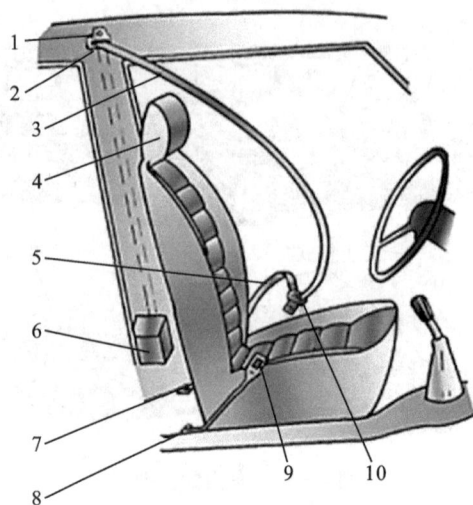

1—上固定点;2—环状导向板;3—肩带;4—头枕;5—腰带;6—收卷器;

7、8—下固定点;9—安全带锁扣;10—插板。

图 4 - 55　汽车座椅及安全带

2)安全气囊

安全气囊俗称辅助保护系统(supplemental restraint system,SRS),其功能是在汽车发生碰撞时,避免或减缓乘员二次碰撞以保护乘员。安全气囊的保护原理是:当汽车遭受一定碰撞力量以后,气囊系统就会引发某种类似小剂量炸药爆炸的化学反应,隐藏在车内的安全气囊就在瞬间充气弹出,在乘员的身体与车内设备碰撞之前起到安全气囊铺垫作用,减轻身体所受冲击力,从而达到减轻乘员伤害的效果。如图 4 - 56 所示为安全气囊系统结构图,安全气囊主要由碰撞传感器、电子控制器、警告与诊断系统等部分组成。

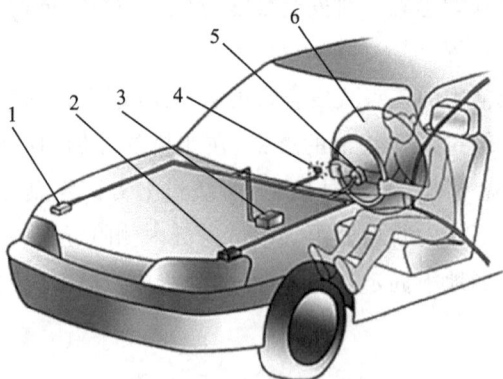

1—右前方传感器;2—左前方传感器;3—中部传感器总成;4—安全气囊指示灯;

5—气体发生器;6—安全气囊。

图 4 - 56　安全气囊系统

安全气囊的全部动作完全是由 CPU 的程序控制、按照人们事先设计的工作内容与步骤按部就班地逐条执行的。如图 4-57 所示为安全气囊工作过程：①撞车 10 ms 后，达到引爆系统引爆极限，点火器点燃气体发生器产生氮气，驾驶员仍然直坐着；②40ms 后，气囊已完全充胀，驾驶员向前移动，安全带斜系在驾驶员身上并被拉长，部分冲击能量已被吸收；③80 ms 后，驾驶员的头及身体上部沉向气囊，气囊后面的排气孔将氮气在一定压力下匀速逸出；④110 ms 后，驾驶员向后移动回到座椅上，大部分气体从气囊中逸出，前方恢复清晰视野。

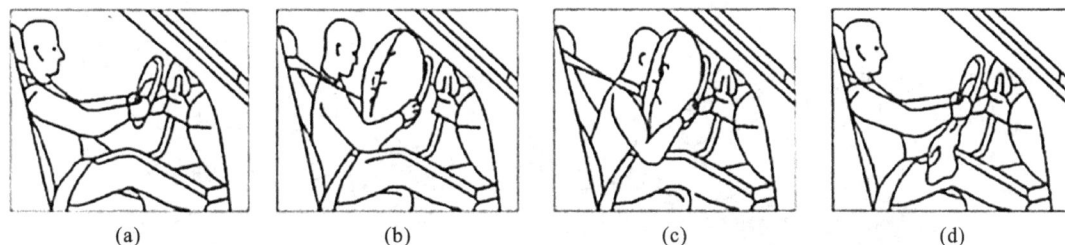

(a)　　　　　　(b)　　　　　　(c)　　　　　　(d)

图 4-57　安全气囊工作过程

4.4.2　汽车照明及信号系统

为了保证汽车行驶安全和工作可靠，在汽车上装有各种照明装置和信号装置，用以照明道路、表示车辆宽度和车辆所处的位置、照明车厢内部、指示仪表以及夜间车辆检修等。此外，在转弯、制动、会车、停车、倒车等工况下，还应发出光亮或音响信号，以警示行人和其他车辆。如图 4-58 所示为汽车照明及信号装置安装位置的示意图。

1. 照明装置

汽车上安装有多种照明设备用来保证汽车在夜间及恶劣环境行驶下的行车安全，主要包括前照灯、前雾灯、牌照灯和其他的照明灯具。

1）前照灯

前照灯也叫大灯，装在汽车的前部，用来照明汽车前方的道路。前照灯均采用双丝灯泡，具有远光和近光两种照明方式。远光方式的照明距离较远，近光方式的照明距离短。在会车以及在城市街道上行驶时，为不致使对方或其他道路使用者眩目应使用近光方式来照明。

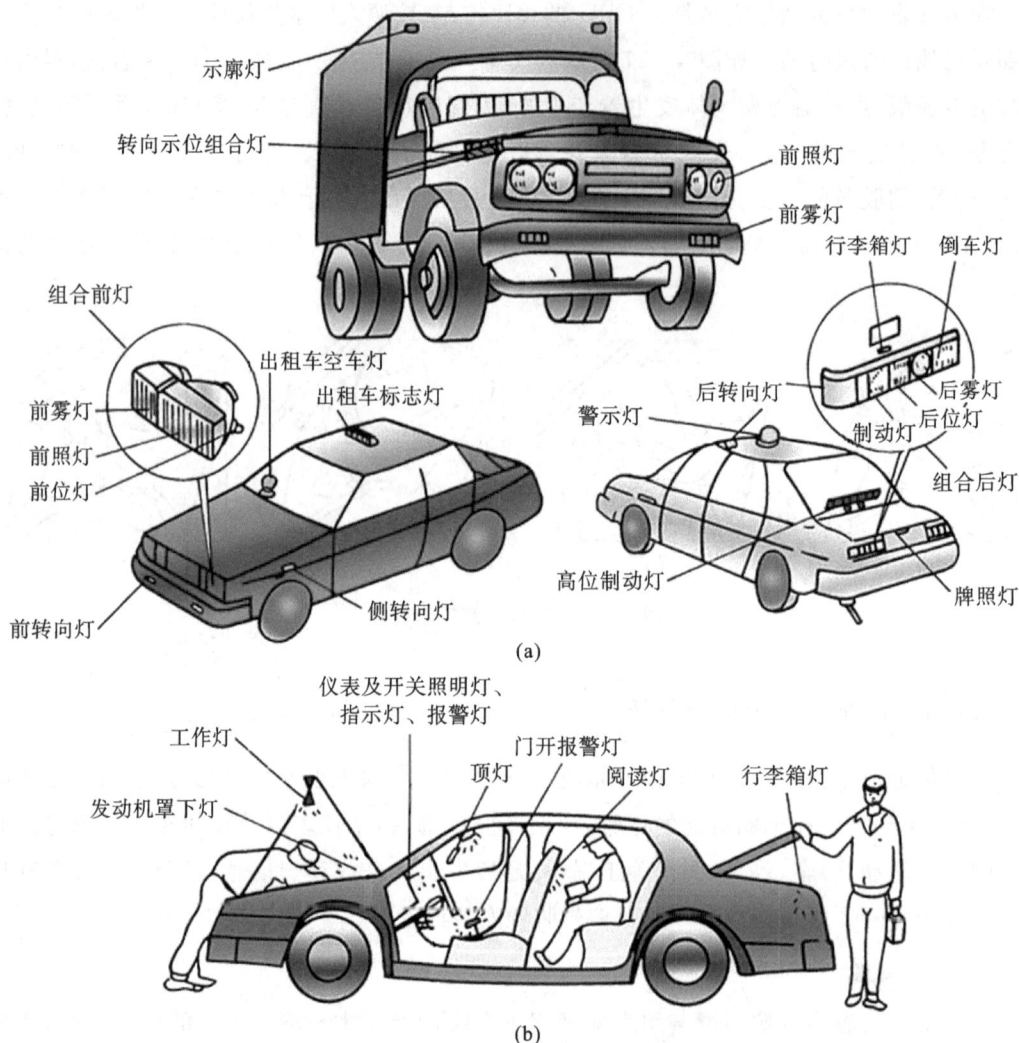

图 4-58 汽车照明及信号装置安装位置示意图

2）前雾灯

前雾灯也称防雾灯，其作用是在雾、雨、雪或灰尘过大使能见度降低时改善车辆前方照明。前雾灯的灯光一般为黄色，因为这两种颜色光波较长，透雾性较好，在雾中能照亮较远的距离，因此现代汽车一般采用黄色配光或黄色灯泡。但由于雾的浓度、雾点的大小和性质不同，有时白光的透雾性反而比黄光好，有的汽车也会采用白色光前雾灯。前雾灯一般能照亮前方 30 m 内的区域。

3）倒车灯

倒车灯用于照明汽车后方道路并向其他车辆和行人发出倒车信号。倒车灯安装在汽车后面，其灯光为白色，可以照亮车后 15 m 以内的道路。倒车灯由变速器操纵杆控制，变速器操纵杆处在倒挡位置时倒车灯点亮。

4）内部照明灯

现代汽车的内部采用了各种照明灯用于内部照明。如驾驶室和车厢顶灯用于车内照明，仪表板上的照明灯用于照亮仪表板等。

2. 信号装置

汽车信号装置的作用是通过声、光信号向其他车辆的驾驶员和行人发出有关车辆运行状况或状态的信息，以引起有关人员注意，确保车辆行驶安全。汽车上的信号装置包括转向信号灯、制动信号灯、喇叭等。

1）转向信号灯

转向信号灯在汽车转弯时发出闪烁的灯光信号，其闪烁频率为 50～120 次/min；分别装在车身前部和后部的左右两侧，如车身太长，那么车侧面前部也应装设侧面转向灯。转向灯的灯光色为琥珀色，但也有后转向灯采用红色或橙色的，其亮度标准是人们白天在距车正面 100 m、侧面 30 m 处能看清楚。当汽车要转弯时拨动相应的转向开关，点亮转向信号灯。

2）制动信号灯

制动信号灯的作用是在汽车行驶时向后方其他道路使用者表示车辆减速或正在制动。制动灯安装在汽车尾部，其灯光为醒目的红色。在正常情况下，制动灯点亮时，应保证距离车尾不小于 100 m 处的其他车辆应看得很清楚，以便减速行驶或停车。制动灯由制动踏板控制。

3）报警信号灯

报警信号灯是为汽车在遇到紧急情况时而设置的一种车灯，只有在特殊情况下才使用。如遇车辆途中"抛锚"无法行驶、停车、送病人到医院急救，或车队行驶等情况，应及时打开报警信号灯开关，此时前后的左、右转向灯同时一起闪烁，以提醒过往车辆，防止发生意外。

4）示宽灯

示宽灯也称为示廓灯，在夜间或视线不良时用来标示汽车的轮廓，让其他道路使用者注意。示宽灯一般装在汽车前、后部，要求安装在汽车上尽可能的最高高度及尽可能靠近车的两侧边缘，以便在夜间行车时向前、后方的道路使用者显示车的高度和宽度。前示宽灯光色为白色或橙色、后示宽灯的光色为红色。示宽灯的亮度标准是人们在夜间距车 100 m 以外应能看清。当停车信号灯或尾灯亮时示宽灯也一起点亮，显示车身高度及宽度以便夜间行驶安全。

5）音响信号

汽车除灯光信号外，还装有喇叭、蜂鸣器等音响信号，如图 4-59 所示。汽车上的喇叭用于警告行人和其他车辆注意安全。

图 4 - 59　汽车音响设备

4.4.3　汽车仪表及附属设备

1. 汽车仪表

为随时监测汽车上有关部件的工作状况,车上安装有多种检测仪表,如图 4 - 60 所示。

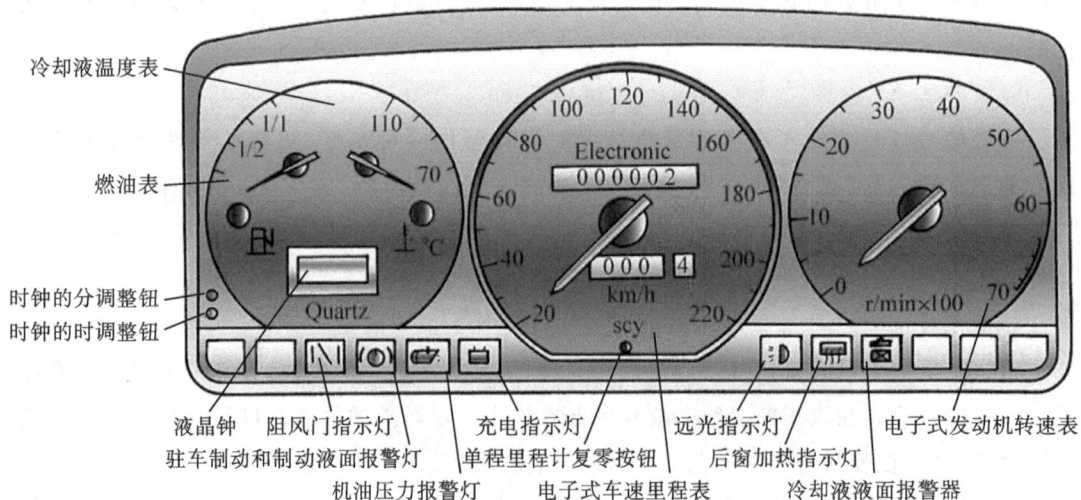

图 4 - 60　桑塔纳 2000 系列轿车组合汽车仪表盘

1)车速里程表

车速里程表是用来指示汽车行驶速度和累计汽车行驶里程数的仪表,由车速表和里程表两部分组成。有的车还装有小里程表指示当天(或当次)行驶里程,使用时先清零,可用于当天(或当次)行驶里程的测量。

2)水温表

水温表用来指示发动机冷却水的工作温度是否正常,由安装在汽缸盖上的温度传感器和仪表盘上的水温指示表组成。发动机冷启动后必须低速运转,预热升温待水温达到 50 ℃以上时方可起步行驶,行驶中冷却水的温度应在规定范围内。

3)燃油表

燃油表用来指示油箱内储存的燃油量。由装在油箱中的油料传感器和仪表盘上的燃油指示表两部分组成。通常"0"表示油箱内的燃油量只有一定的备用油量,"1/2"表示燃油箱内约有半箱燃油,"1"表示油箱内是满的。有的汽车用刻度盘表示燃油量,红色刻度表示开始使用备用油。

4)机油压力表

机油压力表用来检测发动机润滑系统的工作是否正常,由安装在发动机润滑主油道上的油压传感器和仪表板上的机油压力指示表组成,用于指示发动机主油道内润滑油的压力。汽油车行驶中润滑油的压力应保持在 294～392 kPa,而柴油车则应为 392～441 kPa。

5)电流表

汽车上用的为直流电流表,串接在充电电路中,主要用来测量蓄电池充、放电的状态及其电流大小,多数做成双向的。表盘中间为"0",当发动机向蓄电池充电时示值为"+",当蓄电池向用电设备放电时示值为"-"。国外的汽车大多用充电指示灯来显示充、放电状态,但是不能显示电流大小。

6)发动机转速表

发动机转速表的作用是测定发动机转速,用来监视发动机的工作状况,以便更好地掌握换挡时机。

7)气压表

气压表用于指示气压制动汽车的制动压力,一般采用双指针式,上指针指示后轮制动用的储气筒气压,下指针指示前轮制动用的储气筒气压。

2. 指示灯系统

现代汽车为了保证行车安全和提高车辆的可靠性,安装了许多指示灯(见图 4-60),用于指示汽车一些参数的极限情况或非正常情况,主要有以下指示灯:

1)驻车制动未松指示灯

当驻车制动器没有松开时指示灯亮,以提醒驾驶员在准备汽车起步时及时松开驻车制动操纵杆,松开操纵杆后该指示灯熄灭。

2)气压报警指示装置

在采用气制动的汽车上,当行车制动系统发生故障或管路漏气,储气筒气压下降至一定值时,气压报警指示灯亮,通常伴随发出报警声。行驶中若报警,必须停车检查、排除故障,报警解除后方可继续行驶。

3)机油压力过低指示灯

当机油压力低于安全值时,此指示灯亮,用来提醒驾驶员及时排除故障。

4)润滑报警灯

当发动机润滑油压力低于一定值时此警报灯亮。行驶中若润滑报警灯亮,必须停车检查,排除故障报警灯熄灭后方可行驶。

5)燃油指示灯

燃油指示灯用来显示油箱中的燃油量小于规定值,以提醒驾驶员及时加油。

6)水温警告灯

在冷却水的温度不正常时,此灯发出警示信号。

3. 风窗刮水器

汽车上为了提高驾驶员在雨天和雪天行驶时的能见度,专门设置了风窗玻璃刮水器。刮水器有真空式,气动式和电动式三种。如图 4 - 61 所示,电动刮水器是由直流电动机和一套传动机构组成,电动机旋转经减速和连动机构的作用变成雨刮臂的摆动。

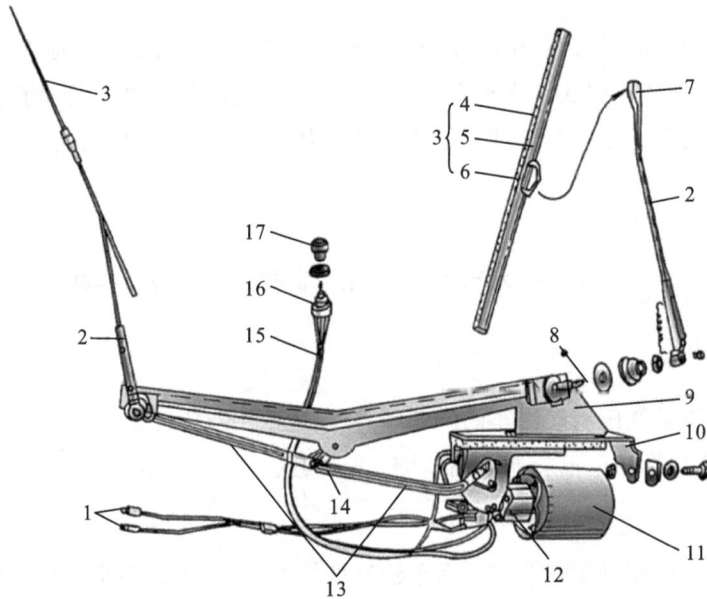

1—电线插头;2—刮水刷臂;3—刮水刷片总成;4—橡胶刷片;5—刷片杆;6—刷片支座;
7—刷片支持器;8—刮水刷臂心轴;9—刮水器底板;10—电动机安装架;11—电动机;
12—减速机构;13—驱动杆系;14—驱动杆铰链;15—电线束;16—刮水器开关;
17—刮水器开关旋钮。

图 4 - 61　电动风窗刮水器

4. 风窗除霜装置

冬季时汽车挡风玻璃上的霜给人们驾车造成很大不便,目前主要的除霜方式有三种,分别是车载暖风除霜系统,加有电阻丝的电热玻璃除霜及使用汽车防雾剂和防雾贴膜的方式除霜。

大多数汽车前窗除霜装置是采用暖风装置的热空气吹向玻璃的方法,来达到除霜的目的。

后窗玻璃上吹热空气的除霜方法需较长的时间,且不能快速将整个风窗玻璃上的冰雪融化,因此不少汽车采用电热玻璃除霜装置,其工作原理示意如图 4-62 所示,在挡风玻璃中均匀布置多条加热电阻丝,打开电阻开关后,电阻丝加热玻璃,使玻璃温度升高,附着在玻璃上的霜雾则受热融化,从而达到除霜效果。由于电阻丝的不透明性会影响驾驶员的视线,对安全行车造成隐患,故无法安装在汽车前挡风玻璃上,目前此种除霜方式较多应用在汽车后挡风玻璃上。

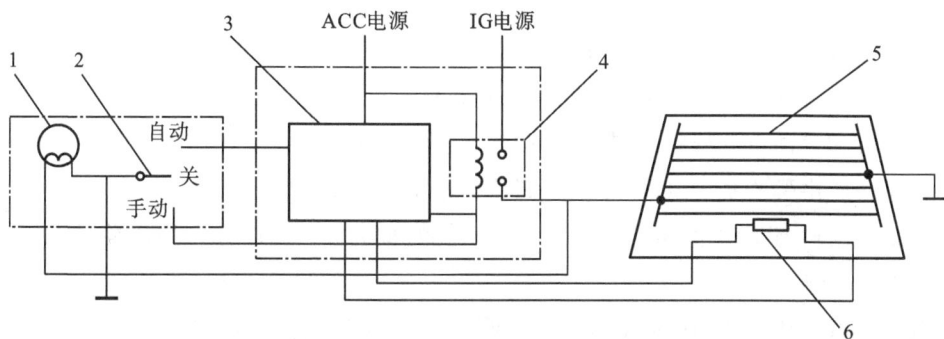

1—指示灯;2—除霜开关;3—控制电路;4—继电器;5—加热电阻丝;6—自动除霜传感器。

图 4-62　后风窗电热玻璃除霜装置的工作原理示意图

5. 中央控制门锁

中央控制门锁简称中控锁,为提高汽车使用的便利性和行车的安全性,现代汽车越来越多地安装中控锁,图 4-63 为其工作原理示意图。当驾驶员锁住其身边的车门时,其他车门也同时锁住,驾驶员可通过门锁开关同时打开各个车门,也可单独打开某个车门。门锁除实现中央控制外,还可单独控制,除在驾驶员身边车门以外,还在其他门设置单独的弹簧锁开关,可独立地控制一个车门的打开和锁住。带有车速感应式的中央门锁,当行车速度达到一定时,各个车门能自行锁上,防止乘员误操作车门把手而导致车门打开。

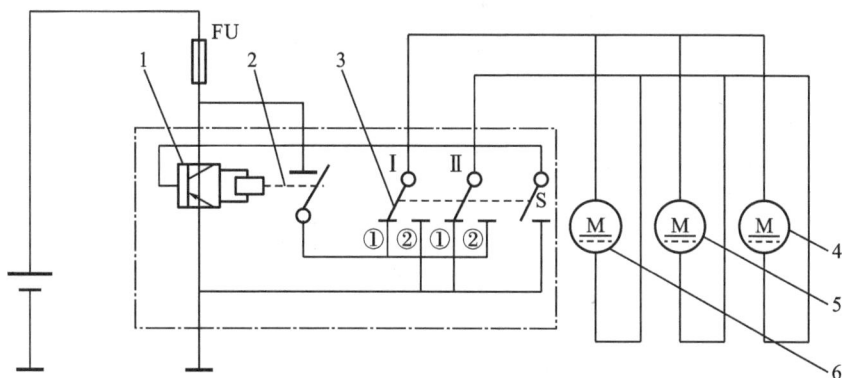

1—门锁控制器;2—控制器触点;3—门锁集控开关;

4、5、6—右前、右后、左后门锁电动机;S—门锁集控开关的附加触点。

图 4-63　中控门锁工作原理示意图

除上述以外,还有电动升降门窗、鼓风电动机、电动调节后视镜、电动调节座椅等辅助电器。在汽车上有许多辅助电器设备用来满足汽车的各种需要,提高安全性与舒适度。

思考题 4

1.汽车一般由哪四部分组成,分别起到什么作用?

2.汽车在行驶过程中主要承受哪些力? 能够使汽车行驶的条件是什么?

3.发动机由哪些机构系统组成? 如何对发动机进行分类?

4.柴油机和汽油机有哪些区别? 各自有什么优点和缺点?

5.汽车一般由哪些系统组成,分别起到什么作用?

6.根据发动机与驱动轮的位置,汽车传动系统的布置形式可以分为哪几类,分别适用于什么汽车?

7.为什么汽车要安装防抱死制动系统(ABS)? 它是如何进行工作的?

8.车身按汽车用途和受力形式可分为哪几类? 后者分别适用什么类型的汽车?

9.汽车安全气囊的工作原理是什么? 简要描述它的工作过程。

第5章 新能源汽车

近些年来,随着人们对能源危机和环保问题的不断重视,低碳出行已经成为了时代主流。新能源汽车正逐渐融入到人们的生活中,成为汽车行业发展的必然趋势。发展新能源汽车将促进我国能源结构的调整,有利于国民经济的可持续发展。

新能源汽车是指采用非常规的车用燃料作为动力来源(或使用常规的车用燃料、采用新型车载动力装置),综合车辆的动力控制和驱动方面的先进技术,形成的原理先进、具有新技术、新结构的汽车。非常规的车用燃料指除常规、替代燃料之外的燃料。新能源汽车包括的范围较广,主要形式包括混合动力汽车(hybrid electric vehicle,HEV)、纯电动汽车(battery dectric vehicle,BEV)、燃料电池电动汽车(fuel cell electric vehicle,FCEV)以及其他新能源(如超级电容、飞轮储能器)汽车等。新能源汽车与传统汽车的主要区别在于动力来源,新能源汽车是内部包括一系列电子部件和机械部件组成的复杂系统。

新能源汽车的发展不仅需要汽车、电子、电池、充电等技术的支撑,还需要相应的政策扶持。目前,世界主要汽车生产国都把发展新能源汽车作为汽车工业可持续发展的重大战略举措。在中国,由于政府和企业的高度重视以及相关的补贴措施,新能源汽车产业正处于爆发上升阶段。

本章将对新能源汽车进行分类,重点介绍混合动力汽车、纯电动汽车和燃料电池电动汽车以及新能源汽车的相关重要技术,旨在为读者拓宽视野,使读者对新能源汽车有清晰的认识。

5.1 混合动力汽车

从20世纪90年代起,国内外已经着手开始混合动力电动汽车的研发和制造。丰田、本田、通用等外国车厂以及比亚迪、东风、长安等国内车厂都已经投入大量资源进行混合动力汽车研制。作为世界上最大的汽车产销国,2023年中国汽车产销量均突破3000万辆。为节省不可再生能源支出,发展混合动力汽车是必不可少的阶段。

5.1.1 概念、发展及分类

1. 混合动力汽车的概念及发展

广义上,混合动力汽车指车辆驱动系统由两个或多个能同时运转的单个驱动系统联合组成的车辆,车辆行驶功率依据实际的车辆行驶状态由单个驱动系统单独或共同提供。狭义上,混合动力汽车指同时具备两种动力源(传统热动力源和电动力源)的汽车。

混合动力汽车的驱动能源是由两种或多种储能器以及能源或者转换器提供的,同时其中一种能提供电源。混合动力汽车将传统的内燃机驱动和电驱动相结合,采用电池系统和电机系统相配合的形式,在确保符合汽车性能的基础上,对内燃机效率进行优化,使汽车热效率提升 10% 甚至更多。混合动力装置既保持了发动机持续工作时间长,动力性能好的优点,又可以发挥电动机无污染、低噪声的优势。

1997 年 8 月,丰田公司推出其第一款混合动力汽车 Toyota Coaster Hybrid EV Minibus,同年 12 月推出丰田普锐斯(Toyota Prius),如图 5-1 所示。普锐斯是世界上第一款大量生产的混合动力汽车,自正式投放市场以来,销量已经突破 1000 万辆。

图 5-1 丰田普锐斯混合动力汽车

随后本田公司也推出了自己的混合动力汽车品牌 Insight(见图 5-2)。日本国内对混合动力汽车产业有着长期发展的规划,在相关政策的扶持下,混合动力汽车的发展得到了显著提升。

图 5-2 本田 Insight 混合动力汽车

美国三大汽车公司早期并未大力发展混合动力汽车。1993 年,美国能源部与三大汽车公司签订了混合动力电动汽车开发合同。经过一段时间的探索与发展,美国的混合动力汽车销量也呈现逐年上升的趋势。如图 5-3 所示是福特和雪佛兰旗下的混合动力汽车。

图 5-3　福特蒙迪欧(左)和雪佛兰沃蓝达(右)混合动力汽车

我国在新能源汽车自主创新过程中也取得了一定的成绩。在"十五"期间,国家启动了"863"计划电动汽车重大科技专项,确立了以混合动力汽车、纯电动汽车、燃料电池电动汽车三个纵向研发布局,以及电池、电动机、电控三个横向研发布局。随后的时间里,通过政策扶持和科技创新,我国混合动力汽车研发取得了一定进展。2010 年上海世博会,总共超过 1000 辆新能源汽车在场馆及周边运行。2013 年,财政部、科技部、工业和信息化部等下发了《关于继续开展新能源汽车推广应用工作的通知》,对消费者购买新能源汽车给予补贴。目前国内已经涌现出像比亚迪、理想、问界、小鹏、小米、蔚来这样的自主汽车品牌,在新能源汽车行业大展拳脚。如图 5-4 所示的比亚迪秦 Pro DM 版是 2018 年比亚迪公司推出的一款插电式混合动力汽车。

图 5-4　比亚迪秦 Pro DM 版插电式混合动力汽车

市面上存在的混合动力汽车具有不同的结构形式。根据其驱动系统配置和组合方式的不同,可按动力系统结构形式分为串联式、并联式和混联式混合动力汽车;根据不同的能量混合程度可分为微混合、轻度混合、中度混合和重度混合型混合动力汽车;根据是否能外接电源充电可分为可外接充电式和不可外接充电式混合动力汽车。

2. 按动力系统结构形式分类

1)串联式混合动力电池汽车(series hybrid electric vehicle,SHEV)

串联式混合动力汽车的动力系统基本结构如图 5 - 5 所示,主要由发动机、发电机、电动机和能量储存系统(动力蓄电池)等部件组成。

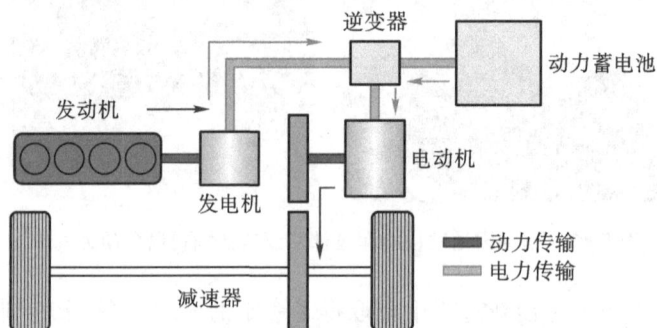

图 5 - 5 串联式混合动力汽车结构示意图(彩图扫描前言二维码)

串联式混合动力汽车的发动机与发电机串联,只用于产生电能、为能量储存系统(动力蓄电池)供电,也可以直接驱动牵引电动机工作;电力动力系统只为驱动轮提供推动力。所以,串联式混合动力汽车是以电机为唯一驱动模式来驱动的车辆。当蓄电池 SOC(state of charge,电池荷电状态)降低到一定限值时,发动机启动,并以恒定功率工作在最高的效率区间,为动力蓄电池提供电能。当蓄电池 SOC 回升至最大值时,发动机关闭,汽车继续由电池驱动牵引电动机行进。

串联式混合动力汽车存在以下优点:由于控制系统和控制策略相对简单,串联式混合动力汽车能够大量应用在实际生产中,特别是在重型运输卡车和公共汽车中得到广泛应用;同时,串联式混合动力驱动系统中发动机-发电机组的功能在于提高动力蓄电池容量,延长续航里程,方便对能量进行整体优化;串联式混合动力汽车的发动机能够经常保持在稳定高效的运转状态,控制有害气体排放量在最低范围。

但串联式混合动力汽车也存在一定缺点:串联式发动机的动能需要经过二次转换才能为电机供电,会造成大量能量损失,所以高速行驶下油耗较高。

2)并联式混合动力电池汽车(parallel hybrid electric vehicle,PHEV)

并联式混合动力汽车的动力系统基本结构如图 5 - 6 所示,主要由发动机、电动机/发电机、能量储存系统(动力蓄电池)等部件组成。

并联式混合动力汽车的车辆动力系统由两套独立驱动系统组成,发动机部分和电动机部分共同输出能量。由于采用两套动力系统,发动机功率和电动机功率为电动汽车所需最大驱动功率的 50%~100%,因此可以采用小功率发动机和电动机,使得整个动力系统的尺寸、质量缩小,方便制造且降低成本。

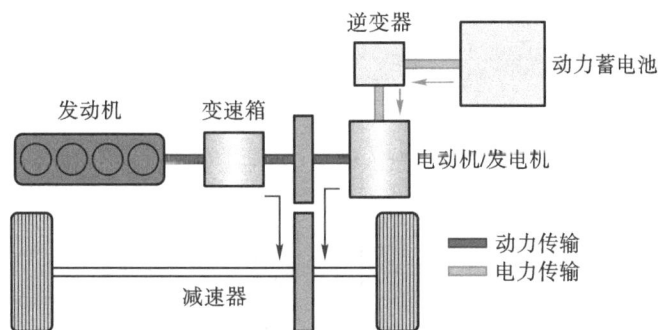

图 5-6　并联式混合动力汽车结构示意图(彩图扫描前言二维码)

并联式混合动力汽车有如下几种工作模式:当车辆在启动、低速和轻载运行工况下,发动机关闭,车辆仅由电动机驱动。当车辆在高速、爬坡和高负载工况运行时,发动机和电动机共同为驱动轮提供动力。在行驶过程中,当动力蓄电池的电量过低时,发动机会在驱动车辆行驶的同时向动力蓄电池补充充电,达到一边驱动汽车,一边充电的效果。当车辆处于下坡或制动工况时,电机会以发电机的形式工作,将车辆制动的能量回收并向动力蓄电池反向充电。

并联式混合动力驱动系统有两种基本控制模式:发动机辅助混合动力模式和电机辅助混合动力模式。通常情况下,电力动力系统的能量要小于传统发动机动力系统的能量。为了满足两种动力系统的有效结合,并联式混合动力驱动系统中发动机需有足够灵活的扭矩与电动机扭矩相连,且发动机需要响应系统控制频繁地启动和关闭。

并联式混合动力汽车存在以下优点:由于并联式混合动力汽车相当于在普通汽车中加入了一套电机驱动系统,因此不仅能够有效地减少油耗,还能保证在启动时有良好的力矩;发动机的动力可以直接驱动车辆,没有能量转换,能量损失较小;电动机不仅可以用于动力驱动,还能够作为发电机向蓄电池反向充电;最后,车辆可以采用较小功率的电机,使尺寸减小,便于安装且成本较低。

并联式混合动力汽车最大的缺点在于控制系统相对于串联式混合动力汽车较复杂,由于没有独立的发电机,在电池没有电的情况下,只能依靠发动机一边驱动汽车一边给蓄电池充电,导致车辆的加速性能下降。并联驱动系统的传动机构较为复杂,发动机工况频繁变化,使其不能工作在最佳效率区域,车辆油耗和排放指标不如串联式混合动力系统。

3)混联式混合动力电动汽车(power-split hybrid electric vehicle,PSHEV)

混联式混合动力汽车的动力系统基本结构如图 5-7 所示。主要由发动机、发电机、电动机、动力分离装置、能量储存系统(动力蓄电池)等部件组成。

混联式混合动力汽车的电动机、发电机、发动机通过一组或多组行星齿轮或其他装置连接起来。发动机的输出功率一部分直接通过机械装置传递给车轮驱动,另一部分驱动发电机进行发电,产生的电能或储存在动力蓄电池中,或直接用于驱动电动机工作输出扭矩。

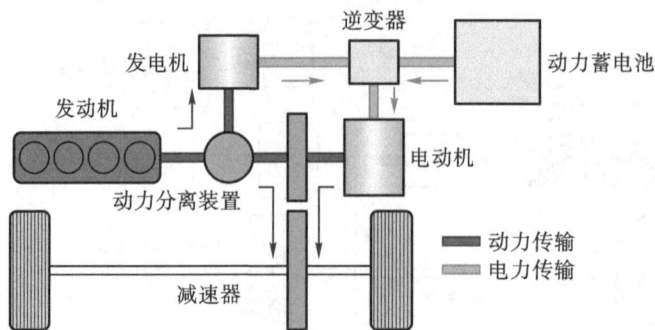

图 5-7 混联式混合动力汽车结构示意图(彩图扫描前言二维码)

丰田第三代普锐斯混联式混合动力系统结构布局如图 5-8 所示。混联式混合动力汽车有如下几种工作模式:在车辆启动和低速行驶过程中,动力蓄电池为电动机供电,仅由电动机驱动车轮,此过程类似于串联混合动力结构。在一般行驶过程中,发动机提供动力,其产生的能量通过动力分离装置分成两个部分,其中一部分直接用于驱动车轮运动,另一部分驱动发电机发电并给电动机提供能量,电动机同时通过离合器驱动车轮,实现传统动力和电力动力同时驱动车轮的效果,类似并联混合动力结构。如果此过程中发动机产生的能量有剩余,发电机产生的部分电能会通过动力控制单元进行回收,储存在动力蓄电池中。当车辆全速行驶时,有三个能量来源:第一部分是动力蓄电池向电动机提供电能,驱动车轮运动;第二部分是发动机运作产生的部分能量,直接驱动车轮运动;第三部分是发动机产生的剩余能量通过发电机发电后传递给电动机,用于驱动车轮运动。最后,当车辆减速制动时,电动机被用作发电机,将能量回收于动力蓄电池中储存。

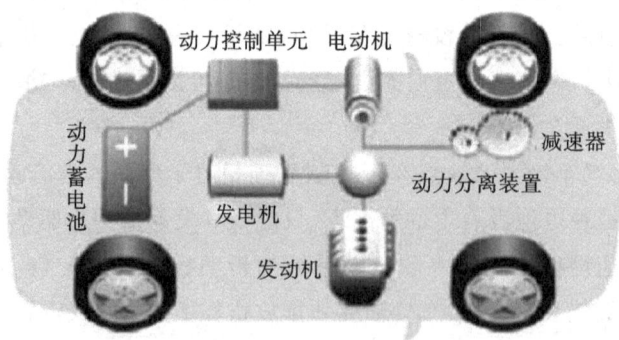

图 5-8 丰田第三代普锐斯混联式混合动力系统结构布局图

串并联混合动力结构将串联式和并联式动力系统结合起来,通过电动机驱动系统调整发动机负载来优化燃油经济性,由能量流的比例来决定汽车性能。混联式驱动系统的一般控制策略是:在汽车低速行驶时,驱动系统主要以串联式工作;当汽车高速稳定行驶时,则以并联工作方式为主。

集成串联、并联动力系统的混联式动力系统,充分发挥了串联式和并联式的优点。与串联式混合动力系统相比,混联式动力系统体积更小,油耗更低。其具备的多种工作模式能够使车辆在不同工况下任意切换串并联中最优的工作状态,以获得最好的性能。中高速下发动机参与车轮驱动可以有效减少能量损失,而车辆低速下的纯电驱动可以减少尾气排放。

但是集成串联、并联结构的混合动力结构,其控制策略要求比前两者更为复杂。因此需要一套成熟的多能源动力总成控制系统对能量流进行控制,这是混联式混合动力汽车能够稳定发挥性能的关键。混联式混合动力汽车需要配备多套驱动系统,同时还有系统间的连接以及控制模块,导致其结构更加复杂,部件布置较为困难。

3. 按混合程度分类

按照发动机和电动机两种能量搭配混合比例的不同,可以将混合动力汽车分成微混、轻混、中混、重混四种类型。

1)微混合动力汽车

在微混合动力系统中,电动机仅作为发动机的启动机使用。电动机用于控制发动机的快速启停,因此可以避免发动机的怠速过程,降低了油耗和排放。但是电动机没有为汽车行驶提供持续的动力,所以微混合动力汽车不具备纯电动行驶能力。

2)轻混合动力汽车

轻混合动力系统以发动机为主要动力源,电池-电动机功率的比例增大,发动机功率的比例略有减少。与微混合动力系统相比,轻混合动力系统的电动机能够控制发动机的启停,在加速和爬坡时能够提供辅助驱动力,还能够在汽车制动和下坡工况下实现对能量的部分回收。发动机的动力可以在车轮的驱动需求和发电机发电需求之间进行调节。轻混合动力系统的混合度一般在20%以下。

3)中混合动力汽车

中混合动力系统一般采用高压电机。在汽车加速行驶或者大负荷工况下,电动机能够辅助发动机驱动车辆,弥补发动机动力输出不足的缺陷,提高整车性能。车辆以发动机为主要动力来源,助动电机被安装在发动机和变速器之间,作为辅助动力来源与主要动力相连。当行驶中需要更大驱动力时,它被用作电动机。当需要重新启动熄火的发动机时,它被用作发动机的启动机。中混合动力系统混合度可以达到30%左右。

4)重混合动力汽车

重混合动力系统的电动机功率更大,可以独自满足车辆在起步和低速运行时的动力需求。所以在起步和低速行驶阶段,重混合动力汽车无需启动发动机即可正常行驶,相当于纯电动汽车。当需要加速行驶和大负荷下需要更大驱动力时,电动机和发动机同时为车轮提供动力。重混合动力系统混合度可以达到50%以上,在城市循环工况下可以节油30~50%。随着电动机和电池技术的不断进步,重混合动力系统逐渐成为混合动力技术的主要发展方向。

4. 按外接充电能力分类

汽车依据能否外接电源,可分为可外接充电式混合动力汽车和不可外接充电式混合动力汽车。

1）插电式混合动力汽车

插电式混合动力汽车指可以利用电网等非车载装置获取能量，对动力蓄电池进行充电的混合动力汽车。插电式混合动力汽车既有传统汽车的发动机、变速箱等组成的动力系统，也具有动力蓄电池、电动机等组成的动力系统。车辆具有较大的能量储存系统，拥有外部充电接口，属于外部充电模式。此类型汽车可以使用纯电模式进行车辆驱动，且纯电续航里程较长。当电能不足时，车辆可以采用重度混合模式行驶。是介于纯电动汽车和燃油汽车之间的一种汽车。

插电式混合动力汽车可以不用加油，当作纯电动汽车使用，具有电动汽车的优点。代表车型有宝马i8、比亚迪秦等。

2）非插电式混合动力汽车

非插电式混合动力汽车不具备外接充电设备的能力，不能通过电网给汽车电池充电，正常情况下只能从车载燃料中获取全部能量。其动力系统的电动机可以当作发电机使用，加油后可以依靠发动机驱动发电机来给电池充电。在起步和低速模式下车辆依靠电动机行驶，在中高速工况下由发动机驱动行驶。同时发动机工作时可以带动发电机给电池充电，属于内部充电模式。

非插电式混合动力汽车必须加油，通过发动机驱动发电机来给电池充电，不能被当作纯电动汽车使用。代表车型有丰田普锐斯、凯美瑞尊瑞等。

5. 不同类型混合动力汽车比较

表5-1根据动力系统结构形式，对串联式、并联式、混联式三种混合动力汽车的特点进行比较和分析。

表5-1　串联、并联、混联混合动力电动汽车比较

性能	混合动力汽车类型		
	串联式	并联式	混联式
燃油经济性	一般	好	好
排放性能	好	较好	较好
成本	低	较低	一般
结构复杂程度	简单	较复杂	复杂
控制策略难易程度	简单	较复杂	复杂
动力总成	发动机、发电机、驱动电动机	发动机、电动机/发电机	发动机、电动机/发电机、电动机
直接驱动机构	电动机	发动机、电动机	发动机、电动机
能量回收	可回收	可回收	可回收
传动效率	低	高	高
适用条件	大型客车、货车（接近电动汽车性能）	中小型汽车（接近燃油车性能）	各类型汽车（接近燃油车性能）

　　由表 5-1 可以看出,三种不同动力结构形式的混合动力电动汽车均具有较好的燃油经济性和排放性能,并且都可以进行能量的回收。三者的驱动结构中均包含电动机,这是混合动力电动汽车与普通内燃机汽车的显著区别。虽然混联式混合动力电动汽车的结构和控制策略复杂程度相对较高,但其他方面的优良特性使其具有最广泛的适用条件。

5.1.2　混合动力汽车重要组件

　　与传统燃油车相比,混合动力汽车具有许多重要组件,如能量储存系统、传动系统、电动机、电力电子模块等,它们共同构成了车辆动力系统的重要组成部分。

1. 能量储存系统(动力蓄电池)

　　在混合动力汽车结构中,能量储存系统(即动力蓄电池)是最重要的部件之一,将直接影响汽车的效率。电池的能量密度性能直接影响汽车的续航里程,能决定其大规模的应用推广的可行性。虽然在混合动力汽车中,电动机并不作为主要动力源进行功率输出,但是在大功率工况工作时,电池的温升、效率下降会使电池安全性降低,进而影响电池寿命,增加汽车生命周期中电池的更换次数和使用成本。因此良好的能量储存系统对混合动力汽车非常重要。随着制造成本的不断降低,锂离子电池已经逐渐成为混合动力汽车动力蓄电池的最佳选择。

　　在其他技术方面,超级电容被视为具有巨大潜力的能量储存部件,其能够无限期持续工作并迅速进行充放电,这使得超级电容可以快速为汽车加速提供能量,同时能够在再生制动中实现快速充电。虽然超级电容具有较高的功率密度,但是其较低的能量密度和较高的自放电速度使其无法作为插电式混合动力汽车的能量储存装置。如果将超级电容通过直流变换器与电池并联,则可根据需要合理分配超级电容和电池之间的输出功率比例,这种方式称为主动并联方案。未来,将高功率密度的超级电容和高能量密度的锂离子电池高效结合的新结构或将成为混合动力汽车能量储存系统发展的新方向。如图 5-9 所示为混合动力汽车用锂离子电池模组和超级电容模组。

图 5-9　混合动力汽车用锂离子电池(左)和超级电容模组(右)

2. 传动系统

　　混合动力汽车由于具有传统动力系统和电力动力系统两套驱动结构,对传动系统的要求也随之增加。混合动力汽车的传动结构必须对内燃机驱动和电动机驱动结合进行管理,通常行星齿轮和离合器被用作混合动力汽车传动机构中必不可少的部分,如图 5-10 所示。通过管理控制,实现混合动力汽车的启停、再生制动及改变内燃机工作范围,因此需要传动系统能够改变参数来满足不同工况。目前,混合动力汽车的传动系统更倾向于对重量、成本的优化。

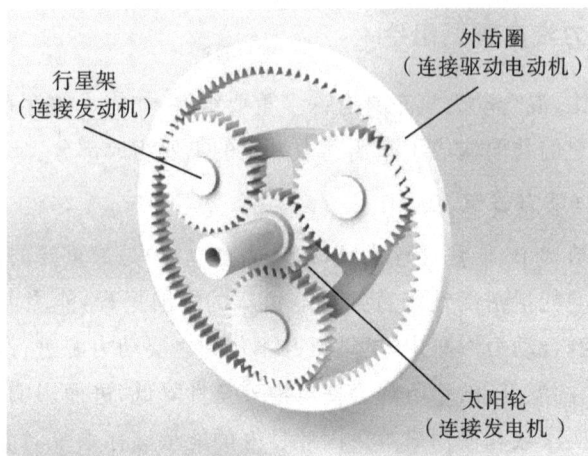

图 5-10 混合动力汽车传动系统中的行星齿轮

3. 电动机

电动机是电驱动必不可少的部件,高效节能的电动机对混合驱动技术来说至关重要。电动机作为峰值功率调节装置、负荷分配装置和小型瞬时扭矩源来使用。在混合动力汽车中,有的电动机仅仅控制发动机的启停,而有的电动机需要参与动力输出。一般情况下,电动机在混合动力汽车中需要工作在两种模式下:标准模式和延伸模式。在标准模式下,电动机在全转速范围内提供持续扭矩输出;当转速高于额定转速时,电动机的扭矩随转速升高而降低。在混合动力汽车中,电动机应在标准模式下输出满足加速所需要的足够扭矩。

目前市面上流行的直流电动机、交流感应电动机等均可以用在混合动力汽车结构中。

4. 电力电子模块

在混合动力汽车中,电力电子模块也是至关重要的一部分。DC-DC(直流)转换器和 DC-AC(直流-交流)逆变器(见图 5-11)在电路控制和电动机工作中都起到了重要的作用。DC-DC转换器能将固定的直流高电压转变成车载部件可用的直流低压电压,一般转换为 12V/14V 等。DC-DC 转换器能将辅助蓄电池的充电电压控制为恒压,并通过辅助蓄电池传感器上反馈的信号,在线路发生故障时保护 DC-DC 转换器。

DC-AC 逆变器是一种把直流电转换为交流电的电子器件,能量储存系统中的高压直流电经过逆变器转变成推进电动机工作的高压交流电。在起步、行驶等过程中,动力蓄电池提供的高压直流电通过 DC-AC 逆变器转变成电动机需要的交流电,电动机运转驱动车辆行驶。在减速、下坡等再生制动过程中,电动机用作发电动机进行交流发电,通过逆变器转换成直流电给动力蓄电池充电,实现能量回收利用。DC-DC 转换器和 DC-AC 逆变器等电子模块在混合动力汽车系统组件中也占据了重要地位。良好的电力电子模块能够使车辆运行更加顺畅,能量转换更快速、损耗更低,从而提升整车的安全性。

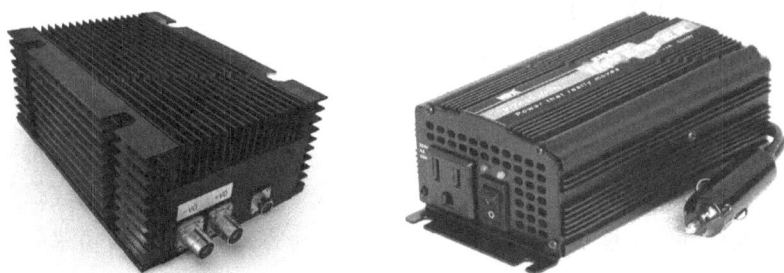

图 5‐11　DC‐DC 转换器(左)和 DC‐AC 逆变器(右)

5.1.3　混合动力汽车关键技术

混合动力汽车相比普通燃油车有许多比较前沿的汽车技术,但这些技术还不够成熟,某种程度上制约着整车的性能。如果能在这些技术上突破,将会使混合动力汽车的性能更加优越,超越传统内燃机汽车成为主流交通工具。

1. 发动机技术

发动机作为为汽车提供主要动力的装置,不仅在内燃机汽车中应用,在混合动力汽车中也是必不可少的重要组成部分。它在很大程度上决定了汽车的动力性能、经济性能、环保性能。因为混合动力汽车中动力绝大部分的来源都是发动机,因此需要继续大力加强发动机技术研发,保证发动机持续工作在最佳工作点上,实现最大燃油经济效益和最小排放量。由于混合动力汽车具有第二能量源,其发动机的运作更应该得到相应的优化,而不是频繁地启动和关闭。

随着新能源汽车的发展,全球各大厂商也在加快发动机技术的研发。通用公司的 2.0T 发动机采用停缸技术降低油耗;日本丰田公司混合动力汽车的发动机采用阿特金森循环、降摩擦等先进技术来节能。

2. 驱动电动机及其控制技术

对于混合动力汽车,电动机和发动机的重要性不相上下。由于汽车在行驶过程中工况复杂多变,需要频繁启动、加速、减速、怠速等,因此混合动力汽车对驱动电动机的要求主要集中在具有大调速范围、高能量密度、强过载能力、小体积、轻质量等方面。

目前主要有四种驱动电动机广泛应用:直流电动机、交流感应电动机、永磁同步电动机和开关磁阻电动机。由于控制简单,直流电动机很早就在电动汽车中开发应用,但是在高速运转的过程中,直流电动机转子可靠性较低,使用寿命较短。开关磁阻电动机结构简单,调速范围广,但是在实际应用中会有噪声大、扭矩波动大等缺点,降低了混合动力汽车的舒适性。因此从发展趋势来看,电力驱动系统的主要研发集中在交流感应电动机和永磁同步电动机上。交流感应电动机结构简单、易操控、可靠性较好、成本低,适合应用于大功率场合。

所以对于经常工作在高速、匀速行驶的工况，汽车采用交流感应电动机较为合适。永磁同步电动机功率密度高、扭矩稳定性强、调速范围广、运行可靠性好，所以对于经常需要启停、低速运行的工况，适合采用永磁同步电动机来提高工作效率。

驱动电动机的控制技术包括电力电子模块、微处理器及电动机控制算法等。其中电力电子模块包括 DC - DC 转换器和 DC - AC 逆变器等部件，分别应用于直流电动机和交流电动机。电动机的微处理器主要有单片机和数字信号处理（digital signal processing，DSP）芯片。目前常规电动机的驱动控制包括矢量控制、变压变频控制、模型自适应控制、直接转矩控制等技术，均在电动汽车领域有所应用。对于混合动力汽车，需要高功率效率、大调速范围、快速动态响应等特点。所以较好的控制方式是在感应电动机和永磁同步电动机中应用矢量控制方法。为了验证所设计的混合系统的有效性，通常会建立相应子系统的数学模型，并使用相应控制策略，在仿真软件中进行模拟，通过调节最佳参数来提升控制策略的效率。

3. 动力电池及其管理技术

动力电池是制约新能源汽车发展的主要瓶颈。混合动力汽车的电池需要频繁地进行充、放电，电池组的电流、电压变化较大，在使用过程中电池组的稳定性直接决定了驱动电动机的稳定性，进而影响了整车性能。对于应用在混合动力汽车中的动力蓄电池，需要具备高能量密度、高循环寿命、高热安全性等条件，并在此基础上尽量保证电池体积最小化，便于在车辆中安置。

目前应用于混合动力汽车中的电池类型主要有铅酸电池、镍氢电池、锂离子电池等。由于锂离子电池具有比能量高、循环寿命长、自放电率低、充电无记忆效应等优点，被认为是最理想的动力电池解决方案。同时锂离了电池在使用过程中不会产生有害物质，比较环保，因此大力发展锂离子电池技术有利于提高混合动力汽车的续航里程，提升整车稳定性。

动力电池管理技术主要包括电池组管理子系统、线路管理子系统、电池热管理子系统。其中电池组管理子系统是对电池的充放电、电池间的均衡、SOC 预测管理、电池健康状态（state of health，SOH）估计等进行监控，提高电池工作效率，保证电动机安全运转，有效提升电池寿命。以电池 SOC 管理为例，需要对其进行优化控制以提供足够的能量来驱动汽车以及接收来自制动和下坡时产生的再生能量，同时最大化延长电池寿命。最简单的方式就是当电池 SOC 过高时，关闭发动机；当电池 SOC 较低时，启动发动机为其供电。线路管理子系统是对动力蓄电池和其他元器件连接、车载传感器的连接等线路控制进行管理监督，是保证车内各电子元器件正常工作的基础条件。电池热管理系统主要作用是保证动力电池工作在合适的温度范围内，保证电池不会因处于过高的温度环境而发生热失控，带来安全隐患；也不会因处于过低的温度环境而造成电池容量的损耗，降低电池寿命。目前电池热管理子系统中主要的冷却技术包括空气冷却、液体冷却、相变材料（phase change material，PCM）冷却及热管冷却四种方式；主要的加热技术包括电池内部自加热和外部加热两种。

动力电池及其管理系统的技术发展水平，不仅决定着电池能否发挥最佳效能，更是新能源汽车未来能否成为汽车行业主流产品的关键因素。

4. 整车能量管理控制技术

对混合动力汽车来说,由于存在两套动力系统,故对动力分配和工作模式切换有了更严格的要求。最重要也是最有挑战性的控制任务就是根据实际工况、道路状况、驾驶员意图等信息,将汽车所需的功率在发动机和发电动机的功率输出中合埋分配,以实现能量最大利用,获得最佳燃油经济性,延长动力蓄电池的使用寿命。车辆能量管理控制技术主要针对车辆功率流控制和工作模式的切换,相当于混合动力汽车的大脑。良好的能量管理系统需要满足以下几点需求:

(1)最小化系统能量流;

(2)最小化混合动力汽车排放;

(3)最大化回收制动能量;

(4)高效分配功率流来源。

此外能量控制还应该考虑车内其他车载电器的能量应用情况,同时协调如车载空调等多种能量消耗器件,以综合评价指标去衡量车辆能量使用情况并进行相应管理控制。

不同类型的混合动力汽车,其功率流路径也不大相同。串联式混合动力汽车的功率流如图 5-12 所示,推动功率由发动机发出,通过发电动机转为电能并分成两条路径,一条功率流路径直接驱动电动机,将电能转换成机械能来驱动车辆行进;另一条功率流路径通过将电能转移至能量储存系统中,在必要的时候再调用能量储存系统中的能量,供电动机使用。即发动机通过发电动机组能够给电动机和能量储存系统提供能量,同时电动机也能够由发电动机或能量储存系统供电。再生制动过程中,能量从车轮传递至电动机,此时电动机被用作发电动机,将制动时产生的机械能转化为电能并转移至能量储存系统中,这是再生功率的功率流路径。对于曲轴功率流,其作用是在车辆起步时驱动发动机曲轴进行旋转,此时动力蓄电池将为发电动机提供电能,发电动机被用作电动机为发动机的启动提供相应的机械能。串联式混合动力汽车中三种功率流相互联系和影响,共同完成车辆的工作任务。

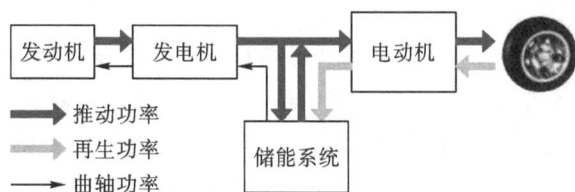

图 5-12　串联式混合动力汽车功率流示意图(彩图扫描前言二维码)

对于并联式混合动力汽车,其功率流(见图 5-13)和串联式混合动力汽车有所差异。推动功率流路径为发动机产生机械能,一部分通过传动装置直接驱动车轮工作;另一部分传递给发电动机,发电动机将机械能转换成电能,储存在能量储存系统中。再生功率流的路径为车轮制动时产生的机械能,经过发电动机转变成电能储存在能量储存系统中。而曲轴功率流依旧通过能量储存系统提供电能,驱动电动机工作,为发动机的启动提供机械能。

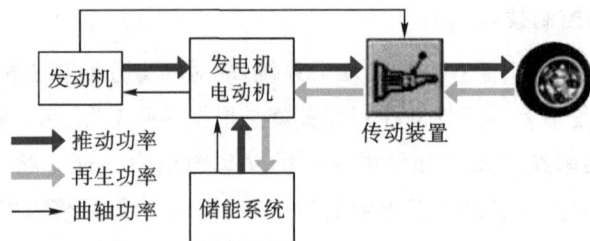

图 5-13　并联式混合动力汽车功率流示意图（彩图扫描前言二维码）

上述以串联式和并联式混合动力汽车为例，介绍了功率流的路径，充分展现了能量管理控制技术在混合动力汽车中的重要地位。利用功率流控制技术，保证车辆尽量工作在最佳工作区间，能够有效减少油耗和排放，但随之而来的是控制系统复杂程度的提升。

5. 动力传动技术

混合动力汽车的动力传动系统设计也是至关重要的。对于并联式和混联式混合动力汽车，更加需要良好的动力传动系统通过控制离合器来进行电力驱动和传统内燃机驱动的结合。合理地选择和匹配发动机功率、动力蓄电池容量和电动机的功率，以确定车辆动力的混合程度和动力传动系统的最佳连接方式，对构建性能最优的混合驱动系统有重要意义。

6. 能量再生制动回收系统

相比于传统内燃机汽车，混合动力汽车由于加入了动力蓄电池，而具有能量回收功能。当汽车处于制动或者下坡阶段时，如何高效地将电动机用作发电动机给动力蓄电池充电，成为了能量回收系统的关键问题。如何在最大程度回收制动能量的同时，保证车辆安全制动距离和车辆行驶稳定性也是再生制动回收系统亟待解决的问题之一。已有研究表明，将再生制动系统与车辆防抱死制动系统结合可以有效解决该问题。

5.1.4　混合动力汽车特点及前景展望

混合动力汽车将传统内燃机动力系统和电动机电力驱动系统充分有效地结合，形成了新结构形式汽车，被视为是汽车工业走向完全清洁能源的必经之路。混合动力汽车也是当今最具实际开发意义的低排放和低油耗汽车。作为介于内燃机汽车和纯电动汽车的中间产品，混合动力汽车的存在集成了内燃机汽车和电动汽车的优点。

1. 混合动力汽车相比于内燃机汽车的优点

（1）混合动力汽车的发动机可以在最佳的工况区域稳定运行，减少了大量的发动机不良运行状态，使其排放和油耗大大降低。

（2）在起步、低速行驶过程中，大多数混合动力汽车可以实现纯电动行驶，不仅实现零排放低速行驶，同时降低了噪音。

（3）由于混合动力汽车有两个动力源，其发动机和电动机的尺寸与重量都小于单动力源驱动的情况，便于各部件的安装，降低了整车的重量。

（4）混合动力汽车较内燃机汽车相比,具备了再生制动能量回收的能力。在制动减速及下坡过程中,可以将能量重新回收至动力蓄电池,一定程度上节约了能源。

（5）在使用成本上,混合动力汽车减少了对化石燃料的消耗,车辆受燃油的影响较小,为使用者节约了运行成本。

2. 混合动力汽车相比于纯电动汽车的优点

（1）纯电动汽车只能通过动力蓄电池提供能量,车辆的续航里程受到电池组电量限制。而混合动力汽车在动力蓄电池电量不足时可以使用发动机持续工作,大大提高了汽车续航里程,其续航接近传统内燃机汽车,可保障消费者的远途出行。

（2）混合动力汽车继承了内燃机汽车的良好操控性,同时又具备纯电动汽车低噪声的优点。

（3）借助发动机的动力可以带动其他车载电器工作,不需要消耗动力蓄电池的电能,增加了车辆运行的稳定性和舒适性。

3. 混合动力汽车的缺点和不足

（1）混合动力汽车车体构造比较复杂,在集成了纯电动汽车和燃油汽车的特点后,部件配置和控制系统更加复杂,所以混合动力汽车的造价可能比纯电动汽车和燃油汽车高。同时由于混合动力汽车具有两套驱动系统,在一定程度上会增加故障率。

（2）混合动力汽车动力蓄电池等部件老化后的更换较困难,价格昂贵,增加了用车成本。

近些年,混合动力汽车技术出现了较大的飞跃,眼下重点关注的问题是混合动力系统的动力分配比例以及能否更高地实现电气化工作效率。未来还需要研发动力电池,实现更长的续航里程,同时应大力加强充电桩等设备的发展和布置,使混合动力汽车更容易被消费者接受。随着发动机技术、电动机技术、电池技术以及能量管理控制等技术的不断完善,混合动力汽车未来会有更好的发展。

5.2　纯电动汽车

5.2.1　概念、发展及工作原理

纯电动汽车(battery electric vehicle,BEV),是指能量均来自可充电车载电池的电动汽车。我们通常认为电动汽车是比内燃机汽车更为现代化的产品,实际上,世界上第一辆电动汽车诞生于 1834 年,比世界上第一辆内燃机汽车(1886 年)早了五十多年,该车由苏格兰的发明家托马斯·达文波特(Thomas Davenport)制造,它由一组不可充电的干电池驱动,但只能行驶一小段距离。真正意义上的第一辆纯电动汽车则诞生于 1881 年的法国,它是法国工程师古斯塔夫·特鲁维韦(Gustave Trouvé)装配的以可充电铅酸电池为动力的三轮车,如图 5 - 14 所示。从那时起,电动汽车开始在交通运输领域扮演重要角色,曾经一度长期占领机动车辆市场份额的第一名,电动汽车也创造了机动车领域的很多世界纪录,如第一次时速超过 100 km/h 的世界纪录就是电动汽车创造的。但是,电动汽车市场繁荣的景象并没能持续多久,1911 年,美国工程师凯特林(Charles Keterring)发明了汽车起动机,使燃油车开始变得便捷和高效,从此打破了电动汽车在机动车领域的主导地位。到了 20 世纪 30 年代,电动汽车基本上已经退出了历史的舞台。

图 5-14   世界上第一辆真正意义上的电动车

直到 20 世纪 70 年代的能源危机才使得电动汽车重新登上舞台,在 20 世纪 70 年代初期,许多国家(如美国、英国、法国、德国、意大利和日本)都开始发展电动汽车。进入 20 世纪 90 年代,人们开始日益关注环境污染对生活的影响,电动汽车又重新迎来了发展机遇。如今,电动汽车已经是各大汽车品牌产品竞争的新高地,同时也诞生了很多造车新势力,比如我国的蔚来汽车(见图 5-15)、小鹏汽车等。代表着最新科技水平的电动汽车正在不断出现,改变着人们的生活。

图 5-15   蔚来纯电动 SUV——ES8

从环保的角度来看,电动汽车是零排放的市区交通工具,即使计入发电厂增加的排气,从总量上来看,它也将使空气污染大大减少。从能源的角度来看,电动汽车将使能源的利用多元化和高效化,达到能源可靠、均衡和无污染利用的目的。从智能交通的角度来看,电动汽车的普及更有利于车联网技术与智能驾驶技术的发展。

一般的纯电动汽车的结构通常包括电源系统、电力驱动机系统、辅助系统等,如图 5-16

所示。动力蓄电池给电动机供电,电动机控制器驱动电动机产生动力,经过机械传动装置传递给车轮。如图 5-17 所示为宝马(BMW)纯电动汽车的结构图。

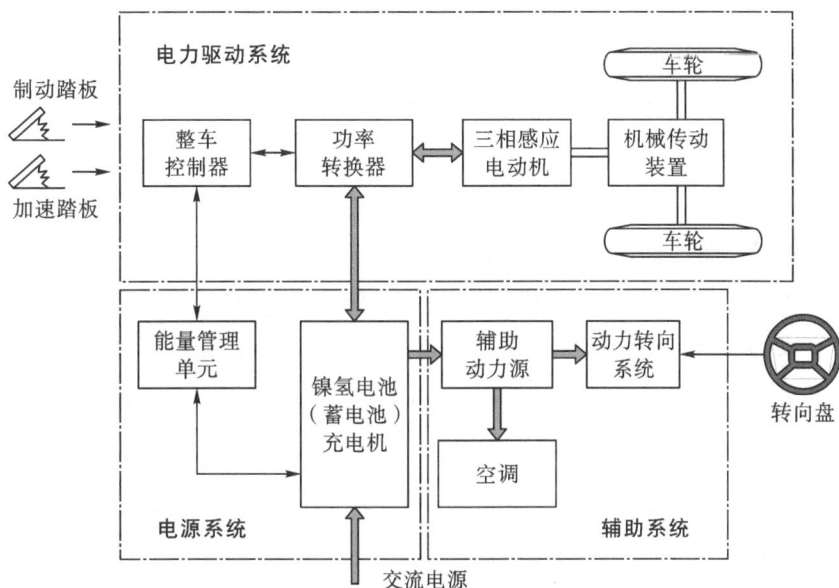

图 5-16　典型的纯电动汽车组成框图

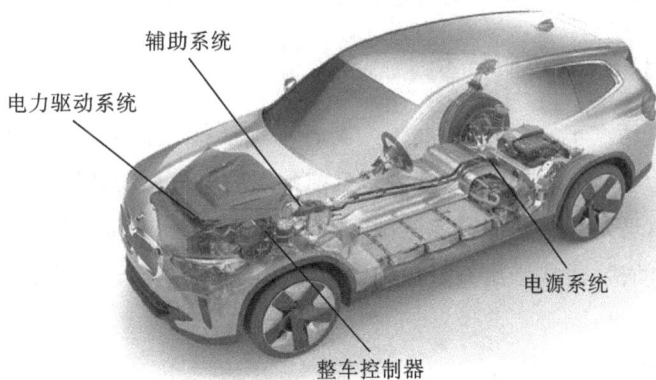

图 5-17　宝马纯电动汽车结构图

1. 电源系统

电源系统主要包括动力蓄电池、能量管理系统、车载充电动机以及辅助动力源等。它的功用是向电动机供电、监测动力蓄电池的使用状况以及控制车载充电动机向动力电池充电。动力电池作为能量的存储装置,是限制电动汽车发展的重要因素之一,要想让电动汽车在未来的交通领域取代内燃机汽车的地位,关键是要开发出能量密度高、安全性好、使用寿命长的电池。目前纯电动汽车的动力蓄电池以锂离子电池为主。能量管理系统的主要功用是对电动汽车用电池单体及整组进行实时监控、充放电、巡检、温度检测等,并按动力畜电池对电动汽车用电池单体及整组进行实时监控、充放电、巡检、温度检测等,并按动力蓄电池对环境温度的要求进行温度调控,通过限流控制避免电池的过充、过放电等。车载充电动机的主要功用就是将电网的交流电转换为相应电压的直流电,并按照充电要求控制给电池充电的电流。辅助动力源一般是低压直流电源,其主要功用是给动力转向、照明、空调、电动窗门等其他辅助用电设备提供能源。

2. 电力驱动系统

电力驱动系统包含驱动电动机和电动机控制器。驱动电动机的功用是将存储在动力蓄电池的电能高效地转化为车辆的动能,同时在车辆减速和下坡的时候将车辆动能转化为电能重新存储在动力蓄电池中。电动机控制器的主要功用是按照整车控制器的指令、驱动电动机的转速和电流反馈信号,对驱动电动机的转速、转矩和旋转方向进行控制。

3. 整车控制器

整车控制器的主要功用是根据驾驶员对车辆的命令信号,向电动机控制器发送相应的控制指令,控制电动机实现启动、加减速以及制动。在制动和下坡滑行过程中,整车控制器作为信号传输的中枢,配合能量管理系统实现给电池反向充电、整车动能的回收。

4. 辅助系统

辅助系统主要包括空调、动力转向系统、车载信息显示系统、导航系统、照明及除霜装置等,通过这些辅助设备可以提升车辆的舒适性和操纵性。

5.2.2 驱动电机及其控制技术

驱动电机是纯电动汽车的核心部件之一,其各项性能指标直接影响着整个驱动系统的性能,包括加速性能及爬坡性能。纯电动汽车目前常用的电机驱动系统主要有四种:

(1)直流电动机,通常采用脉冲宽度调制(pulse width modulation,PWM)的控制方式;

(2)交流感应电动机,通常采用矢量控制或转矩控制的变频调速方式;

(3)永磁同步电动机;

(4)无刷直流电动机;

(5)开关磁阻电动机。

1. 直流电动机

直流电动机是早期电动汽车中普遍采用的驱动电动机,具有结构简单,技术成熟,控制容易等特点。

1)直流电动机的结构

直流电动机由定子与转子两大部分组成,定子与转子之间有空隙,定子主要包括主磁极、机座、换向极和电刷装置等,转子主要包括电枢铁心、电枢绕组、换向器等,如图 5 – 18 所示。

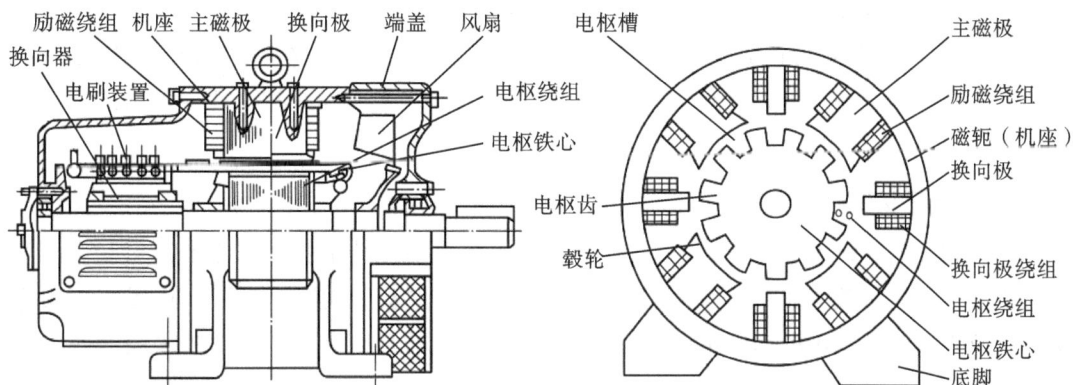

图 5 - 18　直流电动机的结构

2）直流电动机的工作原理

如图 5 - 19 所示为直流电动机工作原理简化模型，定子上有一对 N、S 极，电枢绕组的末端分别接到两个换向器上，正、负电刷 A 和 B 分别与两个换向器接触。

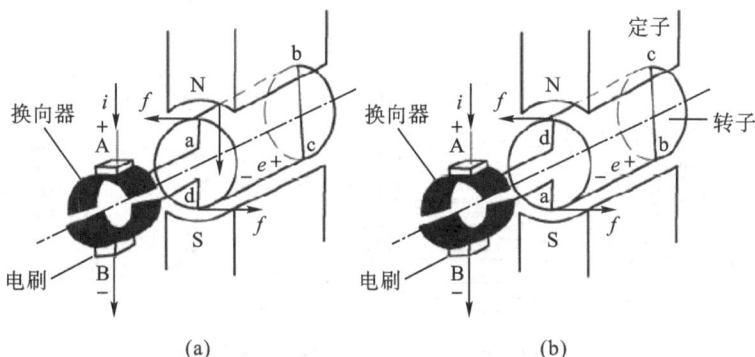

图 5 - 19　直流电动机工作原理示意图

若将电刷 A、B 分别接到直流电源的正极和负极，如图 5 - 19（a）所示，此时有直流电流从电刷 A 流入，经过线圈 abcd，从电刷 B 流出。根据安培电磁力定律，载流导体 ab 和 cd 中均会受到电磁力的作用，其方向可用左手定则判定，两端导体受到的力形成一个转矩，使得转子逆时针转动。同理，如果转子转到如图 5 - 19（b）的位置，与导体 cd 直接相连的换向器与电刷 A 接触，与导体 ab 直接相连的换向器与电刷 B 接触，此时产生的转矩仍然使转子进行逆时针转动，这就是直流电动机的工作原理。

3）直流电动机的控制方法

直流电动机的转速控制方法主要有电枢调压控制、磁场控制和电枢回路电阻控制。

（1）电枢调压控制是指通过改变电枢两端的电压来调整电动机的转速。采用这种调速方式时，电动机转速变化近似与电枢端电压成比例，同时又可以保持电动机的负载转矩不变，所以又称为恒转矩调速。

（2）磁场控制是指通过调节直流电动机的励磁电流改变磁极的磁通量，从而调节电动机的转速。这种调节方式在电枢电流不变时具有恒功率调速的特性。

（3）电枢回路电阻控制是指当电动机的励磁电流不变时，通过改变电枢回路电阻来调节电动机的转速。这种调速方法通常不稳定，一般很少应用，只有在小型串联电动机的调速上才使用。

2. 交流感应电动机

交流感应电动机又称异步电动机，是由气隙旋转磁场与转子绕组感应电流相互作用产生电磁转矩从而实现电能转化为机械能的一种交流电动机。从技术水平来看，感应电动机驱动系统是电动汽车用电动机驱动系统的理想选择，尤其是驱动系统功率需求较大的大型电动客车。

1）交流感应电动机的结构

交流感应电动机主要由定子和转子两大部分组成，定子一般包括定子铁心、定子绕组和机座，转子一般包括转子铁心、转子绕组和转轴。如图 5 - 20 所示为三相交流感应电动机的基本结构。

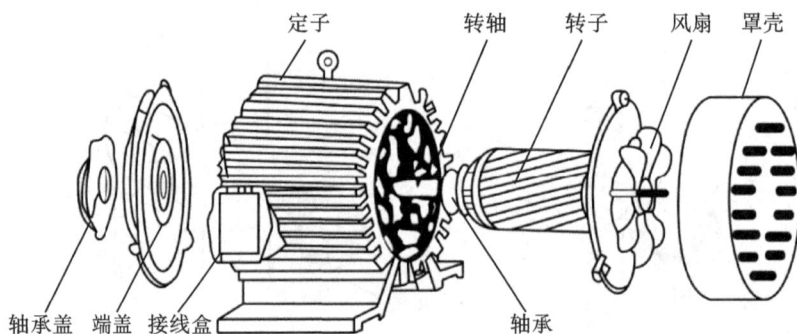

图 5 - 20　三相交流感应电动机的基本结构

2）交流感应电动机的工作原理

当电动机的三相定子绕组通入三相交流电后，将产生一个旋转的磁场，该旋转磁场切割转子绕组，从而在转子绕组中产生感应电动势，进而在转子中产生电流，电流方向与电动势方向相同，而载流的转子导体在旋转的磁场中将产生电磁力，进而产生电磁转矩，驱动电动机旋转，并且电动机旋转方向与旋转磁场方向相同，但是转子的速度小于定子旋转磁场的转速。

交流感应电动机转子轴上带有机械负载，负载被电磁转矩拖动而旋转。当负载发生变化时，转子转速也随之发生变化，使转子导体中的电动势、电流和电磁转矩发生相应变化，以适应负载的需要，所以交流感应电动机的转速是随负载变化而变化的。如图 5 - 21 所示为交流感应电动机的工作示意图。

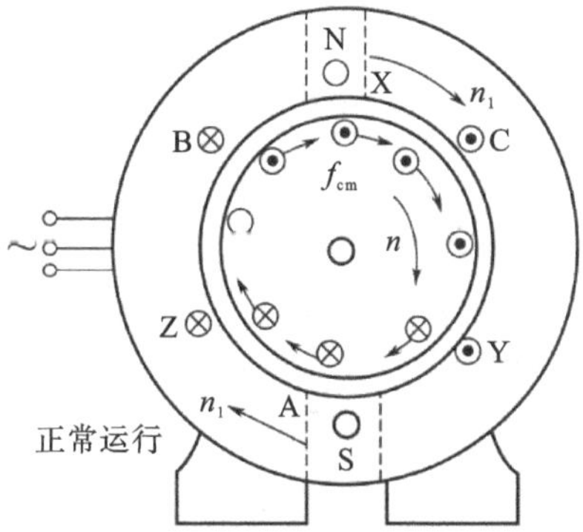

图 5 - 21 交流感应电动机的工作示意图

3）交流感应电动机的控制方法

交流感应电动机是一个多输入多输出系统,其中变量电压、电流、频率、磁通、转速之间又相互影响,所以是强耦合的多变量系统。常用的控制方法主要有转差控制、矢量控制及直接转矩控制等。

转差控制是根据交流感应电动机电磁转矩和转差频率的关系来直接控制电动机转矩的,可以在一定的转差频率范围内通过调节转差来控制电动机的电磁转矩,从而改善调速系统的控制性能,但其控制理论是建立在异步电动机的稳态数学模型基础上的,只适合于电动机转速变化缓慢或者对动态性能要求不高的场合。

矢量控制亦称磁场定向控制,其基本思路是:模拟直流电动机的控制方法进行控制,它将交流感应电动机的定子电流解耦成互相独立产生磁链的分量和产生转矩的分量,分别控制这两个分量就可以实现对交流感应电动机的磁链控制和转矩控制的完全解耦,从而达到控制需求。

直接转矩控制是将电动机的输出转矩作为直接的控制对象,通过控制定子的磁场向量控制电动机转速。采用直接转矩控制的方法,通过检测电动机定子电压、电流,借助瞬时空间矢量理论来计算电动机的磁链和转矩,将给定的磁链和转矩分别与计算值比较,对差值进行调节;再根据定子磁链的空间位置、磁链与转矩的调节结果,来确定逆变器的功率开关信号。

3. 永磁同步电动机

永磁同步电动机具有结构简单、体积小、效率高、功率因数高等优点,正逐渐成为电动汽车驱动系统的主流电动机之一。

1）永磁同步电动机结构

和传统电动机一样,永磁同步电动机主要由定子和转子两大部分组成,其结构示意图如图 5 - 22 所示。定子部分包括电枢铁心和电枢绕组;转子部分主要包括永磁体、转子铁心和转轴等。永磁同步电动机是用永磁体取代绕线式同步电动机转子中的励磁绕组,从而省去了励磁线圈、滑环和电刷。定子中通入三相对称交流电。

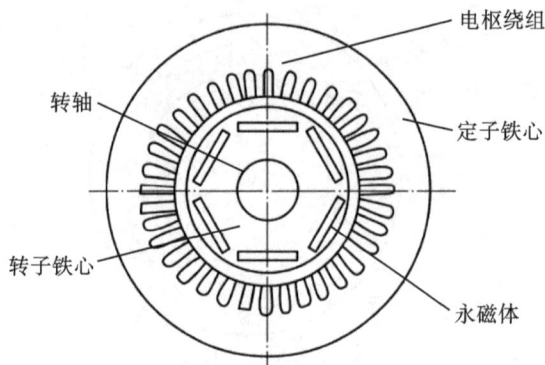

图 5 - 22　永磁同步电动机的结构示意图

2）永磁同步电动机的工作原理

永磁同步电动机的工作原理如图 5 - 23 所示,由于电动机定子三相绕组接入三相对称交流电而产生旋转磁场,根据磁极异性相吸、同性相斥的原理,不论定子旋转磁极与永磁转子起始相对位置如何,定子的旋转磁极由于磁力拖着转子同步旋转。同步电动机转速可以表示为

$$n = n_s = \frac{60 f_s}{p_n} \qquad (5-1)$$

式中,f_s 为电源频率;p_n 为电动机的极对数;n_s 为同步转速。从上式可以看出,电动机转速与同步转速之间没有相对运动。

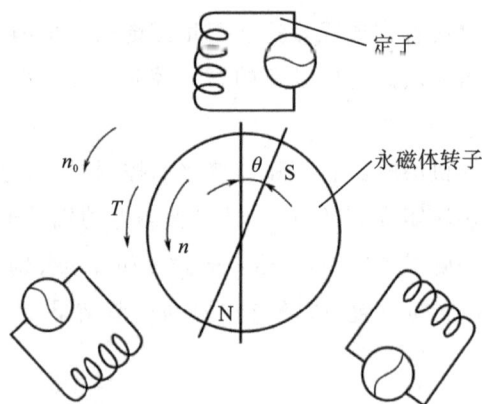

图 5 - 23　永磁同步电动机的工作示意图

3）永磁同步电动机的控制方法

为提高永磁同步电动机的响应速度、准高速时的精度以及扩大调速范围,目前主要采用的控制策略有矢量控制、直接转矩控制、智能控制等。

与交流感应电动机的矢量控制法不同,永磁同步电动机的转速和电源频率严格同步,其转子转速等于旋转磁场转速,转差恒等于零,没有转差功率,控制效果受转子参数影响较小,所以永磁同步电动机更容易实现矢量控制。

永磁同步电动机的直接转矩控制法不需要复杂的坐标变换和转子磁链定向,转矩取代电流直接作为受控对象,电压矢量则作为控制系统的唯一的输入,直接控制转矩和磁链的增加或减小。永磁同步电机控制结构简单,受电动机参数变化影响较小,能够获得极佳的动态性能。

智能控制通常指模糊控制、神经网络控制等方法。在采用智能控制法的电动机控制系统中,智能控制器处于最外环充当速度控制器,而内环电流控制、转矩控制仍采用比例积分(proportional integral,PI)控制、直接转矩控制等方法。这主要是因为外环是决定系统的根本因素,而内环主要的作用是改造对象特征以利于外环的控制,各种扰动给内环带来的误差可以由外环抑制或控制。

4. 无刷直流电动机

无刷直流电动机是用电子换向装置替代了有刷直流电动机的机械换向装置,拥有有刷直流电动机的宽阔而平滑的调速性能,同时又克服了有刷直流电动机由于机械换向带来的一系列缺点,是理想的调速电动机之一,在电动汽车上有着广泛的应用前景。

1)无刷直流电动机结构

如图 5-24 所示,无刷直流电动机主要由电动机本体、电子换向器和转子位置传感器等组成。

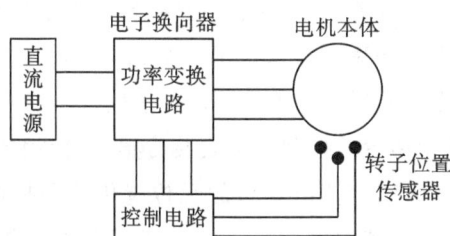

图 5-24　无刷直流电动机的结构示意图

电动机本体包括定子和转子两大部分。定子部分主要包括导磁的定子铁心、导电的电枢绕组及固定铁心和绕组等。转子部分主要包括永磁体、导磁体和支撑零部件等。

2)无刷直流电动机的工作原理

如图 5-25 所示为无刷直流电动机的工作示意图。无刷直流电动机是用装有永磁体的转子取代有刷直流电动机的定子磁极,将原直流电动机的电枢变为定子。利用电动机转子传感器输出信号控制电子换向线路去驱动逆变器的功率开关部件,使得电枢绕组依次通电,从而在定子上产生跳跃式的旋转磁场,拖动电动机转子旋转。同时,随着电动机转子的转动,转子位置传感器又不断送出位置信号,从而不断改变电枢绕组的通电状态,使得在某一磁极下导体中的电流方向保持不变,这样电动机就可以不断地旋转。

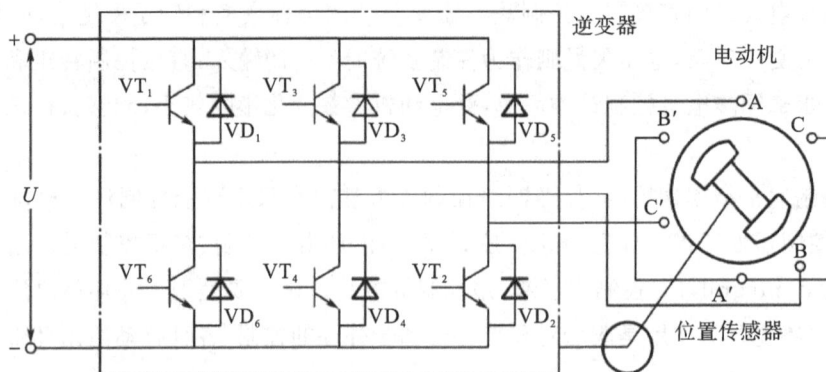

图 5-25　直流无刷电动机的工作示意图

3）无刷直流电动机的控制方法

无刷直流电动机由于磁场是非正弦的,不能再用类似于感应电动机模型变换的矢量控制算法,而应采用与直流电动机相同的调节占空比的脉冲宽度调制(pulse width modulation,PWM)算法。按照获取转子位置信息的方法划分,无刷直流电动机的控制方法可以分为有位置传感器控制和无位置传感器控制两种。

有位置传感器控制方法是指在无刷直流电动机定子上安装位置传感器来检测转子在旋转过程中的位置,将转子磁极的位置信号转换成电信号,为电子换向电路提供正确的换向信号,以此控制电子换向电路中的功率开关管的开关状态,保证电动机各相按顺序导通,在空间形成跳跃式的旋转磁场,驱动永磁转子连续不断地旋转。

无刷直流电动机的无位置传感器控制无需安装传感器,使用场合广泛,相对于有位置传感器方法有较大的优势,因此无刷直流电动机的无位置传感器控制近年来已成为研究的热点。无刷直流电动机的无位置传感器控制不直接使用转子位置传感器,但在电动机运转过程中,仍然需要转子位置信号,以控制电动机换向。因此,如何通过软硬件间接获得可靠的转子位置信号,成为无刷直流电动机无位置传感器控制的关键。国内外的研究人员在这方面做了大量的研究工作,提出了多种转子位置信号检测方法,大多是利用检测定子电压、电流等容易获取的物理量实现转子位置的估算。归纳起来,可以分为反电动势法、电感法、状态观测器法、电动机方程计算法、人工神经网络法等。

5. 开关磁阻电动机

开关磁阻电动机是继直流电动机与交流电动机之后,又一种极具发展潜力的新型电动机。这种电动机是一种典型的机电一体化的电动机,又称"开关磁阻电动机驱动系统"。

1）开关磁阻电动机结构

开关磁阻电动机(switched reluctance motor,SRM)主要由开关磁阻电动机本体、电力电子功率变流器、转子位置传感器(position sensor,PS)及控制器四部分组成,如图 5-26 所示。定子极上绕有集中绕组,把沿径向相对的两个绕组串联成一个两极磁极,称为"一相";转子既无绕组又无永磁体,仅由硅钢片叠成。

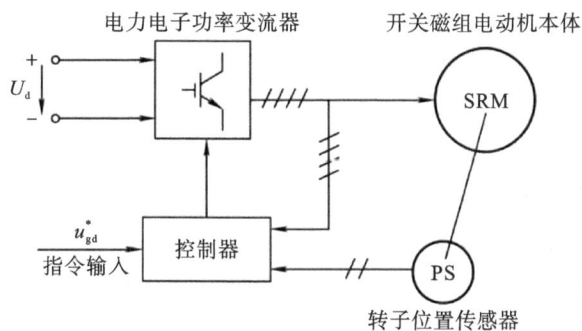

图 5 - 26　开关磁阻电动机的结构

开关磁阻电动机的定子与转子相数不同,有多种组合方式,最常见的有三相 6/4 极结构、三相 6/8 极结构和三相 12/8 极结构,如图 5 - 27 所示。

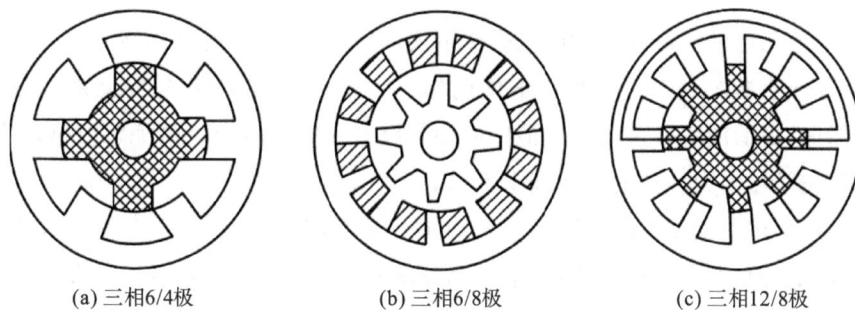

(a) 三相6/4极　　　　(b) 三相6/8极　　　　(c) 三相12/8极

图 5 - 27　三种开关磁阻电动机的组合方式

低于三相的开关磁阻电动机一般没有自启动能力。相数多有利于减小转矩脉动,但结构复杂、主开关器件多、成本增高。目前应用较多的是四相 8/6 极结构和三相 6/4 极结构。下面介绍的开关磁阻电动机的结构为四相 8/6 极结构。

2)开关磁阻电动机的工作原理

开关磁阻电动机的工作示意图如图 5 - 28 所示。图中,K_1、K_2 代表电子开关;VD_1、VD_2 代表二极管,U 代表直流电源。

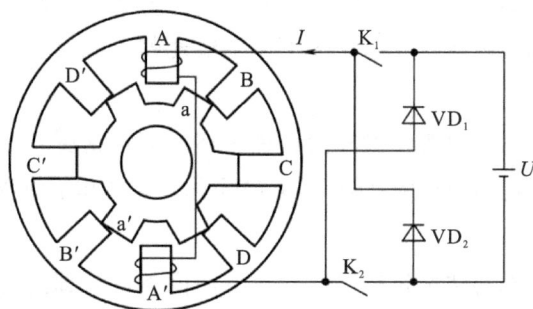

图 5 - 28　开关磁阻电动机的工作示意图

当 A 相绕组电流控制开关 K_1、K_2 闭合时，A 相通电励磁，产生的磁场力图使转子旋转到转子极轴线 aa' 与定子极轴线 AA' 的重合位置，从而产生磁阻性质的电磁转矩。若顺序给 A、B、C、D 相绕组通电，则转子会按逆时针方向连续转动；若依次给 B、A、D、C 相绕组通电，则转子会沿顺时针方向转动。在多相电动机的实际运行中，也常出现两相或两相以上绕组同时导通的情况。当某一相中的定子绕组轮流通电一次时，转子转过一个转子极距。

3）开关磁阻电动机的控制方法

开关磁阻电动机可以通过控制电动机自身的参数（如开通角、关断角）来实现，也可以用适用于其他电动机上的控制理论（如比例积分微分控制、模糊控制等）对功率变换器部分进行控制，进而实现电动机的速度调节。基于自身参数的控制通常有位置控制、电流斩波控制和电压控制。

5.2.3　电池及管理技术

动力蓄电池为电动汽车的驱动电机提供电能，电动机将电源的电能转化为机械能，通过驱动传动装置或直接驱动车轮工作。电能的储存方式有电池储能、超导储能、超级电容储能、飞轮储能等，目前应用较多的是电池储能和超级电容储能两种。要了解纯电动汽车的动力电池，应首先学习动力电池的一些基本术语。

理论容量：假定电池中的活性物质全部参加成流反应，根据法拉第定律计算出的电量。理论容量是电池容量的最大极限值，电池实际放出的容量只是理论容量的一部分。

额定容量：在室温下完全充电的蓄电池以 1 安时（Ah）电流放电，达到终止电压时所释放的电量。

实际容量：充满电的电池在一定条件下所能输出的电量，它等于放电电流和放电时间的乘积。

电池荷电状态：蓄电池在一定放电倍率下，剩余电量与相同条件下额定容量的比值，反映蓄电池容量变化的特性。SOC＝1 表示蓄电池为充满状态（SOC 为电池的荷电状态，state of charge）。随着蓄电池的放电，蓄电池的电荷逐渐减少，此时蓄电池的充电状态可以用 SOC 值的百分数的相对量来表示电池中电荷的变化状态。一般蓄电池放电高效率区为 50～80％SOC。对蓄电池 SOC 值的估算已成为电池管理的重要环节。

电池能量：按一定标准规定的放电制度下电池输送的电能，单位为瓦时（Wh）或千瓦时（kWh）。

能量密度：电池的能量密度有质量能量密度和体积能量密度之分。质量能量密度指电池单位质量所能输出的电能，单位为瓦时/千克（Wh/kg）。体积能量密度指电池单位体积所能输出的电能，单位为瓦时/升（Wh/L）。

功率与功率密度：电池的功率指在一定的放电制度下，单位时间内电池输出的能量，单位为瓦（W）或千瓦（kW）。单位质量的电池输出的功率称为质量功率密度，单位为 W/kg；单位体积的电池输出的功率称为体积功率密度，单位为 W/L。

循环寿命:以电池充电和放电一次为一个循环,按一定的充放电制度进行充放电,当电池容量降到某一规定值(我国标准规定为额定值的 80%)以前,电池经历的充放电循环总次数。

1. 电池分类及其对比

电动汽车用动力电池主要有铅酸电池、镍氢电池、锂离子电池等。本书重点介绍锂离子电池。

1)铅酸电池

铅酸电池是指正极活性物质使用二氧化铅,负极活性物质使用海绵状铅,并以硫酸溶液为电解液的蓄电池。铅酸电池可分为两大类:注水式铅酸电池和阀控式铅酸电池。后者通过安全控制阀制动调节密封电池体内充电和工作异常产生的多余气体,免维护,更符合电动汽车的要求。

使用铅酸电池的电动汽车有美国通用汽车公司开发的 EV-1、S-10 皮卡,福特公司的 EV Ranger。作为电动汽车动力源,铅酸电池必须解决三大问题:提高比能量和比功率,提高循环使用寿命,快速充电。目前电动汽车使用的铅酸电池循环使用寿命在 400 次以上,比能量为约 35 Wh/kg。

2)镍氢电池

镍氢电池是指正极使用镍氧化物、负极使用可吸收/释放氢的储氢合金或以氢氧化钾为电解质的蓄电池。

镍氢电池的优点:能量密度、功率密度均高于铅酸电池和镍镉电池,循环使用寿命长;快速充电和深度放电性能好,充放电效率高;无重金属污染,全密封、免维护。

镍氢电池的缺点:成本高,价格为相同容量铅酸电池的 5~8 倍;单体电池电压低(1.2 V);自放电损耗大;对环境温度敏感,电池组热管理任务重。

随着镍氢电池技术的不断发展,其能量密度、功率密度、循环寿命和快速充电能力会大幅度地提高,价格将会降低。许多公司都把镍氢电池作为今后混合动力汽车和燃料电池汽车的首选电池。

3)锂离子电池

锂离子电池是用锰酸锂、磷酸锂或钴酸锂等锂的化合物作正极,用可嵌入锂离子的碳材料作负极,使用有机电解质的蓄电池。锂离子电池具有极大的性能优势,是未来纯电动汽车动力电池发展的方向。

按照锂离子电池正极材料的不同,汽车用锂离子电池分为锰酸锂离子电池、磷酸铁锂离子电池、钴酸锂离子电池、镍钴锰锂离子电池等。

锰酸锂离子电池的主要优点:锰资源丰富、价格便宜、安全性高、比较容易制备。缺点:理论容量不高;材料在电解质中会缓慢溶解,即与电解质的相容性不太好;在深度充放电的过程中材料容易发生晶格畸变,造成电池容量迅速衰减,在较高温度下使用时更是如此。

磷酸铁锂离子电池具有高稳定性、更安全可靠、更环保并且价格低廉的特性。磷酸铁锂正极材料被认为是最有发展前途的动力电池正极材料。其缺点是电阻率较大,电极材料利用率低。

钴酸锂离子电池电化学性能优越、易加工、性能稳定、一致性好、比容量高、综合性能突出;但是安全性较差,而且成本高。

镍钴锰锂离子电池是指用镍钴锰三元材料作为正极的锂离子蓄电池,通常称为三元聚合物锂电池。镍钴锰锂离子电池能量密度大、功率密度高、循环寿命长、易加工、安全性较好。

目前应用性能较好的正极材料是具有高插入电位的层状结构的过渡金属氧化物和锂的化合物,负极材料一般采用锂碳层间化合物 Li_xC_6。如图 5-29 所示为锂离子电池的工作示意图,充电时,锂离子在正极脱嵌,通过电解质进入负极,同时由于隔膜的作用,电子只能通过外电路从正极流向负极,形成充电电流,保持正、负极电荷平衡。放电时锂离子在负极脱嵌,流向正极,电子在外电路形成放电电流。

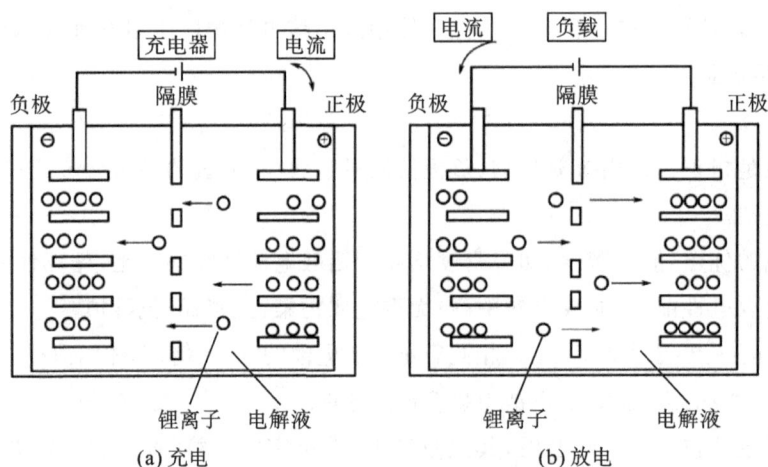

图 5-29　锂离子电池的工作示意图

其中,锂离子的正、负极的电化学反应为

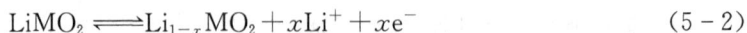

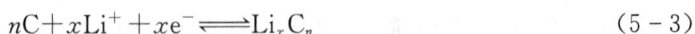

$$LiMO_2 \rightleftharpoons Li_{1-x}MO_2 + xLi^+ + xe^- \tag{5-2}$$

$$nC + xLi^+ + xe^- \rightleftharpoons Li_xC_n \tag{5-3}$$

总反应为

$$LiMO_2 + nC \rightleftharpoons Li_{1-x}MO_2 + Li_xC_n \tag{5-4}$$

式中,M 表示 Co、Ni、Fe、W 等。

电池的操作过程实际上是 Li^+ 在两电极之间来回嵌入和脱出的过程,故锂离子电池也称为"摇椅式电池"。由于锂离子在正负极中有相对固定的空间和位置,因此锂离子电池充放电反应的可逆性很好。

表 5-2 是几种不同正极材料的锂离子电池的性能比较。

表 5 - 2　不同正极材料的锂离子电池性能

电池类别	平台电压/V	能量密度/(Wh·kg^{-1})	功率密度	安全性	寿命	成本
磷酸铁锂	3.2	约125	较高	高	高	低
三元锂	3.7	约170	高	中	高	中
钴酸锂	3.7	大于200	高	低	中	高
锰酸锂	3.7	约110	较高	中	中	低

目前主流的汽车动力电池是三元锂和磷酸铁锂电池。三元锂电池具有能量密度高、低温性能好、可靠性高、寿命长等特点,但造价偏高;磷酸铁锂电池成本低、便于汽车量产且电池易于回收,安全性较三元锂电池高,但能量密度三元锂电池。

2. 电池管理系统

在使用电动汽车动力电池时,必须保证电池工作在合理的电压、电流、温度范围内,所以电动汽车上动力电池的使用都需要有效的管理,如果管理不善,不仅可能会显著缩短电池的使用寿命,还可能引起着火等安全事故。

电动汽车上对电池实施管理的具体设备就是电池管理系统(battery management system,BMS)。电池管理系统是电池组热管理和 SOC 估计等技术的应用平台。BMS 对于电池组的安全、优化使用和整车能量管理策略的执行都是必需的。所有的现代电动汽车都安装有 BMS。

如图 5 - 30 所示,电池管理系统的功能主要包括数据采集、数据显示、状态估计、热管理、数据通信、安全管理、能量管理和故障诊断。其中前六项为电池管理系统的基本功能,能量管理功能中包括了电池电量均衡的功能。

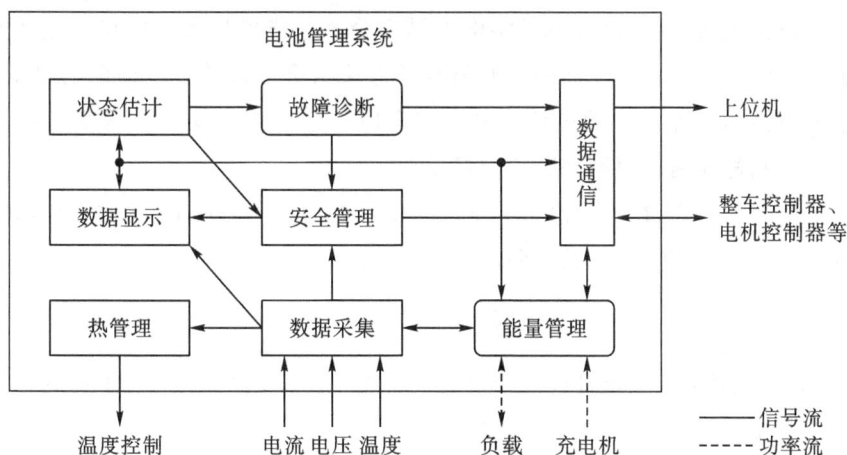

图 5 - 30　电池管理系统的功能框图

数据采集是实现 BMS 所有功能的基础,需要采集的数据包括电池组的总电压、总电流、电池模块的电压和温度。电池状态指 SOC 和 SOH(state of health,电池的健康状态),现有的电池管理系统都实现了 SOC 估计功能,SOH 估计技术尚不成熟。热管理指根据热管理控制策略控制电池组处于最优的工作温度范围。数据通信指电池管理系统与整车控制器、电动机控制器等车载设备以及上位机等非车载设备进行数据交换的功能。安全管理指当电池电压、电流、温度或 SOC 等出现不安全状态时可以及时报警并进行紧急处理。故障诊断是使用相关技术及时发现电池组内出现故障的单体或模块。BMS 的核心数据处理和计算功能一般由单片机来完成,其构成原理如图 5-31 所示。

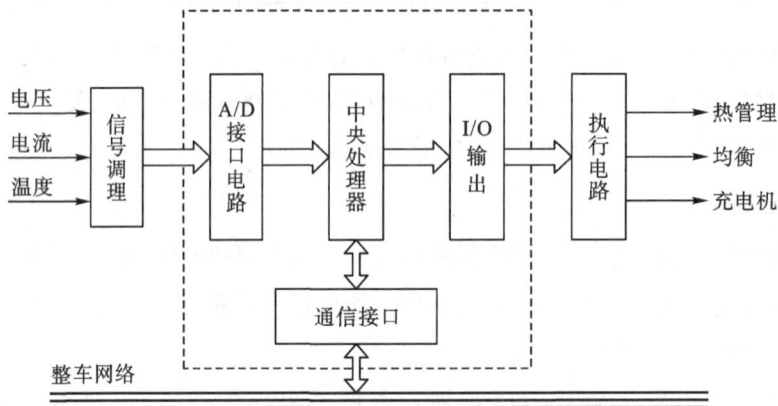

图 5-31　BMS 的构成原理图

BMS 系统的功能实现需要一些关键技术来支撑。具体包括 SOC 估计、热管理、电量均衡和故障诊断,其中最核心的技术便是 SOC 估计以及电池组的热管理技术。由于电池 SOC 估计和热管理均与电池模型密切相关,因此本节将首先介绍电池模型的应用,然后介绍 SOC 估计和热管理技术。

1)电池模型应用

从目前的研究现状来看,通常可以将电池模型分为性能模型和热模型。电池性能模型描述电池工作时的外特性。电池性能模型与数学方法结合可以估计电池的 SOC;电池热模型可用于指导电池热管理系统的设计。电动汽车电池性能模型又可分为简化的电化学模型、等效电路模型、神经网络模型和特定因素模型。

电化学模型过于复杂,在电动汽车上难以应用。电动汽车使用简化的电化学模型,可估计电池的 SOC 和电压变化,常见的有谢波德模型,如下式:

$$E_t = E_0 - R_i I - \frac{K_i}{1-f} \tag{5-5}$$

式中,E_t 为电池端电压,E_0 为电池完全充满时的开路电压;R_i 为欧姆内阻;K_i 为极化内阻;I 为瞬时电流;f 为由安时积分法算得的电池净放电量。

等效电路模型是基于电池工作原理,用电路网络来描述电池工作的特性,适用于多种电池。常用的基本等效电路(如戴维南模型)如图 5-32 所示。电容 C 与电阻 R_2 并联(表示超电势)后与电压源 U_{oc}(表示开路电压)、电阻 R_1(电池内阻)串联。由于随着电池工作条件和

SOC 的变化,戴维南模型参数无法随之变化,因此准确性较差。

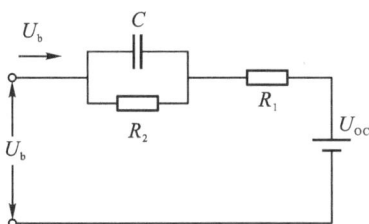

图 5 - 32　戴维南电池模型

神经网络具有非线性的基本特征,还具有并行结构和学习能力,对于外部激励能给出相对应的输出响应。而电池是一个高度非线性的系统,因此神经网络适合对电池进行建模。神经网络输入变量的选择和数量影响模型的准确性和计算量。神经网络方法的误差受训练数据和训练方法影响大,所有的电池试验数据都可用来训练模型并优化模型性能,而经此数据训练的神经网络模型只能在原训练数据的范围内使用,因此神经网络更适用于批量生产的成熟产品。

电池热模型可以描述电池生热、传热、散热的规律,能够实时计算电池的温度变化,基于电池热模型计算得到的电池温度场信息可以作为电池组热管理系统设计与优化的依据,同时也能为电池散热性能的优化提供依据。

2)SOC 估计

电池的 SOC 受充放电倍率、温度、自放电、老化等因素的影响,因而电池在使用过程中表现出高度的非线性,准确估计 SOC 具有很大难度。到目前为止,虽然新的 SOC 估计方法不断出现,但电动汽车动力电池 SOC 的精确估计问题一直没有得到彻底解决。目前使用最多的方法有放电试验法、安时积分法、开路电压法、神经网络法、卡尔曼滤波法。

放电试验法是最可靠的 SOC 估计方法,其做法是采用恒定电流对电池进行连续放电至终止电压,放电电流与时间的乘积即为电池的剩余电量。放电实验法在实验室中经常使用,适用于所有电池,并且估计结果非常准确,但其缺点也非常明显:一是需要大量的测量时间;二是需要中断电池工作。放电试验法不能作为行驶中电动汽车 SOC 估计,只能作为电池检修方法来使用。

安时积分法是最常用的 SOC 估计方法。如果充放电起始状态为 SOC_0,那么当前时刻的 SOC 可以由以下公式计算:

$$SOC = SOC_0 - \frac{1}{C_N}\int_{t_0}^{t}\eta I \, d\tau \qquad (5-6)$$

式中,C_N 为额定容量;I 为电池电流;η 为充放电效率。

安时积分法存在两个明显缺陷:一是此方法无法给出电池的初始 SOC;二是电流测量不准将会造成 SOC 的计算误差,经过长期累积会导致误差越来越大。总的来说,安时积分法可以应用于所有的电动汽车电池。如果电流测量准确,有足够的估计起始状态的数据,安时积分法是一种简单、可靠的 SOC 估计方法。

开路电压法是利用电池的开路电压在数值上接近电池电动势的特点,电动势是电解液浓度的函数,电解液密度随电池放电成比例降低,所以用开路电压可以比较准确地估计SOC。此方法比较明显的一个缺点就是需要电池长时间的静置以达到电压稳定,所以只适合电动汽车驻车状态。由于此方法在充电的初末期SOC估计效果较好,故经常与安时积分法结合起来使用。

卡尔曼滤波法的核心是根据已建立的电池状态模型,利用卡尔曼滤波原理,根据电池工作时的电流、电压以及温度等进行状态递推,得到SOC的实时估算值以及估算误差。需要指出的是,由于电池的动态仿真模型并不是线性的,故在利用卡尔曼滤波算法时通常需要将电池的动态仿真模型进行一定处理,从而能够更加精确地对电池SOC进行估算,此方法被称为扩展卡尔曼滤波算法。

神经网络法依据大量的样本数据和神经网络模型,通过大量的数据分析,实时将SOC与输入端数据建立一定的联系。人工神经网络模型缺少对动态工况的验证,在使用这种模型时,还必须采集大量的变电流工况数据。否则,当燃料电池汽车行驶在复杂工况下时,模型的SOC估计精度势必将受到影响。

3)电池组热管理

电池组热管理系统是从使用者角度出发,用来确保电池组工作在适宜温度范围的整套系统,包括电池箱、风机、传热介质、监测设备等部件。电池组热管理系统有如下五项主要功能:电池温度的准确测量和监控;电池组温度过高时的有效散热和通风;低温条件下的快速加热,使电池组能够正常工作;有害气体产生时的有效通风;保证电池组温度场的均匀分布。日前,应用在电动汽车动力电池热管理的冷却法有风冷、液冷、相变材料(phase charge materid,PCM)冷却以及热管,加热方法包括内部自加热法以及外部加热法。

3. 充电技术

目前制约电动汽车发展的核心问题之一就是其充电技术,未来智能化的快速充电技术是电动汽车行业得以不断发展的根本保证。关于电动汽车的充电技术,本节将从充电设备、充电方法以及充电方式三个方面展开介绍。

1)充电设备

电动汽车充电设备的种类较多,通常可以分为车载充电机、非车载充电机、交流充电桩以及直流充电桩等。

车载充电机一般是独立于电动汽车系统的,可以采用地面交流电网(或直流)电源及车载发电装置提供的交流(或直流)电源对电池实施充电的装置。非车载充电机是指安装在电动汽车车体外,将电网的交流电能变换为直流电能,采用传导方式为电动汽车动力蓄电池充电的专用装置。

交流充电桩是指固定在电动汽车外、与交流电网连接,采用的传导方式为具有车载充电装置的电动汽车提供交流电源的专用供电装置。交流充电桩只提供电力输出,没有充电功能,需连接车载充电机为电动汽车充电,如图5-33所示。

图 5 - 33　电动汽车交流充电桩

　　直流充电桩是指固定在电动汽车外、与交流电网连接,可以为非车载电动汽车动力电池提供小功率直流电源的供电装置。直流充电桩的输入电压采用三相四线 AC 380V±15％,频率为 50 Hz,输出为可调直流电,直接为电动汽车的动力电池充电,直流充电桩如图 5 - 34 所示。

图 5 - 34　电动汽车直流充电桩

　　2)充电方法

　　通常情况下,在电池电压较低的时候控制电流以一个较为恒定的电流充电。当电池电压达到一定程度接近充满的时候,又要保障电池电压以一定的速度缓慢上升,保证电池能够充满。因此,综上充电过程,总结电动汽车电池充电方法主要有恒流充电、恒压充电和脉冲快速充电,可根据具体情况选择一种充电方法或几种方法的组合方法,现代智能型蓄电池充电器可设置不同的充电方法。

恒流充电是指充电过程中使充电电流保持不变的充电方法。该方法具有很强的适应性,缺点是在充电过程中,需要根据逐渐升高的蓄电池电动势调节充电电压,以保持电流不变,充电时间也较长。

恒压充电是指充电过程中保持充电电压不变的充电方法。恒压充电电流随蓄电池电动势的升高而减小。合理的充电电压应在蓄电池即将充满时使其充电电流趋于 0。实际过程中常在电池充电的末期与恒流充电法结合使用,即常用的恒流−恒压(constant current − constant voltage,CC − CV)充电法。

脉冲充电(pulse charging)是先用脉冲电流对电池充电,然后让电池短时间、大脉冲放电,在整个充电过程中使电池反复充、放电。对电池采用脉冲充电的方法有利于减轻电池充电过程中的极化现象,可以在一定程度上减轻大电流充电对电池的损伤。这种方法的缺点是充电设备的成本较高。

除此之外,还存在恒功率恒压(constant power-constant voltage,CP-CV)、多级恒流恒压(multi-constant current-constant voltage,MCC-CV)、增压充电(boost charging,BC)、可变电流充电(variable current profile,VCP)等充电方法的电流/电压与时间的关系如图 5 − 35 所示。然而由于一些技术条件与成本要求的限制,这些充电方法与电池组级别充电应用上还有很长的距离。

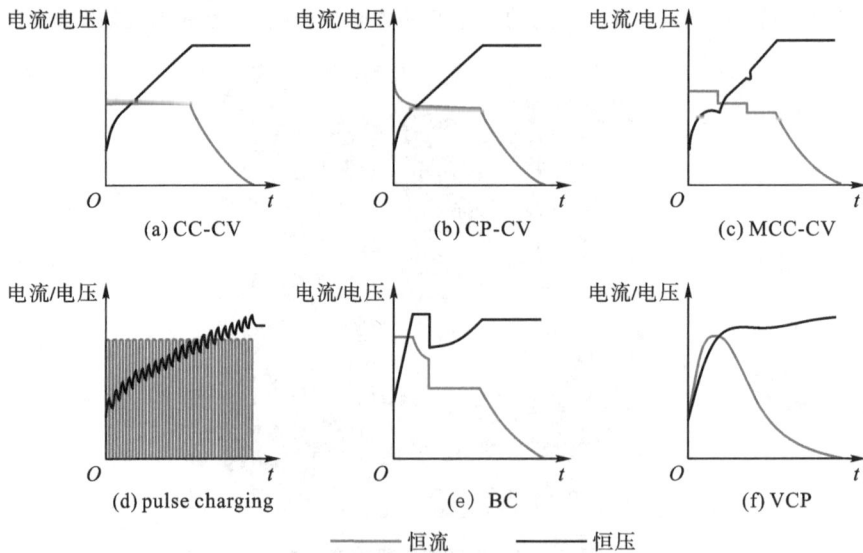

图 5 − 35　动力电池的不同充电方法的电流/电压与时间的关系

3)充电方式

电动汽车的充电方式包括常规充电、电池更换、无线充电等。

常规充电指采用家用充电设施或充电站的充电桩进行充电,即传统的桩式充电。采用此种方式的优点是:充电技术成熟、技术门槛低、使用方便、容易推广普及、充电设施配置简单。缺点是:普通充电的充电时间较长,而快速充电采用大功率的充电设备又对电网的要求极高,同时还会减少电池的循环寿命。

电池更换是指通过集中型充电站对大量电池集中存储、集中充电、统一配送,并在电池配送站内对电动汽车进行电池更换(简称换电)服务,或者集电池充电、物流调配及换电服务于一体。图 5-36 所示为蔚来 ES8 在换电池。采用电池更换方式无论是对用户的便捷性及电池的维护和保养都十分有利。而电池更换方式的主要缺点是:基础设施建设成本较高,占用场地大,电网配套要求高;需解决电动汽车更换电池不方便的问题,如电池设计安装位置、电池拆卸难易程度等;电池更换容易导致电池接口接触不良等问题,对电池及车辆接口的安全可靠要求提高。

图 5-36　蔚来 ES8 换电

无线充电是利用无线电能传输技术对电动汽车动力电池进行充电的一种新型充电方式,主要有电磁感应充电方式、磁共振充电方式和微波充电方式。图 5-37 是电动汽车无线充电示意图。

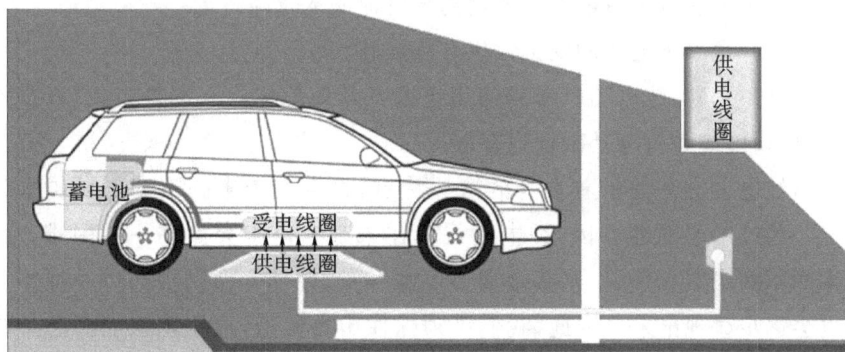

图 5-37　电动汽车无线充电示意图

相对于电动汽车的有线充电而言,无线充电具有使用方便、安全、可靠,没有电火花和触电的危险,无积尘和接触损耗,无机械磨损,没有相应的维护问题,可以适应雨、雪等恶劣的天气和不同环境等优点。无线充电技术用于电动汽车充电可以降低人力成本,节省空间,不影响交通视线等。如果可以实现电动汽车的动态无线充电,则可以大幅减少电动汽车配备的动力电池容量,从而减轻整车重量,降低电动汽车的运行成本。

5.2.4　纯电动汽车的优缺点及前景

在环保和低碳的两层诉求下,许多国家纷纷发布了燃油车禁售的时间期限。从目前的汽车市场来看,由于政策引导与技术的更新迭代,全世界绝大多数的车企都推出了纯电动的车型,并且兴起了很多新的造车势力,纯电动汽车也因此进入许多家庭,成为了不少用户值得信赖的交通伙伴。纯电动汽车作为目前汽车领域的新势力,有着众多优势,但同时也有很多弊病。

1. 纯电动汽车与内燃机汽车相比的优势

(1)零排放。电动汽车选用电力系统驱动,不排放有害尾气,不污染环境。

(2)能源效率高。纯电动汽车的能源效率高于内燃机汽车,尤其是在城市代步中,纯电动汽车可以做到空挡时不消耗能量,并且在制动或连续下坡中将能量回收起来。

(3)结构简单。采用电动机驱动的车辆省去了发动机、冷却系统和排气系统等机构,并且纯电动汽车的传动系统要比内燃机汽车的传动系统简单得多。

(4)噪声低。电动机噪声远远小于内燃机噪声,乘客的舒适性要好很多,因此在噪声控制方面可以降低成本。

(5)经济性好。从用户的使用情况来看,同样的行驶里程,内燃机汽车的燃油费比电动汽车充电的电费贵得多。

2. 纯电动汽车与内燃机汽车相比的劣势

(1)续航里程短。目前的动力电池技术尚且不足以使纯电动汽车的续航里程达到可以与内燃机汽车相当的水平,也因此导致很多用户会对纯电动汽车产生“里程焦虑”。

(2)成本高。纯电动汽车目前采用的锂离子电池成本较高。

(3)安全性差。锂离子电池的安全性仍有待提高。

(4)配套设施不完善,纯电动汽车的使用还远不及内燃机汽车那样方便,其根本原因是相应的充电基础设施或者换电基础设施有待提高。

综上所述,纯电动汽车凭借着自身的这些特点,将会在未来的汽车领域越来越受到重视,同时由于一些技术层面的原因,纯电动汽车在未来竞争中会面临一些困难。但长期来看,随着技术的不断成熟和普及,尤其是动力电池容量、循环寿命的提高以及成本的不断降低,其优势也会逐步显现出来。因此,我们必须抓住历史机遇,根据国家能源总体战略制定新能源汽车发展战略,积极有序地推进新能源汽车发展。

5.3　燃料电池汽车

5.3.1　概念、发展

1. 概念

燃料电池汽车是将氢气等和空气中的氧在催化剂的作用下,将在燃料电池中经电化学反应产生的电能作为主要动力源驱动的汽车。

燃料电池汽车实质上是纯电动汽车的一种,主要区别在于动力电池的工作原理不同。一般来说,燃料电池是通过电化学反应将化学能转化为电能,所需的还原剂一般采用氢气、甲烷、乙醇等,氧化剂则采用氧气,因此最早开发的燃料电池汽车多是直接采用氢燃料,氢的储存可采用液化氢、压缩氢气或金属氢化物储氢等形式。

燃料电池发电的化学反应产物主要是水、二氧化碳,还有极少的氮氧化物,因此燃料电池汽车被称为绿色新型环保汽车。图 5-38 所示为"荣威"平台的燃料电池汽车,表 5-3 为其参数。

图 5-38　"荣威"平台的燃料电池轿车

表 5-3　"荣威"平台的燃料电池汽车参数

参数	数据
动力蓄电池类型	锂离子蓄电池 376 V、8 Ah
转矩(额定/峰值)	100 N · m/210 N · m
控制器最高效率	93%
最高车速和续航里程	≥140 km/h,250 km
0~100 km/h 加速时间	≤15 s

续表

参数	数据
百公里经济性	1.4 kg/100 km
电动机（额定/峰值）	42 kW/88 kW
燃料电池发动机功率	55 kW

2. 发展

1）国外发展概况

燃料电池汽车的研发始于 20 世纪 90 年代。21 世纪初，以福特、通用等为代表的车企纷纷推出了大量的原型样车，进行了小规模的示范应用，验证了燃料电池技术应用于汽车领域的可行性。虽然当时的电堆寿命不足 2000 h，电堆功率密度仅能达到 1 kW/L，但是坚定了汽车行业对燃料电池在本领域应用的信心，同时掀起了燃料电池汽车的研发热潮。

在经历了 21 世纪初的热潮后，燃料电池汽车在 2008 年达到了一个瓶颈期，并逐渐回归理性。具有代表性的研究成果是日本本田公司的 FCX Clarity 燃料电池汽车，如图 5-39 所示。该车续驶里程已达到 390 km，冷启动极限温度为 -30 ℃，电堆体积功率密度为 1.9 kW/L，质量功率密度 1.5 kW/kg，基本已经达到了与内燃机相当的水平，然而耐久性和成本方面与商业化目标存在巨大差距。

图 5-39　本田 FCX Clarity 燃料电池汽车

随着各国支持政策的变化，燃料电池乘用车技术研发的热点区域由欧美转移到日韩，而欧美则更专注燃料电池客车和燃料电池叉车等领域。自 2014 年开始，燃料电池汽车的研发取得了突破性进展，日韩以丰田的 Mirai（见图 5-40）和现代的"途胜"SUV 为代表，欧美则以 Plug Power 公司在叉车领域的应用以及 UTC 公司在客车领域的应用为代表。

丰田的氢燃料电池汽车经过 22 年的研发与试运行，其 Mirai 车型于 2014 年 12 月开始销售。该车型采用的燃料电池电堆在体积、重量和成本方面均取得了显著进步，氢燃料电池动力系统基本达到了和传统内燃机动力系统相当的技术水平。该车型续驶里程可达 502 km，驱动电动机输出功率 113 kW，百公里加速时间 10 s，最高时速 175 km/h，采用 70 MPa 高压储氢,储氢效率可达 5.7%,燃料电池电堆输出功率 114 kW、体积功率密度达到 3.1 kW/L。该车型销售一个月就获得了 1500 辆订单,至 2021 年,该车第一代共销售超过 11000 台。

本田公司的燃料电池汽车经过 20 年的研发,于 2016 年开始销售其新一代 Clarity 车型(见图 5-41)。该车的驱动功率可达 103 kW,最高车速 160 km/h,续驶里程 589 km;电堆的输出功率为 100 kW;体积功率密度为 3.1 kW/L,氢燃料加注时间约 3 min。

图 5-40　丰田 Mirai

图 5-41　本田 Clarity

现代汽车公司于 2013 年 3 月生产下线了 17 辆途胜 ix35 燃料电池汽车,并于 2015 年制定了超过每年 1000 辆规模的量产计划。美国通用汽车公司的燃料电池乘用车也进行了长期持续的示范运行,单车累计行驶里程已达到 15 万公里。

现阶段,丰田和宝马,福特、日产-雷诺与戴姆勒,通用和本田纷纷组成燃料电池产业化合作联盟,共同攻关燃料电池汽车产业化技术,其他知名汽车厂商也都公布了燃料电池汽车的量产计划。

在公交客车领域,美国联合技术公司的 Pure Motion 燃料电池系统经历了超过 18000 h 的试运行,体现了良好的耐久性,充分验证了燃料电池技术在公交客车领域应用的可行性。

在燃料电池叉车领域,以 Plug Power 公司和 Nuvera 公司为代表,目前已有 7700 辆燃料电池叉车进入了市场化运营阶段,形成了较强的竞争力。

2)国内发展概况

我国燃料电池研究始于 1958 年,在 20 世纪 70 年代发展航天事业的推动下,燃料电池研究第一次快速发展。"九五"期间,科技部与中国科学院将燃料电池技术列入"科技攻关"计划,电动汽车也被列入国家重大科技产业工程中。"十五"期间,在"科技攻关""863""973"等国家计划中,都安排了有关燃料电池技术的计划和项目。

具体到燃料电池汽车领域,我国起步并不晚。1998 年,清华大学研制出了我国第一辆燃料电池汽车,该车靠一组由北京富源世纪燃料电池有限公司提供的 5 kW 的燃料电池提供动力。2001 年,北京绿能公司与清华大学和北京理工大学合作,研制出了以燃料电池为动力的公共汽车,现在他们与三星公司和丰田公司合作进行车辆的研制工作。

2003 年,我国自主研发的燃料电池动力汽车平台"超越一号"顺利通过了科技部验收。在此平台上开发的我国第一辆燃料电池轿车样车采用的是"电-电"混合方案,即以燃料电池发动机为主要动力源,配以高功率的锂离子电池,最大的优点是能回收汽车下坡和制动时的能量。在制氢方面,与通用、奔驰等国外燃料电池轿车利用汽油或甲醇在车上重整制氢以及液氢等供氢方式不同,"超越一号"直接采用了压缩氢的车载供氢方式,并提出利用上海钢铁、化工工业副产气体制氢的思路。事实证明,这些技术路线是正确的,并逐步为国外汽车企业所采用。

2004年6月11日,"超越二号"驶出了实验室,其全部采用"863"项目承担单位自主研发的关键零部件。同年10月,"超越二号"参加了在上海举办的第六届必比登清洁能源汽车挑战赛。2006年6月11日,在法国巴黎举行的第八届必比登清洁能源汽车挑战赛上,我国自主研发的燃料电池轿车"超越三号"顺利通过全部比赛项目,取得4个"A"的好成绩,在燃料电池汽车组拔得头筹。

在国家"十五""863"计划电动汽车关键技术重大科技专项和"十一五"节能与新能源汽车重大项目支持下,我国燃料蓄电池汽车技术研发取得重要进展,基本掌握了整车动力系统与关键零部件的核心技术,建立了具有自主知识产权的燃料电池汽车动力系统技术平台,形成了燃料电池发动机、动力电池、DC-DC变换器、驱动电动机、储氢与供氢系统等关键零部件配套研发体系,具有百千瓦量级燃料电池汽车动力系统平台与整车生产能力。研制的"超越系列""上海牌""帕萨特""奔腾""志翔"等燃料电池汽车经受住了大规模、高温、高强度示范考核,成功服务于2008北京奥运会和2010年上海世博会,如图5-42所示。

图5-42 福田欧辉氢燃料电池客车服务2008年北京奥运会

5.3.2 燃料电池的工作原理及分类

1. 工作原理

燃料电池的基本组成有:电极、电解质、燃料和催化剂。两个电极间为具有渗透性的薄膜。图5-43所示为氢燃料电池的工作原理,氢气由阳极进入供给燃料,氧气(或空气)由阴极进入电池。电池由于催化剂的作用,使阳极的氢原子分解成氢离子与电子,其中氢离子进入电解液中,被氧"吸引"到薄膜的另一边,电子经由外电路形成电流后,到达阴极。在阴极催化剂的作用下,氢离子、氧及电子发生反应形成水分子。

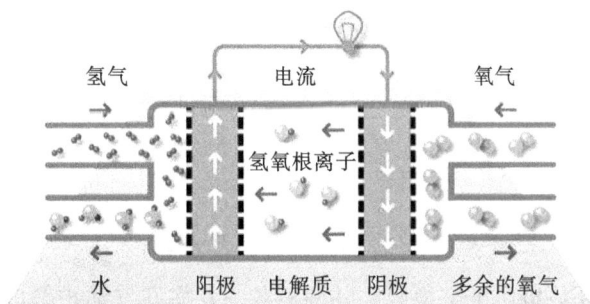

图 5－43　氢燃料电池工作原理示意图

　　燃料电池的燃料可以是 H_2、CH_4、CH_3OH、CO 等,电解质可为水溶液、熔融盐、固体聚合物、固体氧化物等。

　　燃料电池的燃料和氧化剂不是储存在电池内,而是储存在电池外的储罐中。当电池发电时,要连续不断地向电池内送入燃料和氧化剂,排出反应产物,同时也要排出一定的热量,以维持恒定的电池工作温度。

2. 分类

按电解质种类不同,燃料电池可分为以下五类:

1)质子交换膜燃料电池(proton exchange membrane fuel cell,PEMFC)

质子交换膜燃料电池是近年来国内外研究最广泛、技术发展最迅速的燃料电池,由膜电极(阳极、阴极)、质子交换膜和双极板组成,图 5－44 为其工作原理。工作时,氢在阳极被转变为氢离子,同时释放出电子。电子通过外电路回到电池阴极,同时氢离子通过电池内部高分子膜电解质到达阴极。在阴极,氧气转变为氧原子,氧原子得到从阳极传过来的电子变成氧离子,和氢离子结合生成水。

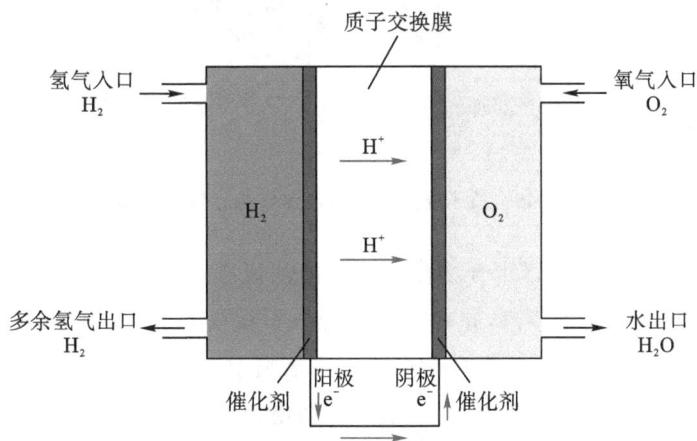

图 5－44　质子交换膜燃料电池工作原理示意图

阳极反应：

$$H_2 \longrightarrow 2H^+ + 2e^- \qquad (5-7)$$

阴极反应：

$$\frac{1}{2}O_2 + 2H^+ + 2e^- \longrightarrow H_2O \qquad (5-8)$$

电池反应：

$$H_2 + \frac{1}{2}O_2 \longrightarrow H_2O \qquad (5-9)$$

PEMFC 的膜电极是指质子交换膜和其两侧各一片多孔气体扩散电极（涂有催化剂的多孔碳布）组成的阴、阳极和电解质的复合体，如图 5-45 所示。

在阴、阳膜电极的两侧装有双极性集流板，集流板多为有石墨板、表面改性的金属集流板和碳—聚合物复合材料板等。在正集流板面向膜电极的一面，刻有用于输送氧气的凹槽，氧气通过凹槽扩散到整个阴极中。在负集流板面向膜电极的一面，刻有输送氢气的凹槽，通过凹槽将氢气扩散到整个阳极中。在正、负集流板的背面刻有输送冷却水的凹槽，冷却水在凹槽内流动将热量导出。双极性集流板对燃料电池气体均匀分布程度、水和热量导出的效率、导电性能以及燃料电池的密封性等有重要作用。

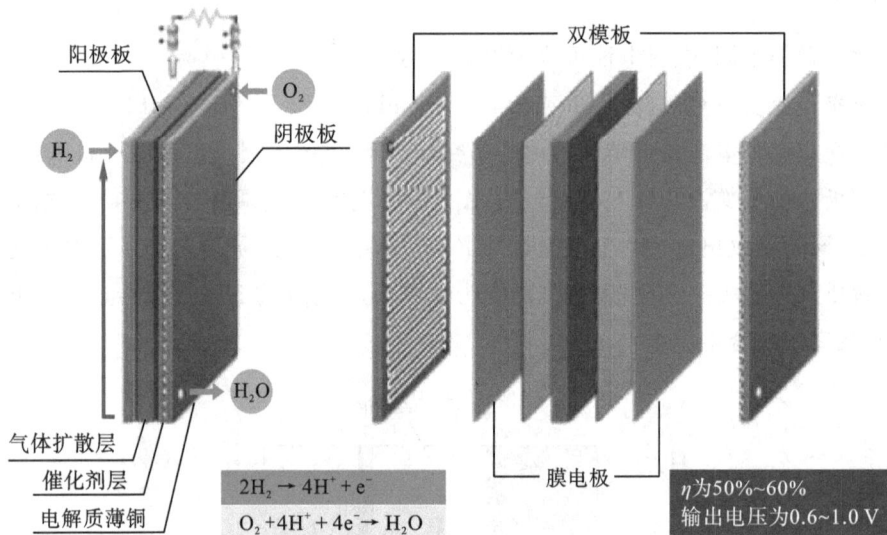

图 5-45　质子交换膜燃料电池结构分体示意图

PEMFC 中氢离子从阳极以水合物作为载体向阴极移动。因此，在 PEMFC 的阴、阳极间必须保持 53 kPa 压力的水蒸汽，并在工作过程中不断补充水分，使燃料气体流和氧化剂（空气等）气体流被湿润，保持一定的"湿润度"。在氢离子流过质子交换膜时，将水分附着在质子交换膜上，保持质子交换膜处于湿润状态，以防电极处质子交换膜脱水。若质子交换膜脱水，会使燃料电池的内电阻大幅度上升。

PEMFC 需要用铂等贵金属作为催化剂，在催化剂的催化作用下，才能促成氢离子从负极向正极移动,并与氧发生化学反应生成电能和水。如果燃料气体中含有 CO,CO 会优先附着在铂的表面,阻碍氢离子与铂表面相接触,使铂出现"中毒"现象,降低 PEMFC 的性能,甚至使 PEMFC 失效。CO 的吸附作用与燃料电池的温度成反比,温度越低,CO 的吸附作用越强。因此,在燃料气体中必须严格控制 CO 的含量,用增加燃料气体中氢气的方法,使 CO 的值控制在允许的范围内。

质子交换膜燃料电池具有工作温度低、启动快、能量密度高、寿命长、重量轻、无腐蚀性、不受 CO_2 的影响、能量来源比较广泛等优点,特别适宜作为便携式电源、机动车电源和中小型发电系统,是未来电动汽车最理想的动力源。

2) 碱性燃料电池(alkaline fuel cell,AFC)

碱性燃料电池是技术发展最快的一种电池,主要为航天任务,包括航天飞机提供动力和饮用水。

碱性燃料电池的设计基本与质子交换膜燃料电池相似,但其使用的电解质为水溶液或稳定的氢氧化钾导电性溶液。电化学反应如下:

阳极反应:

$$2H_2 + 4OH^- \longrightarrow 4H_2O + 4e^- \tag{5-10}$$

阴极反应:

$$O_2 + 2H_2O + 4e^- \longrightarrow 4OH^- \tag{5-11}$$

电池反应:

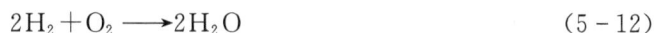

$$2H_2 + O_2 \longrightarrow 2H_2O \tag{5-12}$$

碱性燃料电池的工作温度约为 80 ℃,启动很快,但能量密度却比质子交换膜燃料电池的密度低很多,在汽车中使用显得相当笨拙。不过,它的生产成本很低,因此可用于小型的固定发电装置。

3) 磷酸燃料电池(phosphoric acid fuel cell,PAFC)

磷酸燃料电池是一种以磷酸为电解质的燃料电池,它采用浸有浓磷酸的 SiC 微孔膜作电解质,Pt/C 作为催化剂,工作温度为 150～200 ℃。由于其工作温度较高,所以其阴极上的反应速度要比质子交换膜燃料电池的阴极反应速度快,但较高的工作温度也使其对杂质的耐受性较强。

磷酸燃料电池的效率比其他燃料电池低,约为 40%,其加热的时间也比质子交换膜燃料电池长。其优点是构造简单、稳定,电解质挥发度低。磷酸燃料电池可为公共汽车提供动力。

4) 熔融碳酸盐燃料电池(molten carbonate fuel cell,MCFC)

熔融碳酸盐燃料电池与上述讨论的燃料电池差异较大,这种电池使用熔融的锂钾碳酸盐或锂钠碳酸盐作为电解质。当温度升高到 650 ℃时,这种盐就会熔化,产生碳酸根离子,从阴极流向阳极,在阳极与氢结合生成水、二氧化碳和电子。电子通过外部回路返回到阴极,在此过程中发电。

阳极反应:

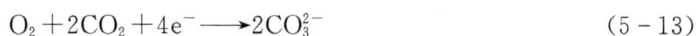

$$O_2 + 2CO_2 + 4e^- \longrightarrow 2CO_3^{2-} \tag{5-13}$$

阴极反应：

$$2H_2 + 2CO_3^{2-} \longrightarrow 2CO_2 + 2H_2O + 4e^- \tag{5-14}$$

电池反应：

$$2H_2 + O_2 \longrightarrow 2H_2O \tag{5-15}$$

熔融碳酸盐燃料电池工作的高温能在内部重整诸如天然气和石油等碳氢化合物,在燃料电池结构内生成氢,且铂金催化剂可用廉价的一类镍金属代替,其产生的多余热量还可被联合热电厂利用。这类燃料电池的效率最高可达60%,且需要较长时间才能达到工作温度,因此不能用于交通运输。

5)固态氧化物燃料电池(solid oxide fuel cell,SOFC)

固态氧化物燃料电池属于第三代燃料电池,是一种在中高温下直接将储存在燃料和氧化剂中的化学能绿色、高效地转化成电能的全固态化学发电装置,此类燃料电池被普遍认为是在未来会与质子交换膜燃料电池一样得到普及应用的一种燃料电池。

固态氧化物燃料电池的工作温度比熔融碳酸盐燃料电池的工作温度还要高,其工作温度约为800~1000℃。在这种燃料电池中,当氧离子从阴极移动到阳极氧化燃料气体(主要是氢和一氧化碳的混合物)时便能产生能量。阳极生成的电子通过外部电路移动返回到阴极上,消耗氧气生成氧离子,从而完成循环。

阳极反应：

$$O^{2-} + H_2 \longrightarrow H_2O + 2e^- \tag{5-16}$$

阴极反应：

$$O_2 + 4e^- \longrightarrow 2O^{2-} \tag{5-17}$$

电池反应：

$$2H_2 + O_2 \longrightarrow 2H_2O \tag{5-18}$$

固态氧化物燃料电池对目前所有燃料电池都有的硫污染具有最大的耐受性。由于这种电池使用固态电解质,因而比熔融碳酸盐燃料电池更稳定。固态氧化物燃料电池的效率约为60%,具有为车辆提供备用动力的潜力。表5-4对五种燃料电池的特性进行了比较。

表5-4 五种类型燃料电池特性对比

类型	质子交换膜燃料电池	碱性燃料电池	磷酸燃料电池	熔融碳酸盐燃料电池	固态氧化物燃料电池
电解质	质子交换膜	碱性溶液	磷酸	碳酸锂/碳酸钾	固体氧化锆-氧化钇
燃料	氢气	氢气	重整气	净化煤气、天然气、重整气	净化煤气、天然气
氧化剂	空气	氧气	空气	空气	空气
工作温度/℃	80~100	80	150~200	600~700	800~1000
效率	43%~58%	60%~90%	37%~42%	45%~60%	50%~60%

类型	质子交换膜燃料电池	碱性燃料电池	磷酸燃料电池	熔融碳酸盐燃料电池	固态氧化物燃料电池
应用场合	发展迅速,用于燃料电池汽车	应用于宇宙飞船	应用于公共汽车	有可能用于大型发电厂	有可能用于大型发电厂

5.3.3　燃料电池汽车的构成

燃料电池汽车与普通燃油汽车相比,其外形和内部空间几乎没有区别,不同之处在于动力系统。燃料电池汽车的动力系统基本组成部分有燃料电池系统、电子控制系统、辅助蓄能装置及驱动电动机等。如图 5-46 所示为本田 FCX 燃料电池汽车的构成。

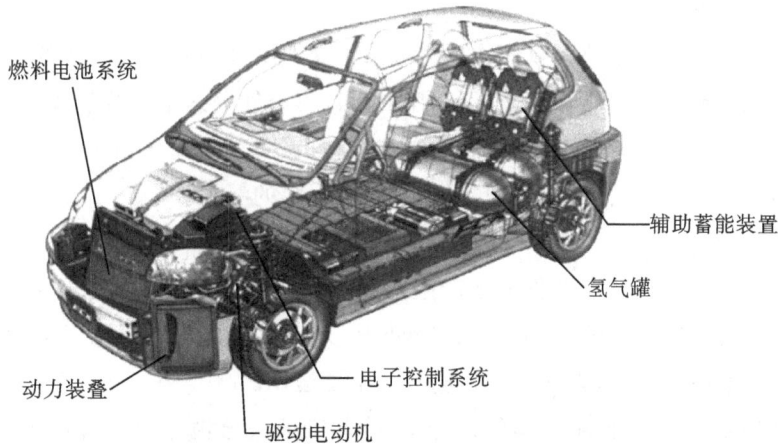

图 5-46　本田 FCX 燃料电池汽车的构成

1. 燃料电池系统

单纯的燃料电池堆是不能发电并用于汽车的,它必须和燃料供给与循环系统、氧化剂供给系统、水/热管理系统组成燃料电池发电系统。PEMFC 燃料电池发电系统如图 5-47 所示。

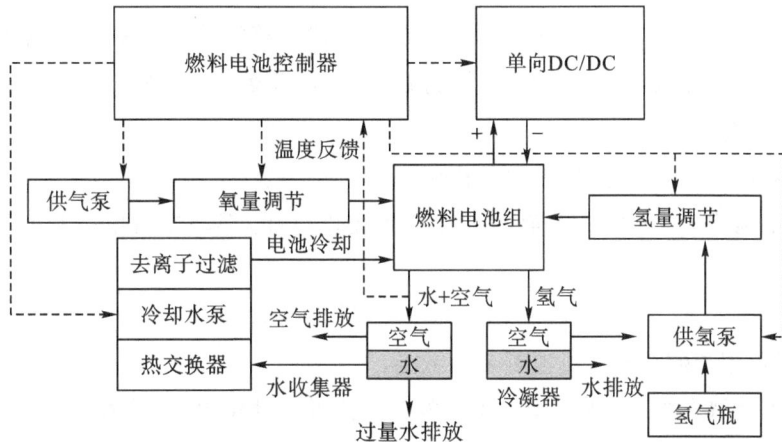

图 5-47　PEMFC 燃料电池发电系统示意图

1)燃料供给与循环系统

氢的储存装置通常为高压储气瓶,对高压储气瓶的品质要求很高。为保证燃料电池电动汽车一次充气有足够的行驶里程,就需要多个高压储气瓶来储存气态氢气。一般轿车需要 2~4 个高压储气瓶,大客车需要 5~10 个高压储气瓶。液态氢气虽然比能量高于气态氢,但由于液态氢处于高压状态,不仅需要用高压储气瓶储存,还要用低温保温装置来保持低温,系统较复杂。

在使用不同压力的氢气时,需要用不同的氢气储存容器,不同的减压阀、调压阀、安全阀、压力表、流量表、热量交换器和传感器等来进行控制,并对各种管道、阀和仪表等的接头采取严格的防泄漏措施。从燃料电池中排出的水含有未发生反应的少量氢气,正常情况下,从燃料电池排出的氢气应低于 1%,且应用氢气循环泵将这些氢气回收。

2)氧化剂供给系统

氧气的来源有从空气中获取氧气或从氧气罐中获取氧气两种。氧气供给系统可以用电动机驱动的送风机或者空气压缩机,也可以用回收排出余气的透平机或压缩机的加压装置。空气供应系统除了需要有体积小、效率高的空气压缩机外,还需配备相应的空气阀、压力表、流量表及管路,并对空气进行加湿处理,保证空气有一定的湿度。

3)水/热管理系统

燃料电池发电系统在反应过程中会产生水和热量,在水/热管理系统中用冷凝器、气水分离器和水泵等对反应生成的水和热量进行处理,其中一部分水可以用于空气的加湿。另外还需要装置一套冷却系统,以保证燃料电池的正常运作。

一般的排热方式有:电池组本体外部冷却,冷却剂通过电池组内部管道进行循环,电极气体通过外部冷却器进行循环,电解液通过外部冷却器循环等方法。整车一般采用高低温两套冷却循环回路:一套为高温回路,采用燃料电池串联汽车空调的加热器和散热器,加热器在冬季用来为暖风供热,散热器用来冷却电池组;另一套为低温回路,用来冷却电动机和控制器。燃料电池的冷却介质为去离子水,因此要有去离子装置。

2. 辅助蓄能装置

混合式燃料电池汽车还配备了辅助蓄能装置。辅助蓄能装置可采用蓄电池、超级电容和飞轮电池中的一种组成双电源的混合动力系统,或采用蓄电池+超级电容、蓄电池+飞轮电池的三电源系统。

燃料电池汽车配备辅助蓄能装置的作用:

(1)燃料电池汽车启动时,由辅助蓄能装置提供电能,带动燃料电池启动或带动车辆起步。

(2)在燃料电池汽车运行过程中,当燃料电池输出的电能大于车辆驱动所需的能量时,辅助蓄能装置可用于储存燃料电池剩余的电能。

(3)燃料电池汽车加速和爬坡时,辅助蓄能装置可协助供电,以弥补燃料电池输出功率的不足,使电动机获得足够的电能,产生满足车辆加速和爬坡所需的电磁转矩。

(4)向车辆的各种电子设备、电器提供工作所需的电能。

(5)车辆制动时,将驱动电动机转换为发电动机工作状态,将车辆的动能转换为电能,并向辅助蓄能装置充电,以实现车辆制动时的能量回收。

3. 驱动电动机

驱动电动机用于将电源提供的电能转换为电磁转矩,并通过传动装置驱动车辆行驶。与纯电动汽车和混合动力汽车一样,燃料电池汽车用驱动电动机也可采用直流有刷电动机、交流异步电动机、永磁无刷直流电动机等。

4. 电子控制系统

电子控制系统包括燃料电池系统控制器、DC-DC 转换器、辅助蓄能装置能量管理系统、电动机驱动控制器和整车协调控制器等。

1)燃料电池系统控制器

燃料电池控制器根据外需的电功率控制燃料电池组的燃料调节、电池的温度调节(冷却)、湿度调节从而控制发电功率,燃料电池发电后经单向 DC-DC 输出。

2)DC-DC 转换器

燃料电池产生的是直流电,需要经过 DC-DC 转换器进行调压,将燃料电池堆较低的电压升高至电动机所需的电压。DC-DC 转换器在工作时通过控制器的实时调节,还可使其输出电压和蓄电池的电压相匹配,协调燃料电池和蓄电池负荷,起到限制燃料电池最大输出电流和最大功率的作用,以避免燃料电池因过载而损坏。

3)辅助蓄能装置能量管理系统

辅助蓄能装置能量管理系统对蓄电池的充放电、存电状态等进行监控,实现车辆在启动、加速、爬坡等工况下的协助供电,并在车辆运行时储存燃料电池的富余电能,实现汽车制动时的能量回馈。

4)电动机驱动控制器

不同类型的电动机,其控制系统的电路结构和工作原理也有所不同。总体上,电动机驱动控制器的主要控制功能有:电动机的转速与转矩调节、电动机工作模式控制、电动机过载保护控制等。

5)整车协调控制器

整车协调控制器基于设定的控制策略对各控制功能模块进行协调控制。整车协调控制器对车辆的行驶工况进行控制,判断车辆的实际行驶工况和动力系统的状况,并按设定的多电源控制策略输出相应的控制信号,实现能量分配调节控制。

5.3.4 燃料电池汽车的优缺点及前景展望

1. 燃料电池汽车的优缺点

燃料电池汽车的优缺点见表 5-5。

表 5 - 5　燃料电池汽车的优缺点

优点	缺点
零排放	成本高
噪声低	系统复杂
续驶里程长	加氢基础设施缺乏
加注燃料快	可靠性和耐久性需要提升
燃料来源广泛	—

2. 燃料电池汽车的发展难点

当前,燃料电池汽车尚未达到大规模推广应用的阶段,其根本问题在于关键技术还不够成熟。例如,还未找到可以替代稀有贵金属铂的催化剂;质子交换膜和极板由于技术不成熟尚未大批量工业化生产;燃料电池发动机管理系统(即电堆的热管理系统)尚处于实验室阶段;氢燃料的制备、存储和运输的基础设施投资巨大。短期内,燃料电池还难以实现大规模产业化目标。

1)质子交换膜

质子交换膜是 PEMFC 的核心部件。当前市场质子交换膜的价格相当昂贵,美国杜邦公司生产的全氟磺酸型膜的价格是 800 美元/m^2。质子交换膜的价格是制约 PEMFC 发展和推广应用的重大障碍之一。

2)催化剂

为了加快电化学反应的速度,PEMFC 阴极和阳极的气体扩散电极上都含有一定量的催化剂。目前主要采用贵金属铂作为电催化剂,它对于两个电极反应均具有催化活性,而且可以长期稳定工作。由于铂的价格昂贵,资源匮乏,使得 PEMFC 的成本居高不下,限制了其大规模应用。

3)燃料电池

电池内部的水/热管理是燃料电池的难点和重点,也是决定电池性能的关键。产物水首先通过燃料电池堆的反应区冷却电堆本身,在冷却过程中水蒸气被加热至燃料电池的工作温度,再与反应气体接触,起到增湿的效果。还需一个水/空气热交换器,将水中多余热量带走,防止电池温度过高。控制系统则对反应气体的流量、压力等参数进行控制,保证电池正常运行。随着电堆技术的日趋成熟,控制系统将成为决定燃料电池发动机性能和制造成本的瓶颈。

4)氢燃料的制备、存储和运输

常用的储氢方法有气态压缩储氢和液态储氢,其他如碳纳米管和碳晶须等技术还处在实验室研究阶段。高压气罐储氢虽然存在储氢密度小、氢气基础设施建设费用昂贵,难以实现产业化等问题,但目前还是燃料电池车常用且最简便的储氢方法。

完善的基础设施同样是燃料电池汽车大范围推广的前提。据资料显示,一座加氢站的投入大约为 2000 万元人民币,大大高于加油站的建设成本。因此,现阶段加氢站的建设和运营必须依靠政府的财政补贴。

3. 前景展望

燃料电池汽车适应社会发展的需要,并且在技术上是完全可行的,这就决定了燃料电池汽车是未来汽车发展的方向。

基于燃料基础设施不完善和燃料电池价格偏高,技术尚不成熟等原因,燃料电池汽车近期内不会大规模进入市场。

作为燃料电池燃料之一的氢气,其来源将会有多方面,不同国家、不同地区将针对自身的条件采用适合自己的氢气制取技术。为了从其他燃料中经过重整获得氢气,就需要有新型的或经过改进的能在大范围条件下有效工作的催化剂,开发具有燃料适应性的燃料处理器。

在政府的资助和补贴下,燃料电池汽车将首先以区间公交车和运输车队的形式进入市场。就公交车而言,采用集中添加燃料,其燃料添加站数目可大大减少,相应的成本也可大大降低。预计到 2025 年底,我国燃料电池汽车达将到 5～10 万辆的规模,2030 年实现百万辆燃料电动汽车的商业化应用。

5.4　其他形式的新能源汽车

除了上述介绍的混合动力汽车、纯电动汽车和燃料电池汽车外,还有其他采用清洁能源(如太阳能、氢能),或利用其他结构来储存能量(如飞轮、超级电容)的新能源汽车。以下将简要介绍相关内容。

5.4.1　太阳能汽车

太阳能汽车是利用太阳能电池将太阳能转换为电能进而提供动力的汽车,如图 5-48 所示。相比于传统内燃机驱动的汽车,太阳能汽车能实现真正意义上的零排放。因为其环保的特点,太阳能汽车被诸多国家所提倡,产业的发展也日益蓬勃。

图 5-48　太阳能汽车

太阳能汽车主要由太阳电池组、自动阳光跟踪系统、驱动系统、控制器、机械系统组成。太阳能汽车上装有排列密布的太阳能电池板,根据所用半导体材料的不同,可以分为硅电池、硫化镉电池、砷化镓电池等,其中最常用的是硅太阳能电池。在阳光下,太阳能光伏电池板采集阳光,并产生电流,这种能量被蓄电池储存并为以后行驶提供动力,或者直接驱动汽车行驶且同时蓄电。目前,在新能源汽车领域太阳能技术主要用于两个方面,一是作为汽车驱动力,直接驱动汽车行进;二是将太阳能用作汽车辅助设备的能源。

但目前太阳能汽车还没有实用化、量产化,主要原因是成本过高,行驶里程不长。汽车利用太阳能作为动力不会污染环境,并且太阳能是"取之不尽,用之不竭"的清洁能源,随着太阳能电池能量密度的不断增大,转化效率的提升,价格的降低,太阳能汽车在未来汽车市场上前景十分广阔。

5.4.2 氢动力汽车

氢动力汽车是在传统内燃机汽车上加以改进,可以直接利用氢作为燃料燃烧,进而提供动力的一种汽车,如图 5-49 所示。氢动力汽车只排放出纯净水,可以实现零污染、零排放。因此氢动力汽车是传统内燃机汽车的最理想替代方案。

图 5-49 氢动力汽车

早在 1984 年,宝马公司就着手开发以氢为燃料的发动机,经过多年的努力,已经开发出多款氢发动机汽车。美国福特汽车公司和日本马自达公司也都在氢动力汽车发展中投入力量,并推出了属于自己的氢燃料发动机及氢燃料汽车。

氢动力汽车的实现并不困难,难点在于如何降低成本并提升车辆安全性,同时还要解决氢气供应和储存问题。短期内,氢动力汽车很难实现产业化,但随着氢制取技术和使用技术的不断进步,氢能将是汽车燃料选择的最佳目标。

5.4.3 飞轮储能汽车

飞轮储能汽车是利用车辆减速滑行或制动过程中车辆部分动能或势能转化成其他形式

的能量储存在高速飞轮中以备车辆驱动使用的一种物理方式储能汽车,如图 5 - 50 所示。

图 5 - 50　飞轮储能汽车

飞轮储能早期受到了技术条件制约,并未得到大力发展。20 世纪 90 年代后期,飞轮技术在三个方面取得了突破,进而促进其大力发展。

(1)高强度的碳素纤维复合材料的出现,大大增加了飞轮单位质量的动能储量。

(2)磁悬浮技术和高温超导技术的飞速发展,使飞轮转子的摩擦损耗和风力损耗大大降低。

(3)随着电力电子技术的发展,如电动机/发电动机电力转换技术的突破,为飞轮储存的动能与电能的转换提供了更先进的手段。

飞轮储能系统是一种机电能量转换的储能装置,突破了化学电池的局限,用物理方法实现储能。通过电动/发电互逆式双向电动机,电能与高速运转飞轮的机械动能之间的相互转换与储存,并通过调频、整流、恒压与不同类型的负载接口。

在储能时,电能通过电力转换器变换后驱动电动机运行,电动机带动飞轮加速转动,飞轮以动能的形式把能量储存起来,完成电能到机械能转换的储存能量过程,能量储存在高速旋转的飞轮体中。之后,电动机维持一个恒定的转速,直到接收到一个能量释放的控制信号开始释放能量。释能时,高速旋转的飞轮拖动电动机发电,经电力转换器输出适用于负载的电流与电压,完成机械能到电能转换的释放能量,整个飞轮储能系统实现了电能的输入、储存和输出过程。最后配合电动汽车中的电动机和控制系统,飞轮中储存的能量将直接作用在车轮上供汽车行进。

5.4.4　超级电容汽车

超级电容汽车使用的储能装置是超级电容器。其本质是双电层结构的电容器,具有超级储电能力,可以提供强大脉冲功率的物理二次电源,是介于蓄电池和传统静电电容器之间的一种新型储能装置。在超级电容器两极板上的电荷产生的电场作用下,电解液与电极间的界面上形成相反的电荷层,以平衡电解液的内电场。这种正电荷与负电荷在两个不同相之间的接触面上,以正负电荷之间极短间隙排列在相反的位置上的电荷分布层叫作双电层,因此电容量非常大。同时,由于储能的过程不发生化学反应且储能过程可逆,超级电容器可以反复充电数十万次。超级电容器与蓄电池组成的混合电源完全能够满足车辆行驶能量需求,并且可以缓冲大功率对储能系统的冲击,延长蓄电池使用寿命。国内首台超级电容纯电动客车如图 5-51 所示。

图 5-51　国内首台超级电容纯电动客车

超级电容器具有功率密度高、循环寿命长、充电速度快、工作温度范围宽、绿色环保等优点。但是也存在一些缺点,其能量密度比化学电池低,同时超级电容器单体电压低,并时常伴随高的自放电现象。其特性决定了超级电容器更适合用于短里程的电动汽车中进行驱动以及为车载零部件等提供相应功率需求。目前已经有城市投放使用超级电容公交车,其可以利用车辆在终点站停靠时间进行充电,也可以通过改造充电站台,利用乘客上下车时间充电。这种充电方式更加适用于城市公交运营。未来超级电容客车将会是城市新能源客车发展的主流方向。

5.4.5　轮毂电机电动汽车

轮毂电机技术又称车轮内装电机技术,它的最大特点就是将动力、传动和制动装置都整合到轮毂内,因此电动车的机械部分将大大简化。从驱动技术的特点和发展趋势看,轮毂电机是电动汽车的最终驱动形式之一。

1. 轮毂电机的优点

(1)效率高。因为简化了减速器、变速器等机械传动结构,轮毂电机具有极高的运行效率,同时大大减轻了整车的重量。

(2)可使车辆进行四轮独立驱动。在此条件下,动态调节各车轮的功率分布,可以提高车辆在不同路面条件下的稳定性和动力性能。同时,四轮独立驱动可实现原地转向、水平移动等,为交通拥堵、停车困难等棘手问题带来新的解决方法。

(3)可结合性强。混合动力汽车、纯电动汽车和燃料电池汽车都需要电力驱动,所以任何以电动机为动力驱动装置的新能源汽车都可以使用轮毂电机。此外,轮毂电机还有利于实现新能源汽车能量回收技术的应用。

(4)轮毂电机的采用使得汽车底盘结构复杂程度大大降低,汽车不再需要传动轴等机械部件,这为汽车底盘的设计和开发提供了极大便利。

2. 轮毂电机应用于车辆上的技术难点

(1)轮毂电机极大地提高了车辆的簧下质量,使车辆的操控变得困难。同时,轮毂电机系统的电制动容量较小,不能满足整车制动需求,需要附加机械制动系统,这会造成更大的能量消耗,影响车辆续航。

(2)轮毂电机安置在轮毂中,其工作环境相比于其他电动机更恶劣,所以对电动机的防水、防尘、防震设计要求大大提升。

(3)电动机在工作中的冷却、散热问题也是当前需要解决的技术难点。

轮毂电机作为未来混合动力汽车与纯电动汽车的驱动形式之一,有着很好的发展前景。目前有很多厂商已经投入轮毂电机技术的研发,如舍弗勒、堡敦机电(Protean Electric)、西门子和米其林等。Protean Electric 是一家总部位于美国底特律的清洁能源企业,也是汽车轮毂电机系统开发与商业化的领导者,该公司展示了其最新量产版的轮毂电动机驱动系统,这套系统搭载在奔驰公司的 Brabus 混合动力轿车上,如图 5-52 所示,电动机安装在两个后轮的内部,与传统内燃机协同工作。每个轮毂电机能够提供 80 kW 的峰值功率和 800 N·m 的峰值扭矩,该车 0 至 100 km/h 的加速时间小于 7.4 s,可回收 95% 的制动能量,燃油消耗可降低 30%。

图 5-52　奔驰混合动力汽车及其轮毂电机

综上,轮毂电机具有很多优点,如果可以克服在车辆中应用时的缺陷,将会极大改变电动汽车的动力驱动方式,成为未来汽车发展的新方向。

思考题 5

1.混合动力汽车可以根据什么进行分类?同类中不同形式的区别是什么?

2.混合动力汽车中重要组件有哪些?它们各有什么功能?

3.简述混合动力汽车中的关键技术,你觉得未来混合动力汽车在哪些技术层面(尚存或未存)可以有新的改进和突破?

4.简述纯电动汽车的工作原理。电动汽车的"三电"通常指什么？

5.电池管理系统的主要功能有哪些？

6.纯电动汽车上带有高压电的零部件主要有哪些？它们的连接逻辑是怎样的？

7.燃料电池可以分为哪几类？简述质子交换膜燃料电池的工作原理。

8.燃料电池汽车的动力系统由哪些部分组成？与普通燃油车有何区别？

9.燃料电池汽车的优、缺点是什么？面临的问题有哪些？

第6章 智能网联汽车

6.1 智能网联汽车的相关概念

与智能网联汽车相关的概念有智能汽车、无人驾驶汽车、车联网和智能交通系统等。

6.1.1 智能汽车

智能汽车是一个集环境感知、规划决策、多等级辅助驾驶等功能于一体的综合系统,它集中运用了计算机、现代传感、信息融合、通信、人工智能及自动控制等技术,是典型的高新技术综合体。目前对智能汽车的研究主要致力于提高汽车的安全性、舒适性以及提供优良的人车交互界面。近年来,智能汽车已经成为全球车辆工程领域研究的热点和汽车工业增长的新动力,很多发达国家都将其纳入到各自重点发展的智能交通系统当中。智能汽车的初级阶段是具有先进的驾驶辅助系统(advanced driver assistance systems,ADAS)的汽车,终极目标是无人驾驶汽车。智能汽车与网络相连便成为智能网联汽车。

6.1.2 无人驾驶汽车

无人驾驶汽车是智能汽车的一种,也称为轮式移动机器人,通过车载环境感知系统感知道路环境,自动识别和规划行车路线并控制车辆到达预定地点。

无人驾驶汽车利用环境感知系统来感知车辆周围环境,并根据感知所获得的道路状况、车辆位置和障碍物信息等,控制车辆的行驶方向和速度,从而使车辆能够安全、可靠地在道路上行驶。无人驾驶汽车集自动控制、软件架构、人工智能、视觉计算等众多技术于一体,是计算机科学、模式识别和智能控制技术高度发展的产物,也是衡量国家科研实力和工业水平的一个重要标志,在国防和国民经济领域具有广阔的应用前景。

与一般的智能汽车相比,无人驾驶汽车需要具有更先进的环境感知系统、中央决策系统以及底层控制系统。无人驾驶汽车能够实现完全自动的控制,全程检测交通环境,能够实现所有的驾驶目标。驾驶员只需提供目的地或者输入导航信息,在任何时候均不需要对车辆进行操控。

6.1.3 车联网

车联网(internet of vehicle,IOV)的概念源于物联网,即车辆物联网,是以行驶中的车辆为信息感知对象,借助新一代信息通信技术,实现车与X(即车与车、人、路、服务平台)之间的网络连接,提升车辆整体的智能驾驶水平,为用户提供安全、舒适、智能、高效的驾驶感受与交通服务,同时提高交通运行效率,提升社会交通服务的智能化水平。

车联网通过新一代信息通信技术,实现车与云平台、车与车、车与路、车与人、车内等全方位网络连接,主要实现了"三网融合",即将车内网、车际网和车载移动互联网进行融合。车联网是利用传感技术感知车辆的状态信息,并借助无线通信网络与现代智能信息处理技术实现交通的智能化管理以及交通信息服务的智能决策和车辆的智能化控制。

车联网技术主要面向道路交通,为交通管理者提供决策支持,为车辆与车辆、车辆与道路提供协同控制,为交通参与者提供信息服务。车联网是智能交通系统与互联网技术发展的融合产物,是智能交通系统的重要组成部分,更多表现在汽车基于现实中的场景应用。车联网技术目前主要停留在导航和娱乐系统的基础功能阶段,在主动安全和节能减排方面还有待开发。

6.1.4 智能交通系统

智能交通系统(intelligent traffic system,ITS)又称智能运输系统(intelligent transportation system),是将先进的科学技术(信息技术、计算机技术、数据通信技术、传感器技术、电子控制技术、自动控制理论、运筹学、人工智能等)有效地综合运用于交通运输、服务控制和车辆制造,加强车辆、道路、使用者三者之间的联系,从而形成一种保障安全、提高效率、改善环境、节约能源的综合运输系统。

智能交通系统范围包含道路上的车辆和各种交通设施,强调系统平台通过智能化方式对交通环境下的车辆及交通设施进行智能化管理和控制,同时也提高了交通效率。智能交通系统是随着车联网技术的发展而不断发展的,车联网的终极目标就是智能交通系统。

6.1.5 智能网联汽车

智能网联汽车(intelligent connected vehicle,ICV)是一种跨技术、跨产业领域的新兴汽车体系,从不同角度、不同背景对它的理解会有差异。各国对智能网联汽车的定义不同,叫法也不尽相同,但终极目标是一样的,即可上路安全行驶的无人驾驶汽车。

从狭义上讲,智能网联汽车是搭载先进的车载传感器、控制器、执行器等装置,并融合现代通信与网络技术,实现 V2X(vehicle to X)智能信息交换共享,具备复杂的环境感知、智能决策、协同控制和执行等功能,可实现安全、舒适、节能、高效行驶,并最终可替代人来操作的新一代汽车。

从广义上讲,智能网联汽车是以车辆为主体和主要节点,融合现代通信和网络技术,使车辆与外部节点实现信息共享和协同控制,以达到车辆安全、有序、高效、节能行驶的新一代多车辆系统,如图 6-1 所示。

图 6 - 1　智能网联汽车示意图

智能网联汽车、智能汽车、车联网、智能交通系统有密切相关性,但没有明显分界线,它们的关系可用图 6 - 2 表示。

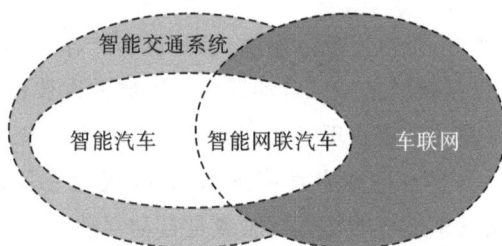

图 6 - 2　智能网联汽车相关概念间的关系

智能网联汽车是智能交通系统中的智能汽车与车联网交集的产品。智能网联汽车是车联网的重要组成部分,智能网联汽车的技术进步和产业发展有利于支撑车联网的发展。车联网系统是智能网联汽车、智能汽车最重要的载体,只有充分利用互联技术才能保障智能网联汽车真正拥有充分的智能和互联。智能网联汽车更侧重于解决安全、节能、环保等制约产业发展的核心问题。

智能网联汽车与车联网应该并行推进,协同发展。智能网联汽车依托车联网,不仅要通过技术创新连接互联网,还能使 V2X 之间实现多种方式的信息交互与共享,提高智能网联汽车的行驶安全性。

智能网联汽车本身具备自主的环境感知能力,也是智能交通系统的核心组成部分,是车联网体系的一个结点。智能网联汽车通过车载信息终端实现与车、路、行人、业务平台等之间的无线通信和信息交换。智能网联汽车的聚焦点是在车上,发展重点是提高汽车安全性,其终极目标是无人驾驶汽车;而车联网的聚焦点是建立一个比较大的交通体系,发展重点是给汽车提供信息服务,其终极目标是智能交通系统;无人驾驶汽车是汽车智能化与车联网的完美结合。

6.2　智能驾驶技术

　　智能汽车按照技术路线的不同通常可分为自主式和网联式两种。自主式智能车主要依靠安装在车身上的各类传感器进行环境感知,依赖车载的中央控制器进行行为决策,具有驾驶操作上的自主性,可形象描述为"机器在开车",无人驾驶就是其最主要的表现形式。而网联式智能汽车除依靠自身的传感器外,还通过车车通信、车路通信等方式获取环境信息,并通常可通过云计算产生控制决策并发送指令给车载终端以实现控制行为,进而实现各交通要素之间的信息共享与控制协同,可形象描述为"远程控制"。

6.2.1　智能驾驶技术的定义

　　智能驾驶也被称为自动驾驶,它包含的范围很广,至今没有明确的定义。2021年1月,我国交通运输部科技司对《关于促进道路交通自动驾驶技术发展和应用的指导意见》解读中这样提到:道路交通自动驾驶技术通过运载工具、基础设施与运行管控的有机结合,实现道路交通部分或完全自动化运行,是对传统运输模式和出行方式的一次深刻变革,已成为新一轮科技革命和产业革命的焦点领域之一。自动驾驶汽车通常也被称为智能网联汽车或智能汽车等,无人驾驶是智能驾驶的重要表现形式,如图6-3所示是未来自动驾驶汽车概念图。总之,自动驾驶技术是指让汽车自己拥有环境感知、路径规划并且自主实现车辆控制的技术,也就是用电子技术控制汽车进行的仿人驾驶或是自动驾驶。

图6-3　未来自动驾驶汽车概念图

　　智能驾驶本质上涉及注意力吸引和注意力分散的认知工程学,主要包括网络导航、自主驾驶和人工干预三个环节。智能驾驶的前提条件是,我们选用的车辆满足行车的动力学要求,车上的传感器能获得相关视听觉信号和信息,并通过认知计算控制相应的随动系统。其中,智能驾驶的网络导航解决我们在哪里、到哪里、走哪条道路中的哪条车道等问题;自主驾驶是在智能系统控制下,完成车道保持、超车并道、红灯停绿灯行、灯语笛语交互等驾驶行为;人工干预是驾驶员在智能系统的一系列提示下,对实际的道路情况做出相应的反应。可以说,智能驾驶是工业革命和信息化结合的重要抓手,快速发展将改变人、资源要素和产品的流动方式,颠覆性地改变人类生活。

6.2.2　自动驾驶等级

美国汽车工程师协会(society of automotive engineers,SAE)根据系统对于车辆操控任务的把控程度,将自动驾驶技术分为 L0~L5,系统在 L1~L3 级主要起辅助功能;当到达 L4级,车辆驾驶将全部交给系统,而 L4、L5 的区别在于特定场景和全场景应用,具体等级划分情况见表 6-1。

表 6-1　自动驾驶等级划分情况

SAE级别	名称	定义叙述	对车辆横向及纵向操作控制	环境感知	行为责任主体	场景
主要由人类驾驶员负责对行车环境进行监测						
L0	非自动化(no automation)	由驾驶员全程负责执行动态驾驶任务,可能会得到车辆系统警告或其他干预系统的辅助支持	驾驶员	驾驶员	驾驶员	无
L1	驾驶人辅助(driver assistance)	在特定驾驶模式下,单项驾驶辅助系统通过获取车辆行车环境信息对车辆横向或纵向驾驶动作进行操控,但驾驶员需要负责对除此以外的动态驾驶任务进行操作	驾驶员和系统			特定场景
L2	部分自动化(partia automation)	在特定驾驶模式下,多项驾驶辅助系统通过获取车辆行车环境信息对车辆横向和纵向驾驶动作同时进行操控,但驾驶员需要负责对除此以外的动态驾驶任务进行操作	系统			
主要由自动驾驶系统负责对行车环境进行监测						
L3	有条件自动化(conditiona automation)	在特定驾驶模式下,系统负责执行车辆全部动态驾驶任务,驾驶员需要在特殊情况发生时,适时对系统提出的干预请求进行回应	系统	系统	系统	
L4	高度自动化(high automation)	在特定驾驶模式下,系统负责执行车辆全部动态驾驶任务,即使驾驶员在特殊情况发生时未能对系统提出的干预请求做出回应	系统	系统	系统	全部场景
L5	全自动化(full automation)	系统负责完成全天候全路况的动态驾驶任务,系统可由驾驶员进行管理	系统	系统		

L2 级别的汽车已经逐步实现半自动驾驶,这也是目前大部分车企正在发展的。这一部分的技术层次主要包括 ACC 自适应巡航、自动泊车、自动变道,驾驶模式以行车电脑为主、驾驶员为辅,主要表现为行车电脑通过多种雷达及摄像头等传感器收集道路信息和行车数据,并经过处理分析,自动调整车辆行驶状态,保持与前车的距离,控制油门、刹车及转向等。

L3 级为有条件自动驾驶,在技术层次上,它将拥有更加先进的传感器和行车电脑。在驾驶模式上,由行车电脑独立自动驾驶,驾驶员仅应对意外状态。这一级别的自动驾驶是由更快速、更有逻辑性的智能行车电脑处理通过 GPS、雷达、摄像头等传感器获取的信息。L3级已经能在某种情况下完全实行自动驾驶任务,但仍然需要驾驶员集中精力,以便应对行车电脑不能处理的情况。

L4级即高度自动驾驶,利用无人驾驶技术实现汽车的完全自动驾驶。自动做出所有驾驶操作,自主决策,且驾驶者无需任何操作,但是一般限定在可以及时更新的道路数据信息,有高清的 GPS 地图的区域内。现在在部分城市已经实现将这种级别的自动驾驶技术应用到快递物流末端配送的无人配送车上。

到了L5级别就可以实现自动驾驶的全场景应用,其特点是远程遥控自动驾驶,全行车电脑自动驾驶,无方向盘、油门及刹车等,整个系统可负责完成全天候、全路况的动态驾驶任务。

6.2.3 自动驾驶技术架构

对实现自动驾驶整体技术进行层级划分,自动驾驶一般可分为感知层、决策层和执行层,如图 6-4 所示。L4 级自动驾驶系统实现在特定区域内对车辆操作的完全接管,系统需要实现对周围障碍物的感知、车辆定位以及路径规划。实现这些功能需要构建感知层、决策层、执行层这三个层面的技术架构,这三个技术层级分别代表着 L4 自动驾驶系统的眼、耳、大脑以及手脚。

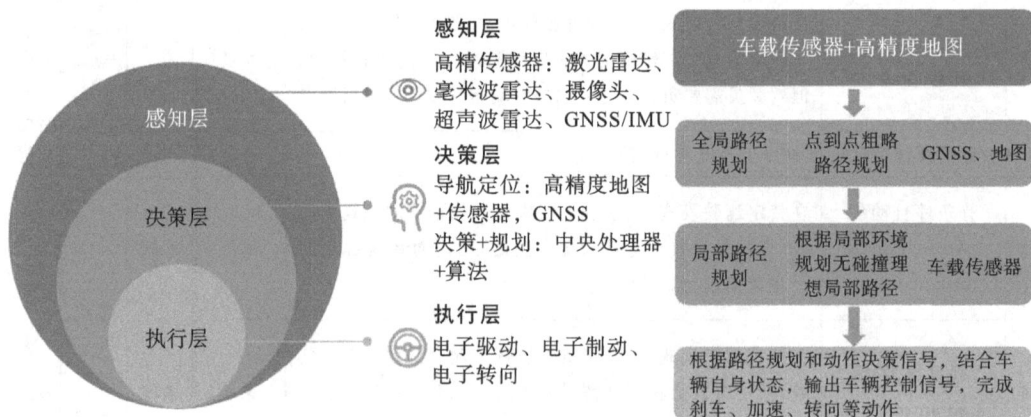

图 6-4 自动驾驶技术架构

1. 环境感知层

环境感知层的主要功能是通过车载环境感知技术、卫星定位技术、4G/5G 等,实现对车辆自身属性和车辆外在属性(如道路、车辆和行人等)静、动态信息的提取和收集,并向智能决策层输送信息。

感知层主要是为自动驾驶系统获取外部行驶道路环境数据并帮助系统进行车辆定位,基于当前技术发展情况,这一层级主要是通过车辆内部所采用的一些传感器和计算单元来实现的。当前无人驾驶系统中代表性的传感器有激光雷达、摄像头、毫米波雷达、超声波雷达、全球导航卫星系统/惯性传感器 GNSS/IMU 等,如图 6-5 所示。由于这些传感器工作原理、技术特性各不相同,决定其适用的应用场景各异,所以当前大部分车辆都是采用多种传感器相融合的方式以应对各种可能发生的情况,保证系统冗余。除了本地的传感器和处理器外,系统通过与外部车辆、设施进行信息交互并在高精度地图等辅助下可以获得更好的环境感知能力。

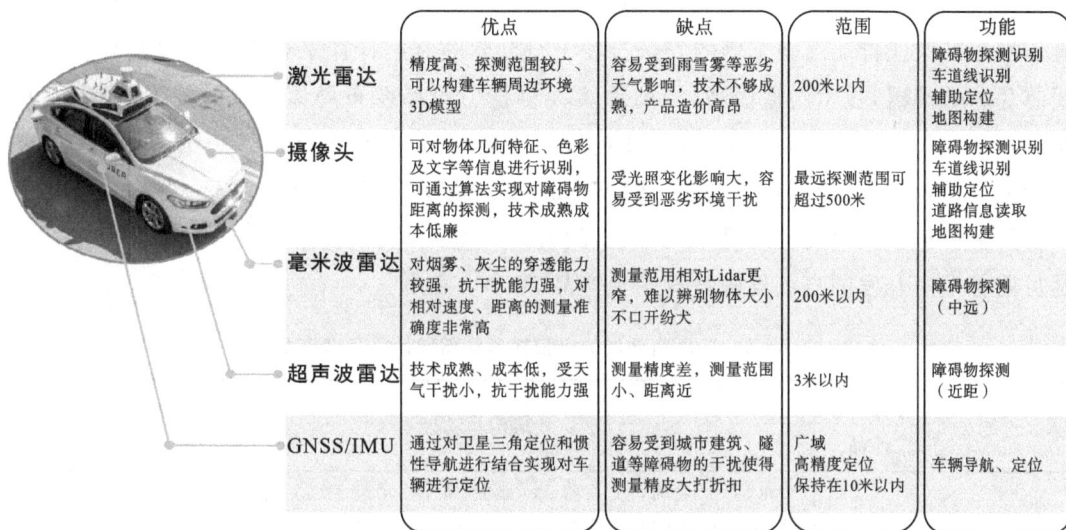

	优点	缺点	范围	功能
激光雷达	精度高、探测范围较广、可以构建车辆周边环境3D模型	容易受到雨雪雾等恶劣天气影响,技术不够成熟,产品造价高昂	200米以内	障碍物探测识别 车道线识别 辅助定位 地图构建
摄像头	可对物体几何特征、色彩及文字等信息进行识别,可通过算法实现对障碍物距离的探测,技术成熟成本低廉	受光照变化影响大,容易受到恶劣环境干扰	最远探测范围可超过500米	障碍物探测识别 车道线识别 辅助定位 道路信息读取 地图构建
毫米波雷达	对烟雾、灰尘的穿透能力较强,抗干扰能力强,对相对速度、距离的测量准确度非常高	测量范用相对Lidar更窄,难以辨别物体大小不口纷犬	200米以内	障碍物探测(中远)
超声波雷达	技术成熟、成本低,受天气干扰小,抗干扰能力强	测量精度差,测量范围小、距离近	3米以内	障碍物探测(近距)
GNSS/IMU	通过对卫星三角定位和惯性导航进行结合实现对车辆进行定位	容易受到城市建筑、隧道等障碍物的干扰使得测量精皮大打折扣	广域 高精度定位 保持在10米以内	车辆导航、定位

图 6-5　无人驾驶系统代表性的传感器

　　车辆数据通过汽车总线从电子控制系统的汽车传感器采集获得。其中,车辆位置数据还可通过卫星定位及地基增强系统获得,车辆行驶数据可通过惯性导航系统获得。车辆环境感知数据是反映车辆周边环境相关的数据,包括道路、桥梁、立交桥、隧道、交叉路口、车道线和道路沿线等道路基础设施的感知数据和车辆、行人、道路障碍物等道路目标物的感知数据,它们由车载传感设备(如前置摄像机、环视摄像机、夜视摄像机、激光雷达、长距离毫米波雷达、中距离毫米波雷达和超声波雷达)采集获得。车载传感设备也可采集获得交通标志、交通控制灯、交通状况和道路气象等交通运行环境感知数据。周围车辆位置数据与行人位置数据可通过 V2X 协同通信交换获得,部分交通运行环境感知数据也可以通过路侧终端以V2X 协同通信方式交换获得。环境感知子系统还将与自动驾驶算法训练云平台交换人工智能路情数据(车辆环境和交通运行环境数据)。

2. 智能决策层

　　智能决策层的主要功能是接收环境感知层的信息并进行融合,对道路、车辆、行人、交通标志和交通信号等进行识别,决策分析和判断车辆驾驶模式和将要执行的操作,并向控制和执行层输送指令。

　　驾驶决策子系统从实时车辆环境感知地图子系统获得实时车辆环境感知地图,如识别后的交通运行环境、道路基础设施和道路目标物数据,从环境感知子系统获得本车的车辆数据(当前的车辆位置数据及所处的车道、车辆行驶数据及车辆速度和方向),并根据驾驶员和交通运输管理云平台提出的出发地、目的地、出发时间、能效和舒适性等运输与出行要求,确定总体的驾驶路径策略、具体的驾驶行为策略,并进行运动规划。

目前,自动驾驶厂商给车辆搭配的传感器基本趋同,而决定 L4 级自动驾驶落地的时间快慢更多取决于系统的决策环节,包括相关算法和计算平台。传感器每秒钟都会产生大量数据,计算平台需要有能力在极短时间内对大量的数据进行处理、分析并给车辆执行层下达操作指令以保证自动驾驶车辆的安全行驶。自动驾驶专用计算平台需要能够融合多种专用芯片和处理器,技术门槛极高,当前许多大科技公司都在布局该领域的技术研发,尤其是专业芯片环节具有极高技术门槛,如英特尔收购阿尔特拉(Altera)、Movidius(计算机视觉创业公司,视觉处理芯片)和无比视(Mobileye)。由于产量少、造价高昂,当前一台计算平台的售价都在几万元甚至是十几万元,随着未来量产,成本有望降至万元以下,表 6 - 2 是目前各厂商开发的自动驾驶计算平台产品。

表 6 - 2　各厂商开发的一栈式自动驾驶计算平台产品

厂家	计算平台产品	结构及功能	成本
奥迪、德尔福(Audi、Delphi)	zFAS	交通信号识别、行人检测、碰撞预警、光线探测、车道线识别(Mobileye EyeQ3);驾驶员状态检测、360 度全景(Nvidia);目标识别融合、地图融合、自动泊车、预刹车、激光雷达、传感器数据处理(Intel - Altera CycloneV);系统运行状态、矩阵大灯(Infenion - AurixTC297T)	3000 美元
德尔福(Delphi)	CSLP	多传感器数据融合(MDC);地图生成(MobileyeREM);路径规划、仿人驾驶策略(Ottomotika、Mobileye EyeQ4/Q5 REM);控制模块(Dehlphi)	5000 美元
恩智浦(NXP)	Bluebox	分析周边路况、评估风险因素、指示汽车行为(NXP S32V 视觉处理器＋LS2088 内嵌式计算处理器)	4000 美元
英伟达(Nvidia)	Xavier	8 * Nvidia Custom ARM;Xavier Volta iGPU(512 CUDA core)	1～2 万美元

3. 控制和执行层

控制和执行层的主要功能是按照智能决策层的指令,对车辆进行操作和协同控制,并为联网汽车提供道路交通信息、安全信息、娱乐信息、救援信息及商务办公、网上消费等,保障汽车安全行驶和舒适驾驶。其中,控制系统包括制动与驱动控制、转向控制、挡位控制、协同控制、安全预警控制、人机交互控制等,具体实现技术在下节中介绍。

汽车的电子控制单元通过汽车总线收到来自自动驾驶系统(车载计算平台)的操作指令,各电子控制单元将控制相应的执行器和工作部件。对车辆的各工作部件进行操作控制后,车辆的运动方向、速度和位置将发生改变,环境感知子系统将继续获取车辆环境感知数据和交通环境感知数据,驾驶决策子系统将继续获得交通运行数据、道路基础设施和道路目标物数据以及本车的车辆数据,驾驶决策子系统不断形成驾驶行为决策、轨迹规划和速度规划,并将操作指令输出给电子控制单元,形成数个闭环控制系统。

6.2.4　自动驾驶关键技术

汽车智能化技术是实现自动驾驶功能的关键技术,包括:人工智能芯片、车载计算平台、传感技术、视觉识别、雷达测距测向、卫星定位及地基增强系统、惯导系统、高精度地图创建和人工智能等,对应于自动驾驶的技术架构层级,其关键技术如图 6-6 所示。

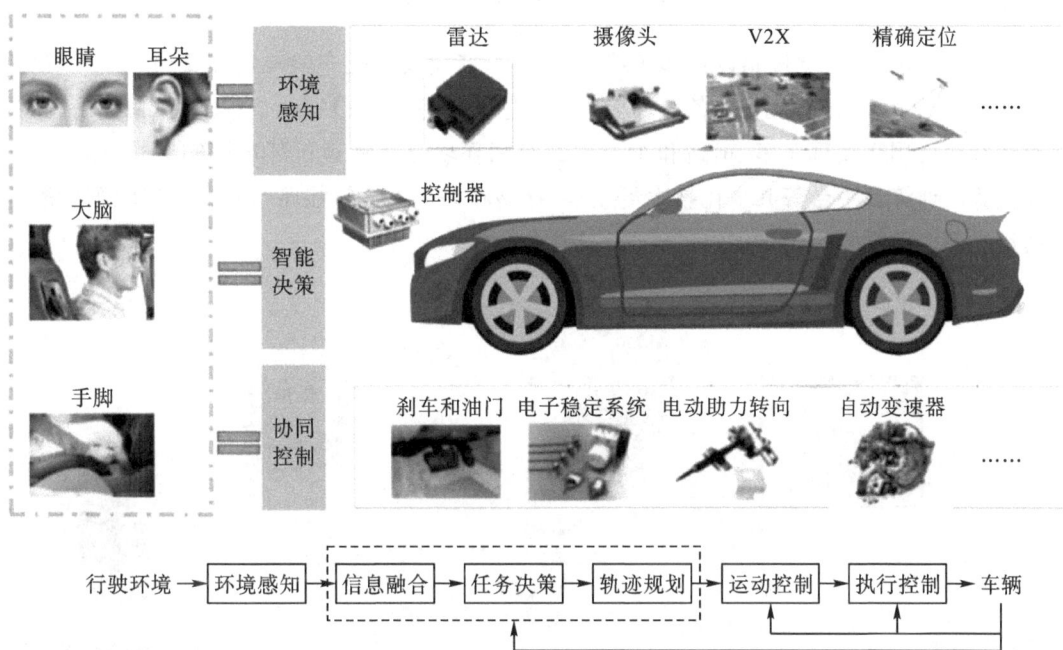

图 6-6　自动驾驶关键技术

汽车电子化技术为汽车智能化提供基本的汽车数据,同时也为驾驶决策的执行提供电子控制器、执行器和工作部件。车对外界的信息交换协同通信和蜂窝移动通信等汽车网联化技术为自动驾驶的环境感知、环境识别、车辆定位、地图创建和驾驶决策等功能提供数据交换能力,是汽车自动驾驶的环境感知、环境识别、地图创建和驾驶决策功能的重要补充,网联化技术与智能化技术的结合产生了网联自动驾驶,关键技术具体有以下几方面。

1. 环境感知

自动驾驶汽车的环境感知分为"感"和"知"两部分。感指的是传感技术,知指的是识别技术,这两部分的组成和功能分类如图 6-7 所示。

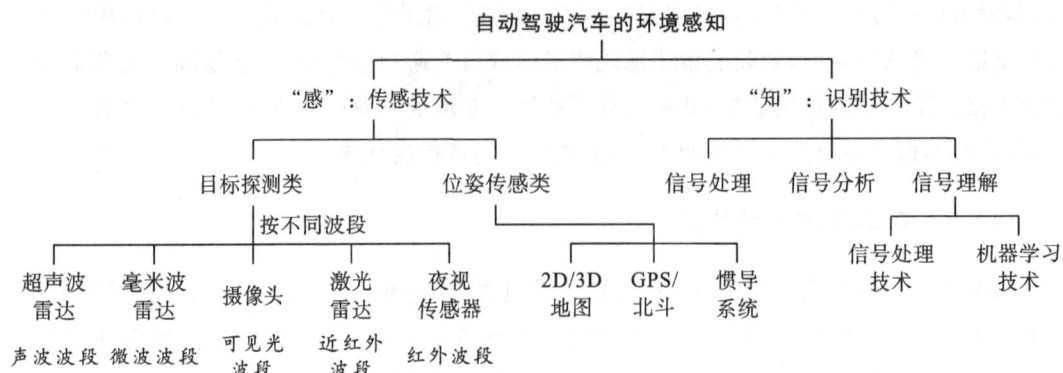

图 6-7　自动驾驶的环境感知

车载传感设备(视觉传感设备和车载雷达)等智能化技术是车辆环境和交通运行环境等环境感知数据采集的主要手段,各类环境感知传感器如图 6-8 所示。5G、V2X 协同通信等网联化技术可用于实现车车、车路和车云间的车辆环境与交通运行环境感知数据交换。自动驾驶算法训练云平台等共享化技术可收集、存储和共享人工智能路情数据(即车辆环境和交通运行环境数据),用于训练自动驾驶算法。

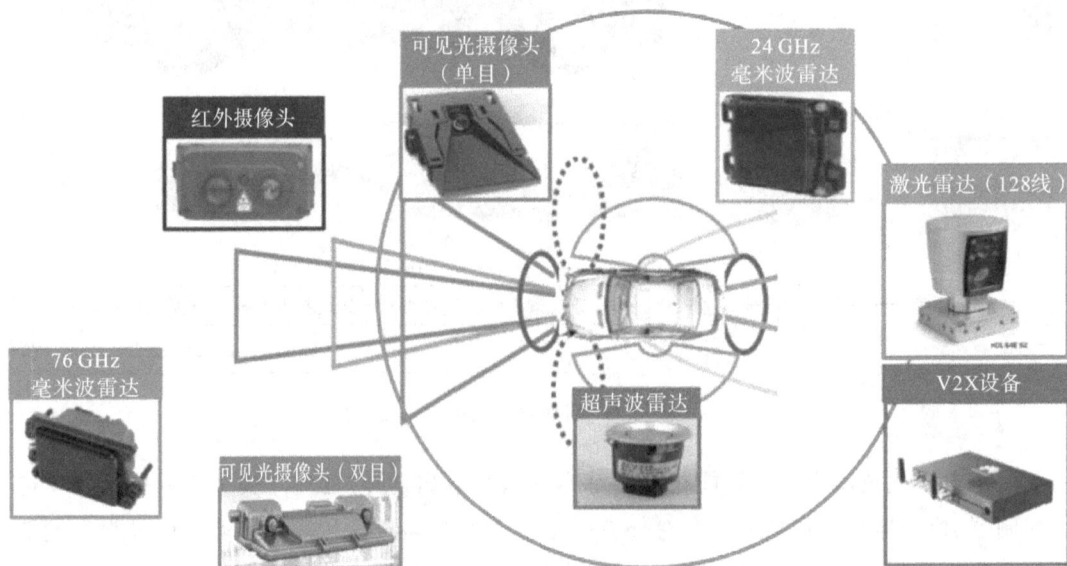

图 6-8　各类环境感知传感器

2. 环境识别

视觉识别和雷达测距测向等智能化技术可用于实现对道路目标物和道路基础设施如车辆环境、交通标志和交通信号灯等交通运行环境的视觉识别、距离方位检测等环境识别功能。V2X 协同通信等网联化技术可实现车车和车路间的车辆数据、行人位置、车辆环境、交通运行环境等识别数据的交换。交通运输管理云平台或地图云平台等共享化技术可实现交通标志和交通信号灯等交通运行数据的共享。如图 6-9 所示,一方面由于检测目标种类多,且人车混杂,遮挡覆盖严重,另一方面由于道路、交通标识类型繁多且各地不统一,而且往往天气会造成很大的影响,这都使得各类场景难以 100% 准确检测,所以自动驾驶的环境感知和识别很难。

图 6-9　各类复杂交通场景

3. 车辆定位

车辆定位功能用于确定车辆在车道和地图上的准确位置,如图 6-10 所示,是地图创建、驾驶行为决策和行驶轨迹规划的基础。卫星定位系统及地基增强系统、惯性导航系统和同步定位与地图创建(simultaneous localization and mapping,SLAM)等智能化技术是获取车辆定位数据的关键技术。V2X 协同通信等网联化技术可实现车车和车路间的车辆定位(位置)数据交换。

图 6-10　车辆定位

4. 地图创建

基于车载传感设备的环境感知、基于规则算法或人工智能算法的环境识别及测距、各种车辆定位和 SLAM 等智能化技术可用于创建实时的车辆环境感知地图和制作高精度地图,如图 6-11 所示。地图云平台等共享化技术可共享高精度地图的静态数据(道路基础设施等)、准静态数据(永久性的交通标志等)、准动态数据(交通状况、交通信号灯相位和临时性交通标志等),交通运输管理云平台等共享化技术可共享高精度地图的准动态数据。V2X协同通信等网联化技术可在车车和车路间交换高精度地图的高度动态数据(道路目标物、车辆位置、车辆行驶、车辆操作和行人位置等)。

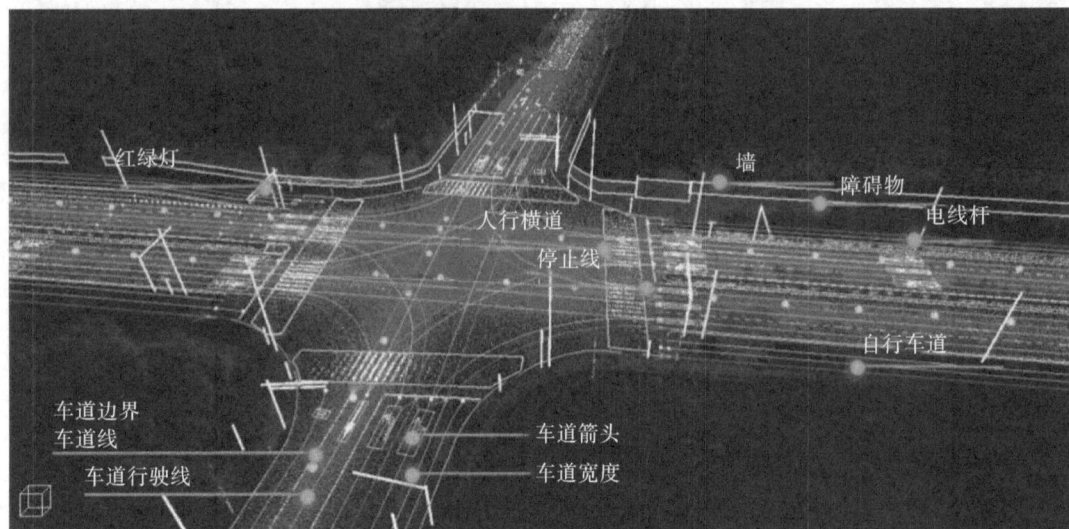

图 6-11　高精度地图

5. 路径规划

高精度地图、车辆定位技术、路径规划算法、人工智能芯片和车载计算平台等智能化技术是实现路径规划功能的关键技术。交通运输管理云平台等共享化技术可共享路径规划等运输出行数据,蜂窝移动通信等网联化技术可在车辆与云平台之间交换路径规划等运输出行数据,自动驾驶系统路径规划效果如图 6-12 所示。

图 6-12　自主路径规划

6. 驾驶决策

实时的车辆环境感知地图、车辆定位技术、人工智能芯片、车载计算平台等智能化技术是实现驾驶行为决策、运动规划(轨迹规划和速度规划)和操作指令等驾驶决策功能的关键技术。驾驶行为和运动规划的实现方法包括:基于规则的方法和基于⊥智能机器学习的方法。V2X 协同通信等网联化技术可用于车车之间的驾驶决策协同与驾驶操作指令数据交换,也可用于实现网联协同驾驶和网联自动驾驶。交通运输管理云平台等共享化技术可用于实现基于云端驾驶决策建议,实现基于云端决策的网联自动驾驶和智能交通。

目前,对智能决策的解决方案分为两种。一种是端到端的方案,即以车载传感器为输入,决策过程视作一个不可分解的黑箱。如图 6−13 所示为一个深度学习型端到端的决策方案,利用环境感知信息(输入)以及驾驶员操作(输出)数据训练深度神经网络模型,其本质是模仿优秀驾驶员的驾驶经验。另一种方案是分解式的决策方案,即将决策过程分解为独立/简单的字问题。如图 6−14 所示,将一个整体的复杂的决策问题分解为情景理解、行为选择、路径规划等子问题进行解决。

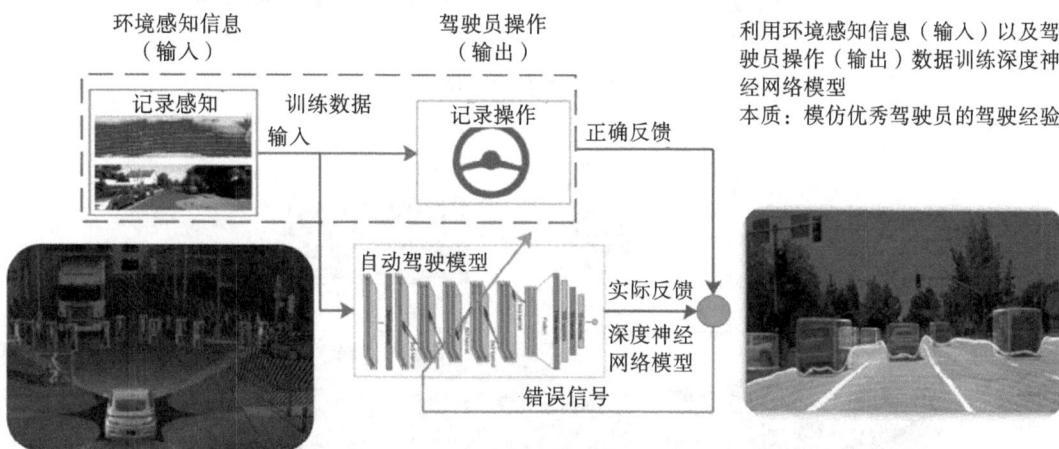

图 6−13 深度学习型端到端决策

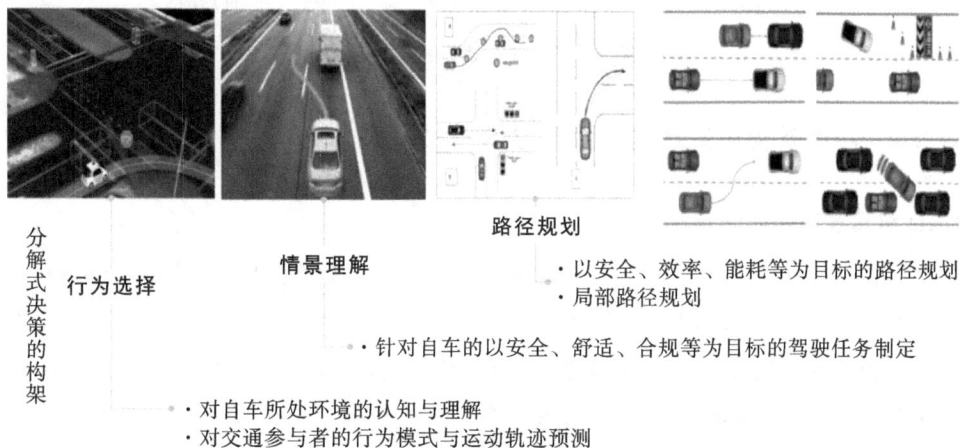

图 6−14 分解式决策构架

7. 协同控制

自动驾驶的协同控制一般分为纵向控制和横向控制两种。其中,纵向控制是基于汽车纵向动力学,控制汽车的油门和制动,使车辆(加)速度精确跟踪规划层给出的(加)速度轨迹,如图 6-15 所示为典型纵向控制任务;而横向控制是基于汽车横向动力学,控制汽车方向盘,使车辆位置和姿态精确跟踪规划层给出的路径,如图 6-16 所示。

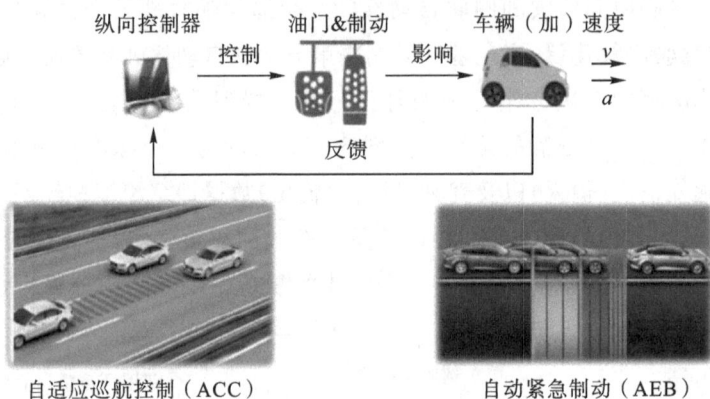

自适应巡航控制(ACC)　　自动紧急制动(AEB)

图 6-15　典型纵向控制任务

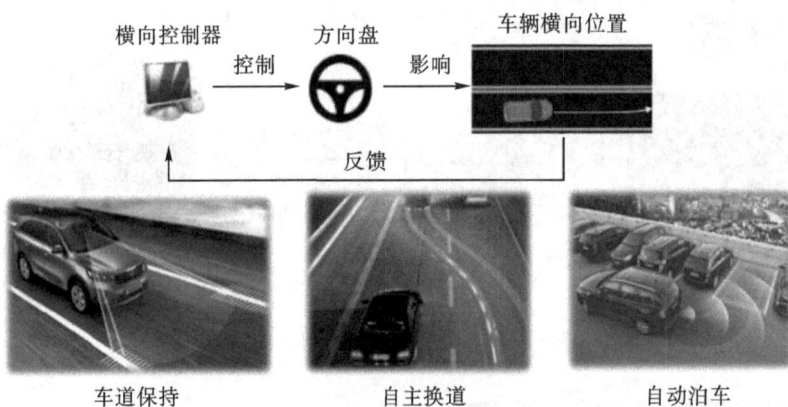

车道保持　　自主换道　　自动泊车

图 6-16　典型横向控制任务

6.2.5　自动驾驶应用场景及发展战略

1. 自动驾驶布局

传统厂商,特别是整车厂商通过加装高级驾驶辅助系统(advanced driving assistance system,ADAS)模块逐步实现高级别自动驾驶。当前的技术热点主要探讨的是 L4 级自动驾驶技术及相关的应用场景。想要实现 L4 级自动驾驶,需要实现车辆在特定场景的运行过程中能够彻底摆脱驾驶员而独立完成驾驶任务,这对于传感器、数据、计算平台以至于整体系统的性能、冗余度以及可靠性都提出了极高的要求。当前能够实现 L4 级的高性能的传感器和处理器成本高昂,限制了其在乘用车产品上的应用。而目前已经实现商业化应用的自动驾驶系统产品,主要是主机厂商(original equipment manufactures,OEMs)和一级供应商(Tierls)在现有的车型上通过添加高级辅助驾驶系统(ADAS),使其获得 L1～L3 级部分自动驾驶能力,如图 6-17 所示。

通用-凯迪拉克 CT6

- 自动驾驶级别:L2;
- 系统:Super Cruise;
- 基本功能:在封闭的经过测绘的高速公路环境下,可以实现车道维持,并保持与前车之间的距离行驶;
- 传感器:前置摄像头、环视摄像头、车内摄像头、长距、短距毫米波雷达、超声波雷达、GPS/IMU、高精度地图

Tesla S/X/3

- 自动驾驶级别:L2;
- 系统:Autopilot 2.0;
- 基本功能:在高速公路、车道线清晰的道路上实现主动巡航、车道维持、主动变换车道、高速公路驶入驶出;
- 传感器:摄像头8个、毫米波雷达1个、超声波雷达12个

奥迪 A8(全球首台实现L3级别自动驾驶)

- 自动驾驶级别:L3;
- 系统:ZFAS;
- 基本功能:时速60 kM/h以下在高速公路、开放路段和双向高速车道环境下,驾驶员可脱手,系统实现车辆启动、加速、转向及制动;
- 传感器:四线激光雷达1个(首个商用案例,Ibeo Scala)、超声波雷达12个、毫米波雷达5个、摄像头6个

图 6-17　传统厂商自动驾驶布局

造车新兴势力,通过深度学习算法和高精度传感器实现彻底的无人驾驶。新兴势力包括互联网厂商和科技创业公司(许多人员来自于互联网企业研究机构),主要开发在特定区域内实现完全无人驾驶的无人驾驶技术(L4～L5)。科技公司相较于传统厂商来说优势在于其对于深度学习、神经网络、大数据等先进技术的掌握上,但是其在硬件制造的经验却被传统厂商远远落下,Waymo(Google 子公司)曾经主张自己造车,但在 2015 年后就放弃了这一想法转而与克莱斯勒、丰田等传统车企进行合作,大部分科技公司都采取相同路线,而传统厂商也通过投资收购科技创业团队为自己开发高级别自动驾驶系统。如图 6-18 所示为新兴势力自动驾驶布局。

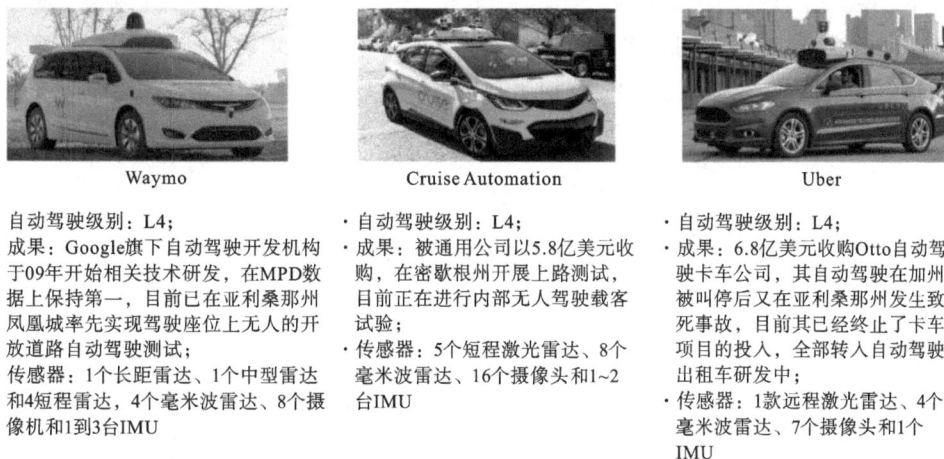

Waymo

- 自动驾驶级别:L4;
- 成果:Google旗下自动驾驶开发机构于09年开始相关技术研发,在MPD数据上保持第一,目前已在亚利桑那州凤凰城率先实现驾驶座位上无人的开放道路自动驾驶测试;
- 传感器:1个长距雷达、1个中型雷达和4短程雷达,4个毫米波雷达、8个摄像机和1到3台IMU

Cruise Automation

- 自动驾驶级别:L4;
- 成果:被通用公司以5.8亿美元收购,在密歇根州开展上路测试,目前正在进行内部无人驾驶载客试验;
- 传感器:5个短程激光雷达、8个毫米波雷达、16个摄像头和1～2台IMU

Uber

- 自动驾驶级别:L4;
- 成果:6.8亿美元收购Otto自动驾驶卡车公司,其自动驾驶在加州被叫停后又在亚利桑那州发生致死事故,目前已经终止了卡车项目的投入,全部转入自动驾驶出租车研发中;
- 传感器:1款远程激光雷达、4个毫米波雷达、7个摄像头和1个IMU

图 6-18　新兴势力自动驾驶布局

2. 无人配送场景

无人配送车运行的场景属于行驶速度低、场景复杂度低的场景,有望率先实现规模化应用,如图 6-19 所示。一是无人配送车更安全,其行驶速度较低(15~25 km/h),可有效避免严重交通事故,在发生危险时,其载货装置可"自我牺牲",保障其他交通参与者的安全。二是单车成本更低,由于车速不高,传感器探测距离短、配置低,如采用 16 线激光雷达、较少的毫米波雷达等,数据融合所需计算量较少,对芯片、计算平台要求低。三是无人配送车没有驾驶舱,不需要安全员随行,未来运维人员与车辆比可达 1:20,可有效降低人力成本。

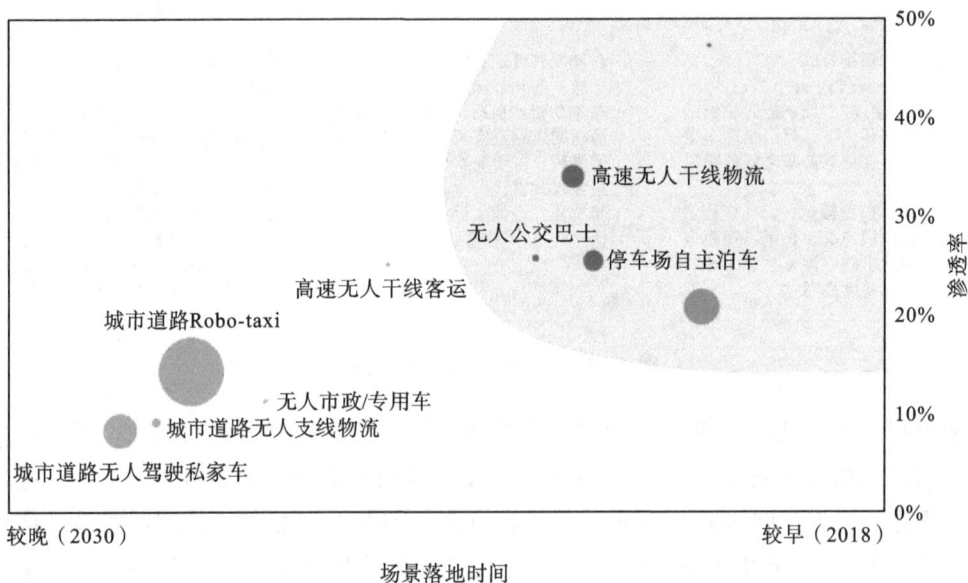

图 6-19 中国自动驾驶应用场景落地节奏与渗透率

无人配送市场规模可观,众多公司纷纷战略布局,以期抢占市场先机。根据蔚来资本测算,中国末端无人配送市场规模约达 840 亿元,如图 6-20 所示。面对广阔市场,众多企业参与其中,主要分为两类:一是京东、美团、顺丰等自带物流配送业务的大企业,通常采用自研+合作的方式推进,并利用自身场景测试,希望通过无人配送降本增效;二是从技术切入市场的初创公司,如新石器、智行者等,期望利用低速载物实现自动驾驶的快速商业化。

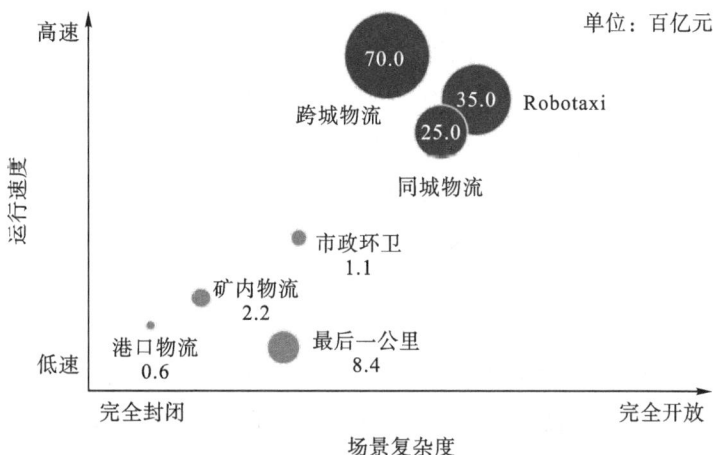

图 6 - 20　中国自动驾驶应用场景目标市场规模

国内无人配送车具有完整产业链,已开始小批量生产。得益于"互联网+"和人工智能的发展,国内无人配送车拥有完整产业链优势,如图 6 - 21 所示。借助国内丰富的落地场景,上下游企业之间合作、大公司与初创公司之间合作都将更加密切,市场参与者角色分工也将更加明确,推动产业链持续、健康发展。

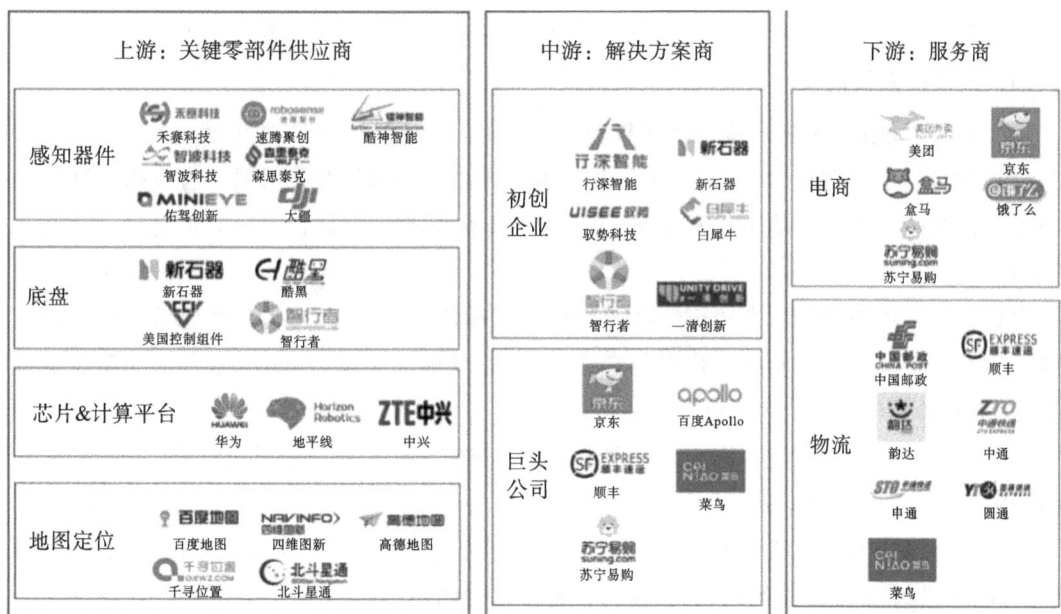

图 6 - 21　国内无人配送车产业链

3. 我国自动驾驶"三步走"发展战略

第一步:到 2020 年,跟踪引导。形成自动驾驶和车路协同标准体系,建成国家营运车辆自动驾驶和车路协同测试基地,辅助驾驶技术在营运车辆中率先规模应用,高级自动驾驶技术在城市和高速公路中试点应用。到 2020 年底,交通运输部等部门积极行动,出台了一系列政策文件,如智能网联汽车道路测试管理规范,从国家层面为自动驾驶汽车的道路测试提供了规范和指导。按照测试场、示范路、示范区的点线面结合方式,布局推进了自动驾驶技术的研究及测试验证工作,积累了宝贵的实际道路测试数据。

第二步:到 2025 年,示范引领。高速公路、城市公交专用道以及特定区域内实现营运车辆自动驾驶技术规模示范,辅助驾驶技术在乘用车上基本普及,形成较为成熟的技术体系、商业应用模式和政策环境。目前,华为、百度等企业也积极入场,重构了智能驾驶技术栈,推动了技术的快速进步。北京高级别自动驾驶示范区建设取得了显著成果,推动了各类自动驾驶商业化场景的落地,为自动驾驶技术的进一步推广和应用提供了宝贵经验。

第三步:到 2030 年,协同提升。实现自动驾驶技术和道路智能化技术的协同发展,形成新一代交通控制与运行系统,形成开放、共享的新型客货运输服务系统,实现交通运输转型升级。

6.3　车用传感器

6.3.1　汽车传感器的概述

汽车传感器作为汽车电子控制系统的信息源,把汽车运行中各种工况信息转化成电信号输送给中央控制单元,再经过分析和处理传输给执行单元,使汽车发挥最佳性能。

1. 汽车传感器的特点

(1)适应性强,耐恶劣环境。汽车行驶环境复杂,有低于 -40 ℃ 的极寒地区,有超过 40 ℃ 的酷热地区,也有海拔 5000 m 以上的高原地区,因此,要求汽车传感器具有极强的环境适应性,要能在这些特殊环境下正常工作。另外,汽车传感器还应具有很好的密封性、耐潮湿、抗腐蚀性等。

(2)抗干扰能力强。汽车传感器除了能够适应外界恶劣环境之外,也要能够抵抗来自汽车内部的各种干扰,如发动机工作时的高温、汽车行驶时的振动、汽车电源产生的高压电脉冲等都会对传感器信号产生干扰。

(3)稳定性和可靠性高。汽车传感器特性对汽车电子控制系统有非常大的影响,必须具有高稳定性和高可靠性。

(4)性价比高,适应大批量生产。随着汽车越来越电子化、智能化、网络化、无人化,汽车所用传感器越来越多,达到数百个,这就要求汽车传感器性价比必须高,否则难以大批量推广使用。

2. 汽车传感器的分类

汽车传感器有很多种分类方法,例如有按测量对象划分的,有按工作原理划分的,有按功能划分的,有按使用区域划分的,但目前还没有统一的分类方法。

1)按测量对象划分

汽车传感器按测量对象可以分为温度传感器、压力传感器、流量传感器、气体浓度传感器、位置传感器、转速传感器、加速度传感器、距离传感器等。

(1)温度传感器。温度传感器主要用于检测发动机温度、吸入气体温度、冷却水温度、燃油温度、环境温度等。

(2)压力传感器。压力传感器主要用于检测气缸负压、大气压、涡轮发动机升压比、气缸内压、油压等。

(3)流量传感器。流量传感器主要用于检测发动机空气流量和燃料流量等。

(4)气体浓度传感器。气体浓度传感器主要用于检测车辆内气体和废气排放等。

(5)位置传感器。位置传感器主要用于检测曲轴转角、节气门开度、制动踏板位置、车辆位置等。

(6)转速传感器。转速传感器主要用于检测发动机转速、车轮转速和行驶车速等。

(7)加速度传感器。加速度传感器主要用于测量纵向加速度、横向加速度和垂直加速度等。

(8)距离传感器。距离传感器主要用于测量汽车行驶的距离以及汽车至障碍物之间的距离等。

2)按工作原理划分

汽车传感器按工作原理可以分为电阻式传感器、电容式传感器、电感式传感器、压电式传感器、电磁式传感器、热电式传感器、光电式传感器、电化学式传感器等。

(1)电阻式传感器。电阻式传感器是将被测量变化转换成电阻变化的传感器,如空气流量传感器、压力传感器、节气门位置传感器等。

(2)电容式传感器。电容式传感器是将被测量变化转换成电容量变化的传感器,如机油传感器、碰撞传感器、燃油液位传感器等。

(3)电感式传感器。电感式传感器是将被测量变化转换成电感量变化的传感器,如位置传感器、爆震传感器、加速度传感器等。

(4)压电式传感器。压电式传感器是将被测量变化转换成由于材料受机械力产生静电电荷或电压变化的传感器,如进气压力传感器、减振器传感器等。

(5)电磁式传感器。电磁式传感器是指利用磁通量的变化,将被测量在导体中转换成电信号变化的传感器,它利用导体和磁场发生的相对运动而在导体两端输出感应电势,如发动机转速传感器、车轮转速传感器、转向盘转角传感器等。

(6)热电式传感器。热电式传感器是将被测量变化转换成热能电动势变化的传感器,如水温传感器、空气流量传感器、进气温度传感器等。

(7)光电式传感器。光电式传感器是将光通量转换成电量的传感器,如曲轴位置传感器、红外传感器等。

(8)电化学式传感器。电化学式传感器是利用被测量的电化学反应,将其变化转换成电位或者电导率变化的传感器,如氧传感器、湿度传感器等。

3)按功能划分

汽车传感器按功能可以分为汽车控制用传感器和汽车性能检测用传感器。

(1)汽车控制用传感器。汽车控制用传感器可以分为这几类:发动机控制系统用传感器,如流量传感器、压力传感器、气体浓度传感器、温度传感器、爆燃传感器等;底盘控制系统用传感器,如悬架控制用传感器、制动防抱死系统传感器、驱动防滑系统传感器、稳定性控制系统传感器、自适应巡航控制系统传感器、车道偏离报警系统传感器、车道保持辅助系统传感器、汽车并线辅助系统传感器、汽车自动刹车辅助系统传感器、自动泊车辅助系统传感器等;车身控制传感器,如汽车姿态控制传感器、智能空调传感器、安全气囊传感器、汽车自适应前照明系统传感器、汽车夜视辅助系统传感器、汽车平视显示系统传感器等;导航控制用传感器,如微机械陀螺仪、电子罗盘等。汽车控制用传感器,经常一个传感器用于多个控制系统。

(2)汽车性能检测用传感器。汽车性能检测用传感器主要包括汽车动力性能检测传感器、汽车燃料经济性检测传感器、汽车制动性能检测传感器、汽车操纵稳定性检测传感器、汽车行驶平顺性检测传感器、汽车灯光检测传感器、轮胎压力检测传感器等。

4)按使用区域划分

汽车传感器按使用区域可以分为发动机传感器、底盘传感器、车身传感器、电器传感器、导航传感器等。

3. 汽车传感器发展趋势

汽车传感器技术的发展趋势是微型化、多功能化、集成化、智能化、网络化。

(1)微型化。微型传感器具有体积小、成本低、可靠性高等优点,而且还可以通过微机械加工技术和微米/纳米技术将微传感器、微执行器以及信号和数据处理装置集成在一个微系统中,以提高系统测试精度,使测量更加精准。

(2)多功能化。多功能化是指一个传感器能检测2个或2个以上的特性参数或者化学参数,从而减少汽车传感器数量,提高系统可靠性。

(3)集成化。集成化是指利用集成电路制造技术和精细加工技术制作成集成式传感器。

(4)智能化。智能化是指传感器与大规模集成电路相结合,带有CPU,具有智能作用,以减少ECU的复杂程度,减小其体积,并降低成本。

(5)网络化。随着汽车智能化和网络化的发展,各种控制系统间的数据通信变得更加频繁,以分布式控制系统为基础构造汽车车载传感器网络是十分必要的,大量数据的快速交换、高可靠性、抗电磁干扰及低成本是车载传感器网络系统的要求。

智能网联汽车与一般汽车相比,车载传感器数量更多,而且需要更先进的传感器,这些先进传感器主要用于实时性、可靠性非常高的先进驾驶辅助系统。下面主要介绍与智能网联汽车密切相关的距离传感器、视觉传感器以及定位传感器中的主要内容。

6.3.2 距离传感器

1. 激光雷达

激光雷达是以发射激光束来探测目标位置的雷达系统,其功能包含搜索和发现目标;测量其距离、速度、角位置等运动参数;测量目标反射率、散射截面和形状等特征参数。

1)激光雷达的特点

激光雷达以激光作为载波,激光是光波波段电磁辐射,波长比微波和毫米波短得多。激光雷达具有以下特点:

(1)全天候工作,不受白天和黑夜的光照条件的限制。

(2)激光束发散角小、能量集中,有更好的分辨率和灵敏度,探测精度高。

(3)可以获得幅度、频率和相位等信息,且多普勒频移大,可以探测从低速到高速的目标。

(4)抗干扰能力强、隐蔽性好,激光不受无线电波干扰,能穿透等离子鞘套,低仰角工作时对地面的多路径效应不敏感。

(5)激光雷达的波长短,可以在分子量级上对目标探测且探测系统的结构尺寸可做得很小。

(6)激光雷达具有三维建模功能,能够检测周围 360°所有物体。

2)激光雷达的组成

激光雷达是由激光发射系统、光电接收系统、信号采集处理系统、控制系统等组成,其简化结构如图 6 - 22 所示。

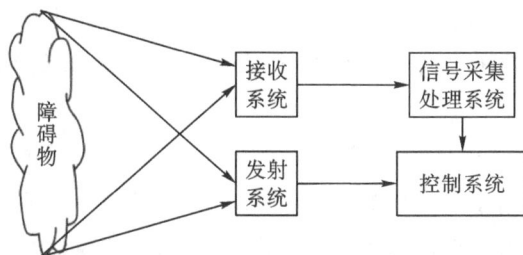

图 6 - 22　激光雷达系统的简化结构

激光雷达发射系统主要负责向障碍物发出激光信号;接收系统主要负责接收经障碍物反射之后回来的激光信息;信号采集处理系统主要负责将接收回来的信号进行处理,使它能够符合下一级系统的要求,它是激光雷达系统最关键的环节,将直接影响激光雷达系统的测量精度;控制系统主要作用是提供信号并且对接收回来的信号进行数据处理。

3)激光雷达的测距原理

激光雷达测距的基本原理是通过测算激光发射信号与激光回波信号的往返时间,从而计算出目标的距离。首先,激光雷达发出激光束,激光束碰到障碍物后被反射回来,被激光接收系统接收并处理,从而得知激光从发射至被反射回来并接收之间的时间,即激光的飞行时间。根据飞行时间,可以计算出障碍物的距离。

根据所发射激光信号的不同形式,激光测距方式可分为脉冲激光测距和连续波相位激光测距两大类。目前,主要用到的测距方法有脉冲测距法、干涉测距法和相位测距法等。

(1)脉冲测距法。用脉冲法测量距离时,首先激光器发出一个光脉冲,同时设定的计数器开始计数,当接收系统接收到经过障碍物反射回来的光脉冲时停止计数。计数器记录的时间就是光脉冲从发射到接收所用的时间。光速是一个固定值,所以只要得到发射到接收所用的时间就可以算出要测量的距离,如图 6 - 23 所示。

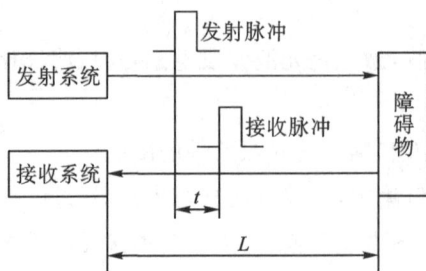

图 6-23　脉冲激光测距原理

光在空气中传播的速度 c 约为 $3\times10^8\,\mathrm{m/s}$，设光脉冲从发射到接收的时间为 t，则待测距离为 $L=ct/2$。

脉冲式激光测距测量距离比较远，发射功率较高，一般从几瓦到几十瓦不等，最大射程可达几十千米。脉冲激光测距的关键之一是对激光飞行时间的精确测量。激光脉冲测量的精度和分辨率与发射信号带宽或处理后的脉冲宽度有关，脉冲越窄性能越好。

(2)干涉测距法。干涉测距法的基本原理是利用光波的干涉特性实现距离的测量。根据干涉原理，产生干涉现象的条件是两列有相同频率、相同振动方向的光相互叠加，并且这两列光的相位差固定。

干涉测距法原理如图 6-24 所示，激光器发射出一束激光，通过分光镜分为两束相干光波，两束光波各自经过反射镜 M1 和 M2 反射回来，在分光镜处又汇合到一起。由于两束光波的路程差不同，通过干涉后形成的明暗条纹也不同，所以传感器将干涉条纹转换为电信号后就可以实现测距功能。

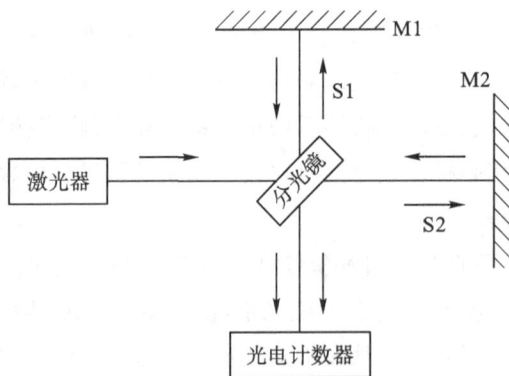

图 6-24　干涉法激光测距原理

干涉法测距技术虽然已经很成熟，并且测量精度也很好，但是它一般是用在测量距离的变化中，不能直接用它测量距离，所以干涉测距一般应用于干涉仪、测振仪、陀螺仪中。

(3)相位测距法。相位测距法的原理是利用发射波和返回波之间形成的相位差来测量距离的。首先，经过调制的频率通过发射系统发出一个正弦波的光束，然后通过接收系统接收经过障碍物之后反射回来的激光。只要求出这两束光波之间的相位差，便可通过此相位差计算出待测距离。相位法激光测距原理如图 6 - 25 所示。

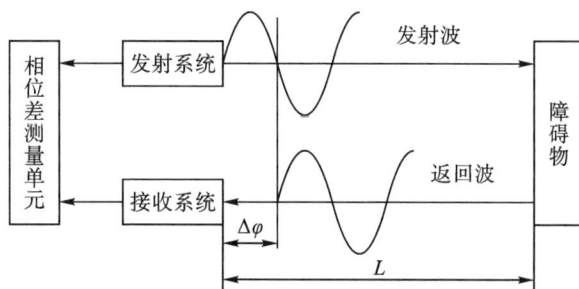

图 6 - 25　相位法激光测距原理

激光从发射到接收的时间为

$$t = \frac{\Delta\varphi}{\omega} = \frac{\Delta\varphi}{2\pi f} \tag{6-1}$$

式中，t 为激光从发射到接收的时间；$\Delta\varphi$ 为发射波和返回波之间的相位差；ω 为正弦波角频率；f 为正弦波频率。待测距离为

$$L = \frac{1}{2}ct = \frac{c\Delta\varphi}{4\pi f} \tag{6-2}$$

相位测距法由于其精度高、体积小、结构简单、昼夜可用的优点，被公认为是最有发展潜力的距离测量技术。相比于其他类型的测距方法，相位测距法朝着小型化、高稳定性、方便与其他仪器集成的方向发展。

4）激光雷达的应用

自动驾驶车辆行驶过程中，散落在路面的石块、从对面行驶而来的车辆、正在横穿马路的行人等都可视作其需要进行避让的障碍物。如图 6 - 26 所示，只有有效进行障碍物探测与跟踪，才能制定相应的控制方案，即实现车辆的路径规划。

激光雷达具有探测范围广、抗干扰能力强、高精度测距等优点，在障碍物探测与跟踪过程中，不仅能获取目标的位置，还可获得目标的速度、大小、方向等特征属性，因此，利用激光雷达进行自动驾驶车辆的障碍物探测与跟踪是不错的选择。

图 6 - 26　激光雷达应用场景

2. 超声波传感器

频率高于人类听觉上限频率(约 $2 \times 10^5\,\mathrm{Hz}$)的声波称为超声波。超声波传感器是利用超声波的特性研制而成的传感器,是在超声频率范围内将交变的电信号转换成声信号或者将外界声场中的声信号转换为电信号的能量转换器件。

1)超声波传感器的特点

超声波传感器具有以下特点:

(1)超声波的传播速度仅为光波的百万分之一,并且指向性强能量消耗缓慢,因此可以直接测量较近目标的距离,一般测量距离小于 $10\,\mathrm{m}$。

(2)超声波对色彩、光照度不敏感,可适用于识别透明、半透明及漫反射差的物体。

(3)超声波对外界光线和电磁场不敏感,可用于黑暗、有灰尘或烟雾、电磁干扰强、有毒等恶劣环境中。

(4)超声波传感器结构简单、体积小、成本低,信息处理简单可靠,易于小型化与集成化,并且可以进行实时控制。

超声波方法作为非接触检测和识别的手段,已引起人们越来越多的重视。

2)超声波传感器的结构

超声波传感器典型结构如图 6-27 所示,它采用双晶振子(压电晶片),即把双压电陶瓷片以相反极化方向黏在一起,在长度方向上,一片伸长另一片就缩短。在双晶振子的两面涂覆薄膜电极,上面用引线通过金属板(振动板)接到一个电极端,下面用引线直接接到另一个电极端。双晶振子为正方形,左右两边由圆弧形凸起部分支撑着。这两处的支点就成为振子振动的节点。金属振动板的中心有圆锥形振子,发送超声波时,圆锥形振子有较强的方向性,因而能高效地发送超声波;接收超声波时,超声波的振动集中于振子的中心,所以能产生高效率的高频电压。超声波传感器采用金属或塑料外壳,其顶部有屏蔽栅。

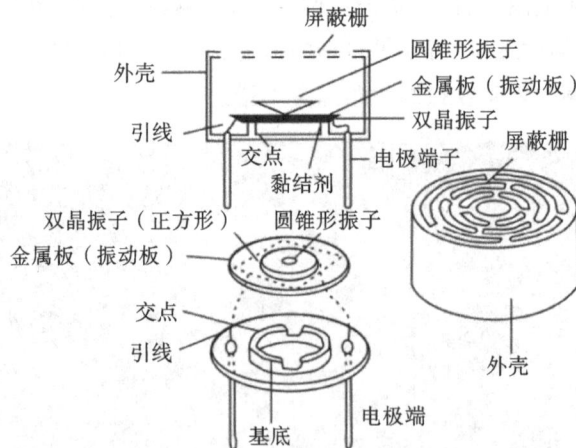

图 6-27 超声波传感器的典型结构

通过超声换能结构,配以适当的收发电路就可以使超声能量定向传输,并按预期接收反射波,实现超声测距、遥控、防盗等检测功能,如图 6-28 所示。

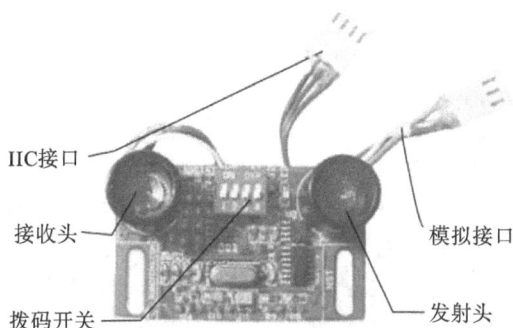

图 6-28　超声波传感器

3)超声波传感器测距原理

超声波传感器测距原理是超声波发射头发出的超声波脉冲经介质(空气)传到障碍物表面,反射后通过介质(空气)传到接收头,测出超声脉冲从发射到接收所需的时间,根据介质中的声速求得从探头到障碍物表面之间的距离。如图 6-29 所示,设探头到障碍物表面的距离为 L,超声在空气中的传播速度为 v(约为 340 m/s),从发射到接收所需的传播时间为 t,当发射头和接收头之间的距离远小于探头到障碍物之间的距离时,则有 $L=vt/2$。由此可见,被测距离与传播时间之间具有确定的函数关系,只要能测出传播时间,即可求出被测距离。

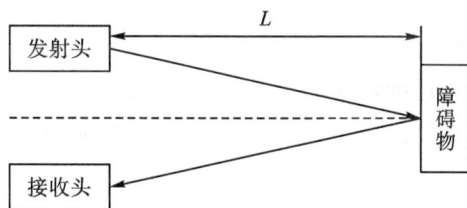

图 6-29　超声波传感器测距原理

4)超声波传感器的应用

超声波传感器可实现 360°探测,主要用于近距离测距。泊车系统是利用超声波传感器帮助汽车停车入位,如图 6-30 所示。超声波传感器可监控汽车前面或后面 10m 范围的情况。它可以辨认障碍物并通过光或声的形式报警。

超声波传感器安装在汽车前、后保险杠上,一般前部安装 4 个超声波传感器,后部安装 4~6 个超声波传感器。当挂倒挡或汽车前进速度低于阈值(一般为 15 km/h)时,超声波传感器被激活,泊车系统开始工作。在系统工作时,自检功能保证一直监控系统所有的部件。传感器发射频率约为 40 kHz 的超声波并探测声波遇到障碍物后反射回来的声脉冲的时间间隔。由接收反射回来的声脉冲的时间间隔和声波进行中的声速可得到汽车距最近一个障碍物的距离。

图 6 - 30　基于超声波传感器的泊车系统

3. 毫米波雷达

毫米波雷达是指工作频率介于微波和光之间,选在 $30\sim300$ GHz 频域(波长为 $1\sim10$ mm,即 1 mm 波波段)的雷达。

1)毫米波雷达的特点

毫米波雷达具有以下优点:

(1)优异的探测性能:毫米波波长较短,并且汽车在行驶中的前方目标一般都是金属构成,这会形成很强的电磁反射,其探测不受颜色与温度的影响。

(2)快速的响应速度:毫米波的传播速度与光速一样,并且其调制简单,配合高速信号处理系统,可以快速地测量出目标的角度、距离、速度等信息。

(3)对环境适应性强:毫米波具有很强的穿透能力,在雨、雪、大雾等恶劣天气依然可以正常工作,由于其天线属于微波天线,相比于光波天线,它在大雨及轻微上霜的情况下依然可以正常工作。

(4)抗干扰能力强:毫米波雷达一般工作在高频段,而周围的噪声和干扰处于中低频区,基本上不会影响毫米波雷达的正常运行,因此,毫米波雷达具有抗低频干扰特性。

毫米波雷达最主要的缺点是毫米波在空气中传播时会受到空气中的氧分子和水蒸气的影响,这些气体的谐振会对毫米波频率产生选择性吸收和散射,使毫米波在大气中传播衰减严重。因此,实际应用中,应找到毫米波在大气中传播时由气体分子谐振吸收所致衰减为极小值的频率。

2)毫米波雷达的原理

车载毫米波雷达根据测量原理的不同,一般分为脉冲方式和调频连续波方式两种。脉冲方式测量原理简单,但由于受技术、元器件等方面的影响,实际应用中很难实现。采用脉冲方式的毫米波雷达需在很短的时间(一般都是微秒的数量级)内发射大功率的信号脉冲,通过脉冲信号控制雷达发射装置发射出高频信号,因此在硬件结构上比较复杂、成本高。除此之外,在高速路上行驶的车辆,其回波信号难免会受到周围树木、建筑物的影响,使回波信号衰减,从而降低接收系统的灵敏度。同时,如果收发采用同一个天线时,在对回波信号进行放大处理之前,应将其与发射信号进行严格的隔离,否则会因为发射信号的窜入,导致回波信号放大器饱和或者损坏。为了避免发射信号窜入接收信号中,需进行隔离技术处理,通常采用环形器或者使用不同的天线收发以避免发射信号的窜入,但这样就导致硬件结构的复杂性增加、产品成本高。故在车用领域,脉冲测量方式运用较少。目前,大多数车载毫米波雷达都采用调频连续波方式,其测量原理如图 6 - 31 所示。

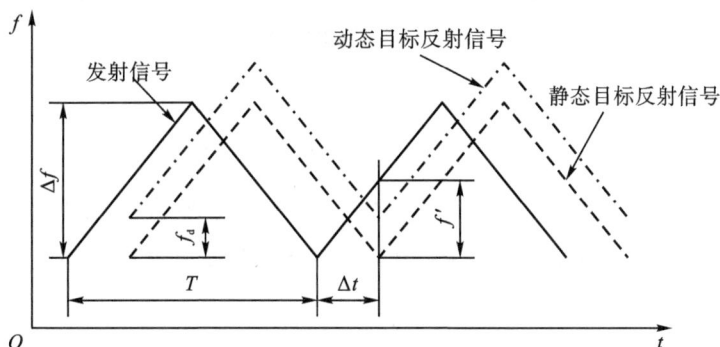

图 6 - 31　调频连续毫米波雷达测量原理

采用调频连续波方式的毫米波雷达结构简单、体积小,可以同时得到目标的相对距离和相对速度。它的基本原理是当发射的连续调频信号遇到前方目标时,会产生与发射信号有一定延时的回波,再通过雷达的混频器进行混频处理,而混频后的结果与目标的相对距离和相对速度有关。毫米波雷达测距和测速的计算式中:s 为相对距离、c 为光速、T 为信号发射周期、f 为发射信号与反射信号的频率差、Δf 为调频带宽、f_d 为多普勒频率、f_0 为发射信号的中心频率、u 为相对速度。

$$s = \frac{c\Delta t}{2} = \frac{cTf'}{4\Delta f} \tag{6-3}$$

$$u = \frac{cf_d}{2f_0} \tag{6-4}$$

3)毫米波雷达的应用

如图 6 - 32 所示,毫米波雷达因其硬件体积小且不受恶劣天气影响,被广泛应用在智能网联汽车先进驾驶辅助系统或无人驾驶汽车上。

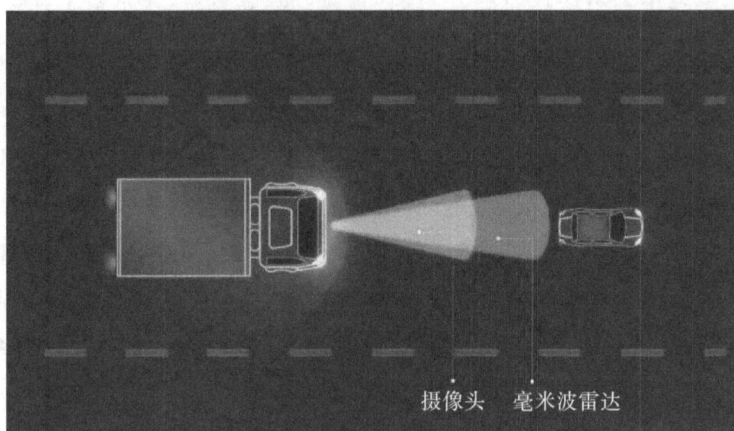

图 6-32　毫米波雷达的应用

6.3.3　视觉传感器

广义的视觉传感器主要由光源、镜头、图像传感器、模数转换器、图像处理器、图像存储器等组成,如图 6-33 所示,其主要功能是获取足够的机器视觉系统要处理的最原始图像。

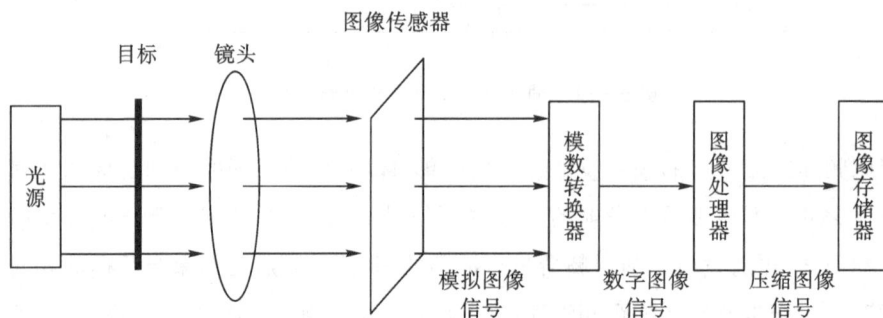

图 6-33　视觉传感器的组成

狭义的视觉传感器是指图像传感器,它的作用是将镜头所呈的图像转变为数字或模拟信号输出,是视觉检测的核心部件,主要有 CCD 图像传感器和 CMOS 图像传感器。

1. CCD 图像传感器

CCD(charge-coupled device)中文全称为电荷耦合元件。CCD 图像传感器主要是由一个类似马赛克的网格、聚光镜片及垫在最底下的电子线路矩阵所组成,其外形如图 6-34 所示。

CCD 是一种特殊的半导体器件,能够把光学影像转化为数字信号。CCD 上植入的微小光敏物质称作像素。一块 CCD 上包含的像素数越多,能提供的画面分辨率也就越高。CCD 的作用就像胶片一样,但它是把光信号转换成电荷信号。CCD 上有许多排列整齐的光电二极管,能感应光线,并将光信号转变成电信号,经外部采样放大及模数转换电路转换成数字图像信号。

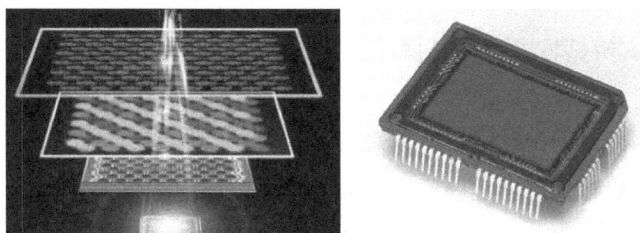

图 6-34　CCD 图像传感器

　　由于 CCD 的体积小、成本低，所以广泛应用于扫描仪、数码相机及数码摄像机中。目前大多数数码相机采用的视觉传感器都是 CCD。

2. CMOS 图像传感器

　　CMOS(complementary metal - oxide semiconductor)中文全称为互补性氧化金属半导体。CMOS 图像传感器是利用 CMOS 工艺制造的图像传感器，主要利用了半导体的光电效应，和 CCD 的原理相同，其外形如图 6-35 所示。

　　CMOS 图像传感器与 CCD 图像传感器一样，可用于自动控制、自动测量、摄影摄像、视觉识别等各个领域。

图 6-35　CMOS 图像传感器

3. 视觉传感器的应用

　　视觉传感器在智能网联汽车上的应用是以摄像头的方式出现，主要用于自适应巡航控制系统、车道偏离预警系统、车道保持辅助系统、汽车并线辅助系统、自动刹车辅助系统中的障碍物检测和道路检测等。摄像头有单目摄像头和双目摄像头，如图 6-36 所示。

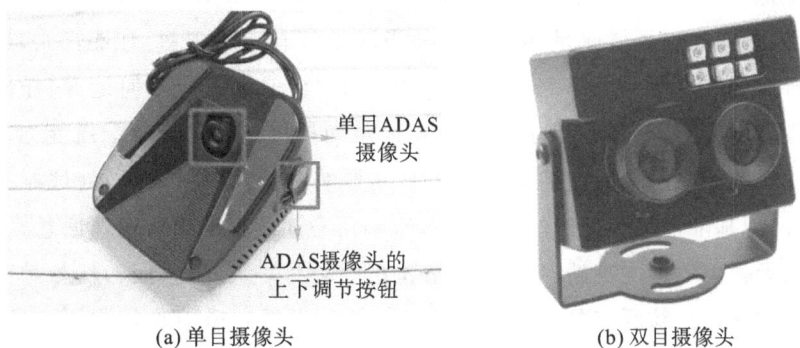

(a) 单目摄像头　　　　　　　　　　　　(b) 双目摄像头

图 6-36　摄像头

　　单目摄像头是利用摄像头采集车辆前方路况信息，并依靠数据库中保存的物体标志性特征轮廓识别前方物体，从而依靠独立的算法计算出物体与车辆的距离和接近速率。单目摄像头的优点是成本低廉,能够识别具体障碍物的种类,识别准确;缺点是由于其识别原理导致其无法识别没有明显轮廓的障碍物,工作准确率与外部光线条件有关,并且受限于数据库,没有自学习功能。

双目摄像头可以通过视频接收信号计算出汽车与其他物体间的距离。其优点是功能较单目摄像头更强大、探测距离更准确、探测距离更远;缺点是成本高于单目摄像头。

摄像头有红外摄像头和普通摄像头,红外摄像头既适合白天工作,也适合黑夜工作;普通摄像头只适合白天工作,不适合黑夜工作。目前使用的主要是红外摄像头。

6.3.4 定位传感器

智能网联汽车需要通过定位技术准确感知自身在全局环境中的相对位置以及所要行驶的速度、方向、路径等信息。

定位技术主要有卫星定位、车载导航定位等。其中以卫星为基础的卫星导航定位系统由于具有天体导航覆盖全球的优点,所以从出现至今一直得到人们的重视。相继出现以及计划实施的卫星导航系统有美国的全球定位系统(global positioning system,GPS)、俄罗斯的格洛纳斯卫星定位系统(Global navigation satellite system,GLONASS)、欧洲空间局的伽利略卫星定位系统(Galileo satellite navigation system,GALILEO)、我国的北斗卫星导航系统(BeiDou navigation satellite system,BDS)。

1. 全球定位系统

全球定位系统(GPS)是由美国国防部建设的基于卫星的无线电定位导航系统。它能连续为世界各地的陆海空用户提供精确的位置、速度和时间信息,最大优势是覆盖全球,全天候工作,可以为高动态、高精度平台服务,目前得到普遍应用。

1)GPS 组成及原理

GPS 是由导航卫星、地面监控设备和 GPS 用户组成的。如图 6-37 所示。

导航卫星是由分布在 6 个地球椭圆轨道平面上的 21 颗工作卫星和 3 颗在轨备用卫星组成,相邻轨道之间的卫星彼此呈 30°,每个轨道面上都有 4 颗卫星,在距离地球 17700 km 的高空上进行监测。这些卫星每 12 h 环绕地球一圈,在地球上的任何地方、任何时间都可以观测到 4 颗以上的 GPS 卫星,保持定位的精度从而提供连续的全球导航能力。导航卫星的任务是接收和存储来自地面监控设备发送来的导航定位控制指令,微处理器进行数据处理,以原子钟产生基准信号和精确的时间为基准向用户连续发送导航定位信息。

地面监控设备由 1 个主控站、4 个注入站和 6 个监测站组成,它们的任务是实现对导航卫星的控制。监测站跟踪所有可见的 GPS 卫星,并从卫星广播中收集测距信息等,并将收集到的信息发送至主控站。

GPS 用户主要由 GPS 接收机和 GPS 数据处理软件组成。GPS 接收机的主要功能是接收、追踪、放大卫星发射的信号,获取定位的观测值,提取导航电文中的广播星历以及卫星时钟改正参数等。GPS 数据处理软件的主要功能是对 GPS 接收机获取的卫星测量记录数据进行预处理,并对处理的结果进行平差计算、坐标旋转和分析综合处理,计算出用户所在位置的三维坐标、速度、方向和精确时刻等。

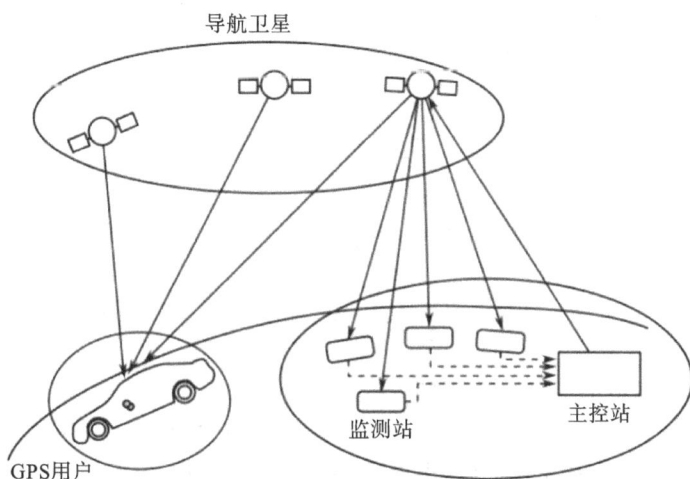

图 6 - 37　GPS 系统的组成

　　GPS 定位原理是根据三角测量定位来实现的,并且同时利用相关技术获取观测值。在相关接收中,卫星钟用来控制卫星发射的伪随机信号,本地时钟用来控制用户接收机的伪随机信号,两者之间有比较大的时差。GPS 用户终端可以同时跟踪 4 颗 GPS 卫星,并捕获其信号,这里将两时钟之间的时差作为未知量,使其和观测点坐标共同组成一个四元方程组,所得的解就是观测点的经纬度坐标和时差,使用这种方法进行定位可以得到较高的定位精度,这个观测值通常被称为伪距观测量。此观测值被称为伪距的原因是:第一,它是以地表和卫星之间的距离为变量的函数;第二,由于大气效应和时钟误差的影响,与实际的距离之间存在偏差。

　　设地面点 p 到卫星 i 的距离矢量为 S_i,地心原点 O 到卫星 i 的距离矢量为 S_O,地心原点 O 到地面点 p 的距离矢量为 S_p,如图 6 - 38 所示。如果卫星钟和地面钟不存在任何时差,说明此时伪距观测量代表 p 点与卫星之间的真实距离 S_i。

$$S_i = c(t_i - t_j) - c\tau \tag{6-5}$$

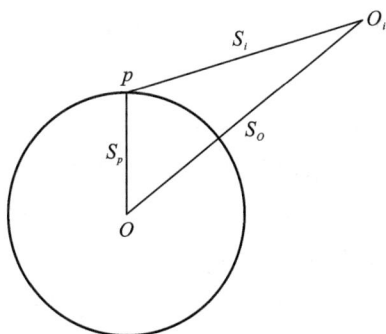

图 6 - 38　地面点与卫星的几何关系示意图

211

式中,c 为光的传播速度;t_i 为地面接收机已同步的观测时刻;t_j 为卫星已同步的发射时刻;τ 为传播途径中的附加时延。

卫星钟和地面钟之间的完全同步只存在理论上的可能性,实际上是通常存在一定的时钟差的,所以实际测量的并非真实距离,而是伪距,即

$$\rho_{pi} = c(t_{pi} - t_{pj}) \tag{6-6}$$

式中,ρ_{pi} 为地面点 p 到卫星 i 的伪距;t_{pi} 为含有时钟差的地面站接收时刻;t_{pj} 为含有时钟差的卫星发射时刻。

实际上接收时,地面站接收机的接收时刻要与 GPS 时间同步。这样,时钟差为两个微小量 Δt_i 和 Δt_j,即

$$t_{pi} = t_i + \Delta t_i \tag{6-7}$$

$$t_{pj} = t_j + \Delta t_j \tag{6-8}$$

$$\rho_{pi} = c(t_i - t_j) + c(\Delta t_i - \Delta t_j) = S_i + c\tau + c(\Delta t_i - \Delta t_j) \tag{6-9}$$

当接收机对卫星信号跟踪锁定后,可以从接收信号中提取,从而得到导航电文和伪距观测量。导航电文一般分为电离层修正数、卫星钟改正数和卫星星历参数三部分。进一步经过对卫星星历参数的统计计算,可求出发射时卫星在地心坐标系中的三维坐标值 X_i、Y_i 和 Z_i。关于卫星时钟差的修正,利用卫星钟改正数依据下式予以调整。

$$\Delta t_j = a_0 + a_1(t - t_0) + a_2(t - t_0)^2 \tag{6-10}$$

$$t = t_{pj} - \Delta t_j \tag{6-11}$$

式中,t 为观测时间;t_0 为卫星钟基准时间。

设 p 点的地心坐标为 X_p、Y_p 和 Z_p,则 p 点至卫星 i 的实际距离为

$$S_i = \sqrt{(X_i - X_p)^2 + (Y_i - Y_p)^2 + (Z_i - Z_p)^2} \tag{6-12}$$

将上式(6-12)代入(6-9)得

$$\rho_{pi} = \sqrt{(X_i - X_p)^2 + (Y_i - Y_p)^2 + (Z_i - Z_p)^2} + c\tau + c(\Delta t_i - \Delta t_j) \tag{6-13}$$

式(6-13)中,τ 为大气修正,可参考空间大气模型进行修正。这时,式(6-13)中只有 4 个未知量,X_p、Y_p、Z_p、$\Delta t_i - \Delta t_j$。需要同时观测 4 颗卫星,可以得到式(6-13)的 4 个方程,这些非线性方程可以通过线性化方法或者卡尔曼滤波技术进行求解,得到 p 点的坐标 X_p、Y_p、Z_p。

以上即为 GPS 定位的原理分析,通常,由此得到的定位数据还需进一步进行差分运算,减小误差,从而得到更为准确的定位信息。

2)差分全球定位导航系统(differential global position system,DGPS)

为了提高 GPS 定位精度,可以采用差分全球定位系统进行车辆的定位。DGPS 在 GPS 的基础上利用差分技术使用户能够从 GPS 系统中获得更高的精度。DGPS 系统由基准站、数据传输设备和移动站组成,如图 6-39 所示。

DGPS 实际上是把一台 GPS 接收机放在位置已精确测定的点上组成基准站。基准站接收机通过接收 GPS 卫星信号,将测得的位置与该固定位置的真实位置的差值作为公共误差

校正量,通过无线数据传输设备将该校正量传送给移动站的接收机。移动站的接收机用该校正量对本地位置进行校正,最后得到厘米级的定位精度。附近的 DGPS 用户接收到修正后的高精度定位信息,从而大大提高其定位精度。

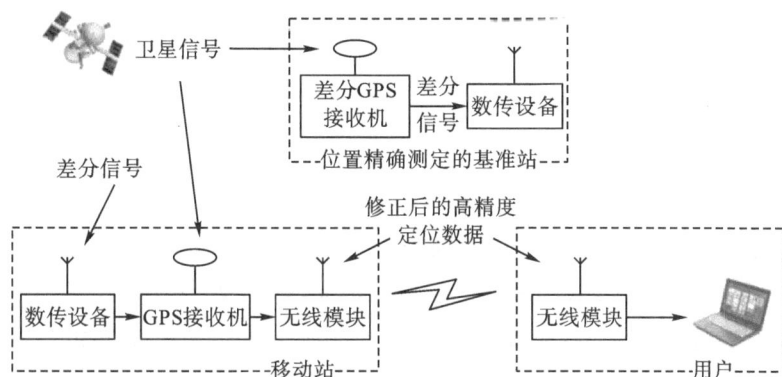

图 6－39　DGPS 系统的组成

根据 DGPS 基准站发送的信息方式可将 DGPS 定位分为三类,即位置差分、伪距差分和相位差分。这三类差分方式的工作原理相同,都是由基准站发送改正数,由移动站接收并对其测量结果进行改正,以获得精确的定位结果。不同的是,发送改正数的具体内容不一样,其差分定位精度也不同。

(1)位置差分。位置差分是最简单的差分方法,适合于所有 GPS 接收机。位置差分要求基准站和移动站观测同一组卫星。安装在基准站上的 GPS 接收机观测 4 颗卫星后便可进行三维定位,解算出基准站的观测坐标。由于存在着轨道误差、时钟误差、大气影响、多径效应以及其他误差等,解算出的观测坐标与基准站的已知坐标是不一样的,存在误差。将已知坐标与观测坐标之差作为位置改正数,通过基准站的数据传输设备发送出去,由移动站接收,并且对其解算的移动站坐标进行改正。最后得到的改正后的移动坐标已消去了基准站和移动站的共同误差,如卫星轨道误差、大气影响等,提高了定位精度。位置差分法适用于用户与基准站间距离在 100 km 以内的情况。

(2)伪距差分。伪距差分是目前用途最广的一种技术。几乎所有的商用 DGPS 接收机均采用这种技术。利用基准站已知坐标和卫星星历可计算出基准站与卫星之间的计算距离,将计算距离与观测距离之差作为改正数,发送给移动站,移动站利用此改正数来改正测量的伪距。最后,用户利用改正后的伪距来解出本身的位置,就可消去公共误差,提高定位精度。

与位置差分相似,伪距差分能将两站公共误差抵消,但随着用户到基准站距离的增加又出现了系统误差,这种误差用任何差分法都是不能消除的。用户和基准站之间的距离对精度有决定性影响。

(3)相位差分。相位差分技术是建立在实时处理两个测站的载波相位基础上的,它能实时提供观测点的三维坐标,并达到厘米级的高精度。

与伪距差分原理相同,相位差分原理是由基准站通过数据传输设备实时将其载波观测量及站坐标信息一同传送给移动站。移动站接收 GPS 卫星的载波相位与来自基准站的载波相位,并组成相位差分观测值进行实时处理,能实时给出厘米级的定位结果。

实现载波相位差分 GPS 的方法有修正法和差分法。前者与伪距差分相同,基准站将载波相位修正量发送给移动站,以改正其载波相位,然后求解坐标;后者将基准站采集的载波相位发送给移动站,进行求差解算坐标。前者为准载波相位差分技术,后者为真正的载波相位差分技术。

2. 北斗卫星导航定位系统

北斗卫星导航定位系统是中国自行研制开发的区域性有源三维卫星定位与通信系统,是继美国的 GPS、俄罗斯的 GLONASS 之后第三个成熟的卫星导航定位系统。北斗卫星导航定位系统致力于向全球用户提供高质量的定位、导航和授时服务,其建设与发展则遵循开放性、自主性、兼容性、渐进性这 4 项原则。

1)北斗卫星导航定位系统的组成

北斗卫星导航定位系统由空间段、地面段和用户段三部分组成,如图 6-40 所示。

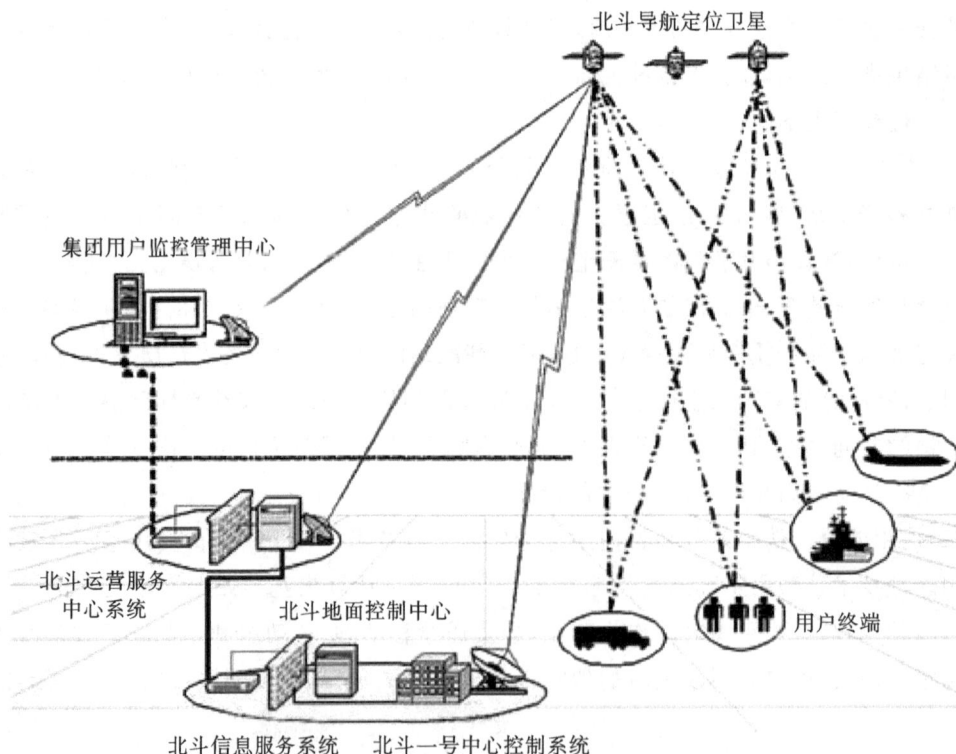

图 6-40 北斗卫星导航定位系统的组成

2)北斗卫星定位原理

空间段包括 5 颗静止轨道卫星和 30 颗非静止轨道卫星;地面段包括主控站、注入站和监测站等若干个地面站;用户段由北斗用户终端以及与美国 GPS、俄罗斯的 GLONASS、欧洲的 GALILEO 等其他卫星导航系统兼容的终端组成。

北斗一代和北斗二代定位系统都是采用伪距法进行导航定位。该方法的基本定位思想是三球交汇定位原理。北斗一代系统由于其观测量较少并且其工作方式是有源定位,使得北斗一代与北斗二代在定位原理和精度有所不同。

北斗一代卫星导航定位系统的定位原理是基于三球交汇原理进行定位,以两颗卫星的已知坐标为球心,两球心至用户的距离为半径,可画出两个球面,用户机必然位于这两个球面交线的圆弧上。另一个球面是以地心为球心,画出以用户所在位置点至地心的距离为半径的球面,三个球面的交汇点即为用户位置。

由上述原理可得,地面中心到双星的两个伪距分别为

$$\rho_1 = 2(R_1 + S_1) = c\Delta t_1 \tag{6-14}$$

$$\rho_2 = 2(R_2 + S_2) = c\Delta t_2 \tag{6-15}$$

式中,ρ_1、ρ_2 分别是第一个和第二个伪距观测量;S_1、S_2 分别是地面中心至双星距离;R_1、R_2 分别是用户设备至双星距离;Δt_1、Δt_2 分别是在地面中心的电文经过两个卫星及用户之间时间偏差。

S_1、S_2 和地面中心站的坐标都是已知的,即 $S_1(x_1,y_1,z_1)$、$S_2(x_2,y_2,z_2)$ 和 (x_0,y_0,z_0)。设接收机坐标为 (x,y,z),则

$$S_i = \sqrt{(x_i - x_0)^2 + (y_i - y_0)^2 + (z_i - z_0)^2} \tag{6-16}$$

$$R_i = \sqrt{(x_i - x)^2 + (y_i - y)^2 + (z_i - z)^2} \tag{6-17}$$

式中,$i=1,2$。将式 (6-16) 和 (6-17) 代入式 (6-14) 和 (6-15) 中,可以求得用户坐标的三个未知量的两个方程。此时需要用到用户所处位置的高程值来解算用户位置。设该高程值为 H,则

$$H = \sqrt{x^2 + y^2 + z^2} \tag{6-18}$$

北斗二代是典型的 RNSS(regional navigation satellite system,区域导航卫星)系统。北斗二代系统定位原理与 GPS 类似,至少需要 4 颗卫星,其伪距为

$$\rho_i(x_u) = \sqrt{(x_u - x_{si})^2 + (y_u - y_{si})^2 + (z_u - z)^2} \tag{6-19}$$

式中,ρ_i 是第 i 颗卫星的伪距;$x_u = [x_u, y_u, z_u, \Delta t]$ 为所要求解的变量;$x_u = [x_u, y_u, z_u]$ 为接收机位置;Δt 为卫星时钟的钟差;$[x_{si}, y_{si}, z_{si}]$ 是定位卫星的位置;$i=1,2,3,4$。求解式 (6-19),即可得到用户位置。

3. 车载导航定位系统

1)车载导航定位系统组成

一个典型的车载导航定位系统通常包括定位模块、数字地图和无线通信模块等。定位模块是所有车载导航定位系统中的关键元件。为了帮助用户得到位置信息,给用户提供恰当的向导或者给监控器提供位置信息,车载定位必须精准。常用的定位技术有航位推算(dead reckoning,DR)和 GPS。

DR 是一种常用的自主式车辆定位技术。相对于 GPS 系统,它不用发射接收信号,不受

电磁波影响,机动灵活,只要车辆能达到的地方都能定位。但是由于这种定位方法的误差随时间推移而发散,所以只能在短时间内获得较高的精度,不宜长时间单独使用。

DR 是利用载体上某一时刻的位置,根据航向和速度信息,推算得到当前时刻的位置,即根据实测的汽车行驶距离和航向计算其位置和行驶轨迹。它一般不受外界环境影响,但由于其本身误差是随时间积累的,所以单独工作时不能长时间保持高精度。

DR 的主要原理是利用 DR 传感器测量位移矢量,从而推算车辆的位置。航位推算原理图如图 6-41 所示。其中,$(x_i, y_i)(i=1,2\cdots)$ 是车辆在 t_i 时刻的初始位置,航向角 θ_i 和行驶距离 s_i 分别是车辆从 t_i 时刻到 t_i+1 时刻的绝对航向和位移矢量长度。由图 6-41 可推得

$$x_k = x_0 + \sum_{i=0}^{k-1} s_i \sin\theta_i \qquad (6-20)$$

$$y_k = y_0 + \sum_{i=0}^{k-1} s_i \cos\theta_i \qquad (6-21)$$

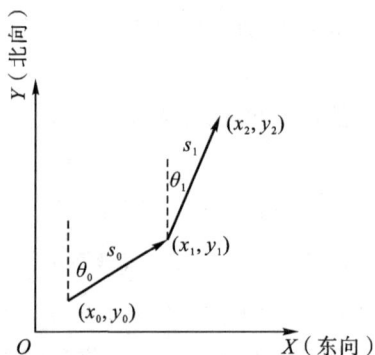

图 6-41　航位推算原理图

式中,x_k, y_k 是车辆在 t_k 时刻的位置,$k=1,2\cdots$。

由此可见,航位推算必须通过其他手段提供车辆初始位置和初始航向角,位移和航向角的变化量要实时采样,而且采样频率要足够高,这样就可以近似认为采样周期内车辆加速度为零。航位推算的误差随距离和时间积累,不能长期单独使用,可以借助于 GPS 系统对其定位误差进行补偿。

无线通信模块是车辆定位和导航中的关键器件。除了提供个人呼叫以外,还提供一种语音数据转换信道,以便驾驶员获得一些信息,如实时交通信息、天气和旅行信息等。作为交通管制中心,可以通过无线移动通信网络得到路网中汽车的信息,并为其提供相应的服务。

定位模块通过与无线通信模块、数字地图等相结合,可以实时更新位置信息,提高定位精度。

2)GPS/DR 组合导航定位系统

GPS/DR 组合导航定位系统由 GPS 以及电子罗盘、里程计和导航计算机等组成,如图 6-42所示。

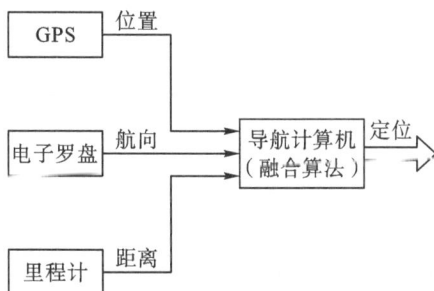

图 6－42　GPS/DR 组合定位系统的组成

GPS 独立给出车辆所在位置的绝对经度、纬度和海拔高度；电子罗盘作为航向传感器测量车辆的航向；里程计测量汽车单位时间内行驶的里程；导航计算机采集各传感器数据并做航迹推算、GPS 坐标变换及相关数据预处理，由融合算法融合估计出车辆的动态位置。GPS/DR 组合导航定位系统是一种相对低成本的导航系统，在这个系统上进行 GPS/DR 数据融合，可以实现较高精度的导航定位。

要实现 GPS/DR 组合定位的关键在于如何将两者的数据融合以达到最优的定位效果。目前关于 GPS/DR 组合的数据融合方法很多，最常见也是使用最广泛的就是卡尔曼滤波法。将卡尔曼滤波应用于 GPS/DR 组合定位系统当中，就是将 GPS 和 DR 的定位信息综合用于定位求解，通过卡尔曼滤波来补偿修正 DR 系统的状态，同时滤波之后的输出又能够为 DR 系统提供较准确的初始位置和航向角，从而能够获得比单独使用任意一种定位方法都更高的定位精度和稳定性，其结构图如图 6－43 所示。

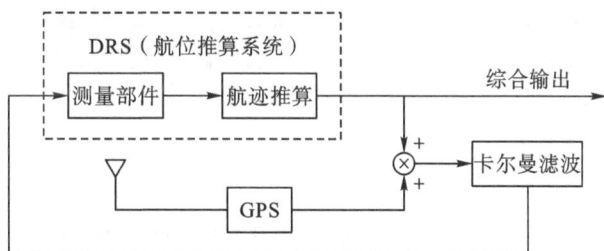

图 6－43　基于卡尔曼滤波的 GPS/DR 组合定位系统

6.3.5　汽车状态传感器

1. 转速传感器

车轮转速传感器用于测量汽车车轮的转速，转速信号借助电缆传送给汽车上的 ABS、ASR、ESP 等控制单元，调节每个车轮的制动力，保证汽车行驶稳定性和操纵性。另外，智能网联汽车的导航系统、车道偏离报警系统、车道保持辅助系统、自适应巡航控制系统等也需要将采集到的车轮转速信号根据预设的车速计算公式换算成车速信号发送到 CAN 总线，通过 CAN 总线获取车速信号。车速信号的准确与否直接关系到智能网联汽车行驶的安全性及可靠性。车轮转速传感器类型主要有电磁式转速传感器和霍尔式转速传感器。

1)电磁式转速传感器

电磁式转速传感器组成如图6-44所示,主要结构有齿圈和由永磁体、感应线圈、极轴组成的传感头,其中极轴头部结构有凿式和柱式两种。

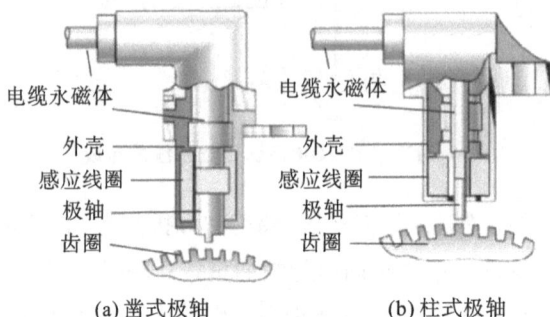

(a) 凿式极轴　　　　　(b) 柱式极轴

图6-44　电磁式转速传感器的组成

齿圈是运动的,一般安装在随车轮一起转动的部件上;传感头是静止的,安装在车轮附近,一般前轮传感头固定在车轮转向架上,后轮传感头固定在后车轴支架上,如图6-45所示。

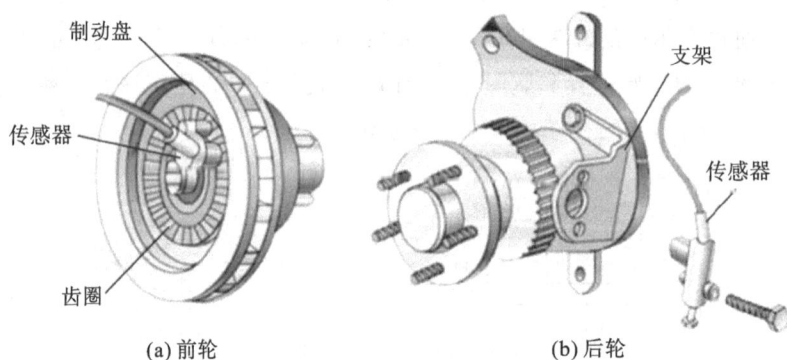

(a)前轮　　　　　(b)后轮

图6-45　电磁式转速传感器在车轮上安装的位置

车轮的旋转引起传感头和齿圈的齿顶与齿隙间距不同,从而引起磁通量的交替变化,进而产生感应电动势,此信号通过感应线圈末端的电缆输入ABS的电控单元。当齿圈的转速发生变化时,感应电动势的频率也变化。ABS电控单元通过检测感应电动势的频率来检测车轮转速。感应电动势的频率为

$$f = \frac{Zn}{60} \tag{6-22}$$

式中,f为感应电动势的频率;Z为齿圈齿数;n为齿圈转速,即车轮转速。

电磁式转速传感器的优点是结构简单、成本低。缺点如下:

(1)输出信号的幅值随转速的变化而变化,转速较低时,电控单元可能检测不到信号。

(2)频率响应低,当汽车速度超过规定值时,容易产生错误信号。

(3)抗电磁波干扰能力差,输出信号弱时比较明显。

目前,国内外 ABS 的控制速度范围一般为 15～160 km/h,如果要求控制速度范围扩大到 8～260 km/h 乃至更大,则电磁式转速传感器很难适应。

2)霍尔式转速传感器

霍尔式转速传感器也是由传感头和齿圈组成。传感头由永磁体、霍尔元件和电子电路等组成,永磁体的磁力线穿过霍尔元件通向齿圈,如图 6 - 46 所示,它属于有源传感器。

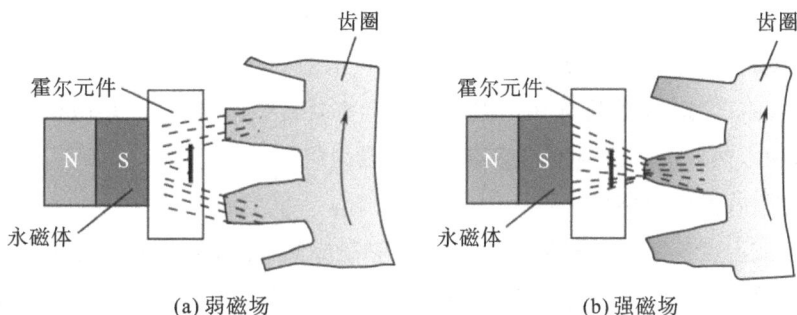

(a) 弱磁场　　　　　　　　　　　　(b) 强磁场

图 6 - 46　霍尔式转速传感器的磁路

当齿圈位于图 6 - 48(a)所示位置时,穿过霍尔元件的磁力线分散,磁场相对较弱;而当齿圈位于图 6 - 48(b)所示位置时,穿过霍尔元件的磁力线集中,磁场相对较强。齿圈转动时,传感头在齿圈齿顶和齿隙之间交替变化,使得穿过霍尔元件的磁力线密度发生变化,引起霍尔电压的变化,霍尔元件将输出一个毫伏级的准正弦波电压,此信号还需由电子电路转换成控制单元要求的信号输入使用。

霍尔式转速传感器可以把永磁体、霍尔元件和电子电路等用塑料密装,体积小、质量轻,为选择安装位置提供了极大的灵活性。如图 6 - 47 所示为霍尔式转速传感器安装在车轮轴承上。

图 6 - 47　霍尔式转速传感器安装在车轮轴承上

霍尔式转速传感器具有以下优点:

(1)输出电压信号稳定,在车轮转速范围内和蓄电池标准电压下,传感器输出电压能稳定在 11.5～12 V 不变,输出电压幅值不受转速的影响。

(2)频率响应高,其响应频率高达 20 kHz,相当于车速为 1000 km/h 时所检测的信号频率,最高响应频率能够保证汽车高速运行时的测量精度。

(3)抗电磁波干扰能力强。

霍尔式转速传感器与电磁式转速传感器相比,制造成本高。霍尔式转速传感器不仅广泛应用于 ABS 轮速检测,也广泛应用于其控制系统的转速检测。

2. 温度传感器

温度传感器在工业自动化上有着广泛的用途,常用的温度传感器有热电阻式、热电耦式、热敏铁氧体式、晶体管式和集成式五种,其中热电阻式按材料又可分为金属热电阻式和热敏 电阻式两种。汽车上实际应用的温度传感器主要有热敏电阻式、热敏铁氧体式和热电耦式三种,其中以热敏电阻式温度传感器的应用最为广泛。

1)热敏电阻式温度传感器

热敏电阻式温度传感器是根据热敏电阻效应制成的,热敏电阻效应是指物质的电阻率随 其本身温度的变化而变化,通常简称热电阻。热电阻按其材料可分为金属热电阻和热敏电阻。

金属作为检测元件的传感器要求金属材料的电阻温度系数、物理化学性能稳定且其自身的电阻率较大,这样就使得铂和铜成为了较理想、常用的热电阻材料。铂在很宽的温度范围内都能保持良好的特性,因此得到广泛的应用;铜虽然仅适用于 $-50 \sim 150 ℃$,但其测温精度高、稳定性好、易加工、价格便宜。

热敏电阻是用陶瓷半导体材料与其他的金属氧化物按适当的比例混合后高温烧结而制成的温度系数很大的电阻体,在工作范围内,按陶瓷半导体与温度的特性关系可分为三种类型:第一种是负温度系数热敏电阻,其电阻值随温度升高而减小;第二种是正温度系数热敏电阻,其电阻值在一定温度范围内随温度升高而急剧增加;第三种是临界温度系数热敏电阻,其电阻值在一定温度范围内随温度升高而急剧减少,如图 6-48 所示。

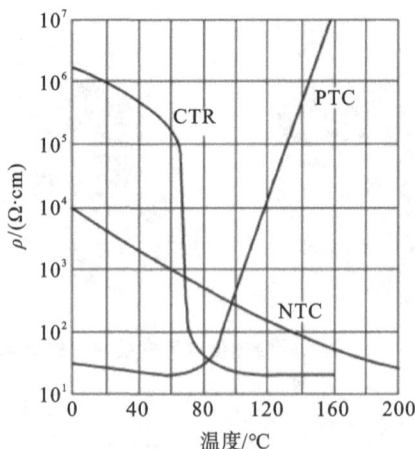

图 6-48 热敏电阻的温度特性

　　负温度系数热敏电阻由于线性度较好且在测量中引起的误差较小得到了广泛应用。汽车上使用的温度传感器大多数是负温度型的热敏电阻传感器,简称 NTC 型温度传感器,其阻值与温度的关系可用下式表述

$$R_T = Ae^{B/T} \tag{6-23}$$

式中,R_T 为温度为 T 时的阻值,单位为 Ω;T 为温度,单位为 K;A、B 为取决于材质和结构的常数,其中 A 的量纲为 Ω,B 的量纲为 K。

3. 进气压力传感器

　　如图 6-49 所示为一种测量进气管绝对压力的半导体压敏电阻式压力传感器,它的压力感受元件是在硅晶体的中央,通过光刻腐蚀形成的直径很小(约 2 mm)、厚度约为 25 μm 的薄膜,再借助 P 型(以空位作为载流体)半导体的不纯物(杂质)的扩散,在薄膜表面规定的位置上形成 4 个半导体应变电阻 R_1 和 R_2(各两个)并构成惠斯登电桥电路。硅片上方为真空室,下方则与进气管的压力 p 相同,整个测量元件连同真空室一起封装在外壳中,构成压力传感器。当它的硅晶片上的薄膜感受进气管压力作用产生变形(10~1000 μm)时,其上的应变电压亦随压力即薄膜变形呈线性变化(压阻效应),其中两个 R_1 电阻受到压缩,电阻随压力的增大而减小,两个 R_2 电阻受到拉伸,电阻随压力增大而增加,这样就改变了电桥的平衡,产生了与薄膜变形(即测量压力 p)成正比的电信号 U_M。采用这种 4 个应变电阻的差动电桥线路方案比单臂式(即只用一个桥臂接应变电阻)连接方式的测量精度和灵敏度高许多(输出电压约相当于后者的 4 倍)。另外由于传感器内测量薄膜的另一边是真空室,因此测得的压力为绝对压力,这对计算进气流量十分方便。总之,这种传感器利用半导体的压阻效应,具有尺寸小(硅晶片尺寸只有 3 mm 见方)、精度高、成本低、响应性、再现性和抗震性好等优点。但它也有半导体元件的固有缺点,即受温度影响较大,为此设置在硅晶片上的集成电路不仅可以实现信号放大和线性化的功能,而且还可以对测量结果进行温度补偿,这就大大缓解了对发动机 ECU 的压力,即能将输出电压(0~5 V)直接送入 ECU,迅速完成 A/D 转换并能得到正确的测量压力。

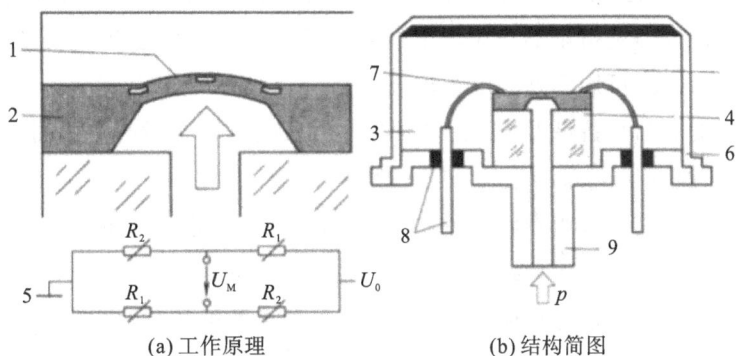

(a) 工作原理　　　　　　　　(b) 结构简图

1—带应变电阻的薄膜;2—带集成电路的硅晶片;3—真空室;4—耐热玻璃(硼硅酸玻璃片);5—惠斯登电桥;6—外壳;7、8—电路插接器;9—压力接口;U_0—参考电压;U_M—测量电压;R_1—应变电阻(压);R_2—应变电阻(拉)。

图 6-49　压敏电阻式压力传感器

6.4 汽车网联

6.4.1 车联网

车联网是物联网技术在智能交通系统领域的延伸。车联网安全应用系统架构包含感知层、通信层与应用层,感知层包含雷达、光学雷达与影像传感器等,提供车辆收集周边环境信息;通信层也可称为汽车局域网络(vehicle area network,VAN),分为车载通信(in-vehicle communication)、车外通信、车间通信(vehicle to vehicle communication)与车路通信(vehicle to road communication)等四部分。

车联网的内涵主要指:车辆上的设备通过无线通信技术对信息网络平台中的所有车辆动态信息进行有效利用,在车辆运行中提供不同的功能服务。可以发现,车联网表现出以下几点特征:车联网能够为车与车之间的距离提供保障,降低车辆发生碰撞事故的几率;车联网可以帮助车主实时导航,并通过与其他车辆和网络系统的通信,提高交通运行的效率。

车联网的概念源于物联网,即车辆物联网,是以行驶中的车辆为信息感知对象,借助新一代信息通信技术实现车与 X(即车与车、人、路、服务平台)之间的网络连接,提升车辆整体的智能驾驶水平,为用户提供安全、舒适、智能、高效的驾驶感受与交通服务,同时提高交通运行效率,提升社会交通服务的智能化水平。

车联网通过新一代信息通信技术,实现车与云平台、车与车、车与路、车与人、车内等全方位网络链接,主要实现了"三网融合",即将车内网、车际网和车载移动互联网进行融合。车联网是利用传感技术感知车辆的状态信息,并借助无线通信网络与现代智能信息处理技术实现交通的智能化管理以及交通信息服务的智能决策和车辆的智能化控制。

(1)车与云平台间的通信是指车辆通过卫星无线通信或移动蜂窝等无线通信技术实现与车联网服务平台的信息传输,接受平台下达的控制指令,实时共享车辆数据。

(2)车与车间的通信是指车辆与车辆之间实现信息交流与信息共享,包括车辆位置、行驶速度等车辆状态信息,可用于判断道路车流状况。

(3)车与路间的通信是指借助地面道路固定通信设施实现车辆与道路间的信息交流,用于监测道路路面状况,引导车辆选择最佳行驶路径。

(4)车与人间的通信是指用户可以通过 WiFi、蓝牙、蜂窝等无线通信手段与车辆进行信息沟通,使用户能通过对应的移动终端设备监测并控制车辆。

(5)车内设备间的通信是指车辆内部各设备间的信息数据传输,用于对设备状态的实时检测与运行控制,建立数字化的车内控制系统。

车联网是使用无线通信、传感探测等技术收集车辆、道路、环境等信息,通过车-车通信技术(vehicle to vehicle,V2V)、车与路侧单元(vehicle to roadside unit,V2R)信息交互和共享,使车和基础设施之间智能协同与配合,从而实现智能交通管理控制、车辆智能化控制和智能动态信息服务的一体化网络。

1. V2X

V2X 是指车对外界的信息交换,是一系列车载通信技术的总称。如图 6 - 50 所示,V2X 包含汽车对汽车(V2V)、汽车对路侧单元(V2R)、汽车对基础设施(vehicle to infrasrtucture,V2I)、汽车对行人(vehicle to pedestrian,V2P)、汽车对机车(vehicle to motobiker,V2M)及汽车对公交车等六大类。目前以 V2V 的发展最为成熟。

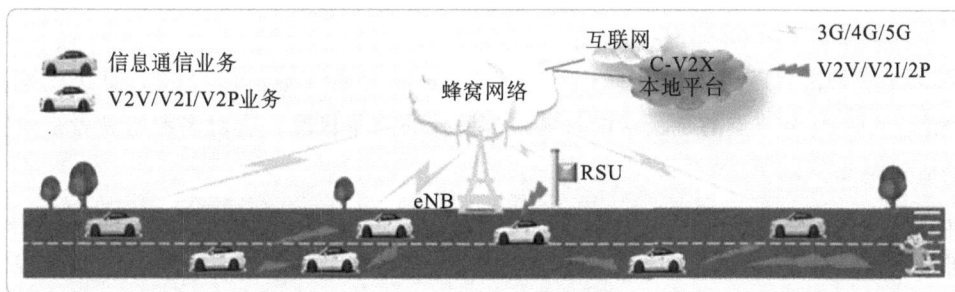

图 6 - 50　V2X 示意图

V2X 是未来智能交通运输系统的关键技术,它可以通过通信获得实时路况、道路信息、行人信息等一系列交通信息,提高驾驶安全性、减少拥堵、提高交通效率、提供车载娱乐信息等。基于 V2X 技术不仅可以大幅提升交通安全、降低交通事故率,而且可以为自动驾驶、智能交通和车联网创新提供低成本、易实施的技术路线和基础平台,如图 6 - 51 所示。

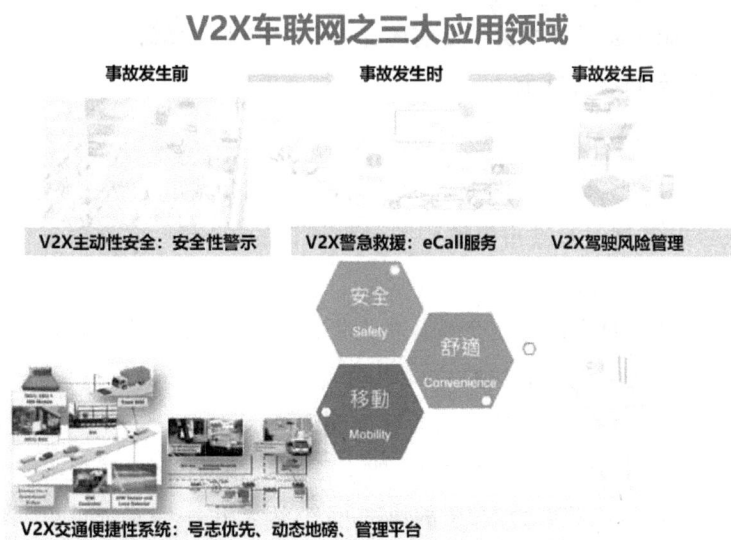

图 6 - 51　V2X 车联网之三大应用领域

V2V 通信原理及具体应用:V2V 作为 V2X 中发展最为成熟的,重点了解一下 V2V 的原理及应用也十分必要。V2V 通信是为了防止事故发生,通过专设的网络发送车辆位置和速度信息给另外的车辆。依靠技术的实现，驾驶员收到警告后就能降低事故的风险或车辆本身就会采取自治措施，像是制动减速。

V2V 通信原理：V2V 通信需要一个无线网络，在这个网络上汽车之间互相传送信息，告诉对方自己在做什么，这些信息包括速度、位置、驾驶方向、刹车等。V2V 技术使用的是专用短程通信(dedicated short range communications，DSRC)，由类似美国联邦通信委员会和国际标准化组织的机构设立的标准。有时候它会被描述成 WiFi 网络，因为可能使用到的一个频率是 5.9 GHz，这也是 WiFi 使用的频率。不过更准确地说，DSRC 是类 Wi-Fi 网络，它的覆盖范围最远达 300 m。

V2V 是一种网状网络，网络中的节点(汽车、智能交通灯等)可以发射、捕获并转发信号。网络上 5～10 个节点的跳跃就能收集一英里外的交通状况。这对多数驾驶者来说都有足够的应对时间。

在发展之初，V2V 对驾驶者来说可能只是闪烁的红灯警告，或是指示哪个方向有危险，这些都还在概念阶段，目前已经有数千辆测试车了，多数原型车都到了可以自动刹车或转弯来避开危险的水平。交通信号或其他固定设备即为 V2I，也就是汽车-基础设施。

关于 V2V 还有很多其他说法，一些厂商把它叫做 Car - to - X，还有"Internet of Cars"以及"Connected Car"，目前看来 V2V 正脱颖而出。

V2V 通信的应用：V2V 通信被期望能够在车道偏离、自适应巡航控制、盲点侦测、后方停车声波定位、备份照相方面发挥更多的作用，对比当前的 OEM 预埋系统。因为 V2V 技术开启了对四周威胁的 360°智能感知。V2V 通信成为普适计算不断壮大的应用趋势——物联网的分支部分。

V2V 通信和智能交通系统的实现目前还存在三个主要的障碍：汽车厂商对于标准的一致意见，数据隐私安全和项目资金。

2. V2R

V2R 需要分为两种场景，第一种是高速公路，第二种是城市道路。高速公路是第一步，而城市道路需要在其基础上对城市道路中的增加标识的识别后，实现更复杂的数据判断和数据通信，如图 6 - 52 所示。

高速路上的 V2R 相对来说比较容易。首先是标识明确，没有人行道、红绿灯、行人等复杂路况因素的影响，只需要识别高速路中的车辆和高速公路出入口标识等就可以了。其次高精地图已经提前布局高速路，高精地图能够精确到厘米级，对于车辆的路线规划和自动驾驶有很大帮助。有了高精地图的支持，V2R 的交互就会相对变少，处理起来更加方便。最后就是尽快实现 V2V，也能够助力 V2R 的快速开发，因为每一辆车都可以共享采集到的道路信息，并将这个信息传递到云端，促进道路信息的合理化和完善化。

而对于城市道路来说，需要处理的信息要更多，这也就要求车辆采集的信息更多，处理能力更强，同时对于 V2I 和 V2P 都有关联，是实现自动驾驶最困难的障碍。可能专有的交通路线或公共交通才是未来人类出行的主要方式，是值得探讨和深度调研的。

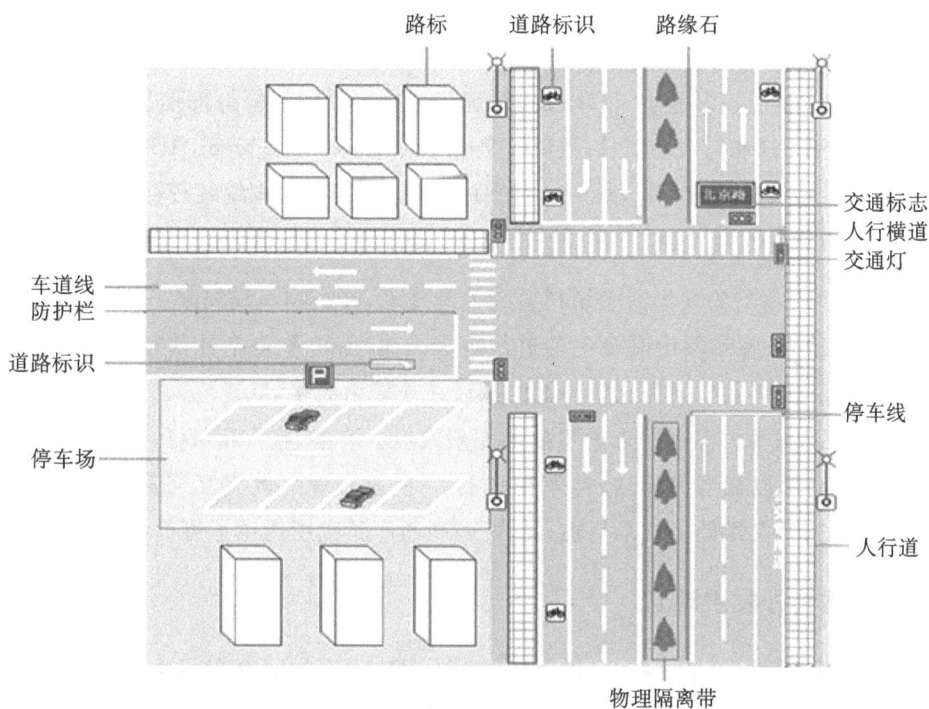

图 6-52　V2R 示意图

V2R 现在通过毫米波雷达和摄像头进行开发的方案很多,再辅助高精地图和云端支持,只要实现 V2V,半自动驾驶和自动驾驶在高速公路上实现并不遥远。

3. V2I

V2I 中的 I 不是指电信基础设施,而是指车辆行驶过程中遇到的所有基础设施,包括红绿灯、公交站、电线杆、大楼、立交桥、隧道等所有建筑设施,如图 6-53 所示。

图 6-53　V2I 示意图

V2I 通信功能具体将采用车载智能交通运输系统的 760MHz 频段,使用该频段可以在不影响车载传感器的情况下实现基础设施与车辆之间相互通信功能,从而获取得到必要的关键信息。在交叉路口能见度较差时,V2I 通信系统就可以接收到红绿灯的信息,并通过 V2V 和 V2P 系统,接收到车辆和行人的信息,汇总提交给车脑(automobile brain,AB)系统,车脑通过车载操作系统(automotive operating system,AOS)分析处理,控制汽车继续行驶还是继续等待。

4. V2P

V2P 技术是一项与公众生活密切相关的关键技术,其影响不仅局限于技术层面,还涉及国家政策、社会治理、隐私保护以及伦理道德等多个维度,这些复杂性使得其实际落地面临诸多挑战。然而,现有文献中对这些问题的探讨往往较为简略,缺乏深入分析。

事实上,V2P 技术的实现并未如想象中那般复杂。在智能手机和可穿戴设备高度普及的今天,这些设备可以充当 P 模块,与车辆中的 V 模块实现高效交互通信。这种基于现有设备的解决方案,不仅降低了技术门槛,还为 V2P 的广泛应用提供了可行性。

6.4.2 国内外发展现状

车联网在国外起步较早。在 20 世纪 60 年代,日本就开始研究车间通信。2000 年左右,欧洲和美国也相继启动多个车联网项目,旨在推动车间网联系统的发展。2007 年,欧洲 6 家汽车制造商(包括宝马等)成立了 Car2Car 通信联盟,积极推动建立开放的欧洲通信系统标准,实现不同厂家汽车之间的相互沟通。2009 年,日本道路交通通信系统的车机装载率已达到 90%。而在 2010 年,美国交通部发布了《智能交通战略研究计划》,内容包括美国车辆网络技术发展的详细规划和部署。

与国外车联网产业发展相比,我国的车联网技术直至 2009 年才刚刚起步,最初只能实现基本的导航、救援等功能。随着通信技术的发展,2013 年国内汽车网络技术已经能够实现简单的实时通信,如实时导航和实时监控。2014—2015 年,3G 和 LTE 技术开始应用于车载通信系统以进行远程控制。2016 年 9 月,华为、奥迪、宝马和戴姆勒等公司合作推出 5G 汽车联盟(5G automotive association,5GAA),并与汽车经销商和科研机构共同开展了一系列汽车网络应用场景。至 2022 年底,国家颁布了多项方案,将发展车联网提到了国家创新战略层面。2023 年 7 月,国家颁布了《国家车联网标准体系建设指南》,在这期间,人工智能和大数据分析等技术的发展使得车载互联网更加实用,如企业管理和智能物流。此外 ADAS 等技术可以实现与环境信息交互,使得 UBI 业务的发展有了强劲的助推力。未来,依托于人工智能、语音识别和大数据等技术的发展,车联网将与移动互联网结合,为用户提供更具个性化的定制服务。

6.4.3 关键技术

1. 车辆紧急呼叫

eCall 是车联网中最核心也是最重要的车联网应用。本书主要介绍 eCall 相关的功能以及涉及的逻辑流程。

在发生交通事故后,能够在第一时间获得交通事故发生时的相关信息,就可以减轻交通事故造成的人员伤害,挽救更多人的生命。这些相关信息包括车辆的型号、车辆的类型、车辆的诊断信息以及车辆的位置信息等。公共安全响应点(public safety answering point, PSAP)或者第三方服务提供商(third party service providers, TPSP)可以根据这些信息及时派出相关救援队伍采取营救措施。由于电子信息技术的发展,现在的技术完全可以实现上面的需求,因此各个国家制定了自己的相关协议来支持 eCall。

1)eCall 标准

目前,eCall 标准主要分为三种类型:欧洲的 eCall 标准、俄罗斯的 Glonass 标准以及日本的标准。其中,俄罗斯的 Glonass 标准是在欧洲 eCall 标准的基础上进行修改和适配的版本。

2)eCall 发起的方式

eCall 有两种发起的方式。一种是主动发起的方式,这种方式是由车上的人员主动触发车机上的 eCall 按钮发起的;另外一种方式是被动发起,比如由于交通事故的原因导致车上的传感器触发 eCall 电话的拨打。这两种类型的 eCall 触发时,从车机发送到 PSAP 或者 TPSP 的数据字段会标明是手动触发还是被动触发的 eCall。

3)eCall 传输的数据

这里主要介绍欧洲标准传输的 eCall 数据。对于其他非标准的 eCall 数据中,有些车厂在实施过程中,往往还传输了更多的汽车诊断信息给车厂的车联网服务供应商,帮助提高汽车生产的质量,同时帮助分析事故原因等。欧洲标准的 eCall 中在电话触发时,从车机传输给 PSAP 或 TPSP 数据称为最小数据集(minimum set of data, MSD),这些数据是救援等需要的极限数据。为了保证 eCall 传输数据的时效性以及安全一致性,欧洲的 eCall 标准要求车上的 modem 必须满足 eCall 标准中定义的 In-band modem 标准(具体定义在 3GPP 的其中一个标准中)。同时 PSAP 和 TPSP 服务端也需要集成 In-band modem。标准的 MSD 数据有 140 个字节,在 eCall 拨打后,系统会首先传输完 MSD 数据之后再接通语音通话。

2. 专用短程通信技术

针对 VANET 的特殊要求,国际上主要采用专用短程通信(DSRC)和基于蜂窝网络的车辆对外通信(cellular-V2X, C-V2X)两条技术路线。DSRC 技术发展时间较长,已经被美国、日本等国家广泛认同,形成了完善的标准体系和产业布局;而 C-V2X 技术依托于蜂窝移动网络兴起,正处于快速发展阶段,受到了中国、欧盟等国家和地区的高度重视。

DSRC 是一种双向半双工中短距离无线通信技术,可以实现高速数据传输,带宽可达 3～27 Mb/s。DSRC 具有一系列优点可以满足 VANET 的要求:指定授权带宽,能够用于安全可靠的通信;快速获取网络,便于立即建立通信,实现主动安全应用的高频更新;毫秒级的低延迟,使主动安全应用能够及时识别彼此并传输信息;高可靠性,可以在车辆高速行驶条件下工作,且性能免受诸如雨、雾、雪等极端天气条件的影响;安全应用比非安全应用的优先级更高;确保互操作性,支持 V2V 和 V2I 通信,有利于普遍部署应用;使用公钥基础设施

(public key infra - structure,PKI)实现安全信息认证和隐私保护。

美国将 DSRC 视为 V2X 系统的主要实现手段,依托美国电气与电子工程师协会(Institute of Electrical and Electronics Engineers,IEEE)和美国汽车工程师协会(Society of Automotive Engineers,SAE)两大协会制定了完整的标准协议框架,如图 6-54 所示。在此基础上欧盟采用了不同的应用层标准,用 ETSI TS102637 系列替代了 SAE J2735 和 J2945 标准;日本也采用了不同的数据字典、信息集和协议。

而在频谱分配方面,美国联邦通信委员会(Federal Communications Commission,FCC)将 5850~5925 MHz 作为 V2V 和 V2I 通信的专用频谱,包括 5 MHz 的防护频段以及 7 个 10 MHz 的控制信道和业务信道;欧洲电信标准协会在 5.9 GHz 频段内分配 30 MHz 的频谱用于智能交通系统,未来将扩展到整个 5855~5925 MHz 频段;日本将 5770~5850 MHz 频段用于 DSRC 电子收费和 V2V 通信的同时,将 755.5~764.5MHz 也用于智能交通系统以避免频谱拥塞;韩国和澳大利亚也跟随欧美将 5855~5925 MHz 频段分配给智能交通系统;而中国对于 DSRC 的频谱分配尚无正式规定,但也在研究 5.9 GHz 频段通信在 V2X 主动安全及未来自动驾驶中的应用。

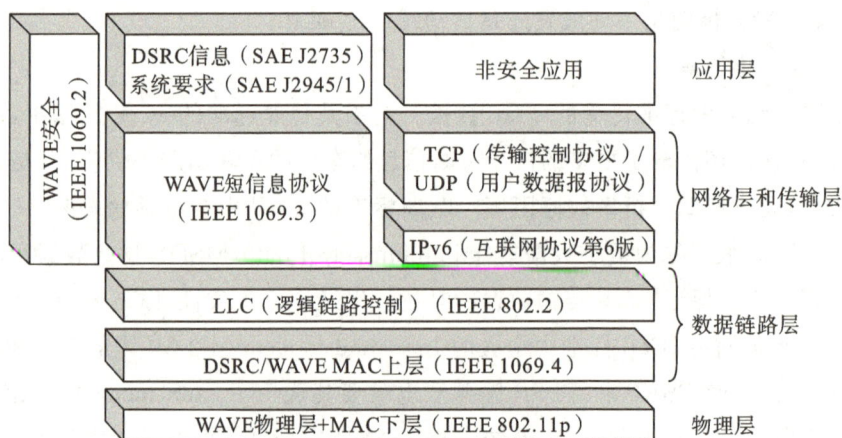

图 6-54 美国 DSRC 协议栈示意图

尽管 DSRC 技术已经得到了广泛的实际验证和应用,但其也存在一定的局限性。第一,DSRC 采用的载波侦听多路访问(carrier sense multiple access-collision avoidance,CSMA-CA)协议在高度密集的交通情况下可能会产生数据包译码失败;第二,DSRC 物理层的正交频分复用(orthogonal frequency division multiplexing,OFDM)技术限制了最大传输功率以及传输范围,不适用于需要长通信距离或合理反应时间的应用场景;第三,DSRC 属于视距传输技术,障碍物较多的城市工况将对其构成挑战;第四,基于 DSRC 的 V2I 系统需要完善的基础设施部署,其安全性也需要通过路侧单元分发和管理车辆数字证书实现,因此对专用基础设施的依赖性大;第五,自动驾驶对通信范围、鲁棒性和可靠性具有更高要求,而目前的 DSRC 标准缺乏相关应用研究,未来的技术演进路线仍不明确。

3. C - V2X

针对 DSRC 技术可能存在的问题,通信产业提出了 C - V2X 解决方案。C - V2X 是一项利用和提高现有的长期演进技术(long term evolution,LTE)特点及网络要素的新兴技术,作为第三代合作伙伴计划(the 3rd generation partnership project,3GPP)Release14 规范的一部分,该初始标准侧重于 V2V 通信,并逐渐增强对其他 V2X 操作场景的支持。C - V2X 为实现邻近通信服务,引入了新的设备到设备(device-to-device,D2D)通信接口 PC5,并且已针对高速度(可达 250 km/h)和高密度(数千个节点)的车辆应用情景进行了改善。在此基础上,C - V2X 能够针对"覆盖范围内"和"覆盖范围外"两种情景提供通信服务,如图 6 - 55 所示,前者基于资源调度模式(mode 3),由基站安排传输资源,基站与车载设备通过 Uu 接口通信;而对于车辆处于基站覆盖范围以外的场景,也可以基于自动资源选择模式(mode 4)实现分布式调度,车辆之间可以直接通过 PC5 接口通信。目前,3GPP 组织已经完成了 LTE - V2X 的业务需求、网络架构、无线接入技术和 V2V/V2X 业务方面的研究与标准化,并将 LTE - V2X 标准立项申请提交到国际标准化组织(ISO),2018 年 11 月针对智能交通系统中 LTE - V2X 应用的 ISO /DIS 17515 - 3 标准已进入最终国际标准草案阶段。

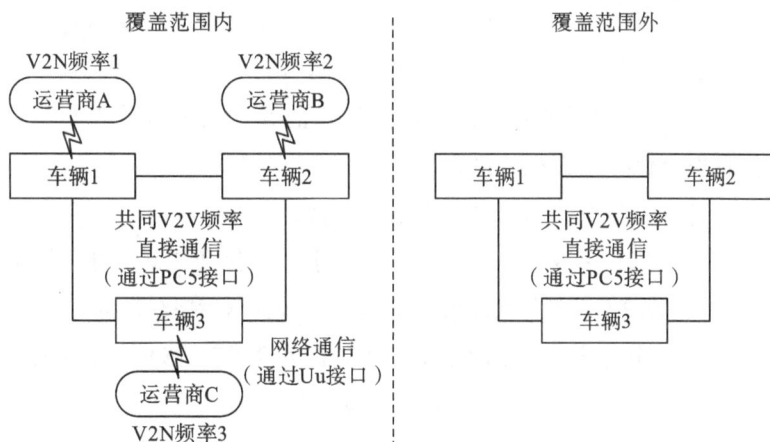

图 6 - 55　C - V2X 通信的两种情景

相比于 DSRC 技术,C - V2X 具有独有的优势和特点。首先,利用移动网络供应商的基础设施,C - V2X 能够提供稳健的通信平台,增强数据安全性和保密性,并通过边缘计算保证时间要求;其次,C - V2X 物理层采用频分复用技术和更长传输时间,提高了链路预算增益,能够比 DSRC 提供更长的预警时间和 2 倍的通信范围;最后,C - V2X 基站节点往往位于高处,因此具有更好的非视距感知能力。除了技术层面的优势,C - V2X 也得到了更多通信企业的重视和投入。一方面 5G 技术的导入以及移动生态系统的完善将为 C - V2X 制定清晰的技术演变路线提供支持;另一方面,利用移动产业对蜂窝技术的研究和部署以及蜂窝运营商对 C - V2X 服务的积极推广,能够快速实现 C - V2X 系统的商业化,并且与车载远程信息处理服务相结合,进一步提高效率、降低成本并创造出具有网络效应的巨大收益。

然而 C - V2X 的基础技术 LTE 同样存在一定局限性。第一,目前的蜂窝网络无法提供足够的数据带宽以及满足要求的低延迟,而 D2D 仅能在紧急情况下运行、设备发现协议极慢,因此难以支持时间要求严格的应用场景;第二,LTE 采用增强型多媒体广播多播(evolved multimedia broadcast multicast service,EMBMS)等技术进行单点到多点的接口管理,但主要支持静态场景,对于大量车辆拥挤的情况可能无法提供所需的效能;第三,LTE 涉及移动网络运营商之间的移交和应用服务供应商之间的合作,针对 V2X 应用如何构建新的合作模式尚不明确;第四,LTE 或邻近通信服务的安全机制并不适用于 V2V 通信,因为其仅提供安全信息的加密,但对信息真实性并无保障。

4. 信息安全

新技术总是双刃剑,车联网给驾驶者及交通管理带来便利的同时,也让黑客有了可乘之机。一旦黑客入侵,不仅可以远程对汽车进行随意操控,还可能获取车辆存储的个人隐私信息。2013 年 7 月,英国伯明翰大学的科研人员破解了大众汽车旗下各个豪车厂商使用的安全防护系统,实现了车辆的点火功能。2014 年 3 月,一位网络安全专家在黑帽安全会议上指出特斯拉的跑车安全系统存在多处缺陷,可以使得黑客非常轻松地破解车辆账户密码,获取车辆及驾驶者的信息。2015 年 2 月,德国汽车协会指出劳斯莱斯及宝马部分车型配备的数字服务系统存在安全漏洞,通过这些漏洞,黑客可以远程打开车门。美国麻省参议员对包括宝马、丰田、梅赛德斯奔驰、保时捷在内的主流车厂做的一份调查更是表明众多汽车制造商尚未在车联网信息安全保护方面做好准备。

造成车联网信息安全隐患的原因主要有几个方面:

(1)车辆软硬件更新周期缓慢。与计算机产业不同,为了保证车辆的可靠与稳定,汽车厂商以前通常不选择最先进的硬件设备与软件系统,而是使用较为落后但却稳定的软硬件。这导致车辆软硬件设备的更新周期长达 8~10 年,无法进行及时的安全更新、修复存在的安全漏洞。

(2)车联网中车辆不安全的远程连接增加了黑客侵入的风险。连入车联网的车辆通常至少会开放一个无线入口用于信息传输或连接远程电子设备进行车辆诊断,汽车厂商并没有对这些入口及远程连接采取完善的安全防护措施。黑客通过这些入口可以侵入汽车内部系统,随意对车辆进行控制,实现汽车的解锁、突然加速、刹车、更改计速器或油表等,从而引起严重的道路安全问题。黑客甚至可以通过锁定车辆的一些功能来对车主进行勒索。

(3)多数用于收集汇总数据的云平台缺乏有效的安全保障措施。汽车厂商会同第三方云平台建立合作关系,授权其进行车辆信息的收集分析汇总工作。这些第三方平台的安全等级通常参差不齐,易受攻击的第三方云平台将会成为黑客入侵获取隐私数据的又一渠道。

(4)车联网的几个相关行业各自为营,相互独立。车联网的 3 个主要行业——制造汽车的主机厂,提供车联网接入服务的网络服务商以及为车辆开发车内影音软件、诊断系统、网络设备的车载软硬件开发商相互之间缺乏统一的协调管理与政策指导。不统一的执行标准造成了潜在的安全风险。

为了保护车辆用户包括驾驶者身份、车辆牌照、行驶速度、车辆实时位置等关键隐私信息,车联网需要提供更为安全的连接与认证方式以及更为可靠的数据保存方法。

连接安全方面,通过使用密钥来对车联网中车辆与云平台之间的传输进行加密。云端安全方面,在云平台需要采取更严格的身份验证机制,确保只有合法的有权限车辆才可以获取、更改车联网云端的相应数据或是上传自身数据到云端,提高车联网中的数据安全性。政策标准方面,目前车联网行业正在起步阶段,缺乏有公信力的厂商建立一个统一的云平台对连入车联网的车辆进行统一的协调与管理。鉴于车联网市场千亿级的体量,整个车联网体系不可能由一家企业独立构建,在车联网的生态环境中,互联网企业、汽车制造企业、汽车电子企业、电信设备商、电信运营商需要相互合作,形成统一的联盟。

6.5　智能汽车标准法规

智能网联汽车是传统汽车与智能化和网联化的结合体,其技术发展的趋势也是自动化程度和网联化程度不断进步的结合,相应的标准化也不断更新。目前,各大国际标准化组织均以负责道路车辆和智能交通的标准化技术组织为主,围绕信息安全、先进驾驶辅助和智能交通协同等领域开展研究;对于跨领域的重点研究项目,可能涉及多个标准化组织同时研究的情况,则采取加强沟通协调的方式,由参与方共同影响标准的发展。

6.5.1　国际智能网联汽车标准法规概况

随着标准和法规在智能网联汽车发展过程中的引领和支撑作用日益凸显,为了推动智能网联汽车技术和产业的协同发展,相关的标准、法规协调正在成为国际相关组织的工作重点。

1. 国际标准化组织(ISO)

ISO 下属的两个技术委员会(道路车辆技术委员会(ISO/TC 22)和智能运输系统技术委员会(ISO/TC 204)负责智能网联汽车相关技术的研究和制定。其中,ISO/TC 22 侧重基于车辆自身装置而进行的信息采集、处理、决策和行为的车辆技术领域;ISO/TC 204 侧重基于道路交通设施的信息传递和交通管理信息化方面。TC 22 和 TC 204 中与智能网联汽车相关的工作组如图 6-56 所示。

同在 ISO 框架下,TC 22 和 TC 204 的活动虽各有侧重,但研究内容则不可避免地相互重叠。如 TC 204/WG 14 负责车辆/道路警示和控制系统中涉及部分车辆控制系统标准,包括低速自动驾驶、车辆垂直碰撞预警、避免碰撞横向操纵系统和半自动车道转换系统等,与TC 22 交叉明显。为此,ISO 决定创建 TC 22/TC 204 自动驾驶工作组,以协调两个技术委员会的研究项目和相关活动。

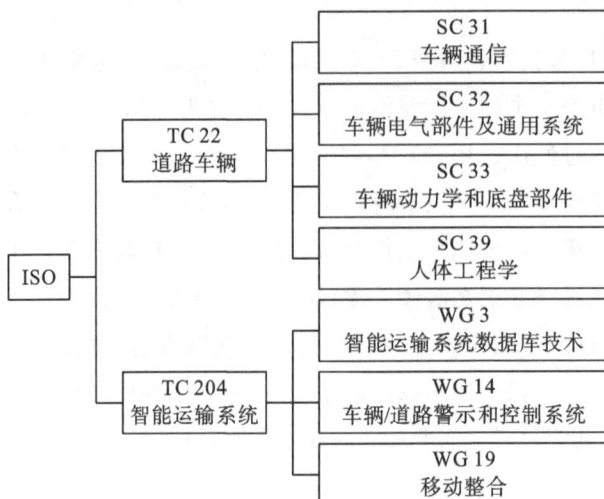

图 6-56 ISO 智能网联汽车相关工作组

2. 联合国框架

在联合国框架下,与智能网联汽车标准化工作相关的是世界道路安全论坛(WP.1)和世界车辆法规协调论坛(WP.29)。WP.1 对《维也纳道路交通公约》中有关限制自动驾驶技术发展的要求进行了修订,明确交通运输中允许应用自动驾驶技术。早在 2014 年,WP.29 就成立了智能交通/自动驾驶非正式工作组,统筹协调智能交通系统和自动驾驶技术的共性问题和法规,并修订相关法规条款,为先进驾驶辅助系统和自动驾驶技术的应用消除法规障碍。

2018 年,WP.29 在原制动和行驶系统工作组基础上,整合智能交通/自动驾驶非正式工作组,成立了自动驾驶与网联车辆工作组(Working Party on Automated/Autonomous and Connected Vehicles),负责开展联合国有关智能网联汽车法规的协调任务。之后在工作组中成立了多个专项工作小组,针对不同重点领域进行专项研究,如图 6-57 所示。

2019 年 6 月,WP.29 通过了 GRVA 提交的《自动驾驶汽车框架文件》,旨在确立 L3 和更高级别的自动驾驶汽车安全性和相关原则,包含了自动驾驶汽车相关的工作准则、安全因素,以及 WP.29 在自动驾驶汽车法规制定与协调工作中需要优先考虑的关键性和原则性等问题。此外,文件还确立了 WP.29 的工作重点,主要包括:自动驾驶汽车功能要求、新的评估/测试方法、信息安全和空中激活(over the air,OTA)软件升级、自动驾驶汽车数据存储系统和事件数据记录仪,并明确了相关成果(交付物)、时间表和工作安排。

在汽车信息安全方面,WP.29 还成立了专门的汽车信息安全特别工作小组,与国际电信联盟就业务范畴达成一致,即:汽车信息安全以车辆或车内信息安全为主,关注车辆避免外部侵扰,但不涉及车辆外部的网络安全。

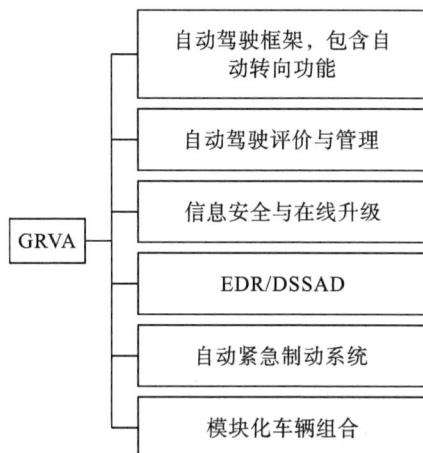

图 6-57　GRVA 下属专项工作小组

6.5.2　国外先进组织智能网联汽车标准与法规概况

近几年,智能网联汽车已经处于技术快速进步、产业加速布局的发展阶段,国际上对智能网联汽车给予了高度关注,一些发达国家和地区也已经采取主动措施,破解制约技术发展的制度瓶颈,积极构筑自动驾驶技术体系。

1. 欧洲标准化委员会(Comité Européen de Normalisation,CEN)

CEN 承担了欧盟立法工作,同时也覆盖了欧盟成员国自动驾驶车辆标准的相互认证工作。在智能网联汽车方面,欧盟授权 CEN、欧洲电子技术标准化委员会和欧洲电信标准研究所针对协作式 ITS 服务制定欧洲标准。CEN 是上述欧洲三大标准化机构之一,其设立的智能交通系统技术委员会(TC 278)负责推进欧洲智能交通系统的标准化工作。其下属工作组由于工作内容相同,故部分工作组(WG1、WG16 和 WG17)与 ISO/TC 204 成立联合工作组,共同完成相关领域的研究。

2. 美国汽车工程师协会(society of automotive engineers,SAE)

SAE 是国际上最大的汽车工程学术组织。SAE 所制订的标准广泛地应用于汽车行业及其他行业,并有相当一部分被美国国家标准采用。全球汽车行业公认的 5 级自动驾驶分级标准就是在 2014 年由 SAE 提出的。SAE 在智能网联汽车领域的技术研究仍在持续深入,研究重点包括:主动安全、驾驶员-车辆端口、车辆电子网络安全、协同驾驶自动化、与智能运输系统的 V2X 通信、驾驶自动化系统和移动共享等。

与此同时,SAE 是 ISO 相关技术委员会的重要成员,在汽车信息安全方面与 ISO 成立了联合工作组,共同制定了 ISO/SAE CD 21434《道路车辆信息安全》,并且在主动安全系统领域、道路自动驾驶领域、自动驾驶的智能化与网联化的协同项目、V2X 通信领域、移动整合和网络安全方面的标准化活动与 ISO 在进行密切合作。

6.5.3 全球主要国家和地区的规则修订进程

1. 欧盟：积极推进产业发展，负责构建协调框架

欧洲拥有发展智能网联汽车的良好产业基础，也是目前智能网联汽车发展最成熟的地区之一。根据毕马威发布的 2020 版《自动驾驶汽车成熟度指数报告》中列出了 30 个自动驾驶汽车成熟度最高的国家，欧洲占据 14 席，前五名中欧洲占据三位。虽然该报告不能完整地体现出全球自动驾驶产业的情况，但是从一定程度上可以看出，欧洲在自动驾驶产业发展上已占据领先地位。

在智能网联汽车领域，欧盟主要负责三个方面的工作：一是制定欧盟层面的法律和政策框架，包括技术标准协调和法律法规协调。二是协调和资金支持基础研究。三是促进其成员国与其他国家和地区的合作。为此，欧盟针对发展智能网联汽车创建了新的协调小组，并明确欧盟委员会部门职能分工。

2015 年 10 月，欧盟成立了 GEAR2030 高级别小组，主要负责研究汽车行业的未来发展，为成员国、行业利益相关者和欧盟委员会成员带来了制定自动驾驶政策建议的目标。该专家组在 2017 年发布了《GEAR2030 高级别专家组最终报告》和《GEAR2030 战略 2015—2017》，深入分析了引入自动驾驶汽车对欧洲的影响，并商定了路线图和确定目标。

从法律角度，欧盟现行立法在很大程度上已经适用于将智能网联汽车投放市场。在智能网联汽车相关领域，欧盟主要负责制定安全标准、汽车型号的强制许可等方面的工作，其既有的认证许可等汽车相关制度已经在 2018 年获得更新。并且欧盟委员会为适应智能网联汽车发展，计划在现有框架内专门为新技术制定一个特别程序。

欧盟发布了多份文件，努力建立智能网联汽车的联合欧洲框架。2016 年 4 月，欧盟的 28 个成员国签署了《阿姆斯特丹宣言》，其目标是制定一项共同的欧洲智能网联汽车战略，对欧盟的监管体系进行审查，并在必要时组织调整；对成员国的研究和创新制定协调办法；联合部署互联互通的智能运输系统。2017 年 3 月，27 个欧盟成员国以及挪威和瑞士在欧盟委员会的组织下共同签署了意向书，承诺共同开展智能网联汽车领域的大规模测试和示范运营。该意向书涉及网络连接、频谱、数据、网络安全和人工智能等方面。2018 年 5 月，欧盟委员会发布了《自动驾驶路线图：欧盟未来的驾驶战略》，计划在 2030 年步入以完全自动驾驶为标准的社会，明确将智能网联汽车研究作为未来研究和创新的重点任务。在该战略的基础上，欧盟在 2019 年 4 月批准了《自动驾驶汽车的豁免程序指南》，以协调国家对自动驾驶车辆的临时安全评估。该指南重点关注有限条件自动驾驶的汽车，即 L3 和 L4 级别的自动驾驶汽车。

2. 英国：充分评估规则需求，重视保险责任制度

英国较早开始关注自动驾驶产业发展，特别重视自动驾驶的产业化和规则变化两个方面。2014 年 7 月，英国政府宣布两项新政策：一是英国的城市可以参加举办自动驾驶汽车实验的竞争项目；二是组织相关部门分析和探讨自动驾驶在日常交通中的执行情况，以及其对既有道路法规的影响。

2015 年,英国交通部发布了《自动驾驶汽车测试实践准则》,明确了自动驾驶道路测试的具体要求,但该文件并未增加新的法律要求。为了适应自动驾驶产业发展,增加商业化阶段的要求,英国交通部和互联自动驾驶汽车中心在 2018 年联合公布了《实践准则:自动驾驶汽车的试验》,对 2015 年的准则进行更新。该准则主要从四方面对自动驾驶汽车的测试提供进一步的指导,包括测试车辆的要求、驾驶员或操作员准入资格、公共参与度的要求以及网络安全要求。

在通过实践准则引导产业安全发展的同时,英国高度重视对阻碍产业发展的法律法规的修订。2016 年 7 月,英国商务部和运输部大臣公开表示,将致力于清除约束自动驾驶产业发展的相关规则,以确保驾驶辅助系统的商业化使用和高级别自动驾驶的道路测试安全进行。2018 年 7 月,英国议会通过了首部关于自动驾驶汽车的法案——《自动和电动汽车法案》。

值得关注的是,英国特别重视自动驾驶的保险制度和责任制度。一是《自动和电动汽车法案》中专门区分保险方和车辆所有人的责任。二是在保险方与汽车所有人之外,该法案在事故受害方和保险方或汽车所有人之间规定了共同过失责任。三是对于未经授权的软件更改或未能更新软件而导致的事故,法案对于保险方和车辆所有人的责任进行了例外性规定。

3. 德国:路测规则相对保守,关注伦理道德引导

汽车工业是德国的支柱产业,德国政府和产业界高度关注汽车技术发展前景。2015 年 9 月,德国联邦政府发布了《智能网联汽车战略》,聚焦于基础设施、创新、信息安全、数据保护、法律制度衔接等方面,旨在通过战略性布局使其在智能网联汽车领域获得领先地位。2016 年,德国组建了智能网联汽车道德委员会,旨在解决智能网联汽车发展过程中在各领域遇到的道德选择问题,为其制定必要的道德准则。同时,德国十分重视与中国合作,我国汽车工业与德国有广泛而悠久的合作基础,两国交通法规制度方面也分享一些基本结构和基本理念,中德两国在智能网联汽车领域可以而且已经开展了形式多样的合作。2018 年 7 月,中国工业和信息化部与德国联邦经济和能源部、联邦交通和数字基础设施部共同签署了《关于自动网联驾驶领域合作的联合意向声明》,确定中德两国建立高级别对话机制,加强政府部门、行业组织、企业等在自动网联驾驶 /智能网联汽车领域的多层次交流与合作。在这一合作框架下两国持续开展不同层级的对话合作,合作成果举世瞩目。

德国法律体系完备,为了应对渐行渐近的智能网联汽车,如何配备适当且合理的法律制度是其关注的核心。为此,德国联邦交通和数字化基础设施部对德国《道路交通安全法》进行了修订,该修正案已经于 2017 年 6 月生效,其内容要求应当具备安全驾驶员,也就是说该修订针对的是一般道路测试,并未允许远程测试和商业部署等新情况。新版德国《道路交通法》第 1 条 b 款确立了自动驾驶车辆驾驶员的特殊义务,即在必要时刻及时重新接管车辆的控制权。另外,该修正案还增加了车辆数据记录和传输的义务。其规定当"车辆控制从人工驾驶向技术系统转换"或"技术系统向人工驾驶转换"时,必须记载位置以及时间信息。该条规定有利于判断具体时刻中自动驾驶车辆所处的状态及证据,以便后续责任判定时能够适用正确的归责原则。

除了加强法律法规建设,德国还非常重视伦理道德对自动驾驶产业发展的影响。2017年6月,德国联邦交通部的伦理委员会发布了世界上第一份自动驾驶伦理指导原则,对自动驾驶需要遵循的伦理原则给出了一些探索性指引。这份指导原则肯定了自动驾驶系统的合法地位,在运行安全、人类尊严、决策自由以及数字独立等方面提出了若干要求。德国自动驾驶系统指导原则有如下特点:其一,强调对人的保护,明确对人的保护优先于所有其他利益,并且强调自动驾驶的首要目标是提升所有交通参与者的安全。其二,对避免损害提出明确要求,自动驾驶汽车应完全避免陷入进退两难境地,要注重考虑弱势群体,避免损害可以成为引入更高级别自动驾驶的理由。其三,明确自动驾驶适用产品责任,因为控制方式的变化,自动驾驶汽车引起的事故责任相应的转变为产品责任。其四,强调用户的数据权利,数据披露具有自愿性,相关数据的转发与使用由汽车所有者或使用者决定。总体来说,德国这份伦理原则强调了一些人类社会基本伦理原则,显示出一定的保守性,这些伦理要求在业界基本形成一定的共识。这份伦理原则还存在一定的局限性,例如基本假设是人类驾驶员仍然具有"接管"义务,基本没有涉及完全自动驾驶情形下的伦理原则,对两难情形仅提出个案分析,并没有责任豁免的突破性规定。

4. 荷兰:对开放与安全并重,重视新知识的传播

荷兰在智能网联汽车规则制定方面明确了"边做边学"的理念。其认为通过积累实践经验,使政府治理能力与技术能力同步发展,进而对法律法规、技术设施等方面及时进行合理调整。另外,荷兰非常重视智能网联汽车知识的传播。搭建了"自动驾驶知识议程"项目,旨在普及自动驾驶相关知识,提高公共接受度,以减少自动驾驶测试和商业化的障碍。在荷兰法律体系下,智能网联汽车主要受两类规则的管辖:一是国家层面的《道路交通法》,该法律主要规定了关于汽车、驾驶员和相关环境要求的内容。二是市政层面的细化规则,此类规则要求不能与《道路交通法》相抵触,通常是关于交通、停车等方面的具体法规。基于荷兰的法律体系,其对智能网联汽车具有管理职责的部门也分为两个层面:一是中央主管部门,即基础设施和环境部,其直接行政部门是国家车辆管理局;二是地方交通主管部门,包括市政管理部门、封闭测试管理部门等。

荷兰以豁免许可的形式开放智能网联汽车的公共道路测试。2015年,荷兰议会通过一项法令,修订了《例外运输豁免法令》(以下简称"豁免法令"),允许在公共道路上测试智能网联汽车。豁免法令第2a条规定,公司可以申请道路测试豁免,经过国家车辆管理局审批后,可以在公共道路进行智能网联汽车测试。其规定了广泛的豁免申请范围,并授权国家车辆管理局制定更具体的要求。

为适应自动驾驶的新特征,2017年2月,荷兰基础设施和环境部提出制定《自动驾驶汽车实验法案》,对《道路交通法》进行修订,允许在特定路段和时间条件下进行智能网联汽车远程测试。经过两年多的审议和修订,最终该法案于2018年年底通过两会审议,并于2019

年 7 月开始施行。

虽然荷兰对道路测试申请的要求宽泛,但是为了保障安全性,其规定了严格的安全审查流程。首先进行文本审查,包括分析申请人提交的功能描述和风险,特别是要审查是否具有保险,以及是否符合现行法律法规的要求;审查申请人是否具有电磁兼容性声明;分析测试计划,并检查申请人已进行的测试情况。然后组织现场审查,该审查主要是封闭测试场测试,主要包括压力测试等方面。如果系统通过了文本审查和现场审查,测试主体即可拿到国家车辆管理局颁布的豁免许可,但是要进行道路测试还应当征求目标测试地的地方道路管理局的意见。除此之外,还需与测试地区的警察进行磋商。虽然对此法律没有明确要求,但是基于政策性考虑,测试主体通常需要通知所有对测试道路区域具有管辖权的当地警察局并与其进行协商。

5. 新加坡:率先制定国家标准,探索新的安全体系

新加坡具有良好的发展基础,产业发展及相关制度环境受到广泛好评。出于新加坡政府的积极态度,良好的道路与优质的移动网络基础设施建设,新加坡在 2018、2019 年连续两年的由毕马威公司发布的《全球自动驾驶成熟度指数报告》中排名第二位,仅次于荷兰。2017 年,新加坡通过《道路交通法》的修正案,允许自动驾驶汽车进行公共道路测试。该法案赋予新加坡陆路运输管理局广泛的自由裁量权,以确保其实施监管沙盒。监管沙盒一方面可以测试汽车的安全能力,另一方面也为新加坡陆路运输管理局制定许可条件、操作或测试路线等规则积累了立法经验。

新加坡率先制定了自动驾驶测试和商业化部署的国家标准,试图成为部署自动驾驶汽车的先锋。2019 年 1 月 31 日,新加坡陆路交通管理局、新加坡国际企业发展局、新加坡标准委员会联合发布的《技术规范 68》将促进新加坡自动驾驶的安全测试与部署,该项新加坡国家标准也是世界上首个关于自动驾驶的国家标准。《技术规范 68》主要用于给自动驾驶汽车行业提供政策指引与导向,其针对的车辆主要是由国际汽车工业协会制定的自动驾驶等级处于第四和第五等级的自动驾驶汽车。《技术规范 68》主要从基础驾驶行为与安全两大方面对自动驾驶测试与部署进行规制:

第一,基础驾驶行为的核心由车道规范、动态驾驶任务、驾驶规则改进程序和道路驾驶规则冲突规定构成。首先,车道规范规定的目的是自动驾驶汽车和其他道路使用者的安全;尤其是在变道和超车的情况下,自动驾驶汽车只有在安全的情况下才能执行以上操作,并检查是否有禁止超车的交通标志。其次关于动态驾驶任务,这是由汽车工程师协会定义为在道路交通中操作车辆所需的所有实时操作和策略功能,但不包括诸如行程规划等策略功能。动态驾驶任务是执行自动驾驶的核心组成要素。再次,驾驶规则改进程序的设置目的是建立驾驶场景数据库,从而能够在自动驾驶测试评估的基础上给具体驾驶规则的修改程序给予反馈。驾驶规则改进程序能够极大地帮助新加坡标准委员会修订和完善《技术规范 68》。道路驾驶规则冲突的规定则是为了给自动驾驶汽车必要时违反驾驶规则,为其防止或减轻预见的危险事件提供灵活性。道路驾驶规则冲突的规定分为两个层级,一是安全性,二是保持交通顺畅。

第二,《技术规范68》在安全方面主要包括了质量安全体系与安全管理体系。为了确保质量安全体系对程序和质量措施有统一的解释,自动驾驶汽车开发商、运营商应按照最佳实践标准运行质量管理体系,并进行独立评估。此外,还将评估自动驾驶汽车开发商、运营商如何在这些标准的背景下处理基本系统安全要求,并扩展到自动驾驶级别。自动驾驶汽车开发人员负责提供足够的证据证明自动驾驶汽车是安全的并且符合其预期目的。此外,质量安全体系对在系统安全级别、部署级别、自动驾驶汽车配置、测试管理以及变更管理流程中的自动驾驶汽车开发商、运营商和制造商的责任进行了明确的规定。

安全管理体系主要涵盖了自动驾驶汽车功能说明、危害分析与风险评估、系统安全性与预期功能和软件更新等方面。首先,自动驾驶汽车开发商、运营商应充分了解新加坡自动驾驶汽车运营的操作设计域,这包括对场景的示范子集进行记录和评估以及基于风险最小化和预防策略定制场景。其次,自动驾驶汽车开发人员、运营商应具有健全和成熟的内部危害分析和风险评估方法和流程,且用于完成危害分析的方法应包括所有可能导致危险行为的自动驾驶汽车功能,并得出自动驾驶汽车在其运行领域的最终完整的危害清单。再次,系统安全性与预期功能确保自动驾驶开发人员、运营商将风险考虑并控制在与自动驾驶的预期功能和限制相关的可接受水平。最后,软件更新方面,原始设备制造商和子系统供应商将定期进行软件更新,以纠正缺陷或添加、删除产品的功能和行为。其中一些更改将涉及与安全相关的功能。原始设备制造商应展示其设计变更管理流程,如何确保持续的设计质量保证,并在更改发布之前更正配置跟踪和更新流程,至少等同于初始设计批准。

6. 日本:循序渐进修订规则,部门工作紧密衔接

当前,日本已经开放了一般道路测试、远程道路测试、部分商业化部署(如自动驾驶出租车等),并正在探索高速公路测试及商业化模式。日本负责智能网联汽车规则制定的主要有四个部门:一是内阁秘书处,其IT综合战略本部负责制定与智能网联汽车相关的政府战略计划;二是国家警察厅,其负责监督在公共道路上行驶的车辆,包括测试许可等方面;三是国土交通省,其主要负责修订《道路运输车辆法》,明确车辆规格和相关安全要求;四是经济产业省,其将联合国土交通省共同制定和修订智能网联汽车相关ITC系统的规则。

日本采取循序渐进的方式修订智能网联汽车规则。2016年5月,日本IT综合战略本部制定了自动驾驶普及路线图,明确发展目标和方向。为适应智能网联汽车产业发展,日本自2016年起开始修订《道路交通法》和《道路运输车辆法》,2017年2月,日本完成了对《道路交通法》的修订,允许在特定区域内的公开道路使用智能网联汽车,并由日本警察厅负责相关许可工作。智能网联汽车要在公开道路测试,除了需要符合《道路交通法》外,还需要符合《道路运输车辆法》规定的安全标准,即车辆的规格等相关要求,并在国土交通省的地方运输司注册登记。2017年2月,国土交通省对安全标准进行了修订,允许具备适当安全措施的智能网联汽车(包括一般测试和远程测试)进行车辆登记。随着技术和产业的发展,2019年5月,日本再次通过《道路运输车辆法》修正案,为商业化部署提供了新的安全标准。其中,可行驶的道路环境与速度等条件将从纸面要求转为技术模式实现,由厂商方面提供"设计运行区域",经日本中央政府确认合理性后进行认定。

日本的智能网联汽车规则修订环环相扣,充分发挥了部门协同作用。其主要体现在以下两方面:

一是测试要求衔接。为了确保道路测试的安全性,在2016年5月,《自动驾驶普及路线图》发布。同月,日本警察厅发布了《公开道路测试自动驾驶系统指南》,明确了许可的要求,包括以测试为目的、适当的测试时间、安全措施、紧急情况处理、驾驶执照等多项要求。随着国土交通省对远程测试安全标准的明确,2017年6月,日本警察厅在《测试指南》的基础上,发布《远程测试许可申请处理标准》,规定了关于远程测试许可的处理标准,包括对公开道路远程测试的测试主体资格、测试场地和时间、许可实施条件、交通事故处理等方面的要求。

二是保险需求衔接。根据日本《汽车责任保障法》,任何汽车驾驶员都应当签署汽车责任保险合同。并且汽车责任保险是一种强制性保险系统,专门用于补偿对车祸受害者的损害。2017年,日本允许智能网联汽车在公共道路测试后,其将自动驾驶模式下的交通事故列入汽车保险的赔付对象。

6.5.4 我国智能网联汽车的标准体系

1. 智能网联汽车标准化组织结构

我国全国汽车标准化技术委员会(SAC/TC 114)在2015年底筹备成立了ADAS标准工作组,以ADAS为重点,推动智能网联汽车标准化管理体系建设;在此基础上,2016年向国家标准委提出筹建智能网联分技术委员会(SC 34)的申请,于2017年获批成立。SC 34统一归口管理我国智能网联汽车领域的国家标准和行业标准,陆续成立了多个工作组,针对不同领域进行专项研究,如图6-58所示。

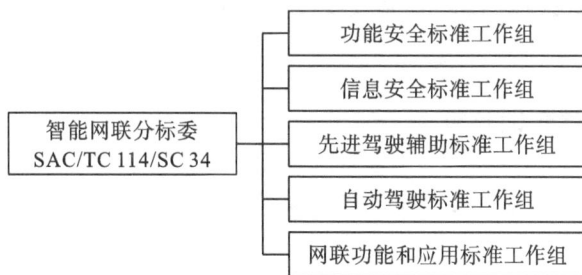

图6-58 智能网联分标委下属工作组

2. 智能网联汽车标准体系和建设目标

按照智能网联汽车的技术逻辑结构、产品物理结构的构建方法,综合不同的功能要求、产品、技术类型和各子系统间的信息流,我国将智能网联汽车标准体系框架定义为基础、通用规范、产品与技术应用和相关标准4个部分。同时,根据各具体标准在内容范围、技术等级上的共性和区别,对4部分做进一步细分,形成14个子类,如图6-59所示。

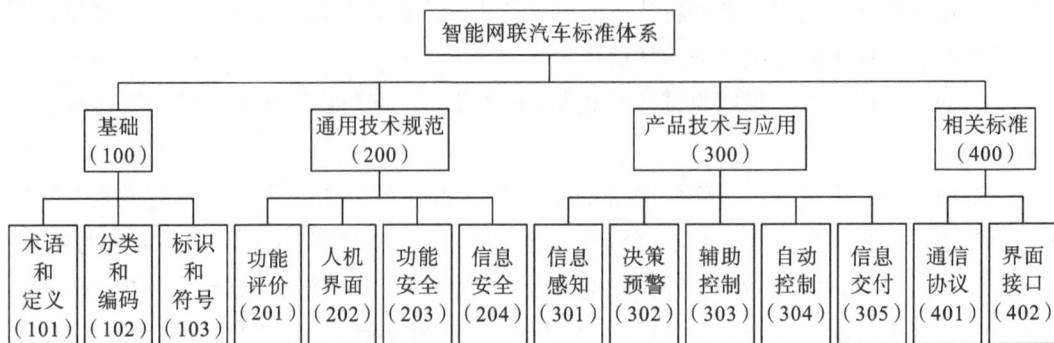

图 6-59 智能网联汽车标准体系框架

根据智能网联汽车技术现状、产业应用需要和未来发展趋势,分阶段地建立适应我国国情并与国际接轨的智能网联汽车标准体系。第一阶段,到 2020 年(已完成),初步建立能够支撑驾驶辅助和低级别自动驾驶的智能网联汽车标准体系;第二阶段,到 2025 年底,系统形成能够支撑高级别自动驾驶的智能网联汽车标准体系;第三阶段,到 2030 年,全面形成能够支撑实现单车智能和网联赋能协同发展的智能网联汽车标准体系。

3. 智能交通系统标准体系

2003 年,全国智能运输系统标准化技术委员会(SAC/TC 268)成立,对口 ISO/TC 204,负责智能运输系统领域的标准化技术归口工作。目前,已完成智能网联驾驶标准体系的初步构建,围绕基础设施、地理服务、信息服务、信息安全和驾驶安全 5 个重点领域进行。其中,基础设施方面覆盖智能网联驾驶的新型基础设施典型场景;地理信息方面研究面向智能驾驶的高精度地理信息建模方法;信息服务方面研究基于新一代通信技术的智能网联驾驶信息服务和应急救援信息服务标准;信息安全方面包含基础标准、通用规范、智能汽车、通信网络、云端平台和基础设施 5 个部分;驾驶安全方面包含智能网联汽车驾驶安全技术规范与标准的评估模型等。

6.5.5 公共道路测试政策

1. 国外智能网联汽车公共道路测试政策现状

1)美国

2016 年 9 月 20 日,美国交通运输部和国家公路交通安全管理局发布了《联邦自动驾驶汽车政策指南》,这是美国政府首次发布关于自动驾驶汽车的政策文件,政策主要内容包括自动驾驶汽车性能指南、统一的州政策、现行国家公路交通安全管理局监管法规工具和下一步的工作。针对自动驾驶的安全设计、开发、测试和应用等,为生产、销售、测试或者应用自动驾驶汽车的传统汽车厂商和其他机构提供了一个具备指导意义的规章制度框架。同时还要求自动驾驶汽车制造厂商在申请开展公共道路测试前,按照表 6-3 内容进行安全性评估。其中,测试方法应包括一系列仿真测试、封闭场地测试以及道路测试,可以自行测试也可由第三方机构实施。测试内容应包括车辆在正常操作时、在碰撞情况下以及退出自动驾驶系统时的性能参数等。

汽车制造厂商应建立合适的测试验证方法,以确保自动驾驶汽车在高安全等级下运行。政策还鼓励汽车制造厂商与美国公路交通安全管理局或其他标准组织开展合作,以发展升级新的测试方法、测试设备及相关标准。内华达州、加利福尼亚州、佛罗里达州、密歇根州、犹他州、北达科他州、田纳西州、路易斯安那州、纽约州等 13 个州已发布相关法律法规支持自动驾驶汽车的上路测试。内华达州已向谷歌、奥迪和大陆集团发放了测试牌照,加利福尼亚州已向大众、奔驰、特斯拉、法拉利、百度、苹果等企业在内的传统汽车厂商和互联网科技公司共 30 余家颁发了自动驾驶汽车测试牌照,允许进行上路测试。

表 6-3　测试车辆表现评估内容

序号	评估内容
1	数据保存与分享
2	隐私保护
3	系统安全
4	车辆网络安全
5	人机交互界面
6	防碰撞性
7	消费者教育与培训
8	注册与认证
9	碰撞后反应
10	联邦政府与州政府法规
11	道德考量
12	系统设计的适用范围
13	目标和意外的检测和反应
14	自动驾驶功能和人工驾驶切换
15	测试方法

2)德国

德国联邦参议院 2017 年 5 月 12 日通过法律,允许汽车自动驾驶系统未来在特定条件下代替人类驾驶。德国现有的机动车管理模式是遵循严格的强制认证制度,自动驾驶汽车管理模式则沿用现有的管理模式。自动驾驶汽车在开展公共道路测试前必须在汽车制造厂商自主检验的基础上,由第三方技术机构对自动驾驶汽车开展检验认证,通过审查核发测试许可后,方可在指定的高速公路或城市道路上开展测试。其中,联邦政府负责高速公路测试审批,州政府负责该州的城市道路测试审批。同时明确规定,配有自动驾驶系统的汽车内需安装类似"黑匣子"的装置,记录系统运行、要求介入和人工驾驶等不同阶段的具体情况,以明确交通事故责任。如果事故发生在人工驾驶阶段,则由驾驶人承担责任。如果发生在自动驾驶阶段,或由于系统失灵酿成事故,则由汽车厂商承担责任。博世、奔驰等公司已经允许在公共道路进行测试。

3)日本

2016年5月,日本警察厅制订了《自动驾驶汽车道路测试指南》,对自动驾驶汽车开展公共道路测试安全保障措施、测试流程、自动驾驶系统、测试数据记录保存、交通事故处理等方面提出了要求,包括:自动驾驶汽车在开展公共道路测试前,需根据公共道路的测试内容,充分考虑行驶条件和情况,在封闭测试场地内进行试验(封闭测试场地可以是自有的,也可以使用第三方机构场地);在开展公共道路测试前须对相关的公共道路设施进行确认(包括安全性、环境变化等),防止意外情况发生;测试使用的公共道路应尽量选择行人、自行车较少的道路或者行人、自行车不允许通行的高速公路;公共道路测试应分阶段实施等。

4)英国

2015年7月,英国政府发布了《自动驾驶汽车发展道路:道路测试指南》,针对自动驾驶汽车开展测试时的驾驶员、测试车辆等方面进行了规定。针对自动驾驶汽车,要求其必须符合英国现行道路交通法的相关规定;要求其必须能够对所有道路使用者(包括残障人士、视力或听力障碍者、行人、骑自行车的人、骑摩托车的人和儿童等交通弱势群体)不带来危险或影响;要求其必须配备数据记录装置(包括当前自动驾驶模式、车速、转向、制动、车灯和指示器、声音报警、周边环境传感器、远程命令等数据),以备管理部门检查。

5)瑞典

2017年5月,瑞典政府发布了自动驾驶汽车公共道路测试规范的法令。该法令规定汽车制造厂商开展自动驾驶汽车公共道路测试前必须拥有许可证,瑞典交通局负责审查并监管所有自动驾驶车辆的公共道路测试。同时测试主体在申请许可证时,应提交在仿真场景或封闭测试场地上开展测试可以保障道路安全的报告和结果。另外法令还要求测试车辆外部必须安装摄像机和麦克风,对数据进行永久保存。

2. 国内智能网联汽车公共道路测试政策现状

目前,国内各省市为推动智能网联汽车产业发展,鼓励、支持、规范智能网联汽车技术的研发和应用,北京、上海、重庆等地先后发布了智能网联汽车公共道路测试实施细则或管理办法,随后工业和信息化部、公安部、交通运输部也从国家层面给出参考文件。

2017年12月18日,北京市交通委、公安交管局、经济信息化委联合发布了《北京市关于加快推进自动驾驶车辆道路测试有关工作的指导意见(试行)》,这是国内第一个关于智能网联汽车道路测试的文件,也是中国智能网联汽车产业的重要里程碑。文件中明确规定了对测试主体、测试驾驶员、测试车辆的要求以及测试如何管理和发生事故后认定责任等事项。

2018年3月1日,上海市经济信息化委、公安局、交通委联合发布了《智能网联汽车道路测试管理办法(试行)》,积极推动上海市智能网联汽车产业从研发测试向示范应用和商业化的转变,建设具有全球影响力的科技创新中心。

2018 年 3 月 14 日,重庆市经济信息委、公安局、交委、城管委联合发布了《重庆市自动驾驶道路测试管理实施细则(试行)》,极大推动了重庆市智能网联汽车道路测试的开展,同时鉴于重庆特有的山区道路,可以更全面地测试车辆的自动驾驶功能。

2018 年 4 月 12 日,工业和信息化部、公安部、交通运输部联合发布了《智能网联汽车道路测试管理规范(试行)》,主要说明了发布规范的目的、适用范围、测试主体、测试驾驶人及测试车辆应该满足的条件,完成测试需要的申请材料和审核条件,测试车辆应遵守的相关规定,测试车辆发生违法和事故后的处理方法等,从国家层面给各地开展公共道路测试提供参考。

国内其他城市如广州、深圳、湖南长沙、长春、天津等地也先后发布了相关的实施细则或管理办法,以推动智能网联汽车产业的发展,同时开放部分道路,为满足要求的测试主体发放牌照,根据测试主体的需求和技术现状,逐渐为测试主体开放更高复杂度的道路,满足不同测试层面的需求,推动道路测试相关工作。

目前拿到测试牌照的企业,北京有百度、蔚来、北汽新能源、戴姆勒大中华区、小马智行、腾讯大地通途和苏州滴滴旅行科技等;上海有上汽、宝马中国等;重庆有长安、百度、一汽、东风、广汽、吉利和北汽福田等;福建平潭有百度和金龙客车等;深圳有腾讯等企业。

思考题 6

1. 智能网联汽车的相关概念有哪些,试举例并作简要阐述。

2. 自动驾驶技术是怎样分级的,每个等级的具体含义是什么?

3. 自动驾驶的技术架构通常分为哪几层,并分别作简要阐述。

4. 自动驾驶的关键技术有哪些,试举例说明。

5. 自动驾驶中的协同控制是怎样分类的,有什么区别?

6. 我国目前的自动驾驶应用场景有哪些,试举例说明。

7. 我国自动驾驶的"三步走"发展战略是什么。

8. 距离传感器的分类以及各类传感器的原理及应用。

9. 定位传感器的分类以及各类传感器的原理及应用。

10. GPS 的含义? 与传统测量相比 GPS 有何特点。

11. 简述霍尔转速传感器的工作原理。

12. 简述进气压力传感器的工作原理及结构。

13. 简述车联网的内涵。

14. 简要分析智能网联汽车未来发展前景。

第7章 轨道交通

7.1 轨道车辆的发展概况

7.1.1 机车

从 1804 年英国人德里维斯克改进瓦特的蒸汽机造出了一台货运蒸汽机车开始,铁路运输从最初的马车牵引转变为蒸汽动力牵引。铁路机车的 200 多年发展历史,经历了从蒸汽机车、内燃机车、电力机车的不同动力集中驱动方式到目前高速列车的动力分散的电动车组,列车的速度从最初的每小时几公里发展到超过 500 km/h 的轮轨驱动的最高纪录。

1810 年英国人史蒂文森开始自己动手制造蒸汽机车,到 1814 年,他的"布鲁克号"机车开始运行,这台机车有两个气缸、一个 2.5 m 长的锅炉,装有凸缘的车轮可以拉着 8 节矿车载重 30 t,以 6.4 km/h 的速度前进。1852 年达灵顿到斯托克顿的铁路建成通车,两根轨道之间的距离为 1435 mm,这是世界上第一条采用机车牵引并同时办理客运和货运业务的铁路。图 7-1 所示为 19 世纪末期的蒸汽机车。

图 7-1 19 世纪末期的蒸汽机车

在随后的几十年中,蒸汽机车虽然得到了广泛应用,但也存在着许多难以克服的缺点,比如运送的煤近三成被机车所消耗,每行驶 80~110 km 就要加水,行驶 200~300 km 就要加煤,每行驶 5000～7000 km 还要洗炉,在行驶中排放黑烟会污染环境,尤其是过山洞时,浓烟难以散出去,影响旅客和车上工作人员的健康。正是由于这些原因,曾经辉煌一时的蒸汽机车慢慢退出历史舞台,逐渐被新一代的电力机车和内燃机车所取代。

1879 年,德国人西门子制造出一台小型电力机车,由 150V 直流发电机供电。1890 年,英国的电力机车正式用于营业运行。1895 年开始将电力机车应用于干线运输,以后德国、日本相继研制出了实用的电力机车,从此,电气化铁路迅速发展起来。目前电力机车的牵引功率可达 6400 kW、7200 kW、9600 kW,图 7-2 所示为西门子公司 2010 年生产的牵引功率6400 kW 的威克创(Vectron)电力机车。

图 7-2　西门子公司的 Vectron 电力机车

20 世纪初,美国通用电气公司组装了一辆汽油机车,用内燃机带动发电机,再通过发电机带动电动机,推动机车前进。柴油机发明以后,由于它的经济性好,很快在铁路上得到广泛应用。

1925 年,美国新泽西州的中央铁路使用了第一辆 220 kW 的小型柴油机机车,后来很快就有了 2574 kW 甚至 5516 kW 的大型机车,可以牵引超过 5000 t 的货物,速度高达 145 km/h。特别是第二次世界大战后,柴油机车的性能和制造技术迅速提高,功率增加了近一倍,并逐渐向大功率发展,加之石油价格低廉,促进了内燃机车的发展。

最早的动车出现在 1906 年,是英国人制造的一台电传动 150 kW 的汽油动车,可坐 91人,并带有行李间,用于不繁忙的路段。到了 20 世纪 20、30 年代,柴油动车发展迅速,随着动车功率的增大,人们开始在动车后面加挂一节或几节轻型无动力车辆,形成动车组。

中国从 1952 年开始自制蒸汽机车,1958 年开始自制内燃机车,1960 年开始自制电力机车。目前中国铁路开始了向高速重载发展的新时期,随着大秦重载铁路万吨重载列车的开行,我国还自行研制了超过 170 km/h 的 SS9 型电力机车和 DF11G 型内燃机车。主要干线在提速至 160 km/h 的基础上向更高速度迈进。2019 年 9 月,中国一次性建成了世界上开通运营里程最长的重载铁路——浩吉铁路。

如图 7-3 所示为美国通用电气公司生产的 ND5 型和 AC6000CW 型柴油内燃机车。ND5 型机车是交-直流电力传动干线客、货运内燃机车。柴油机装车功率为 2942 kW,机车整备重量为 138 t,构造速度为 118 km/h,通过最小曲线半径为 85 m,能够多机重联牵引。

AC6000CW 型柴油机车牵引功率为 4474 kW。

(a) ND5型柴油内燃机车　　　　(b) AC6000CW型柴油内燃机车

图 7-3　美国通用电器公司制造的内燃机车

在此基础上,中国南车集团戚墅堰机车有限公司及美国通用电气公司共同研制了 HXN5 型柴油机车[见图 7-4(a)],2009 年投入使用。该型机车是根据中国铁路技术规范改进设计而成的 6000HP 交流传动货运柴油机车、机车轴式 Co-Co,轴重为 25 t,采用单司机室外走廊车架承载结构车体、GEVO-16 电子喷射柴油机、IGBT 牵引变流器、CCA 微机控制系统等技术,可在平直线路上单机牵引 5000t 货运列车,最高运行速度为120 km/h。

青藏线用 DF8B 内燃机车是以目前国内干线装车功率最大的重载牵引货运内燃机车——东风 8B 型机车为基础,进行高原适应性设计改进,满足青藏线内燃机车在海拔 5100 m 处机车功率不小于 2700 kW 的技术要求。同时为了适应青藏高原地理环境特点,机车采用许多新技术、新结构,如司机室玻璃采用防紫外线镀膜玻璃,并在司机室顶部后端设有制氧机,供司乘人员使用;为满足机车电机、电器在高海拔地区使用,进行了相应的高原适应性设计改进,蓄电池选用低温性能好的超高倍率碱性蓄电池。冷却水系统采用加压冷却,减震垫采用低温性能好、抗辐射的橡胶减震垫,同时汽车增设防雷设施等新技术。

(a) HXN5型货运内燃机车　　　　(b) DF8B高原内燃机车

图 7-4　中国 21 世纪制造的内燃机机车

近年来,中国的电力机车技术发展迅速,HXD2B 型机车是中国北车集团大同电力机车有限责任公司与法国阿尔斯通公司联合研发的,其设计以阿尔斯通 PRIMA6000 机车为原型车。HXD2B 型机车采用中间走廊、整体独立通风系统、分布式微机控制系统,实现逻辑控制与自诊断功能,采用 IGBT 功率模块变流器、异步牵引电动机,牵引电机采用滚动抱轴式悬挂装置,牵引控制装置采用独立轴控方式,单轴功率为 1600 kW,总功率 9600 kW,可牵引8000 t 货物,货运列车最大运行速度达 120 km/h(轴式 Co‐Co),如图 7‐5 所示。

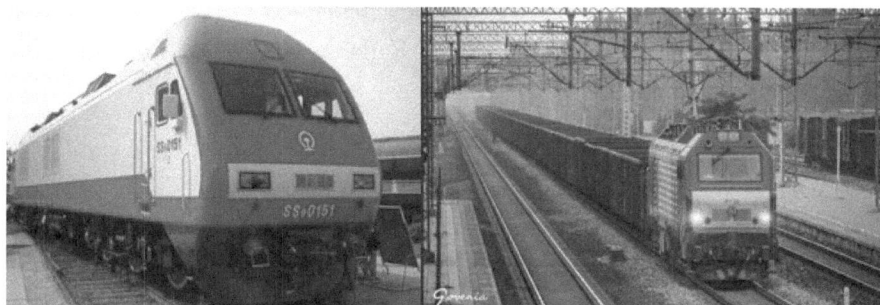

(a) SS9型电力机车 (b) HXD2B电力机车

图 7‐5 中国 21 世纪制造的电力机车

典型的中国机车型式及主要参数见表 7‐1。

表 7‐1 典型的中国机车型式及主要参数

型号	动力	设计制造	建造年份	轴式	轨距/mm	电力	速度/(km·h⁻¹)	功率/kW	轴重/t
HXD2B	电力	阿尔斯通‐大同	2009	Co‐Co	1435	交流 25 kV/50 Hz	120	9600	23
SS9	电力	中国株洲	2001	Co‐Co	1435	交流 25 kV/50 Hz	170	5400	21
DF11G	内燃机	中国戚墅堰	1991	Co‐Co	1435	交‐直流电传动	160	3040	23
DF8B	内燃机	中国戚墅堰	2008	Co‐Co	1435	交‐直流电传动齿轮传动比 77/17	100	2700/3400	23
HXN5	内燃机	美国‐中国	2009	Co‐Co	1435	交‐直‐交流电传动	120	4003	25

7.1.2 铁路客车和动车组

第二次世界大战之后,铁路客运发展缓慢,中途行程不如航空运输,短途行程不如公路运输,铁路客运曾经被戴上"夕阳产业"的帽子。为了摆脱困境,增强与航空、高速公路的竞争能力,发展高速铁路是铁路旅客运输走出低谷的唯一途径。1964 年 10 月,日本东海道新干线高速客运列车揭开了世界高速铁路建设运营的序幕,它以 210 km/h 的速度运行于东京与大阪之间。后来德国、法国等国家也开通了运行速度更高(250～300 km/h)的高速客运列车。高速铁路具有高速、安全、环境污染小、载客量大等优点,20 世纪 80 年代以来,高速客运发展迅速。高速客车在常规客车的基础上,性能、结构、材料和装备有了重大的改进,典型的如日本新干线列车、法国的 TGV 高速列车、德国的 ICE 高速列车等,与此适应的高速铁路客车也各有其特点。

进入 21 世纪,中国高速铁路得到了快速发展。中国高速铁路发展以"四纵四横"为重点,构建快速客运网的主要骨架,形成快速、便捷、大能力的铁路与客运通道,逐步实现客货分线运输。中国高速动车组的发展自 2004 年从法国的阿尔斯通、加拿大的庞巴迪及日本的川崎重工引进 200 km/h 的高速动车组开始,经过消化、吸收再创新的过程,目前拥有了持续运行速度达到 350 km/h 的中国高速铁路(China Railway Highspeed,CRH)380 系列、具有中国特色的高速电动车组[见图 7-6(d)]。

传统客车仍然是铁路客运的主要车辆,铁路客车车种有硬座车、硬卧车、软卧车、餐车、行李车、邮政车等。

(a) 日本新干线动车组E2　　　　(b) 法国TGV高速列车

(c) 德国ICE808动车组　　　　(d) 中国CRH380d动车组

图 7-6　世界高速列车

随着国民经济的发展、科学技术的进步和人民生活水平的提高,铁路客车的设计制造水平也不断提高。铁路客车制造业从 1953 年开始自行设计生产我国的第一代产品,即 21 型系列客车产品,1961 年停止生产,该型客车构造速度为 100 km/h,由于其构造速度低、制造工艺差,技术经济指标和舒适性等方面都满足不了要求,被 22 型客车所取代[见图 7-7(a)]。22 型客车是我国的第二代铁路客车,1959 年开始生产,其构造速度为 120 km/h,各种性能均较 21 型客车先进,22 型客车车体钢结构是由普通碳钢制造,耐腐蚀性差,结构及车辆性能满足不了时代需求,需要更新换代,由产品性能和技术经济指标更先进的新型客车来代替,即第三代客车——25 型客车[见图 7-7(b)]。该型客车从 1966 年开始研制,1990 年生产,1993 年定型为主型客车,车体长为 25.5 m,车辆轴距为 18 m,耐腐蚀钢制车体结构,车辆寿命可达 25~30 年。

(a) 22型硬座客车　　　　　　　　(b) 25型硬座客车

图 7 - 7　中国制造的客车

7.1.3　铁路货车

目前中国由铁路运输完成的货运量占全国货物运输量的10％左右,铁路货车的数量、品种、质量等对铁路运输能力的提高以及运输质量的保证起到重要作用。货运重载化和快捷化是世界铁路运输发展的两大方向。

重载化能大幅度提高运输效率、降低运输成本,以煤炭、铁矿石、钢铁等运输为主,保持铁路在大宗、散装低值货物运输市场的竞争优势。

快捷化旨在提高货物送达速度、缩短送达时间、保证准时送达,增强铁路在中、高附加值货物运输市场的竞争力。2017年全国铁路货物运输周转量约为3704.4亿吨公里。而到2023年的预测数据显示,全国铁路货物运输周转量将达到6043.08亿吨公里。

随着经济和产业结构的调整及体制改革的深化,运输市场中货物的品类增加、技术资金含量增大,货物结构逐步轻型化,高附加值货物的运输量占总货运量的比重逐步增加,对外贸易货物运输快速发展,货物运输需求明显地表现为服务层次多样化和服务质量的不断提高。

铁路货车的发展伴随着不同货物的运输要求,形成了各种各样的车辆形式,包括敞车、平车、篷车、罐车和特种运输车等,如自卸车、漏斗车、集装箱专用平车及运输小汽车双层平车等。车辆载重不断增加,轴重从最初的几吨到现在的25 t、30 t甚至40 t。车辆运行速度不断提高,一般为70~120 km/h,最新研制的快捷货车运行速度可达160 km/h。目前,北美地区、南非、澳大利亚等以重载运输为主,中国、俄罗斯、欧洲部分国家则重载和快速运输并重。

中国铁路货车的发展经历了两个阶段,实现了三次大的升级换代。第一阶段是1949—1957年的仿制国外产品阶段;第二阶段是从1957年至今的自行设计、自主创新阶段。三次大的升级换代是指:①1956—1957年,新中国第一个自主设计的P13型棚车,标志着中国铁路货车实现的载重由30 t级向50 t级的第一次升级换代;②1976—1978年,中国铁路货车实现了载重50 t级向60 t级的第二次升级换代;③2003—2006年,中国铁路货车实现了由载重60 t级向70~80 t级、速度由70~80 km/h向100~ 120 km/h的第三次大的升级换代。

在重载货车研发方面,21 世纪开始,中国重载车辆代表是 C80 型铝合金和 C80B 型不锈钢运煤敞车,是由原中国北车集团齐齐哈尔轨道交通装备有限责任公司为大秦线开行 2×10^4 t 重载列车而开发的专用车辆。C80、C80B 型专用运煤敞车(见图 7-8)车体材料采用轻型铝合金和经济型不锈钢,减轻了车辆自重,具有自重轻、载重大、耐腐蚀等特点。采用 25 t 轴重转 K6 型转向架,提高了车辆的可靠性。采用 E 级钢 16 号转动车钩和 17 号固定车钩,提高了重载列车运输的安全可靠性。

(a) C80型铝合金运煤敞车　　　　　(b) C80B型不锈钢运煤敞车

图 7-8　轴重 25 t 载重 80 t 运煤敞车

7.2　轨道车辆的类型

载运工具通常简称载具或车辆,是指用来载人装物的可移动机构,包括畜力车、自行车、摩托车、汽车、轨道车辆、轮船、飞机等。轨道交通是一种利用载运工具,在固定轨道上运行来实现载人装物的运输方式,轨道列车是其核心装备之一。为了适应现代城市发展的交通需求,轨道车辆可划分为电力机车、高速列车、地铁列车、轻轨列车、单轨列车、现代有轨电车和磁悬浮列车等七类。尽管不同的轨道车辆在具体走行方式上发生了改变,但并没有摆脱"轨道"这一根本特征。

7.2.1　电力机车

电力机车是电力机车和电动车组的总称,包括牵引列车的电力机车和承担客运的城际电动车组与地下铁道电动列车。电力机车的优点是热效率比蒸汽机车高一倍以上,启动快、速度快、善于爬坡,可以制成大功率机车,运输能力大、运营费用低,电力机车不用水,不污染空气,乘务员的工作环境好、运行噪声小,便于多机牵引。缺点是需要建设一套完整的供电系统,在基建投资上要比采用蒸汽机车和内燃机车大很多。我国先后研制出了以"韶山""和谐"(部分型号更新为"复兴")号机车为代表的电力机车的产品线。图 7-9 展示了"和谐"号电力机车。

图 7 - 9　"和谐"号电力机车

1. 按用途分类

（1）客运电力机车：用来牵引客运列车，其特点是牵引力不大，运行速度快。

（2）货运电力机车：用来牵引货物列车，其特点是牵引力大、速度慢。

（3）客货两用电力机车：用来牵引客运或货运列车，其牵引力和速度介于客运、货运电力机车之间。

2. 按轴数分类

按轴数机车可分为四轴、六轴、八轴等电力机车，一般动轴数少的用作客运电力机车，动轴数多的用作货运电力机车。

3. 按传动形式分类

（1）具有个别传动的电力机车：电力机车每一轮对都由单独的牵引电动机驱动，每个轴都是动轴。

（2）具有组合传动的电力机车：电力机车某几个轮对（通常为一个转向架上的几个轮对）互相连接成组，然后由一台牵引电动机驱动。

4. 电力机车按电流制-传动形式分类

（1）直流供电-直流牵引电动机驱动的直-直型电力机车：接触网网压 1500～3000 V，采用直流串励牵引电动机。我国大部分工矿用电力机车、城市无轨电车、城轨电动列车都属于这一种。在城市轨道交通运输中速度要求不高，常采用直流供电方式。电力机车的受流方式依据供电方式的不同分为接触网受流方式和第三轨受流方式。其供电方式除高架接触网供电外还有第三轨供电方式。第三轨供电是指在列车行走的两条钢轨以外，再加上带电的钢轨，这条钢轨通常设在两轨之间或其中一轨的外侧。列车受流器（集电装置，也叫集电靴或取流靴）与带电钢轨接触并滑行，把电能传到列车上。

（2）交流供电-直（脉）流牵引电动机驱动的交-直型电力机车（又称交-直型整流器电力机车）：我国生产的韶山系列电力机车即属于此种车型，该型电力机车是目前世界上各个国家普遍采用的一种机车形式。

(3)交流供电–变频器环节–三相异步电动机驱动的交–直–交型电力机车:该型电力机车是目前世界发达国家采用的主导机车形式,我国生产的和谐系列电力机车即属于此种车型。

(4)交流供电变频器环节–三相同步电动机驱动的交–交型电力机车:对于采用单相交流供电的系统,变频器只能改变频率提供单向电源,不能向三相交流电动机供电,至今这种电力机车还没有应用的范例,交流供电按接触网供电频率的不同可分为单相低频(25Hz或16Hz)制和单相工频(50Hz)制。目前,世界上绝大多数国家都采用单相工频交流电网供电。此外,世界上还有多电流制电力机车,这是针对不同电力牵引供电系统的铁路,为了在两种或多种供电系统衔接区段连续运输和其他特定需要生产的主要为交直流两用电力机车。

7.2.2 高速列车

高速铁路是由基础设施、高速列车通信信号牵引供电运营调度、旅客服务等子系统构成的复杂铁路系统,能够提供高效、高舒适度、高安全性、高可靠度、高洁净度的交通运输大通道,是 21 世纪最富吸引力的一种旅客运输方式。目前,我国一般认为运行速度 200 km/h 以上的轮轨系统即高速铁路。

高速列车是集机械制造、自动控制、电气技术、电子技术和工业设计等多学科知识于一体的高科技工业产品,也是高速铁路的核心技术装备和实现载体,一般由车体、转向架、车辆连接装置、制动装置、车辆内部设备、牵引传动系统和辅助供电系统等组成,可分为动力分散型和动力集中型、独立式(转向架)和铰接式(转向架)等多种类型。广义的高速列车包括高速动车组、高速磁浮列车和真空管道高速列车,而高速动车组是目前世界上商业运营使用最为广泛的载客列车。我国研发的具有自主知识产权的 CRH380AL 350 km/h 级中国标准动车组列车 CR400AF(见图 7-10)和 CR400BF 使我国的高速列车技术跻身世界高速列车的先进行列。

图 7-10 复兴号 CR400AF 型高速列车

7.2.3 地铁列车

地铁系统是一种大容量的城市轨道运输系统,也是世界各个国家城市轨道交通的主要模式。按照我国的建设标准,地铁系统采用钢轮钢轨导向,标准轨距为 1435 mm,主要在大城市地下空间修筑的隧道中运行,当条件允许时,也可穿出地面,在地上或高架桥上运行。

地铁车辆的基本车型为 A 型车、B 型车和直线电机 B 型车三种。Λ 型车(见图 7 - 11)车辆基本宽度 3000 mm;B 型车(见图 7 - 12)车辆基本宽度 2800 mm;直线电机 B 型车车辆基本宽度为 2800 mm。每种车型有带驾驶室和不带驾驶室、动车和拖车之分。

图 7 - 11　宽体 A 型车

图 7 - 12　深圳地铁 B 型车

地铁系统的列车编组通常由 4~8 辆组成,列车长度为 70~190 m,要求线路有较长的站台相匹配,最高行车速度不应低于 80 km/h,主要技术标准及特征见表 7 - 2。

表 7 - 2　地铁系统主要技术标准及特征

标准及特征	A 型车	B 型车	直线电机 B 型车
车辆基本宽度/m	3	2.8	2.8
车辆基本长度/m	24.4/22.8	19.0	16.8
轴重/t	≤16	≤14	≤13
列车编组/辆	4~8	4~8	4~8
列车长度/m	100~190	80~160	70~140
适用场景	地下、高架及地面,全封闭型		
车辆定员/人	≥300	≥250	≥100
线路坡度/‰	≤35	≤35	≤60
运力/(万人次·小时$^{-1}$)	4.5~7.0	3.0~5.0	2.5~4.0
供电方式	DC1500 V 接触网供电	DC1500/750 V 接触网或第 3 轨供电	DC1500/750 V 接触网或第 3 轨供电

7.2.4　轻轨列车

根据我国《城市轨道交通工程项目建设标准》(建标 104—2008),轻轨是泛指中运量的城市轨道交通系统;而欧洲所说的"轻轨"是特指现代有轨电车。因此,在我国"轻轨"一词所涵盖的范围比欧洲的定义更广泛,一般包括使用小型地铁车辆 C 型车的准地铁(见图 7-13),使用 C 型车的直线电机系统以及现代有轨电车(见图 7-14)。这里需要说明的是,地铁和轻轨按运输能力的分类只具有相对意义,并无精确的界限。因此,在《城市轨道交通工程项目建设标准》中,只按运输能力将城市快速轨道交通分为三大类:高运量,大运量,中运量。这里并未指明高运量一定是市郊铁路,大运量一定是地铁,中运量一定是轻轨,其边界是有搭接的,以适应具体线路的客运能力。

图 7-13　武汉轻轨　　　　　　　　图 7-14　成都有轨电车

轻轨车辆的基本车型为准地铁 C 型车、直线电机 C 型车和现代有轨电车。前两种车辆的基本宽度都是 2600 mm,上海地铁 5、6、8 号线采用的就是小型地铁车,根据其车辆宽度和运载能力分类属于中运量轻轨系统。根据我国《轻轨交通车辆通用技术条件》(CJ/T 5021—95)的规定,现代有轨电车分为 C-Ⅰ型、C-Ⅱ型和 C-Ⅲ型三种(见表 7-3),其中与地铁车辆(轴重为 14 t 和 16 t)的最大差别就是轴重,轻轨车轴重在 11 t 以内。

表 7-3　现代有轨电车分类表

类型	车体	低车板车型	高车板车型
C-Ⅰ型	单节 4 轴轻轨车	C-Ⅰ(D)	C-Ⅰ(G)
C-Ⅱ型	单铰双节 6 轴轻轨车	C-Ⅱ(D)	C-Ⅱ(G)
C-Ⅲ型	双铰三节 8 轴轻轨车	C-Ⅲ(D)	C-Ⅲ(G)

表 7-3 中所述的现代有轨电车的列车编组通常由 1~3 辆组成,列车长度一般不超过 90 m,最高行车速度应不低于 60 km/h,站台最大长度应不超过 100 m。直线电机 C 型车通常可采用 2 辆、4 辆或 6 辆编组,站台长度小于 100 m。上述三大类轻轨的主要技术标准见表 7-4。

表 7 - 4 轻轨系统主要技术标准

车型	C - Ⅰ型	C - Ⅱ型	C - Ⅲ型	直线电机 C 型	小型地铁
车辆基本宽度/mm	2600				
车辆基本长度/m	18.9	22.3	30.4	16.5	19.5/19.44
轴重/t	11	11	11	11	≤14
列车编组/辆	1～3	1～3	1～3	2～6	4～7
列车长度/m	60	70	90	99	80～140
适用场景	高架、地面或地下，封闭或专用车道			封闭车道	高架、地面或地下，封闭车道
线路半径/m	≥50			≥60	≥140
线路坡度/‰	≤60				≤30
客运量/(万人次·小时$^{-1}$)	1.0～3.0				2.0～3.5
供电电压及方式	DC1500/750V、架空接触网或第 3 轨供电				DC1500 接触网供电
平均行驶速度/(km·h^{-1})	25～35				

7.2.5　单轨列车

与轻轨交通共同发展起来的另一种轨道交通形式就是单轨交通，虽然二者的起步相同，发展史相同，但单轨远远没有像轻轨交通那样受到人们的青睐，只是在日本和德国的某些城市及我国的重庆市进入了实用阶段。

单轨交通又称独轨交通，车辆在高架线路上运行，轨道为一条带形的梁体。车辆跨坐于其上或悬挂于其下行驶，此单轨系统分为跨座式单轨和悬挂式单轨两种类型如图 7 - 15、图 7 - 16 所示。跨座式单轨车辆骑行于轨道梁的上方，车辆除底部的走行轮外，在车体两侧下垂部分还有水平安装的导向轮和稳定轮，夹行于轨道梁的两侧，保证车辆沿轨道安全平稳地运行(见图 7 - 17、图 7 - 18)。悬挂式单轨车辆悬挂于轨道梁下方行驶，轨道梁为下部开口的箱型钢梁，车辆走行轮与导向轮均置于箱型梁内，沿梁内设置的轨道行驶。单轨系统主要技术标准参见表 7 - 5。悬挂式单轨列车还可以根据外观的不同，进一步划分为非对称钢轮钢轨型、"工"字轨道梁悬挂型、非对称悬挂胶轮型和对称悬挂胶轮型四种。

图 7 - 15　跨座式单轨

图 7 - 16　悬挂式单轨

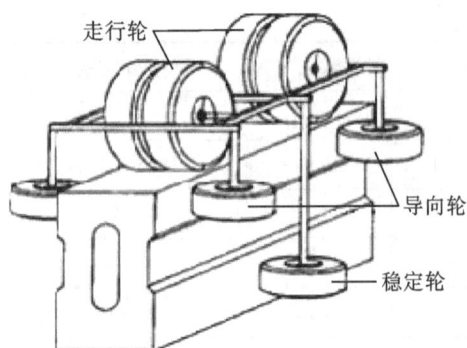

图 7-17　走行装置示意图

图 7-18　走行装置

表 7-5　单轨系统主要技术标准

项目		标准及特征
车辆	列车编组（辆）	4～6
	列车长度/m	60～85
线路	形态、形式	高架
	线路半径/m	≥50
	线路坡度/%	≤6
客运能力/(万人次·小时$^{-1}$)		1.0～2.5
供电电压及方式		DC1500/750 V、接触网或第 3 轨供电
平均行驶速度/(km·h^{-1})		20～35

　　单轨交通是一种中等运量的轨道交通，其空间轨道梁的宽度较小，占地面积较少，通常利用城市道路中央隔离带设置结构墩柱，也可与高架道路结合在一起。单轨交通与城市的其他交通完全隔离，不受干扰，因此可以高速行驶，其最高车速可以达到 80 km/h，运送速度在 30 km/h 以上。单轨交通的车辆组成列车运行，虽然车辆尺寸较小，但可以做到较高的行车密度，其运送能力单向为 5000～20000 人次/h，与轻轨交通相当。

　　单轨交通的车辆采用橡胶轮胎，在轨道梁上行驶，具有较强的爬坡能力，最大坡度可达到 60%，而且能通过较小的弯道，曲线半径最小可达到 50 m，因此，可以更好地适应城市多变的地形地貌和复杂的地理环境。对于街道较狭小的市区来说，便于选定线路。

　　跨座式单轨交通的车辆是跨骑于轨道梁上行驶，车辆上部乘坐乘客的箱体与一般轨道交通的车辆构造基本相同，只是根据客运要求对车辆的尺寸采用不同的设计。由于车辆采用充气橡胶车轮，承载力受到制约，一般采用铝合金焊接结构来减轻车体重量。

　　尽管单轨交通已经经历了一个世纪的发展历程，但单轨铁路的导向、稳定及转辙装置等关键技术问题尚未完全解决，且单轨交通的运输能力与有轨电车不相上下，而技术要求却比有轨电车高得多,因此在世界范围内并没有得到广泛的应用。

7.2.6　现代有轨电车

现代有轨电车是一种中等运能、设计新颖、环境友好、资源节约的交通运输工具,是在传统有轨电车的基础上全面改造升级的一种先进的公共交通方式。一般认为现代有轨电车系统由 20 世纪 70 年代对旧式有轨电车系统的技术改造升级发展而来。

电车轨道主要铺设在城市道路路面上,车辆与其他地面交通混合运行,根据街道条件,又可分为三种情况:①混合车道;②半封闭专用车道,在道路平交口处,采用优先通行信号;③全封闭专用车道,在道路交叉口采用立体交叉方式通过。有轨电车以单车运行为主,车辆基本长度为 12.5 m,也可联挂运行,但不宜超过 2 辆车联挂。车站可考虑设在街道两旁人行道上的单侧布局或设在道路中央分隔带上的中央布局,具体选用应与地区规划、周围地形和环境密切配合,形式可灵活多样;有轨电车线路站间距通常不超过 1.0 km,适用于线路较短、客流较小、线路条件较好、交通干扰较小、交通环境要求较高的城市外围区域,以及新城内部的地面线路和观光旅游等具有特殊服务需求的线路。

有轨电车分为单厢或铰接式有轨电车(钢轮钢轨式)和导轨式胶轮电车(胶轮导轨式有轨电车)两类,从显著影响有轨电车外观造型的角度还可将钢轮钢轨式有轨电车划分为单车型、浮车型、铰接型和组合型(单浮组合、单铰组合)四种,100%低地板现代有轨电车(见图 7-19)是发展趋势。

图 7-19　100%低地板现代有轨电车

7.2.7　磁悬浮列车

磁悬浮交通是一种非轮轨黏着传动而悬浮于地面的交通系统,它是介于常规高速铁路和航空运输之间的一种独特的运输方式。磁悬浮列车利用常导磁铁产生的吸力或斥力使车辆悬浮在运行轨道上方一定距离的空中,用复合技术产生导向力,并用直线电机产生牵引动力而行驶,是高速、安全、舒适、节能、无污染、噪声小、维护简单、占地少的新一代交通运输工具。磁悬浮列车简称磁浮列车,按速度可分为高速磁浮列车(最高运行速度不应低于 400 km/h)和中低速磁浮列车(最高行驶速度 120 km/h)两类;从显著影响磁浮列车外观造型的角度还可分为电磁悬浮和电动悬浮列车两类。

磁浮技术按是否利用超导电磁铁分为超导和常导两类;超导以日本的 MLX 型为代表;常导以德国的 TR 型和日本的 HSST 型为代表。电磁铁在通电时产生磁性,当两块电磁铁的磁性相同时,它们之间产生斥力,当磁性相异时则产生吸力。这种电磁力就是磁浮列车得以浮起的原动力。日本的中低速磁浮 HSST 型采用的是常规电磁材料所构成的两大电磁铁之间的吸引力使列车浮起,所以称为"常导"磁浮技术,此系统由车上的支持磁铁(定子)及轨道上的转子组成。这种悬浮方式具有自动恢复车辆悬浮高度的功能,不用控制就可以稳定悬浮。超导按温度不同又可以分为两种,日本研究的 MLX 型是低温超导(-269℃,液氦冷却),利用浸入低温槽内的超导材料制成电磁线圈,由于此时电阻为零,可产生更强磁场,然后依靠两大电磁铁之间的斥力使列车浮起,所以称为"超导"磁浮技术。两种磁悬浮列车如图 7-20 所示。

(a) 常导吸引式磁悬浮   (b) 超导排斥式磁悬浮

图 7-20 磁悬浮列车

7.2.8 真空管道列车

真空管道列车也叫飞铁,是专门应用于真空管道运输系统的载运工具,是一种利用磁悬浮原理运行在抽成一定真空状态的密闭管道中的列车。由于低(无)机械阻力和空气阻力,也不受气候条件的影响,真空管道中的速度可以达到 1000 km/h 以上,甚至可达 4000~6400 km/h,是人类在追求更高速度过程中出现的又一种革命性的交通运输方式。

目前试验中的真空管道运输系统主要有两种:以美国为代表的 ETT(evacuated tube transport,真空管道运输)系统和以瑞士为代表的 Swissmetro 系统。世界上还没有投入商业运营的真空管道运输系统。

7.3 轨道车辆的基本结构

7.3.1 车辆构成

1. 车体

车体分为有驾驶室车体和无驾驶室车体两种。如图 7-21 所示,车体是容纳乘客和司机(对于有驾驶室的车辆)的地方,也是安装与连接其他设备和部分的基础。近年来的车辆

3

车体均采用整体承载的钢结构、轻金属结构或复合材料结构,以达到在最轻的自重下满足强度的要求。车体一般均设有底架、端墙、侧墙及车顶等。

图 7 - 21　列车车体主体

2. 转向架

转向架是车辆的走行部分,装设于车体下面,用来牵引和引导车辆沿着轨道行驶,承受与传递来自车体及线路的各种载荷,并缓和其动力作用,如图 7 - 22 所示。它是保证车辆运行质量和安全的关键部件。转向架可分为动力转向架和非动力转向架,一般由构架、弹簧悬挂装置、轮对轴箱装置和制动装置等组成。动力转向架还装设有牵引电机和传动装置。

图 7 - 22　转向架

3. 牵引缓冲装置

车辆编组成列运行须借助于连接装置,即车钩,如图 7 - 23 所示。为了改善列车纵向平稳性,一般在车钩的后部装设缓冲装置,以缓和列车冲击。另外,还必须有连接车辆之间的电线和压缩空气的管路。

图 7-23　牵引缓冲装置

4. 制动装置

制动装置是保证列车安全运行所必不可少的装置。不论是动车或拖车均需设制动装置，以使运行中的列车按需要减速或在规定的距离内停车，如图 7-24 所示。城市轨道交通车辆制动装置除常规的空气制动装置外，还有再生制动、电阻制动和轻轨车辆上常用的磁轨制动等。

图 7-24　列车制动装置

5. 受流装置

如图 7-25 所示，接触导线（接触网）或导电轨（第 3 轨）将电流引入动车的装置称为受流装置或受流器。受流装置按其受流方式可分为以下五种形式：

（1）杆形受流器：外形为两根平行杆，上部有两个受电轨（导线），广泛用于城市无轨电车。

（2）弓形受流器：属上部受流，弓可升降，其接触有一根导线，下面有导轨构成电路，常用于城市有轨电车。

（3）侧面受流器：在车顶的侧面受流，又称为"旁弓"，多用于矿山运载货物的电力机车上。

（4）轨道式受流器：在底部导电轨受流，又称为第 3 轨受流，空间可得到充分利用，多用于速度较高的列车在隧道内运行。北京地铁及目前欧美大部分城市地铁均采用这种受流方式。

(5)受电弓受流器:属上部受流,受电弓可升降,适用于列车速度较高的干线铁路电力机车上。上海轨道交通采用这种方式。

在受电制式上,世界上地铁发展较早的城市大都采用直流 750 V,个别有采用直流 600 V 的,北京地铁为直流 750 V,上海地铁采用直流 1500 V。直流 1500 V 与直流 750 V 比较有以下优点:可提高牵引电网供电质量,降低迷流(杂散电流)数值;增加牵引供电距离,从而可减少牵引变电所数量;便于地铁线路实现地下、地面和高架的联运。

图 7-25 列车受流器

6. 车辆内部设备

车辆内部设备包括服务于乘客的车体内的固定附属装置和服务于车辆运行的设备装置。服务于乘客的车体内的固定附属装置有车灯、广播、通风和取暖设施、空调、座椅、拉手等。服务于车辆运行的设备装置大多悬挂于车底架上,如蓄电池箱、继电器箱、主控制箱、电动空气压缩机组、风缸、电源变压器、各种电器开关和接触器箱等,如图 7-26 所示为车辆附属设备的一部分。

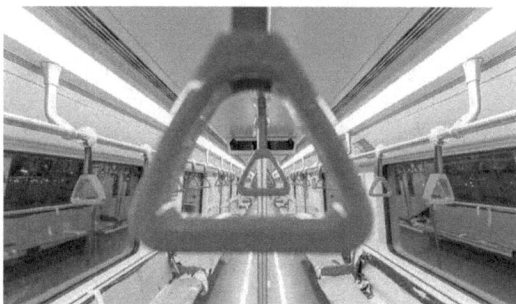

图 7-26 车辆附属设备

7. 车辆电气系统

车辆电气系统包括车辆上的各种电气设备及其控制电路。按其作用和功能可分为主电路系统、辅助电路系统和电子控制电路系统 3 个部分。主电路系统由牵引电机及与其相关的电器设备和连接导线组成,其作用是将电网的电能转变为车辆运行所需的牵引力,当制动时将车辆的动能转化为电制动力,它是车辆上的高电压、大电流、大功率动力回路。辅助电路系统为保证车辆正常运行所必须设置的辅助设备(如冷却通风机、空气压缩机、空调装置、车辆照明等)提供辅助用电系统。电子控制电路系统分为有接点的直流电路和无接点的电子电路,控制电路的作用是控制主电路和辅助电路各设置的工作,通过司机操纵主控制器和各按钮使列车正常运行或由列车自动运行控制系统控制运行。各车厢之间设置有电气系统集成柜。

7.3.2 车辆类型

根据列车的用途和车辆的特征,列车通常有三种典型的编组方式:

(1)适用于铁路货运列车的编组:机车+货车;

(2)适用于普通铁路客运列车的编组:机车+风挡+客车;

(3)适用于高速动车组和各型城市轨道列车的编组:头车+风挡+中车+风挡+尾车。

在上述各类型编组方式中,电力机车是我国现阶段应用较为广泛的车型,头车和尾车是高速列车、各型城市轨道列车等动车组型列车所有的车辆,通常设置于列车的前端和尾端(统称端车),内部有司机室;中车是头车和尾车之间所有车辆的统称,不同轨道列车的中车有所不同。

1. 机车

内燃机车通常由带司机室的车体和转向架构成;电力机车则通常由带司机室的车体、转向架和受电弓构成。

2. 货车

铁路货车是用来载运货物的车辆的统称,常见的有棚车(车身代号"P")、敞车(车身代号"C")、罐车(车身代号"G")、平车和漏斗车等。铁路货车由形态和功能不同的车厢和转向架组成。

3. 客车

铁路客车是用来载运旅客,为旅客提供服务的车辆。普通铁路客车通常由具有不同功能的车体和转向架构成。我国铁路客车车体的基本构成主要包括底架、侧墙、车顶、端墙等。此处的客车专指普通铁路客车,包括普通硬座车(车身代号"YZ")、软座车(车身代号"RZ")、硬卧车(车身代号"YW")、软卧车(车身代号"RW")、行李车(车身代号"XL")、餐车(车身代号"CA")等。

4. 头车和尾车

动车组型列车的端车(头车和尾车)通常设置于列车的两端,其外观和内部一般相同(为了更好地提升列车运行中的气动性能,已有学者开始探索将超高速列车的头车和尾车设计成不同的气动外形)。当列车到达终点站后无需掉头,仅需司机在头车和尾车间调换驾驶位置即可实现驾驶列车折返。端车通常由带司机室的车体和走行部(转向架或胶轮)或受电弓组成。西门子 ULF 有轨电车的转向架设置在两条紧邻车辆之间的风挡内部,虚拟轨道列车和胶轮导轨式有轨电车没有转向架而是采用胶轮,有的单轨列车的走行部在车体的顶部,有的列车将受电弓设置在某一个或多个中车顶部。

5. 中车

中车是高速动车组和各型城市轨道列车所特有的车辆,用来载运旅客,为旅客提供服务。中车通常也是由车体和走行部(转向架或胶轮)或受电弓组成(如浮车型现代有轨电车的车体下部就没有设置转向架,有的单轨列车的中间段车体上部就没有设置走行部)。通常同一型号的轨道列车,中车的横截面形状是相同的,但各车体长度和内部设计则可能有所不同,如高速动车组列车的中车就有双层卧铺车、软卧车、商务座车、一等座车、二等座车、餐车之分。

思考题 7

1.轨道车辆在发展过程中哪些基本要素没有改变?

2.区分不同种类的轨道车辆的标准是什么?

3.试论地铁、轻轨、现代有轨电车之间的异同。

4.分析三种轨道交通车辆转向架结构,并评估选型标准。

5.浅谈无人驾驶技术在轨道交通车辆上的应用。

第8章　汽车生产制造与质量管理

8.1　汽车生产制造工艺

在国际产业分工格局重塑背景下,我国提出了引领全世界制造强国的《中国制造 2025》,它是制造强国战略的第一个十年蓝图,也是其后二十年的行动脚本,其中的九大任务如图 8-1 所示。由于汽车产业强大的产业联动效应和高新技术吸附性,它一直被许多国家看作发展国民经济的支柱产业之一。汽车产业通常被看作国家制造业整体水平和科技创新能力的象征,甚至是国家综合竞争力的体现。

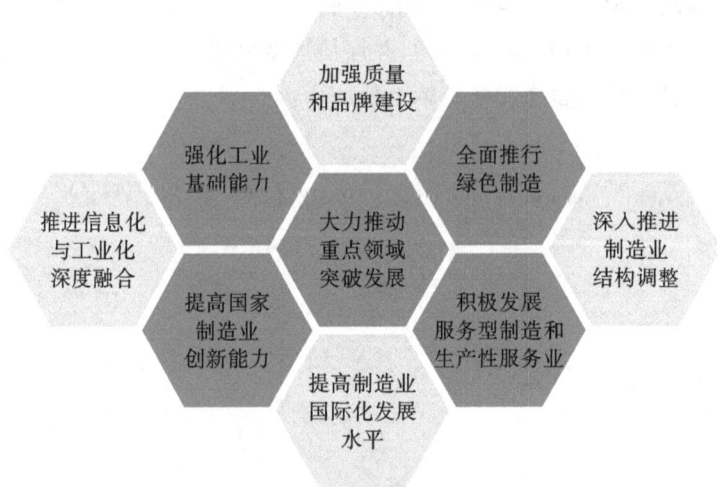

图 8-1　中国制造 2025 的九大任务

随着近几年汽车工业不断发展,新能源汽车不断推进以及二手车市场的崛起,国内汽车产业市场呈现波浪式发展。近几年城镇化发展及家庭汽车普及率不断提升,我国汽车保有量从 2001 到 2010 年保持高速增长,从 2011 到 2020 年逐渐向稳定增长期发展,如图 8-2 所示。近几年,我国汽车保有量逐年上升,上升趋势渐缓。据不完全统计,截至 2023 年,美国的千人汽车保有量约为 766 辆,日本约为 545 辆,德国约为 489 辆,而我国的千人汽车保有量约为 228 辆。可以看出,相比于发达国家,我国的汽车普及率确实存在一定差距。

然而,随着中国经济不断发展和人民生活水平的提高,国内汽车市场仍有巨大的发展空间。政府积极推动汽车产业发展和提倡消费升级,加上中国人口众多和城市化进程的加快,预计中国的汽车保有量将继续快速增长,有望翻倍发展。这将为国内汽车市场和相关产业带来巨大的机遇与挑战。

图 8-2　2011—2020 年中国汽车保有量增长趋势

　　一辆汽车从研发设计到量产出售给消费者是一个繁琐且漫长的过程,这当中包括市场调研、概念设计、工程设计、样车试验、量产 5 个主要阶段。传统汽车制造主要包括四大工艺流程,分别是冲压、焊装、涂装及总装,如图 8-3 所示。

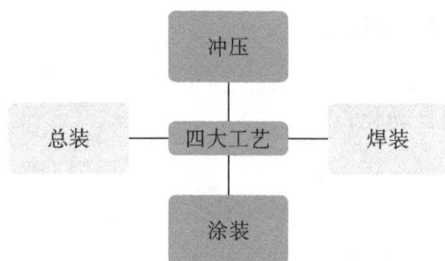

图 8-3　汽车制造四大工艺流程

8.1.1　冲压工艺

1. 冲压概念

　　冲压是汽车制造的第一步,是利用安装在压力机上的模具对金属板材施加压力,使其产生分离或塑性变形,从而获得一定几何形状和尺寸精度的机械零件或制品的一种加工方法。从钢厂采购回来的钢卷经过第一次落料模具的冲压,切割加工成特定的板料形状,如图 8-4 所示,其形状一方面要保证经济性(节省材料),另一方面要保证零件的成形性。之后,板料经过拉延成型、修边冲孔、翻边整形等模具的冲压就加工出来了白车身零件,零件需要质量人员上检具检查,对于侧围外板、翼子板、车门、发盖外板、尾门外板、顶盖等外观零件,质量人员需要重点关注其质量,内板件相对来讲没有外板件要求高。冲压出来的零件在满足质量、外观、尺寸要求的情况下才能存储到仓库进入下一道工序。

图 8-4 汽车车身冲压各部件

冲压流程的三要素是设备、材料和模具。冲压设备包括传统的机械压力机与液压机,冲压材料包括板材、带材、管材及其他型材。冲压模具是冲压加工的主要工艺装备,冲压件质量与模具关系最大。同时,冲压加工具有一系列特点:

(1)产品尺寸稳定、重量轻、刚度好;

(2)表面质量和精度较好;

(3)操作简单,易于实现自动化;

(4)生产效率高;

(5)适于大批量生产;

(6)大批量生产时加工费用较低;

(7)依赖设备与模具;

(8)投产周期较长,初始投入大。

2. 冲压工序分类

汽车冲压件的原料是钢厂供应的卷板,首先要经过开卷和校平,然后按冲压工艺要求做成一定尺寸规格的平整板材。板材冲压工序按加工性质的不同分为分离工序和成形工序两大类。汽车覆盖件冲压生产中常用的基本分离工序见表 8-1,包括落料、冲孔、剪切、切口、切边、剖切。基本成形工序包括弯曲、拉深、内孔翻边、外缘翻边、压印及胀形、整形。侧围外板冲压工艺流程如图 8-5 所示。

表 8-1 汽车覆盖件生产中常用的冲压工序

冲压工序	工序	工序性质
分离工序	落料	用落料模沿封闭轮廓曲线冲切,冲下部分是零件
	冲孔	冲孔模沿封闭轮廓曲线冲切,冲下部分是废料
	剪切	用剪刀或模具切断板材,切断线不封闭
	切口	在板料上将板材部分切开,切口部分发生弯曲
	切边	将拉深或成形后的半成品边缘部分的多余材料切掉
	剖切	将半成品切分成两个或几个工件,常用于成双冲压
成形工序	弯曲	把板料沿直线弯成各种形状
	拉深	将板料压制成开口空心零件
	内孔翻边	将板料上孔的边缘翻成竖立边缘
	外缘翻边	将工件的外缘翻成圆弧或曲线状的竖立边缘
	压印及胀形	在板料或工件上压出筋条、花纹或文字
	整形	把形状不太准确的工件校正成形

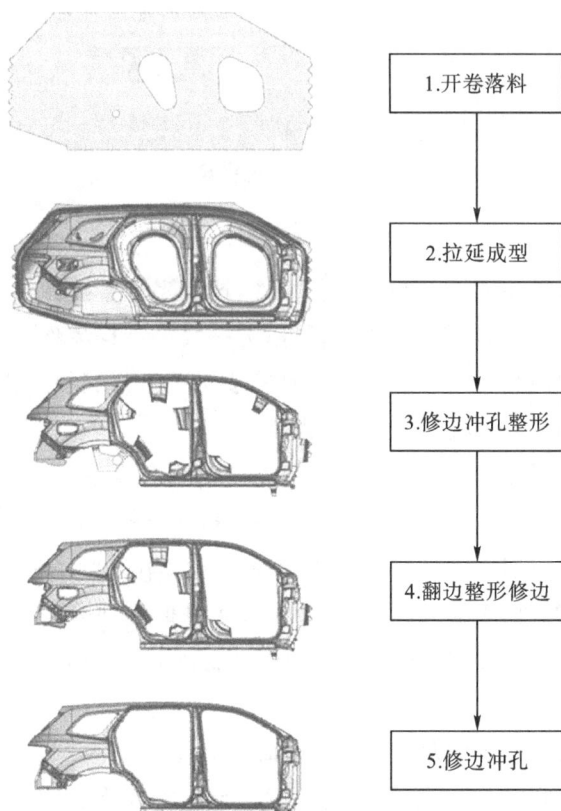

1.开卷落料

2.拉延成型

3.修边冲孔整形

4.翻边整形修边

5.修边冲孔

图 8-5 侧围外板冲压工艺流程图

对冲压覆盖件的要求包括以下几点：

(1)尺寸和形状应符合检具标准且是与经过焊装合件匹配的样件。

(2)表面质量好。外覆盖件(尤其是轿车的外覆盖件)表面不允许有波纹、皱纹、凹痕、划伤、擦伤、压痕等缺陷，棱线应清晰、平直，曲面应圆滑、过渡均匀。

(3)刚性好。覆盖件在成形过程中，材料应有足够的塑性变形，以保证零件具有足够的刚性。

(4)良好的工艺性。覆盖件应具有良好的冲压工艺性能和焊接工艺性能，以降低冲压和焊装的生产成本。冲压工艺性主要是看各工序，特别是拉深工序能否顺利进行、能否稳定生产。

3. 冲压模具

1)分类

根据工艺性质不同，冲压模具可分为成形模、拉深模、边模、胀形模，如图8-6所示。

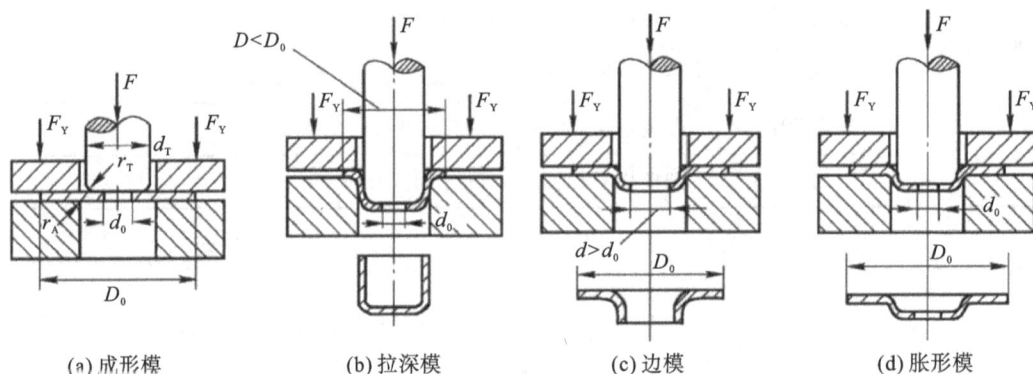

(a)成形模　　(b)拉深模　　(c)边模　　(d)胀形模

图8-6　冲压模具

2)结构组成

通常模具由两类零件组成。一类是工艺零件，这类零件直接参与工艺过程的完成并和坯料直接接触，如凹模、凸模、定位销、压料板等；另一类是结构零件。这类零件不直接参与完成下料过程，也不和坯料直接接触，只对模具完成工艺过程起保证作用，或对模具功能起完善作用，如导柱、上模座、下模座、螺钉、弹簧等。

生产批量是选择模具结构的依据。汽车覆盖件的生产批量一般可分为小批、中批和大批三类。500件以下为小批量，5000件以上为大批量，500~5000件为中批量。冲压模具的上、下本体，压边圈及固定座等大型零件都采用铸件。汽车覆盖件曲面形状复杂，并要求较高的尺寸精度和较小的表面粗糙度。通常，货车覆盖件的型面公差和轮廓公差为±1 mm，轿车则要求±0.5 mm，因此要求轿车覆盖件的模具制造水平较高。

3)模具几何参数的影响

冲压工艺及冲模设计的影响及提高冲模寿命的措施。

(1)冷冲压对原材料的影响。如原材料厚度公差不符合要求、材料性能波动、表面质量差和不干净等。

①冲压前应对原材料的牌号、厚度、表面质量进行严格检查。

②保证材料表面质量和清洁。

(2)排样和搭边的影响。排样方法与搭边值对模具寿命影响非常大,不必要的往复送料排样法和过小的搭边值往往是造成模具急剧磨损和凸凹模啃伤的重要原因。

(3)模具导向结构和导向精度的影响。必要和可靠的导向对于减小工作零件的磨损,避免凸凹模啃伤极为有效。

4)影响模具寿命的因素

凸凹模的形状、间隙和圆角半径不仅对冲压件成形影响极大,而具对模具的磨损影响也很大。

(1)模具的材料的影响。模具的材料性质及热处理质量是影响模具寿命最重要的因素。

(2)模具的热加工和表面强化的影响。

(3)模具加工工艺的影响。模具加工后模具的表面粗糙度对模具的寿命影响很大,所以要根据制件情况,合理选择加工工艺。

(4)压力机的精度与刚性的影响。

(5)模具的使用、维护和保养的影响。正确使用、维护和保管模具能提高模具寿命。包括模具正确安装与调整;注意保持模具的清洁和合理的润滑;防止误送料、上双料;严格控制凸模进入凹模的深度,控制校正弯曲、整形等工序中上模的下死点位置;及时打磨、抛光等。

4. 压力机及冲压生产线

压力机是最主要的冲压设备,冲压模具是核心的部件,如图 8-7 所示。汽车覆盖件批量大,必须采用流水线生产,冲压生产线通常有两种类型,一种是单机联线,另一种是采用多工位自动送料压力机的生产线。单机联线是将压力机按工序贯通排列,采用机械手、传动装置或机器人完成上、下料和零件传送工作,有独立同步式和全自动同步式两种形式。独立同步式生产线的压力机各自独立运转,由传送带控制生产节拍,利用柔性中间存储装置使各压力机组形成独立同步机组,其性能比较灵活;全自动同步式生产线的送料、运转等作业同步连续进行,工作效率高。多工位自动送料压力机是一种连续化、高效率、紧凑型的自动化冲压设备,相当于一种高效率的传送性冲压自动线,可同时安装落料、拉深、局部成形、修边、冲

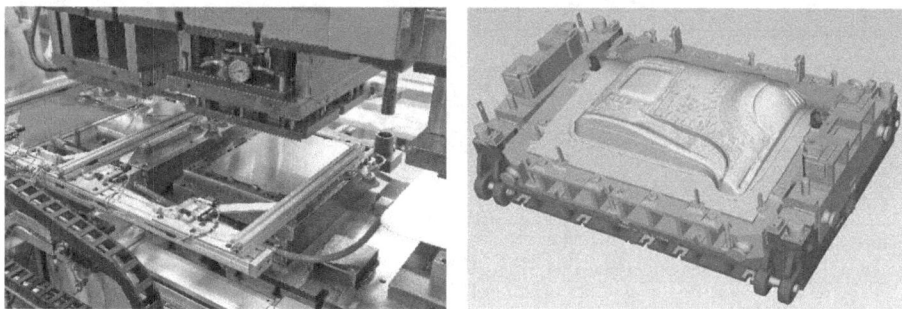

图 8-7　冲压模具与设备示意图

孔、弯曲等多套模具,并可在一次动作中完成这几道工序。多工位压力机的优点是占地面积小、电力消耗低、生产效率高,作业成本比单机联线流水线低得多,减少了工序间半成品堆放和运输,并且由于连续进行多次成形工序,坯料或半成品的温升可代替中间局部退火,从而提高了材料的塑性,利于加工。

8.1.2 焊装工艺

1. 焊装流程

焊接指两种或两种以上同种或异种材料通过原子或分子之间的结合和扩散连接成一体的工艺过程。促使原子或分子之间产生结合和扩散的方法是加热或加压,或同时加热又加压。焊接的分类如图 8-8 所示。

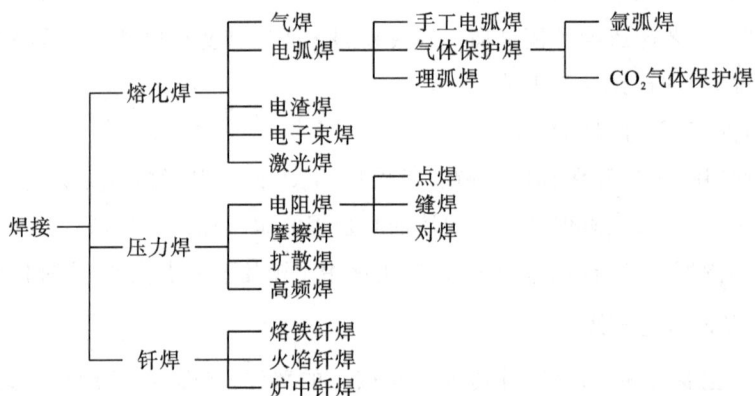

图 8-8　焊接的分类

冲压加工出来的都是单个的白车身零件,将冲压单件放入特定的焊接工序夹具上,焊接机器人或者工人通过焊枪把不同的冲压零件焊接成分总成,然后将分总成焊接成总成,总成最后焊接成完整的白车身,如图 8-9 所示。

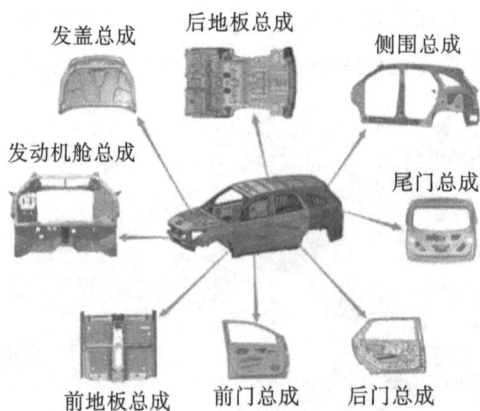

图 8-9　主要的焊接总成

主要的焊接总成有发动机舱总成、地板总成、侧围总成、前后门总成、尾门总成、发盖总成等。总成的打胶、包边工序也是焊接工程师负责,目前常见的包边实现方式有包边机器人和包边模具两种。焊接完的分总成、总成、白车身需要进行焊接质量检测,常见的焊接质量问题有焊渣、虚焊、过焊等。

车身焊装过程先将整个车身分成总成进行焊装(如地板总成、发动机舱总成、左侧围和右侧围总成、后围总成、顶盖总成、左车门和右车门总成、发动机罩总成、行李箱盖总成、左翼子板和右翼子板总成等),然后再将这些总成焊装成白车身。小总成一般在单机上焊装,大总成和车身焊装在流水线上完成。生产线上配备各种焊接设备和工具、夹具、机械化运输系统、生产过程控制及质量检测与控制系统、安全防护设施等。生产线之间的运输常用悬挂式输送机和搬运机械手等完成。焊接工艺流程如图 8-10 所示。

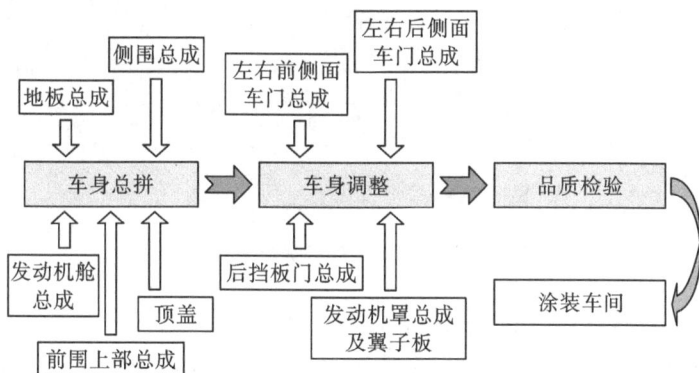

图 8-10　焊接工艺流程图

车身焊装时,各大总成和白车身均要进行严格的质量检测。例如,在生产线上设自动检测机检查装配、焊接质量和尺寸要求,在白车身完成后用三坐标测量机进行抽检等。

2. 焊装生产线

车身的焊装在产量较大时,从生产效率和经济性上考虑,需要采用多工位流水生产线。焊装生产线有贯通式、环行式、转台式等多种。贯通式焊装线使用普遍,当车身横向输送时,有利于分总成的机械化上下料,同时驱动也比较简单。为了能在同一条焊装线上生产不同品种且工艺相似的车身,现已出现了柔性焊装线,通常采用机器人点焊和更换夹具来实现生产,如图 8-11 所示。

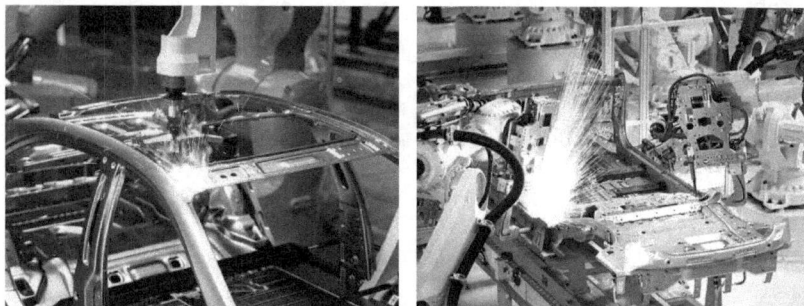

图 8-11　自动化焊接生产线

3. 车身焊装质量

焊装车间质量控制的主要关注点集中在面品控制、焊接强度、间隙段差、漏雨项及误欠品,常见的焊点缺陷如图 8-12 所示。采用全自动机器人进行焊接能够更好地保障焊接质量。

车身焊装采用最多的是电阻焊(又称接触焊),一般占整个焊接工作量的 60%以上,有的车身几乎全部采用电阻焊,主要是点焊和凸焊,因为其生产率高、成本低。电阻焊是将置于两电极之间的工件加压,并在焊接处通上电流,利用电流通过工件本身的电阻产生的热量来加热而形成局部熔化,断电冷却时,在压力继续作用下而形成牢固接头。

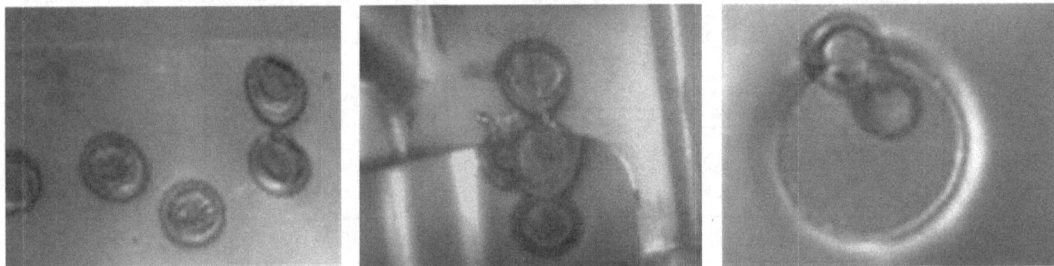

图 8-12　焊点缺陷

车身电焊质量监控可分为预防、控制和检验三部分内容。

预防指在进行电阻点焊之前采取相应措施防止不合格焊点的生成。主要措施是对焊接设备进行日常监测,如:定期核对焊接参数,以确保设定值符合工艺要求;定期测量焊接的实际压力、实际电流及通电时间,确保输出值与设定值一致。

控制指在进行电阻点焊的过程中,应用相应的技术进行在线监测,保证不合格焊点被及时发现。

检验指对已经完成的焊点进行破坏性和非破坏性检查,达到排除不合格焊点的目的。破坏性检查是对整个车身的焊点进行逐一检查,比较全面,可以发现所有不合格的焊点。但是,检查后的车身只能报废,且抽样频率较低,不利于问题的及时发现。非破坏性检查是对车身焊点进行的日常检查,传统的方法是目视检查和凿检,一般选取部分典型焊点,且有一定的局限性。

4. 焊装设备

焊装所用的设备有悬挂式点焊机、固定点焊机、多点焊机、螺柱式焊机及焊接机器人等,如图 8-13 所示。采用焊接机器人可使焊接质量稳定并减轻工人的劳动强度,逐渐被广泛采用,并且出现了机器人焊装线和无人操作机器人焊装车间。

(a) 分体式悬挂点焊机

(b) 固定式点焊机

(c) 多点焊机

(d) 螺柱式焊机

图 8-13　焊接设备

8.1.3　涂装工艺

1. 涂装的作用

涂料通常被称为油漆,因为它最早是利用植物油和天然漆制成的。现在,涂料已不再使用植物油和天然漆,而是广泛利用各种合成树脂与颜料及溶剂,称油漆已不恰当,所以近年来已正式用涂料这个名称。

汽车涂装的作用主要是起保护、装饰和标识等作用,某些特殊涂料还起到减振、隔声、隔热等特殊作用。车身涂料是一种成膜物质,当它涂于车身表面时,能生成坚韧耐磨、附着力强,具有一定颜色和防锈、防腐、耐酸、耐潮湿、耐高温等多种功能的涂膜,这不仅能大大提高汽车车身使用期限,而且涂料的色彩装饰也美化了汽车。对某些特种汽车,涂料还可起到有利于汽车安全行驶的标志作用。例如对于特种工程车和大型、超高、超重或超长车,可以利用涂料色彩,按有关规定在车辆前部、上部、两侧或尾部等适当部位标示出警告、注意危险、减慢车速等信号,使对方或后方车辆警觉,以保证行车安全。

汽车涂装工艺经历了 100 多年的发展历程,其作业方式由最初作坊式的简单刷涂到简单喷涂再到适应于大量流水生产的现代化工业涂装;其作业内容也由最初的仅在需保护的工件表面刷上一层油漆到在工件表面先刷防锈漆再喷面漆发展到现在的"漆前处理→电泳→中涂→面漆"等。

涂装涂层至少包括电泳底漆层、中涂层、色漆层和清漆层等四层。对于有密封要求的焊缝部位,在电泳底漆层与中涂层之间还要加涂 PVC。为了适应用户对汽车外观质量越来越高及多样化的要求,汽车车身涂装的漆前处理、底漆阴极电泳工艺已实现全自动化,中涂层与面涂层工艺实现了静电自动喷涂、计算机智能化控制。汽车车身涂层质地(外观装饰性、耐腐蚀性、抗擦伤性等)得到了显著提高,车身保用期达到和超过了汽车的整体使用寿命。

从焊装车间出来的白车身会进入涂装车间,如图 8-14 所示。涂装工艺流程如图 8-15 所示,白车身在涂装车间主要是经过电泳、中涂、面漆三个处理过程。在白车身进行电泳之前需要进行杂质清理、油污清理、磷化处理等,目的是提升电泳漆与白车身的附着力。电泳的主要作用是白车身防腐,电泳完后经过烘干处理进入下一工艺流程。电泳烘干完的白车身会进行喷密封胶、贴阻尼板、喷防石击涂料等处理,清理后进行喷漆,车身喷漆后也需要进行烘干处理。喷漆烘干处理后需要进行打磨抛光清理,然后进行白车身面漆喷涂处理,在这之后进行烘干处理,全部完成后会进行最后一轮的检查修复抛光处理。全部完成后将车身输送到总装车间。

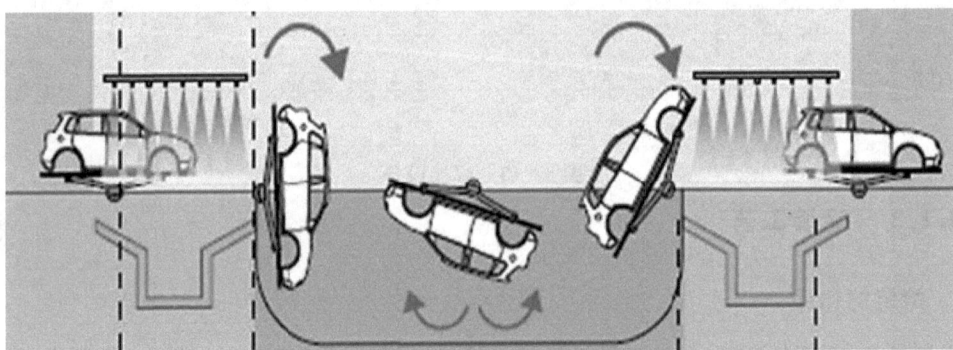

图 8-14 涂装车间示意图

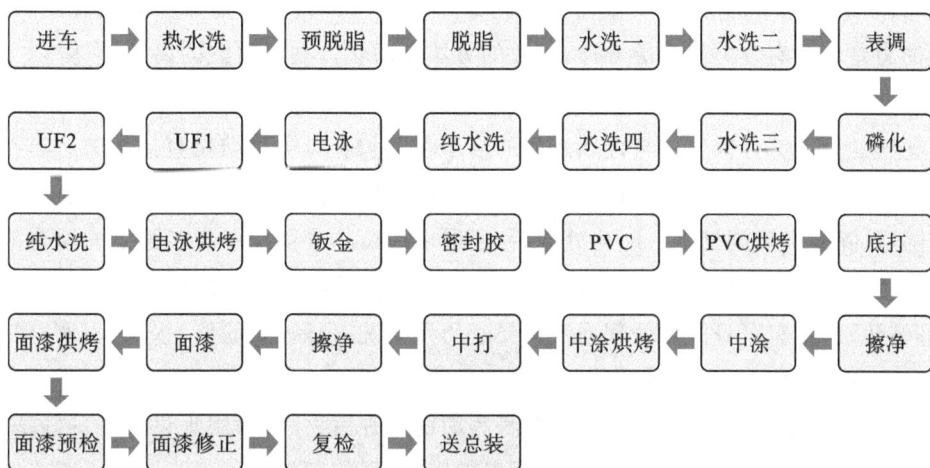

图 8‑15　涂装工艺流程图

2. 车身用涂料应有的特点

根据汽车的使用条件及其大量流水线生产的要求,汽车涂料一般应具备下列特点:极好的耐候性和耐腐蚀性,极好的施工性和配套性,极高的装饰性,优良的力学性能,良好的经济性,能耐汽油、柴油、机油和公路用沥青等的作用,并要求与清洁剂、肥皂、鸟或昆虫的排泄物等接触后不留痕迹。

3. 涂料的分类

涂料种类繁多,分类方法不一,车身用涂料分类如图 8‑16 所示。

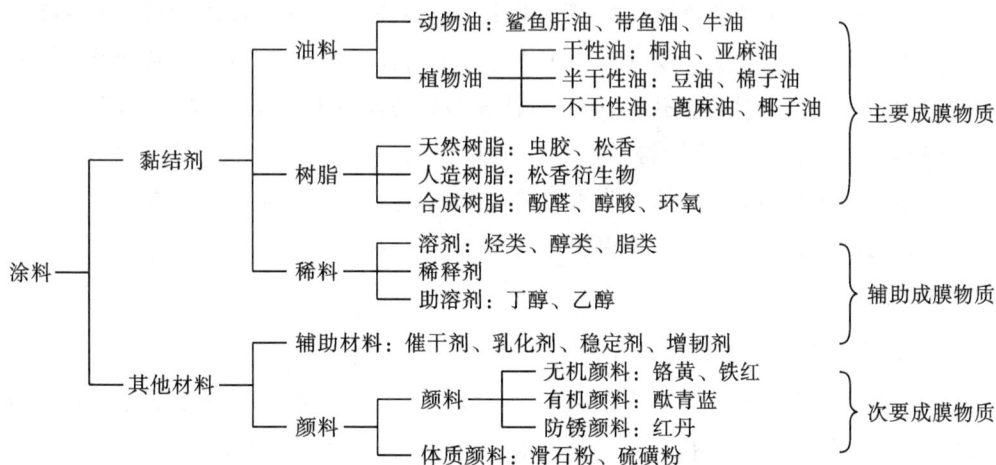

图 8‑16　车身用涂料分类

4. 漆前表面处理

1)目的

早期生产的汽车,尽管新车出厂时外观非常漂亮,但不久就会起泡,油漆表面冒出星罗棋布的锈蚀斑点,通常每隔 2～3 年需要重新做一次油漆。其原因是漆膜的附着能力不够、防腐蚀能力差。为有效提高涂层寿命,有效的方法是磷化。利用磷酸的离解(平衡)

反应在洁净的金属表面析出不溶性的磷酸金属盐膜(简称磷化膜)。

磷化膜是否能够有效生成与金属表面的洁净程度和表面微观结构直接相关。车身冲压与焊装工艺过程中会不可避免地在金属车身表面留下脂、锈或其他残留物。为此,在磷化前需彻底除脂、除锈和表调处理。磷化处理后,还需彻底清除残留在车身表面上的磷化液及磷化膜表面的疏松层,并对磷化不完全的部分空穴进行封闭,使磷化膜的结晶细化,提高其致密性(即钝化)。汽车车身的前处理通常需要经历预清洗、预脱脂、脱脂、水洗、表调、磷化、水洗、纯水洗、翻转沥水等 10 多道工序。

涂漆前表面处理的目的是充分除去车身表面的各种污物,为涂层提供一个良好基底,增加金属表面与涂层间的结合力,提高涂层质量,延长涂层使用寿命。

2)工序内容

涂漆前表面处理主要是去除表面上的各种污物及在预先处理过的表面上进行特殊的加工处理,包括脱脂、除锈和磷化三大部分。其中除锈主要是用酸洗,一般在板料冲压之前进行。

在涂装前洗净被涂物表面上污油的工序称为脱脂(又称除油),一般分为预脱脂和脱脂两道工序。其原理是在机械力的作用下通过皂化、乳化、分散等化学反应溶解和洗去油污。

金属表面与磷酸二氢盐酸性溶液反应在清洁的金属表面生成一层稳定的不溶性多孔半导体磷酸盐薄膜的化学过程称为磷化。磷化处理的作用包括:

(1)为电泳提供清洁的表面,通过脱脂、磷化、水洗后的工件表面清洁、均匀、无油脂。

(2)显著提高涂膜附着力。磷化膜与工件是一个结合牢固的整体结构,磷化膜在工件上直接生成。另外,磷化膜具有多孔性,能使电泳漆渗透到孔隙中,涂料与磷化膜咬合,这样比涂膜直接覆盖在金属表面要牢固得多。

(3)成倍提高防腐蚀能力。磷化膜虽然薄,但由于它是一层非金属的提高工件耐腐蚀性的导电能力不强的隔离层,抑制了金属表面的电化学腐蚀。

5. 涂装典型工艺

国内外汽车车身涂装工艺可以分为以下三个基本体系:

(1)涂三层烘三次体系。即底漆涂层＋中间涂层＋面漆涂层,三层分别烘干。对于外观装饰性要求高的轿车车身、旅行车和大客车车身一般都采用这一涂装体系。

(2)涂三次烘两次体系。涂层同上,底漆层不烘干,涂中间涂层后一起烘干,采用"湿碰湿"工艺,因而烘干次数由三次减为两次。对于外观装饰性要求不太高的旅行车和大客车车身及轻型载重汽车的驾驶室等一般采用这一涂装体系。

(3)涂两层烘两次体系。即底漆涂层＋面漆涂层,无中间涂层,两层分别烘干。中型、重型载重汽车的驾驶室一般采用这一涂装体系。

6. 涂漆方式

汽车车身常用的涂漆方法有刷涂、浸涂、喷涂、静电喷涂、电泳和粉末涂装等。电泳是把导电性被涂工件作为一个电极,和另一电极一同浸入水溶性树脂制成的电泳涂料中,两极间通上一定时间的直流电后,在工件表面上析出一层均匀的水不溶性涂膜的一种涂装方法,如图 8 - 17 所示。若被涂工件为阳极,电泳涂料为带负电荷的阴离子型涂料,则称为阳极电泳涂装;相反则称为阴极电泳涂装。电泳涂装最适合涂底漆。

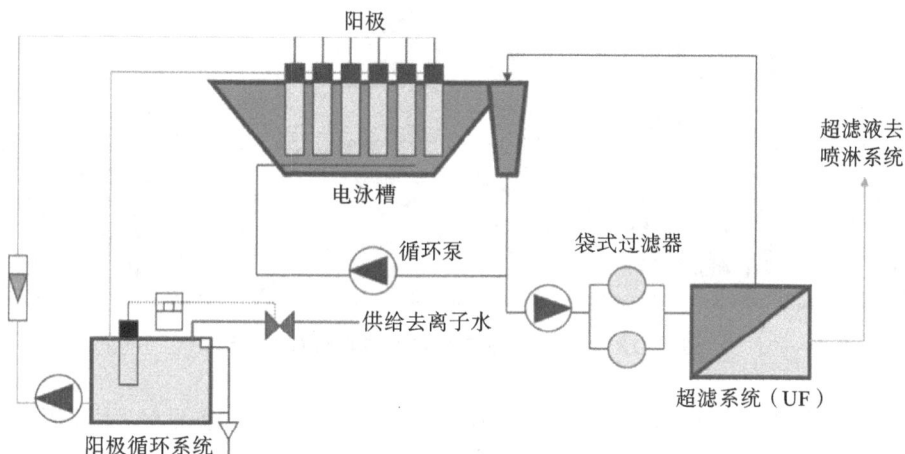

图 8 - 17　电泳过程示意图

与喷涂相比较,电泳涂装具有以下几个显著优势:

(1)良好的浸透性。电泳涂料可在水中完全溶解和乳化,且电泳液的浓度很低,和水差不多,能浸透到车身内外表面的每一个部分,包括袋状结构部及缝隙中,所以可以对车身实现无遗漏的全方位保护。

(2)泳透性好、涂膜均匀。电泳液具有良好的导电性,涂料粒子具有很高的活性,但随着涂膜厚度的增加,沉积到车身上湿涂膜的导电性逐渐减小,电阻逐渐增大。当涂膜电阻达到一定数值时,电沉积停止,涂膜不再增厚。由此可见,电泳涂装具有良好的泳透性,涂膜厚度均匀。

(3)电泳液的利用率高。槽液的固体含量小、黏度小,被车身带出槽外涂料少,且能回收利用,使电泳液的利用率高。

(4)电泳涂膜的附着与防锈能力强。由于电泳涂膜均匀、致密,因此涂膜的附着能力和防锈能力都很强。

(5)安全性好。电泳液的浓度很低,用喷灯点火都烧不起来,因此不可能发生爆炸与火灾,整个工艺过程均十分安全。

然而导电性能差、耐温性能差、多种不同材料组合的工件及批量小的产品均不适合电泳涂装工艺,电泳涂装工艺最适合涂底漆工艺,应用范围相对受限。

面漆是车身涂装的最终工序,一般多用空气喷涂,也可采用静电喷涂、自动化涂装等。

7. PVC 涂装

我国早期生产的汽车由于没有采用涂密封胶工艺,所以车身漏风、漏雨,焊缝淌黄锈等质量问题经常发生,还严重影响到车身的使用寿命。20 世纪 80 年代,我国开始学习和引进国外先进的 PVC(聚氯乙烯)涂装工艺,车身密封性和寿命均有很大提升。密封胶的涂装对于轿车生产企业已基本实现了全自动机械手作业,如图 8-18 所示。

图 8-18 全自动机械手涂密封胶与防石击涂料

PVC 在汽车涂装工艺中的应用有两种不同的形态:一是 PVC 密封胶,主要用于焊缝的密封;二是 PVC 防石击涂料,喷涂到汽车轮罩下表面、车底板下表面、纵梁、悬架下部等这些极易受石击而损伤的部位,可以防止汽车行驶时车轮甩起的沙石对汽车底部的损害。

8. 减振隔声材料粘贴

为减小振动和噪声,减振隔声材料在汽车上得到了广泛应用,其原理是利用某些材料良好的内阻尼特性衰减振动,吸收或阻碍声音传播,如图 8-19 所示。轿车上使用减振隔声材料已达 15~20 kg/辆。减振隔声材料主要是厚度为 1.0~2.0 mm 的复合板材。粘贴部位主要在门板、隔板、车顶盖、发动机舱、后行李舱等的内表面和车身底板的上表面。目前主要是人工作业,但部分汽车生产企业已开始采用机械手自动粘贴。

图 8-19 隔声材料粘贴

8.1.4　总装工艺

1. 总装的基本任务及组织形式

总装是汽车制造四大工艺的最后一环,工艺流程如图 8 - 20 所示。总装线主要有内饰线、底盘线、最终线等。从涂装车间出来的车身进入总装线,会进行线束、车门、安全气囊、电子控制单元(Electronic Control Unit,ECU)、仪表板、发动机、前后桥、轮胎等各种内饰、外饰、电子电器等零部件的安装。

燃油、润滑油、清洁剂、冷却液、制动液、防冻液等油液也都会在这个过程中加注。总装完成的整车需要经过最后的检测,主要的检测项目有四轮定位检测、前照灯检测、制动性能检测、排放检测、淋浴检测、道路检测等。至此,一辆合格的整车就可以运送到各地出售给消费者。

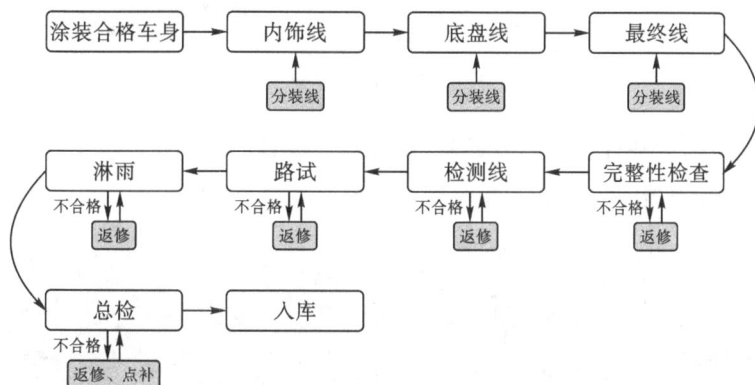

图 8 - 20　总装工艺流程图

总装的组织形式一般可分为固定式装配和移动式装配,固定式装配是将汽车各总成或部件的全部装配工作安排在一个固定的工作地点进行,装配过程中位置不变,装配所需要的零部件都汇集在工作地点附近,由一组工人去完成,这样的装配需要较大的生产面积和技术水平较高的工人,装配周期也比较长。这种装配形式仅适用于小批量生产如汽车改装,或单件生产(如新产品试制)。移动式装配是将汽车总成或部件置于装配线上,通过连续或间歇的移动使其顺次经过各装配工作地点,以完成全部装配工作。采用移动式装配时,装配内容分得较细,每个工作地点重复完成固定的工序,广泛采用专用的设备及工具,因此生产率很高,适用于成批大量生产。移动式装配是目前广泛采用的汽车总装的组织形式。

2. 装配精度的影响因素

汽车的装配可分为组装、部装和总装,现代汽车厂一般只进行总装。总装是整个汽车制造过程的最后环节,提高装配精度是保证汽车质量的关键。零件的加工精度是达到装配精度的基础,但装配精度取决于装配的工艺和技术,特别是装配生产线的先进程度等。此外,装配车间的环境条件(如温度、湿度、清洁、照明、噪声、振动)及其他条件对装配质量也有影响。由于目前装配过程还需要大批的手工劳动,因此装配质量的保证还要依靠装配工人的技术水平和高度责任感,这在任何国家都不例外。

3. 总装线的组成

总装线一般由以下几个部分组成。

(1)内饰装配线:主要任务是将仪表盘、座椅、加热与冷气设备、车顶棚及侧壁内饰件、车门饰件等部件安装到车身或驾驶室内,如图 8-21 所示。

图 8-21 内饰装配

(2)底盘装配线:主要任务是将发动机、离合器、变速器、传动轴、前轴、后桥(包括悬架系统)、转向系统、制动系统、散热器、车轮等部件安装到车架上,如图 8-22 所示。

图 8-22 底盘装配

(3)外饰装配线:主要是将散热器护棚、前大灯、风窗玻璃、门窗玻璃、保险杠、后灯组合、反射镜、标识器和电子装置等部件安装到汽车上,如图 8-23 所示。

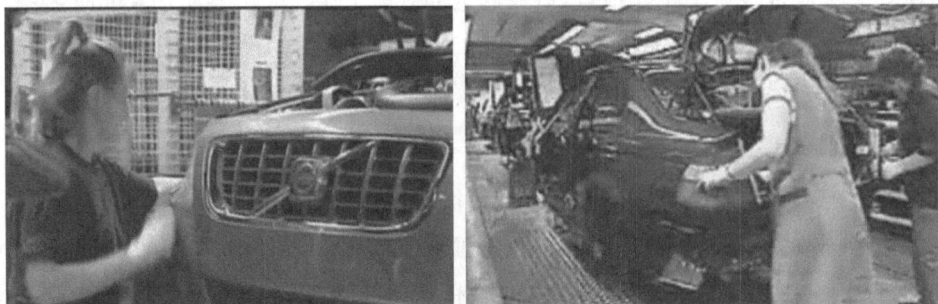

图 8-23 外饰装配

(4)整车性能检查调整线(简称检测线):检测和调整的内容主要包括车轮定位参数、前照灯、制动性能、行驶性能、防雨密封性、汽车排放和汽车外观等,如图 8-24 所示。

图 8-24　整车性能检查

由于汽车结构复杂、零部件及零件繁多,因此汽车总装配具有以下特点:

(1)联接方式多样。汽车装配过程中的联接一般情况下除了焊接方式外其他联接方式几乎都有,但最多的联接是可拆式固定联接和可拆式活动联接,即螺纹联接和键联接、销联接。

(2)以手工作业为主。装配件的品种、数量繁多,装配关系复杂,装配位置多样,由此决定了它仍然以手工作业为主。

(3)大批量生产。一般来说,一个汽车制造厂的汽车年产量应在几万辆以上,而通常认为建设一个轿车厂的经济规模为年产 15 万辆以上。所以汽车制造厂是技术密集型、资金密集型的大批量生产的企业。汽车总装配具有现代化企业大批量生产的特点,它是人与机器、技术与管理的有机结合。

4. 汽车总装工艺的设计原则

汽车总装工艺在机械化的流水生产线上完成,其内容包括汽车总成部件的配送、装配、车身的输送及汽车整车的下线检测等。为了提高汽车整车的装配效率,通常在汽车总装线的旁边设置若干个汽车主要总成部件的分装线(也称为部装线),如内饰线、车身合装线、机械分装线、动力总成分装线、车门分装线、车桥分装线、仪表总成分装线等。为了使汽车总装工艺能高效有序地进行,汽车总装工艺的设计应遵循如下原则。

1)人、零件、汽车整车无交叉物流路线原则

汽车总装线一般是由输送设备和专用设备构成的有机整体。输送线的规划应综合考虑厂房空间的利用率、物流配送距离、人员移动的损耗和以后产能扩展的便利等因素,为了充分有效利用总装车间的空间,总装主输送线常采用多段回折的形式。为了实现分装总成搬运路径的最小化,各分装线都设置在总装主线的侧面靠近总成装配点位置,由此达到最短的物流配送路线。同时,将部品仓储存放区设置在总装线附近区域,规划成四面物流路线,有效减少部品搬运上线时间,以提高物流效率。

总装厂的工艺布局应充分考虑到装配作业和来访参观的双重需要。在物流布局方面，应贯彻人、车、物流分开的设计思想，即在总装车间设置与物流配送通道完全隔开的专门参观通道，这样既照顾到了参观者希望了解装配作业全过程的需求和保证来访者的安全，又可避免来访者的参观对整车装配生产的影响，从而有利于提高装配作业的效率。

为保证汽车总装车间良好的工作环境，汽车总成部件的准时配送均采用电动牵引车及电动叉车，杜绝了总装车间的空气污染，同时亦大大减少了总装车间的噪声。

2)以人为本工艺设计的原则

应将"以人为本"的理念贯彻到总装工艺设计的全过程，综合考虑机能集约化和改善装配作业姿势，在工艺设计中尽量避免较困难的作业姿势(如仰卧、全蹲、半蹲、踮脚、蟹步作业及凭感觉作业)。根据输送线标高，对工程进行归类、调整，这样既能达到通过保证汽车工程装配品质来实现整车品质要求的高效管理的目的，又能改善员工装配作业的劳动强度，提高作业效率，保证作业安全。

3)工位时间均衡原则

汽车总装工艺由数百个工位组成，每一个工位都有其严格、具体的作业内容，完成工位作业内容所需的时间称为工位作业时间，简称工位时间。工位时间均衡不仅可以避免工时浪费，有利于工作效率的提高，而且可以保证总装作业按生产节拍有效进行。

4)柔性化原则

柔性生产(多车型混合生产)是汽车总装生产线的一项基本要求，它是为了适应工厂现有车型及将来发展车型的混线生产。

不同车型的总装工艺或多或少会存在一定的差异。然而，汽车制造公司为了提升自身的竞争力，除每年都要推出新车型外，在产的车型还需要持续改进。新车型的导入不可避免会带来部分工位工艺的变化；在产车型的改进有时也会带来装配工艺的变化。汽车总装线的设计应易于工艺的持续改进。

产能提升几乎是任何一个汽车生产单元都会面临的共性问题，因此汽车总装工艺的设计必须充分注意到产能提升的问题。

5)经济性原则

总装工艺的设计应充分考虑成本因素，以追求低成本、高品质、高效益为终极目标。总装生产的经济性包括设备、工艺两个方面。设备选购应讲求先进、方便、实用，不片面追求高新技术；工艺设计应科学、简单、合理。

6)节能降耗原则

在总装工艺设计过程中，应高度重视节能降耗原则，能源(包括液化石油气、汽油、冷冻水和生产生活用水)动力(压缩空气、电力)集中供应，动力源尽量靠近使用点以减小沿程损失，分装线设置在主线的侧面靠近总成装配点位置以实现物流配送路线最短化，将部品仓储存放区设置在总装线附近区域以减少部品搬运上线时间等都能达到十分良好的节能降耗效果。

7)总装工序集中与分散相结合的原则

将同样的操作集中在同一位置,尽量使用同一工具在同一工序装配,可优化投资成本;同样的操作是同样的人员装配可减少工时、提高劳动生产率、降低成本、提高生产质量。

将同工时的工作分散给多个工位完成,一方面可使每一工位的每种车型的装配尽量饱满,提高劳动生产率;另一方面后面的工位对前面工位完成的工作进行检查,可防止错装、漏装的发生,提高产品质量。

将总装流水生产分成若干个装配模块,模块间集中,模块内分散,满足所有车型的装配工艺要求和保证汽车装配的质量,有效实现柔性化生产。

8.2　高性能材料的制造工艺

8.2.1　高强度钢板热冲压

车身作为汽车重要的组成部分,其质量占到汽车总质量的 $30\%\sim40\%$,因此车身的轻量化对整车的轻量化起着重要作用。热成型技术的应用能够减轻车身质量,提高燃油经济性,实现节能减排,并且不以牺牲安全性为代价。近年来,全球汽车轻量化发展势头迅猛,对高强度钢板热成型制造需求量巨大,高强度钢板热冲压装备生产线市场前景极好,热成形技术得到大力发展。车用高强度和超高强度钢板以其轻质、高强度的特点在汽车业应用中越来越受关注,并已成为满足汽车减重和增强碰撞性能及安全性能的重要途径。

1. 热冲压成形技术

钢板热成形技术是指加热低碳硼合金高强度钢板(主要为 22MnB5、27MnCrB5、37MnB4)到 950 ℃并保温一定时间,使之均匀奥氏体化,利用自动机器人抓手迅速将板料移至带有冷却系统的热冲压模具上成形,同时迅速冷却淬火并保压一定时间,从而获得板料内部组织均匀的马氏体,经过热冲压成形工艺可获得抗拉强度高达 1500 MPa 的超高强度钢板。采用钢板热成形工艺,不仅可以提升车身的安全性能,还可以保证在不降低强度的条件下通过减少汽车零部件的厚度达到减轻质量,从而实现节能减排。硼合金钢热冲压成形工艺流程如图 8-25 所示。

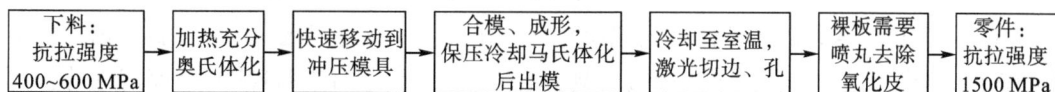

| 下料:抗拉强度400~600 MPa | → | 加热充分奥氏体化 | → | 快速移动到冲压模具 | → | 合模、成形,保压冷却马氏体化后出模 | → | 冷却至室温,激光切边、孔 | → | 裸板需要喷丸去除氧化皮 | → | 零件:抗拉强度1500 MPa |

图 8-25　硼合金钢热冲压成形工艺流程

2. 热冲压成形的优点

为满足汽车工业界提升车身碰撞及耐久性能的要求,对高强度钢板热成形(也称作热成形)技术应用的重视程度逐渐提高。热成形工艺技术优势较为突出,主要表现为能够生产屈服强度超过 1200 MPa、抗拉强度达 1600 MPa 的复杂汽车件。在高温状态下,材料塑性性能增强,可减小回弹的影响,并且可提升零件精度,成形质量好;热冲压成形的抗冲击承载构件在发生碰撞时,吸附冲击能量的能力较强,可以有效抵御撞击,具有良好的抗变形能力。某公司为用户提供的改型设计案例中,原设计为 4 件冷冲压的 B 柱,改型为 1 件热冲压的 B 柱,变形量由冷冲压的 88.57 mm 减少至 36.99 mm,强度也提升至 1500 MPa。

综上,与冷冲压成形工艺相比,高强度硼合金钢的热冲压成形工艺具有如下优点:简化车身结构,有效减少加强板数量,可以减轻车身质量;能提高车身安全性、舒适性;改善了冲压成形性;提高了零件尺寸精度;可以提高表面硬度及耐磨性、抗凹性和耐腐蚀性;降低了冲压机的吨位要求。

3. 汽车热成形技术的分类

1)直接热成形技术

热成形技术按照工艺过程分为直接热成形技术和间接热成形技术两类。直接热成形是指把坯料直接放置在通有保护气体的连续加热炉内,加热温度达到共析温度以上并保温一段时间,使钢板组织完全奥氏体化,然后通过机器抓手迅速转移到热冲压模具中,在冷却系统的辅助下进行冲压成形和淬火,再进行冷却、切边冲孔(或激光切割)、表面清理等后续工艺。直接热成形工艺流程如图 8-26 所示。

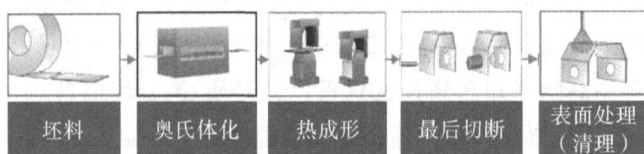

图 8-26 直接热成形工艺流程

直接热成形工艺有以下优点:一套模具即可实现冲压成型及淬火工艺要求,在降低成形模具加工成本的同时提高了生产效率;对于加热前形状规则的板料,降低了其所需要的加热空间,从而可以进行批量加热,在节约能源的同时也提高了工作效率。直接热成形工艺的不足之处是无法生产形状复杂的汽车承载构件,模具冷却系统的设计复杂,且需要增加激光切割设备等。

2)间接热成形技术

在间接热成形工艺中,汽车承载构件需先进行冷冲压预成形,然后将预成形的零件放置在通有保护气体的连续加热炉内,加热温度达到共析温度以上并保温一段时间,使钢板组织完全奥氏体化,再通过机器抓手迅速转移到热冲压模具中,之后进行冷却、表面清理等。间接热成形工艺流程如图 8-27 所示。

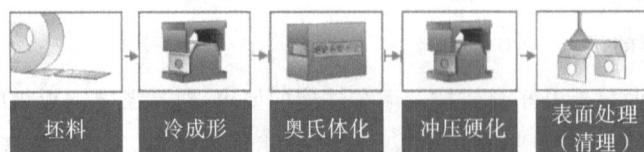

图 8-27 间接热成形工艺流程

间接热成形工艺有以下优点:需要冷成形模具,可以生产复杂的汽车承载构件(与冷成形相同);采用简单要求,同时,检测人员要对汽车线束的插接器和线束接口进行检测,一方面确认线束是否连接正确,另一方面确保蓄电池的正负极接触良好,从而提高汽车线束的整体安全性。

8.2.2　碳纤维增强复合材料热成形

随着世界各国推行降低汽车油耗的政策,各大汽车企业纷纷把突破口放在了汽车轻量化方面,而碳纤维复合材料是目前众多汽车轻量化较为理想的解决方案。

碳纤维在汽车领域的应用可以追溯到 1953 年,世界首台纤维增强复合材料汽车 GM Corvette 诞生。39 年后,通用汽车展出了一辆由碳纤维复合材料制作汽车车身的概念车,这辆车的车身质量仅有 190 kg,如图 8-28 所示,采用碳纤维后整体车身质量下降了约 65%,在油耗方面也降低了约 30%。

图 8-28　碳纤维车身

碳纤维材质汽车车身相比传统金属材质车身减重约 35~50%。车身质量每减少100 kg,百公里油耗就可降低 0.3~0.6 L,二氧化碳的排放也能削减约 18%。除此之外,碳纤维复合材料的抗拉强度约为 3000 MPa,而钢仅有 200~300 MPa 的抗拉强度,在同样截面积情况下,碳纤维可以承受高于钢几倍的力;碳纤维还具有极佳的能量吸收率,碰撞吸能能力是钢的 7 倍,在减轻车身质量的同时还可以保持防撞性能,降低汽车轻量化带来的安全风险。

现阶段,在碳纤维复合材料车身领域潜力较大的成形工艺有树脂传递模塑(resin Transfer molding,RTM)、长纤维增强热塑性复合材料(long fiber reinforced thermoplastics,LFT)和预浸料快速模压成形工艺(prepreg compression molding,PCM)。

1)RTM 成型工艺

RTM 成型是一种新型模压成形方法,也叫树脂传递模塑工艺。RTM 成型工艺是为了适应飞机雷达罩成形而发展起来的技术,现阶段被广泛应用于航空航天、汽车等领域制作大型结构件。由于 RTM 成形无需使用预浸料和热压罐,所以成本相对较低,而且不会污染环境,这也是未来车用碳纤维成型工艺的重点发展方向。

2)LFT 成型工艺

LFT 成型工艺广泛应用在汽车车身部位。虽然 LFT 成型工艺的设备相对简单,但是 LFT 成型工艺的成形加工性成品率高,制品内部的纤维长度较长,形成骨架结构,这也导致 LFT 成型工艺制作出的产品具有出色的刚度和抗冲击性,可以用于受力较大的车身部件。

3)PCM 成型工艺

PCM 成型作为一种理想的碳纤维罐外热压工艺,其产品尺寸精准、生产成本低,更容易实现复杂构件的一次成型,重要的是其生产周期大幅缩短,生产效率显著提高。PCM 成型由于其产品纤维取向性好,在强度和刚度方面也都相对较高,已经成为车用碳纤维产品中常用的成型工艺之一。

目前国内的汽车制造商在碳纤维方面还处于小规模应用阶段,现阶段的碳纤维技术在汽车领域还无法满足量产需求,不过随着科技的进步,国内碳纤维产业结构也在逐渐完整,碳纤维在汽车方面的应用率也在逐步提高。

8.2.3　内高压成形

板材内高压成形技术是汽车轻量化的主要途径之一。板材内高压成形技术是以管材作坯料,通过管材内部施加高压液体和轴向补料把管材压入模具型腔使其成形。由于使用乳化液作为传力介质,又称为管材液压成形或水压成形。液压成形是指采用液态的水、油或黏性物质作传力介质,代替刚性的凹模或凸模,使材料在传力介质的压力作用下贴合凸模或凹模而成形,它是一种柔性成形技术。根据成形对象的不同,液压成形技术可以分为壳液压成形技术、板材液压成形技术和管件液压成形技术三大类。

由于汽车工业的快速发展,大量冷成形性能差的新材料和结构复杂的零件得到了越来越多的应用,这为板材液压成形技术的发展提供了机遇。板材液压成形作为一种先进的加工工艺,具有模具成本低、模具制造周期短、成形极限高等特点,与传统工艺相比,液压成形更加适应当今产品的小批量、多品种的柔性发展方向。

液压成形技术是一种软凸模成形技术,与一般的成形工艺相比可减少模具数量,工艺原理如图 8-29 所示。因采用液压加载,模具不易损坏、寿命提高、板件与模具贴合程度好、零件冻结性好,残余应力通过高压塑性变形接近完全消除,弹复小,板材成形极限可明显超过拉深工艺和纯液压胀形工艺。这种工艺技术尤其适用于形状复杂、尺寸多变的大型板料零件的生产。

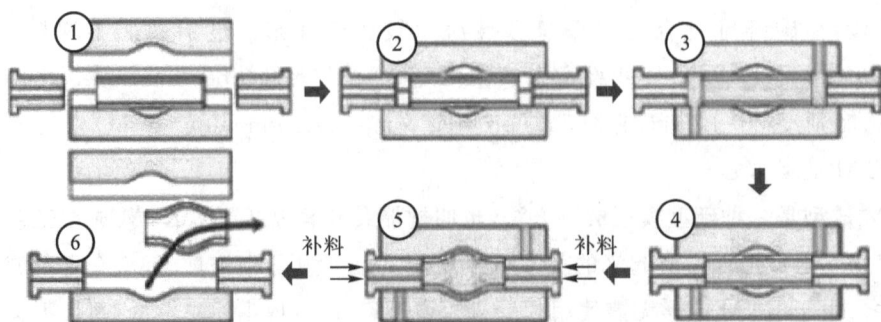

图 8-29　管件液压成形工艺原理图

8.2.4　铝合金材料的连接技术

由于铝合金的诸多优点,目前世界上主要车企在铝合金材料上不断加大使用量。例如,在全新一代奥迪 A8 中,铝合金的使用比例达到了 58%。在国内,蔚来汽车 ES8 车身用铝约占 96.4%。然而,铝合金与传统的钢材在晶体结构和物理属性上存在较大差异。例如,钢的熔点为 1536 ℃,而铝合金仅为 660 ℃,铝合金的热导率、电导率远远高于钢。这些都导致传统焊接工艺难以实现可靠连接。目前,汽车车身铝合金焊接与连接技术主要有以下几方面。

1. 自冲铆接(self-piercing rivet,SPR)

半空心铆钉 SPR 通过将铆钉穿透上层的板材,使铆钉腿部的中空结构在铆模的作用下,向下层板材周围扩张并刺入底层板材,但是不会对下层板材进行冲裁,最后铆钉与上下层板材之间形成机械互锁结构。其工艺过程主要包括定位、预压、夹紧、冲刺、扩张及成形,如图 8-30 所示。

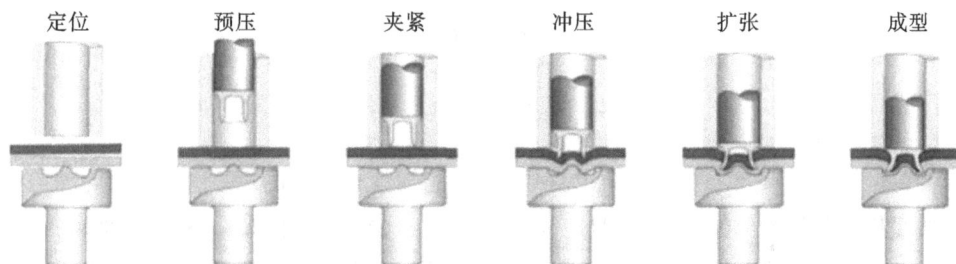

图 8-30　SPR 工艺过程

1)SPR 技术优势

(1)SPR 可以实现异种金属板材的连接,如铝和钢的连接。

(2)当进行铝合金板材连接时,SPR 的负载强度高于电阻点焊。

(3)SPR 属于冷连接技术,对板材表面要求较低。

(4)铝合金板材的表面氧化层及油污都会加大铝点焊电极损耗,需要频繁修磨或更换电极,而自冲铆接只需定期添加铆钉即可,大大节省设备辅料时间。

(5)SPR 过程环保,不产生焊渣、烟尘等有害物质。

2)SPR 工艺缺点

(1)SPR 过程要求板材发生塑性变形,所以要求底层板材必须拥有 12% 以上的延伸率。

(2)SPR 铆钉需要穿透上层板材,因此有密封性要求的地方需做密封处理。

(3)SPR 的铆钉属于消耗品,生产成本增加,例如在某车型中铆钉的单价为 0.13~0.17 元。

3)对材料的要求

厚板、硬度低、塑性好的板在下侧。两层板搭接时,底层板厚度占总板厚的 1/2 以上;三层板搭接时,底层板厚度占总板厚的 1/3 以上。应避免出现相同厚度板材的搭接组合。

目前 SPR 是铝合金车身上应用最多的连接工艺,数量远远超过铝点焊。例如在奥迪 A8(D3)上使用数量达 2400 点,奥迪 TT 上数量达 1606 点,上汽大众某车型前轮罩的铸铝件和镀锌钢的连接使用 SPR 工艺,共 81 点。SPR 技术的主要设备供应商包括德国的 Böllhoff、Tunkers、TOX、英国的 Henrob。

2. 无铆钉铆接

无铆钉铆接的工艺过程是,通过一个凸模将被连接件挤压进凹模,在进一步的压力作用下,凸模这一侧的材料被挤压,使凹模内的材料向外流动,结果形成一个既无棱边又无毛刺的连接点,如图 8-31 所示。

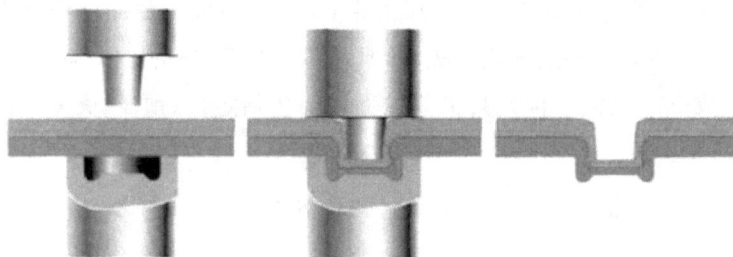

图 8-31 无铆钉铆接工艺过程

无铆钉铆接的优点是工艺过程简单且成本低、能耗低、零件无热变形且无额外辅料;缺点是静态强度和疲劳强度都较低,通常只应用于行李箱盖、发动机罩、翼子板等非承载部位。例如在上汽大众某车型前盖使用数量为 28 点,后盖使用数量为 80 点,翼子板使用数量为 28 点。

3. 摩擦塞铆焊

摩擦塞铆焊是一种新型连接技术,其原理如图 8-32 所示,利用"钉子"的高速旋转穿透上板板料(如铝合金),并利用钉子和下层板的旋转摩擦生热熔化下层板料(如 22MnB5 硼钢),并在压力的作用下完成"钉子"(钢质)与下层板料的焊接,从而形成稳固结合。

图 8-32 摩擦塞铆焊工艺过程

摩擦塞铆焊特别适用于铝合金和高强钢、超高强钢及热成型零件的连接。例如在奥迪A8 中,由于外覆盖为铝合金,A、B 柱为热成型钢板,但热成型钢的塑性较差,SPR 技术不能使用,因此奥迪 A8 将此工艺称为 Friction Element Welding(简称 FEW),使用数量为238 点。

1)摩擦塞铆焊的优点

(1)摩擦塞铆焊是一种少有的可以直接连接铝合金(如 6061)和高强钢(热成形硼钢22MnB5)的新工艺。

(2)无需预开孔,预处理或后处理。

(3)连接强度高。

2)摩擦塞铆焊的缺点

(1)双面可达,必须双面都能操作。

(2)钉头突出,不利于节省空间。

(3)需要一个额外的连接元件。

(4)在需要严格密封的位置(如海洋环境),在钉头处需要使用密封胶。

8.2.5　铝合金精密压铸成形

在汽车用铝合金中,压铸铝合金与其他铸造铝合金约占 80%,加工铝材(板、带、箔、管、棒、型、线、锻、粉、膏等)仅占 20%左右,压铸件的用量占铸造产品总用量的 70%左右,因此压铸铝合金制品在汽车用铝中约占 54%～70%,如图 8-33 所示。高强韧、高质量新能源汽车结构部件(汽车车身、立柱、底盘、减震塔等)需要采用压铸成形工艺来进行制造。铝合金压铸在压铸行业内占有举足轻重的地位,是压铸行业的主流。

图 8-33　压铸铝合金

压铸铝合金除了具有较好的压铸工艺性能及较佳的力学性能外,还需具备以下几点工艺性能:

(1)良好的热塑性流变性能,在过热度不高及液、固相线温度附近应具有良好的热塑性流变性能,以实现复杂型腔的填充,形成良好的铸造表面,避免缩孔缺陷的产生;

(2)较小的线收缩率,避免压铸过程产生裂纹和变形,提高制品的尺寸精度;

(3)较小的凝固温度区间,便于实现快速同时凝固,减少内部收缩孔洞等缺陷的数量;

(4)良好的高温热强度,避免开模时产生热裂或严重变形;

(5)较好的铸件/铸型界面性能,与压铸模具不发生化学反应,亲和力小,避免粘型和铸件/铸型界面发生合金化反应;

(6)良好的物化性能,在高温熔融状态下不易吸气、氧化,能满足压铸过程长时间保温的需求。

铝合金压铸制品存在的缺陷主要是气孔缺陷,产生原因主要包括以下几类:

(1)合金熔体纯净度不够,气体含量较高,在压铸过程保留在铸件内部;

(2)压铸模具排气不畅产生气孔;

(3)压铸工艺参数设置不当造成卷气产生气孔、缩孔缺陷;

(4)产品壁厚差异过大引起气孔。

为了解决压铸制件内部存在的气孔与缩孔缺陷,有效提高压铸制品的冶金质量与力学性能,国内外研究人员已提出真空压铸、半固态压铸和挤压压铸等先进技术,以获得高强、高致密性、可焊接、热处理和扭曲的压铸制品。

1. 真空压铸

真空压铸是指将型腔内气体抽空或部分抽空,降低型腔内的气压,便于充型和排除熔体内的气体,从而获得致密压铸件的方法。相对于普通压铸工艺,真空压铸基体更致密,内部气孔小且分散,在固溶处理过程不易合并长大,同时氢气孔的奥斯瓦尔德熟化效应表现较弱,真空压铸工艺可有效延迟压铸制品固溶处理过程表面起泡(起泡核心距离表面越远,核心尺寸越小,表面致密度、强度越高,表面起泡所需时间越长)。目前,典型的高真空压铸工艺方法主要有德国的高真空法,最小完成时法(minimum fill time,MFT)和日本的真空手套箱法。

采用真空压铸工艺后,压铸件内部气孔率显著降低,微观组织更细小,力学性能更高,且可进行热处理强化,进一步提高压铸合金材料的强韧性。高真空压铸技术的核心是控制型腔保持在真空状态,现阶段一般采用的方法是将熔化炉与升液管和压射室连接,将熔化炉中的空气抽空,在熔化炉达到真空状态时再将合金熔体填充至压射室中,当压射室实现真空条件时再进行压铸。

2. 半固态压铸

半固态压铸是指在一定的冷却速度下获得约50%甚至更高固相组分的浆料,通过压铸使浆料成形的技术,主要包括流变成形与触变成形两种工艺。

半固态压铸是一种先进的金属加工工艺,其核心原理是对液态金属铝合金在凝固过程中施加机械搅拌或电磁搅拌,使其在特定冷却速率下形成含有约50%及以上固态成分的半固态浆料,随后利用压铸成型工艺实现精密加工。这种介于液态与固态之间的特殊浆料兼具良好的流动性和固相支撑特性,能够显著提升压铸件的组织结构均匀性和力学性能。目前该技术体系主要包含两种核心工艺路线:流变成形工艺与触变成形工艺。二者在工艺原理、加工流程及设备应用上存在显著差异:前者是将液态金属转化为特殊设计的压力注射成型机,由螺旋装置冷却成半固态浆料,然后压铸成型;后者是将固体金属颗粒或杂物放入螺旋压成型机中,在加热和剪切条件下使半固态金属颗粒通过压铸成型。目前,为了实现半固态成形的自动化生产,需要开发以下技术:

(1)具有自适性、灵活性的棒料运输;

(2)精密的压铸润滑及维护;

(3)可控的铝合金压铸件冷却系统;

(4)等离子除气及处理技术等。

3. 挤压压铸

挤压压铸也被称为"液态金属成型"。其铸造的铝合金压铸件密度高,力学性能强,无需立管,我国的一些企业已将其应用到实际生产中。挤压压铸技术不仅可以取代传统的压铸、挤压铸造、低压铸造、真空铸造工艺,而且对差压铸造、连续铸造和锻造、半固态流变铸造技术也是兼容的。

8.3 汽车生产线管理

8.3.1 生产浪费

1. 生产浪费概念与类型

日本的大野耐一认为"减少一成的浪费相当于增加一倍的销售额",试想一下,假设在商品售价中成本占 90%,利润为 10%,如果生产维持现状,想把利润提高一倍,那就必须把销售额增加一倍,这是很困难的事情。然而从占商品售价 90% 的总成本当中消除 10% 的浪费因素,就相对容易得多了,因此消除浪费对增加企业效益就有非常大的意义。

2. 企业基本活动

企业的基本活动可分为增值活动和不增值活动。

增值活动指改变形状、质量以及组装等能够产生附加价值的活动。站在客户的立场上,只有四种增值的工作:使物料变形、组装、改变性能、部分包装。据相关资料介绍,物料从进厂到出厂只有不到 5% 的时间是增值的。因此,即使是增值作业,也需要改善。

不增值活动是指不产生附加价值的活动,即不增加产品功能、不增加产品品质的活动,对最终产品及顾客没有意义的行为。不增值活动约占企业生产和经营活动的 95%。不增值活动可以分为可以不做的作业和不得不做的作业:①可以不做的作业,即只使成本增加而不产生附加价值的作业。可以不做的作业约占企业生产和经营活动的 35%,是最先需要改善的活动,如等待、寻找、返修等。②不得不做的作业,即到目前为止还不得不做的作业,必须伴随着纯作业实施而不产生附加价值的作业。不得不做的作业约占企业生产和经营活动的60%,如更换作业程序、为取工件走动、打开零件的包装等。

3. 浪费概念

精益生产中的浪费是指超出增加产品价值所必需的绝对最少的物料、机器、人力资源、场地和时间等各种资源的部分。这里包含两层含义:

(1)一切不增加价值的活动都是浪费。不增值活动是指对最终产品及顾客没有意义的行为,如检验、等待、搬运等活动属于不增加价值的活动,属于浪费。

(2)尽管是增加价值的活动,但所用的资源超过了"绝对最少"的界限也是浪费,如过量使用设备或使用的设备精度过高,过量使用人力,过量使用材料等。

4. 浪费类型

以精益生产的浪费观点来审视企业就会发现到处存在各种不同的浪费。丰田公司总结出生产现场通常存在的七大浪费,不仅针对生产线,包括产品开发流程、接受订单流程以及办公室管理流程等都可以找出这七类浪费情形(见表8-2)。

表8-2 七大浪费类型

浪费类型	主要内容
制造过剩	制造过早、过多而产生库存——最大的浪费
库存	原材料库存、产成品库存、生产过程的在制品
搬运	耗费时间、人力,占用搬运设备与工具,可能碰坏物料
加工	超过需要的工作:多余的流程或加工精度过高的作业
动作	不创造价值的动作、不合理的操作、效率不高的姿势和动作
等待	人员的等待、设备的等待
不良品	返工产生设备与人员工时的损失、废品的损失等

除了以上七大浪费外,丰田又提出了第八大浪费:未能发挥员工积极性的浪费。在企业中人是最主要、最活跃的要素,员工效率不高,再好的生产要素也无法创造出价值。

为了彻底消除这些最基本的浪费现象,精益生产采用了最著名的准时化和自动化的先进生产管理手段。

5. 生产现场效率

生产效率是评价生产活动的有效性的尺度。生产效率作为生产系统产出与投入比较的结果,依据所考察的对象、范围和要素不同,可具有各种不同的表现方式。这里只讨论劳动生产效率(以下简称效率),即只考虑劳动力(人数、工时等)投入所计算的生产效率。

实际工作中不是所有的高效率都会出高效益,提高效率与降低成本相结合才有意义。

在提高效率的同时,要力求消除其中的浪费,以实现真正的效率。因此,精益生产特别强调真正效率和整体效率。生产线上的效率分为表面效率和真正效率。表面效率一般是指企业不顾市场需求,每天都以最高的效率进行生产,这时的最高效率就是表面效率。真正效率是企业只生产市场需要的产品及数量,以达到在实现成本最低时的最大效率,即建立在有效需求基础上的效率。

例如,在某条生产线上,10 个人每天生产 1000 个零件。改善后,达到 10 个人每天生产1200 个零件,生产效率提高了 20%。如果生产计划为每天生产 1200 个,则不需要增加人就使效率提高了 20%。

假如生产计划仍是每天 1000 个,但平均每天生产 1200 个,那么,平均每天就多生产出200 个零件,这样不仅预支材料费及劳务费等,而且由于库存过多,还需增加货架或存放场所。这样提高效率,非但利润没有增加,反而导致成本增加,这样的效率称为表面效率。如果在产量需求不变的情况下,将人员减少到 8 人,同样使得效率提高 20%,还能够降低成本,这才是真正效率。

提高生产效率有两种办法:一是扩大产量,二是降低人数。当实际需求值一定时,提高效率重点应放在降低人数。具体来说,在生产实际需求量的基础上,通过消除浪费,让作业者尽可能多地创造附加价值或将一部分人工作业自动化,将剩余的人力投入到别的工作中,用更少的人员进行生产活动。

可见,增产时要增大产量,减产时应减少工人。通过增加产量来提高效率较容易,通过减少工人来提高效率则较困难。

8.3.2　精益化生产

1. 精益化生产提出背景

1)汽车大王亨利·福特与大量生产方式产生

1976 年,在美国建国 200 周年庆典之际,在评选美国独立百年 20 件大事的民意测验中,汽车大王亨利·福特及其创办的汽车公司被评为第 10 件大事,与阿波罗飞船宇航员登上月球、原子弹爆炸成功等相提并论,为世人所瞩目。

福特汽车公司成立于 1903 年。当时美国的汽车制造业普遍采用的是手工单件生产方式,即产品完全根据顾客的要求,主要靠具有高超和熟练的手工技艺的工人逐渐装配制造完成,所以几乎没有完全相同的两件产品,生产效率低。福特认识到要解决这一问题必须实现零件互换性。1908 年,经过 5 年多近 20 次的改进设计,福特公司终于推出了所有零件都可以完全互换的 T 型车。于是福特决定每个装配工人只承担一项单一的工作,在装配车间内来回走动,挨个对每辆汽车进行组装。1913 年 8 月,在移动装配线推出之前,福特公司的一个装配工的平均工作周期已经由手工生产时的 514 min 减少为 2.3 min。

随后福特又发现了工人从一个装配工位到另一个工位存在走动的问题,即使只走一两米也要浪费时间。而且常常由于有的工人操作较快,需要超过他前面操作较慢的工人,然而却被挡住了。1913 年春天,福特在底特律海兰公园的新厂房里又有了一个新的创举,就是装设了移动的总装线。工人们站在一个地方不必走动,总装线将汽车直接送到他们的面前,这一革新使工作周期从 2.3 min 缩短为 1.9 min。1914 年福特把生产线调整到与工人腰一样高,减少了弯腰的动作,使工作周期又进一步降到 1.19 min。装配节拍的缩短使得生产效率大幅度提高,而且生产的汽车越多,每辆汽车的成本降低得越多。

福特的大量生产方式使劳动生产率大大提高,同时也开创了世界生产方式的新纪元。

在亨利·福特的《今日与明日》一书中,他倡导整个生产流程的无间断流动,强调流程标准化及杜绝浪费的重要性。但由于他过度倚重泰勒的管理理论和对权力的热衷,老福特没有能实现自己人生的第二次突破,而把这一继续创新的机会拱手让给后来的丰田公司。

2)丰田公司与丰田生产模式的创建

提起"丰田",人们都自然而然会联想到丰田佐吉。1887 年日本的纺织技术还相当落后,只是各家各户的衣妇们使用木制手工织布机织一些条格布。正值 20 岁的丰田佐吉面对这种简易的织布机和繁重的劳动,立志要造出轻便、先进的织布机。凭着强烈的革新意识和顽强的创业精神,丰田佐吉于 1896 年发明了日本有史以来第一台不依靠人力的蒸汽动力织机,与以往织机不同的是,这种织机可以由一名挡车工同时照看 3～4 台机器,极大地提高了生产能力。这台凝聚着丰田佐吉半生心血的织机,为日本的现代化进程抹上了浓浓的一笔。

此后,丰田佐吉的发明热情丝毫没有减弱,经过长达 20 多年的不断改进,于 1924 年发明了"G 型织布机"。这种织布机在高速运转时可以准确无误地交换经纬纱的梭子,这在当时世界上还是首创。他给机器设备赋予类似人的"智能",给它装上判断设备运行状态是否正常的装置,从而提高劳动效率且杜绝了不合格品的产生。正是这种"一旦发现次品,机器立即停止运转,以确保百分之百品质"的思考方式,形成了后来丰田生产方式的思想根基——自动化。

1926 年 11 月,丰田佐吉在东京创办了丰田东京自动织机制作所(株),1929 年,丰田佐吉的长子丰田喜一郎代表公司到英国与普拉特兄弟谈判技术转让交易,获得 100 万日元的专利费,作为日后丰田汽车工业公司的研发经费。

1933 年,丰田喜一郎在丰田纺织株式会社设立汽车部,同年 4 月,购回一台美国的雪佛兰汽车发动机进行反复拆装、测绘和分析。在研究这台发动机的过程中,他产生了指导丰田汽车公司发展战略的思想:"贫穷的日本需要一种能为全家所用的汽车,生产廉价汽车是我的责任。"

1933 年 9 月,丰田喜一郎着手试制汽车发动机,由此拉开了丰田汽车生产的序幕,丰田喜一郎于 1933 年 11 月购置了福特和雪佛兰等美国车,并对其进行分解、研究和试制。1934年,丰田喜一郎又购回一辆德国产的 DKW 前轮驱动汽车,经过连续两年的研究,于 1935 年8 月造出了丰田汽车公司的第一辆"GI 型"试制轿车。之后以"GI 型"试制轿车为母本,试制—改进—再试制,在一年后的 1936 年 9 月,丰田喜一郎终于制造出丰田汽车公司自己设计的有市场推广价值的汽车——AA 型轿车,如图 8-34 所示。

1937 年 8 月 27 日,丰田汽车部从丰田株式会社独立出来,成立了"丰田自动车工业株式会社”,正式步入汽车王国。当时日本的汽车制造业还处于幼稚工业的阶段。以丰田喜一郎为首的汽车制造商和汽车技术人员们,虽然致力于扩大国产汽车的产量,却没有如愿以偿。

图 8-34　丰田 AA 型轿车

1949 年 4 月,由于劳资纠纷,丰田爆发了工会组织的罢工。企业和员工僵持不下,经过反复彻底的讨论后,最终达成协议,工会同意从职工中招募自愿退职者,将原有的 7500 名员工裁减到 5500 名。1950 年 6 月,历时一年三个月的劳资纠纷终于结束,同时丰田喜一郎承担了公司经营失败的责任,辞去了总裁职务。这次罢工风波后,留下的工人得到了双倍的保证,一个是终身雇佣,另一个是工资随着工人在公司的工作年限同步增长而与工种不挂钩。在这种情况下,工人将自己的利益与公司的利益联系在一起,开始有了主人翁的感觉,他们毕生为公司拼命工作。而公司亦将工人看作自己的资本,不断对工人进行培训以提高其技能,并充分发挥他们的主观能动性。

1950 年春,丰田公司新一代领导人丰田英二对当时世界上最大而且效率最高的汽车制造厂——福特公司的鲁奇工厂进行了为期 3 个月“朝圣”般的考察。回国后,他与当时主管生产的大野耐一共同商量,很快得出结论:大量生产方式不适用于日本,因为战后的日本资金和材料严重短缺,且丰田公司又面临技术落后、没有完整的供应体系等困难,国内市场空间狭小,所以必须根据自身的特点,创立一种多品种、小批量、低成本且能够适应日本市场需求的独特的生产方式。于是,丰田英二责成大野耐一负责新生产方式的研究工作。

大野耐一根据丰田喜一郎提出的“准时生产”的构想,以及从超级市场得到的启示,认为如果生产线上作为“顾客”的后工序只在需要的时候按所需要的数量到相当于“超级市场”的前工序去“购买”(领取)所需数量的“商品”(零部件),准时生产就可以实现。为了使这种拉动式的生产方式可以有效实行,大野耐一创造出看板这一传递信息的管理工具,使之成为了丰田生产方式的一个特色。他还创造了“多工序操作法”和“U 型线”等,有效地提高了劳动生产率。

丰田英二到美国福特公司还学习了“合理化建议”活动。1965 年以后,丰田公司参照“两参一改三结合”的管理方法,建立了由管理者、技术人员和工人参加的“三结合”质量管理小组,从而使产品的返工率成倍地下降。

从推行这些措施开始,丰田公司逐步创造了新的生产方式,初期被称为大野式管理,在1962年才被正式命名为丰田生产方式。但直到1973年的石油危机 以后,丰田生产方式才真正引起制造业的关注。1973年,随着第四次中东战争的爆发,世界经济遇到了第一次石油危机。对于石油资源几乎百分之百依赖进口的日本来说,整个经济活动全都受到巨大影响,马上陷入了极大的混乱之中,所有的企业都挣扎着谋求生存,日本经济下降到负增长的状态,但丰田公司不仅获得高于其他公司的盈利,而且利润年年增加,拉大了同其他公司的差距。日本政府注意到丰田汽车公司发生亏损的时间比其他企业短,并且能够快速恢复生产力,于是在日本国内主动举办各种丰田生产方式研讨会,向全国推广。1974年,丰田汽车公司向外正式公布了丰田生产方式。

3)美国对精益生产方式的研究

石油危机以后,丰田生产方式在日本汽车工业企业中得到迅速普及,并体现了巨大的优越性。此时,整个日本的汽车工业生产水平已迈上了一个新台阶,并在1980年以年产汽车1100多万辆全面超过美国,成为世界汽车制造第一大国。不仅是在汽车行业,在家用电器、数控机床等市场竞争中遭受了惨重失败的美国,终于意识到致使市场竞争失败的关键是美国制造业的生产水平已落后于日本,而落后的关键又在于日本采用了全新的生产方式——丰田生产方式。为此,1985年美国麻省理工学院筹资500万美元,确定了"国际汽车计划"的研究项目。在丹尼尔·鲁斯教授的领导下,组织了53名专家、学者,从1984年到1989年,用了5年时间对14个国家的近90个汽车装配厂进行实地考察,查阅了几百份公开的简报和资料,并对西方的大量生产方式与日本的丰田生产方式进行对比分析,最后于1990年出版了《改变世界的机器》一书,第一次把丰田生产方式定名为"精益生产"。研究结果表明,精益生产综合了大量生产方式和单件生产方式的优点,力求在大量生产的同时实现多品种、高质量、低成本生产。这个研究成果引起了汽车业内的轰动,掀起了一股学习精益生产的狂潮。在世界范围内,精益生产的影响很大,德国、瑞典、英国等汽车大国纷纷响应。从此,世界制造业从大量生产方式开始向精益生产方式转化。

2. 现代生产管理体系

把精益生产技术支撑体系应用到生产管理中,可形成现代生产管理体系。一汽轿车公司利用精益生产技术建立了八个方面的现代生产管理体系,具体包括以下子系统:

(1)运用准时化方法,建立拉动式生产体系;

(2)运用自动化方法,建立工序质量保证体系;

(3)运用标准作业方法,建立作业效率改善体系;

(4)运用准时化物流理念,建立多频次小批量的内物流管理体系;

(5)运用5S方法,建立现场管理体系;

(6)运用TPM方法,建立全员设备保全体系;

(7)运用以人为本理念,建立全员改善体系;

(8)运用人才培育方法,建立 5 个能级培训体系。

3. 精益生产方式

1)准时化生产

(1)准时化生产(just in time,JIT)概念。准时化生产就是在必需的时刻按必需的数量生产必需的产品。例如,在汽车部件的组装生产线上,各组装工序需要的物料要从其前工序领取,仅在必需的时候按必需的数量到达该生产线。如果准时生产在全企业得以实现,就可以完全消除工厂里的库存,仓库就没有必要了。

表 8-3 为准时化生产与传统生产观念的比较。对于传统生产,一个优秀的员工往往是干得最多,并且能够提前甚至超额完成生产任务的工人;而企业的领导在传统观念的指导下也在不断鼓励1人尽量多干,最好提前甚至超额完成生产任务。而准时化生产要求是将需要的零件在需要的时间按需要的数量供给每一道工序,保证要什么就及时给什么,需要时就及时送到,要多少给多少,即所说的"三及时",这就要求进行思想观念的大转变。

表 8-3　准时化生产与传统生产比较

JIT 要求		JIT 观念	传统生产观念
时间	必需的时刻	接到生产指示板的时候	提前完成任务
数量	必需的数量	能够销售出去的数量	超额完成任务
产品	必需的产品	只生产销售出去的产品	先生产,可能明天就要

(2)准时化生产具体目标。准时化强调适时适量生产,消除非增值的等待时间、搬运时间或其他原因的延误时间,缩短产品生产周期,因此可以彻底消除浪费,降低生产成本。准时化生产的具体目标为:库存量最低、准备时间最短、生产提前期最短、零件搬运量最小、批量小(多频次)、废品率最低、机器故障率最低。

准时化生产的理念将问题视为机会,重点在于揭露问题而非掩盖问题。

(3)准时化生产实现分析。在丰田公司采用准时化生产之前,世界上的汽车公司大都采取福特式的大批量生产方式。在大批量生产方式下,有时企业的人员、设备和流水线在停工待料;一旦零件到达后,全体人员总动员,突击进行产品生产。这种生产方式下,当生产线不运行时,会造成库存的短缺;如果生产线运行后就大量生产,会产生库存的积压。无论哪一种情况,都导致了资源的严重浪费。丰田公司认为,在汽车生产过程中,如果能做到准时化生产,就可以使生产过程中产品的库存和财务方面的负担接近于零。事实上,在环环相扣的汽车生产线上,要实现准时化生产是一件相当不容易的事情。

首先,影响各环节生产计划的因素有很多,要考虑这些因素,做到各工序都按照"准时化生产"要求进行生产,有很大难度。通常,造成生产计划出现变化的因素主要有预测误差、管理失误、次品返工、设备故障、出勤波动等。

其次,各生产环节环环相扣,一环出错,就有可能造成整个生产线的连锁反应。如果上述某些因素导致某一道工序发生问题,那么由于连锁反应,必然会引起下一道工序出现停工待料。这时,不管主观上是否愿意,这种连锁反应势必造成生产线的停工或生产计划的改变。如果对这种状况置之不理,各道工序仍按照生产计划进行,必然会造成生产线上各道工序之间的脱节。其结果是,一方面会发生某些零件短缺,另一方面仓库中却堆放着成堆的用不着或不急用的零件。这样一来,生产效率就会降低,最终导致企业效益下降。

第三,在生产现场,无法区别生产情况是处于正常状态还是处于异常状态。这就常常会出现对异常状态处理不及时或某一生产线因人手太多而生产过量,造成无法及时改进的局面。

(4)准时化生产技术手段。支撑准时化生产的主要技术手段是拉动式生产,通过拉动式生产杜绝一切形式的浪费、尊重人性、调动人的积极性以及良好的外部协作关系等。

拉动式生产即首先由供应链最终端的需求"拉动"产品进入市场,然后由这些产品的需求决定零部件的需求和生产流程。这是采用了一种超越常规的生产顺序——以最后组装线为起点,由后向前推进。即在丰田公司的生产过程中,以生产工序的最后组装线为起点,后一道工序的人员按照必需的数量,在必需的时刻,去前一道工序领取所必需的零部件,则前一道工序只生产被领取数量的零部件,这种方式被称为拉动式生产。这就是实现准时化所依据的"拉动"原理。

2)看板管理

(1)看板定义。看板一词起源于日语,是传递信号控制生产的工具,它可以是卡片、揭示牌、电子显示屏等,也可以是能表示某种信息的任何其他形式,例如彩色乒乓球、容器位置、方格标识、信号灯等。

看板管理是协调管理全公司的一个生产信息系统,就是利用看板在各工序、各车间、各工厂以及与协作厂之间传送作业命令,使各工序都按照看板所传递的信息执行,以此保证在必需时间制造必需数量的必需产品,最终达到准时化生产的目的。看板管理是精益生产中的重要子系统。

(2)看板类型。表8-4为看板的分类表。看板按用途可以划分为生产指示看板、领取看板、特殊用途看板。其中,生产指示看板可分为工序内看板和三角看板,领取看板可分为工序间领取看板、材料领取看板和外协领取看板。按形式可以划分为一般形式看板和特殊形式看板。一般形式看板为卡片;特殊形式看板为彩色乒乓球、容器、方格标识、信号灯等能表示生产和搬运信息的任何形式。特殊用途看板和特殊形式看板统称为特殊看板。

表8-4 看板的分类

分类方式	大类	子类
按用途	生产指示看板	工序内看板,三角看板
	领取看板	工序间领取看板、材料领取看板、外协领取看板
	特殊用途看板	特急看板、临时看板、接受订货生产看板、连续看板、共用看板、标签
按形式	一般形式	卡片
	特殊形式看板	彩色乒乓球、容器、方格标识、信号灯、电子看板等

（3）看板功能。看板是实现准时化生产的工具。具有指示生产与搬运的功能、目视管理的功能和现场改善的功能。

①指示的功能。只按照看板指示进行生产与搬运，这是看板最基本的功能。看板具有作业指导的功能。作业现场的管理人员对生产的优先顺序能够一目了然。在拉式生产系统中，一般生产管理部根据市场预测以及订货而制定的生产指令，下达到总装配线，各个前工序的生产均根据看板来进行。看板中记载着生产量、时间、方法、顺序以及运送量、运送时间、运送目的地、放置场所、搬运工具等信息，从最后的装配工序逐次向前工序追溯。装配线操作员将已使用的零部件箱中的看板取下，据此看板再去前工序领取，如图 8 - 28 所示。"后工序领取"以及"适时适量生产"都是通过看板管理实现的。

②目视管理的功能。

a.起到物料标识的作用。零件或产品的货架上若附有看板，则可以明确地判断库存量、产品编号、产品名称，也易于搬运，如图 8 - 35 所示。另一方面，到位的工序内看板挂在该生产线的最初工位。这样，很容易判断现在正在生产的产品、将要生产的产品和各生产线的负荷状况。

b.自动控制生产过量、搬运过量的作用。通过看板管理者容易发现生产与搬运是否过低。各工序如果没有看板，既不进行生产，也不进行运送；看板数量减少，则在制品也相应减少。因此通过看板的运用能够做到自动防止过量生产以及过量运送，达到控制制造过剩的目的。

c.反映生产线进度的作用。操作者在看板发放时按看板所示的数量进行生产，即按必要的物品、必要的时间、必要的量进行生产。例如，在制品看板箱里看板变少，表示后工序的生产发生了延迟；反之则表示后工序的生产进度加快。

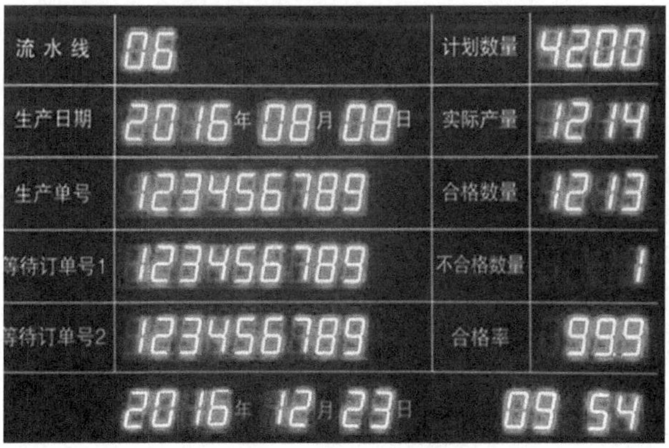

图 8 - 35　车间看板

③现场改善的功能。看板作为目视化管理的工具，如果能正确理解、正确应用看板，就会发现它还可作为改善的工具而发挥着重要作用。管理者通过看板容易发现异常，并及时采取措施来减少事故发生及对异常问题的改善。

看板数量过多，表明库存（或在制品）量多，有必要减少看板数量。看板数量波动时，同样需要调查原因，采取必要的改善对策。另外，从后工序领取数量的增减也可判断出紧迫程度(优先顺序),必要时需修订标准作业程序。

3)均衡化生产

(1)均衡化生产定义。均衡生产是精益生产的基础。生产均衡化,就是每个月中用与各种产品的平均销售速度同步的速度生产每一件产品,也就是按照生产节拍均衡生产。生产均衡化也可以理解为最终装配线每天遵循循环时间以均衡的数量制造各种产品。由此,各个子装配线上生产的零部件领取量的不均衡被降低到最小程度,各子装配线以一定的速度,或者每小时生产一定数量的方式生产各自的零部件。生产均衡化无论是对利用看板的生产方式,还是想把劳动力、设备的空闲时间和在制品库存降低到最小限度,都是最重要的前提条件,由此可见均衡化生产的重要性和基础性。众所周知,在精益生产的拉动生产方式下,如果后工序以参差不齐的数量领取零部件,就会使得前工序必须预先准备好能够应对变化所需数量峰值的库存、设备和作业人员。所以,为了避免全部生产工序领取数量的不均衡,必须努力减少最终装配线上每天生产数量的波动。

(2)均衡生产中的两大均衡。

①总量均衡。总量均衡就是将连续两个时间段之间的总生产量的波动控制到最小程度,可以简单地理解为每一个时间段(一般为一天)内的生产数量相同。生产总量均衡可以解决生产中的浪费问题。一方面,生产过程中存在的波动,是工厂的设备、人员、库存以及其他各种必要的生产要素引起的,必然要按照满足生产量的高峰期进行配置,从而造成在生产减量时生产人员、库存等方面的浪费;另一方面,由于最终没有实施总量均衡生产,在拉动式生产方式下,会使前面工段或供应商为了保证后工段的正常生产(尤其是高峰段内)不得不保持人员、设备和库存上的浪费。按照总量均衡化生产是最合理的方式,不过在实际的生产运作过程中也可能会出现需求突然增加的情况。通过实际的工作经验和项目经验,我们认为最好的解决方法为两个层面。第一,对于较短时间的需求增加,可以采取提前上班和加班的策略来应对;第二,增加临时雇佣工,让其在非关键工序上面进行作业,这种策略的前提条件是原有生产人员为多能工,让老员工分布在关键工序,临时雇佣工则分布在只需简单培训即可上岗的工序上,结果,同样的设备通过倒班即可使得生产量增加。

当生产需求减少时可以通过以下方式灵活地使用过剩员工。

a.把生产员工调配到其他需求增加的生产线作业;

b.实施培训和改善活动(如多能工培训、训练换模作业等);

c.保养和修理设备;

d.实施人员轮休制。

②按产品品种数量的均衡。按产品品种的数量均衡化生产就是各种产品在流转中、在生产期之间(一般为一天)不要产生波动,其目的是在这种产品的生产中使它所消耗的前工序的零件数量不产生波动。

下面将从生产装配线和冲压焊接线两个方面进行举例说明如何按照品种数量进行均衡化生产。首先介绍一个关于生产装配线实施按产品品种数量均衡的案例。

a.消除日生产计划中的不同品种产品流动的波动。例如,某厂某月份用25天生产A、B、C三种产品共6000件,按照每天工作7.5 h(450 min)即可计算出具体每种产品的生产节拍,见表8-5。

表8-5 生产节拍计算

产品	月生产量/件	日生产量/件	生产节拍
A	3000	120	3.75 min＝450÷120
B	2000	80	5.63 min＝450÷80
C	1000	40	11.26 min＝450÷40
总计	6000	240	112.5s＝450÷240×60

b.设计不同品种产品的投入顺序方案。根据每种产品的生产节拍时间来编排各种产品的生产顺序,从而实现生产的均衡化,如图8-36所示。

图8-36 生产节拍

(3)实施均衡化生产的阶段和意义。

第一阶段:适应年度中的月度均衡化。月度均衡通过月度生产计划来实现,其中制定的基本生产计划用来指示生产线各工序每天的平均生产量。第二阶段:适应月度中的每日均衡化。每日生产均衡化通过看板方式和顺序计划的拉动生产方式来实现。为了实现生产均衡化,必须缩短作业转换时间,并要极力缩小批量规模,使得生产保持较高的柔性,这也符合柔性制造的理念,从而可以高效地满足客户需求。

综上所述,通过实施多品种的均衡化生产可以实现三方面的效果。首先,小批量均衡化生产能够快速地适应每月中每天的市场需求的变化,为准时化实施提供强有力的支撑;其次,成品库存数量保持很低水平,并且可以及时满足客户的需求;最后,可以使工序间的在制品数量减少到最低,并可以进一步消除。

4)流程化生产

(1)一个流生产的概念。一个流生产又称一件流生产,是指将作业场地、人员、设备合理配置,按照一定的作业 顺序,零件一个一个地依次经过各工序设备进行加工、移动。做一个、传送一个、检查一个,每个工序最多只有一个在制品或成品,从生产开始到完成之前,没有在制品周转的作业。

一个流生产特征为:仅做一个、传送一个、检查一个,而不是一批一批地加工、移动;作业人员跟着在制品走动,进行多工序操作。

工厂内各个生产线之间也是采取一个流进行同步生产,这样整个工厂就像是用一条"看不见的传送带"把各个工序、生产线衔接起来,形成了整个工厂一体化的"一个流生产"。

(2)一个流生产的优点。实施一个流生产,前工序加工完一个在制品就可以立即"流"到下一道工序继续加工。与大批量生产方式相比,一个流生产具有如下优点:

①最短生产周期。在一个流生产方式中,每次只加工1件,与批量生产方式相比,减少了批量等待的时间,因此生产周期也大为缩短。针对图8-36的例子,若采用一个流生产方式后,假定单件产品在每道工序停留1 min,第一件产品只需4 min就可加工完成,而且全部加工完成只需8 min,比批量生产方式生产周期缩短了12 min,如图8-37所示。

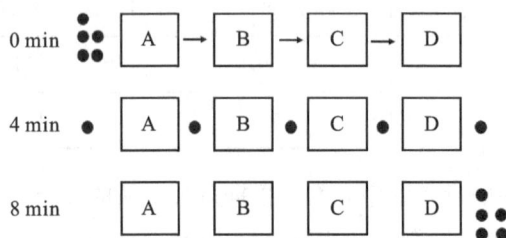

图8-37 最短生产周期

生产周期的缩短有可能把原有的紧急订单变为常规订单,便于生产组织。同时资金周转加快,获利能力大大提高。

②发现问题及时,品质成本低。高品质是精益生产追求的一个重要目标,它依托的就是一个流的作业原理,以此形成有效的品质管理体系。在一个流生产中,每一个作业员都是品质监控者,不让问题进入到下一道工序。若未能发现某件产品存在瑕疵,而让其流入到下一工序时,则下一工序操作员会非常迅速地检测到此问题,并立刻反馈诊断,予以纠正。因为一旦质量存在问题对后续工序就会产生影响,所以发现问题必须立刻解决。

此外,与大批量生产方式的"乱流方式"不同,在一个流生产中,每个产品都是很清楚地在某一条生产线上流动,称之为整流方式,如图8-38所示。这样,即使出现异常,也能及时发现,并能追溯到发生异常的工位。

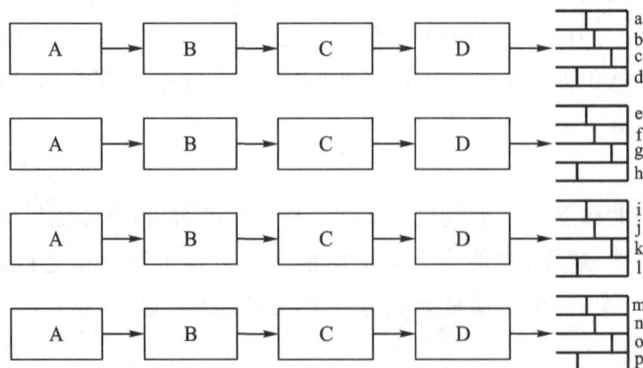

图8-38 整流方式

③搬运最小化,创造安全的生产条件。对于生产型企业来说,工伤意外以及其他安全事

故是一个必须认真面对的问题,采用一个流生产后,在厂房内搬运作业显著减少,使用起重机、行车等搬运设备也大大减少,因搬运而发生的安全事故也大大减少。

精益化生产以实现"零库存"作为努力的目标。采用一个流生产,每个工序最多只有一个在制品或成品,因此在制品大大减少。在制品的降低不仅大幅降低了存货成本,节省了生产空间,而且还直接或间接地杜绝了其他形式的浪费现象,如等待的浪费、搬运的浪费等。

总之,一个流的生产促使生产效率与品质显著提升,以及存货、空间、生产周期显著缩减,可以说,一个流生产是精益生产的根本,它可以最大限度杜绝各种浪费现象。实际上,精益生产的最终目标是把一个流的模式应用到从产品设计到推出产品、接受订单、实际生产等所有作业上,使所有的相关作业形成不间断的流程,从而缩短从原材料投入到最终产品产出的时间消耗,促成最佳品质、最低成本以及最短的交货时间。实施技术工厂里的生产技术分两种:一种是制造技术,即在各工序上对物料进行加工或装配的技术;另一种技术是管理技术,一个流生产就是管理技术中最重要的技术之一。实施一个流生产具有如下 6 大要点。

a. 实行单件流动。一个流生产的条件首先是单件流动,就是仅做一个、传送一个、检查一个,将制品经一个个的加工工序而做成成品。作为一个流生产改善的起点,单件流动并不是要立即改变生产线的布置方式,而是可在原有的设备以及布置方式下,按照单件流动的方式试做。这样就能将由于批量生产而隐藏在搬运、设备大型化上的浪费显现出来,以此作为改善及建立个流的起点。

b. 按加工顺序布置设备。彻底进行单件流动生产之后,搬运上的浪费就显现出来。图 8 - 39(a)为机群式布置方式,原来以 100 件为一个批量在各个工序之间搬运的工作,现在由于采用单件流动的生产方式,每做完一个就必须搬运到下一个工序,所以搬运的浪费就增加了 100 倍。为此,要将这些机器设备靠近,依照产品加工需使用到的设备及其加工顺序排列布置,即产品原则布置,如图 8 - 39(b)所示。

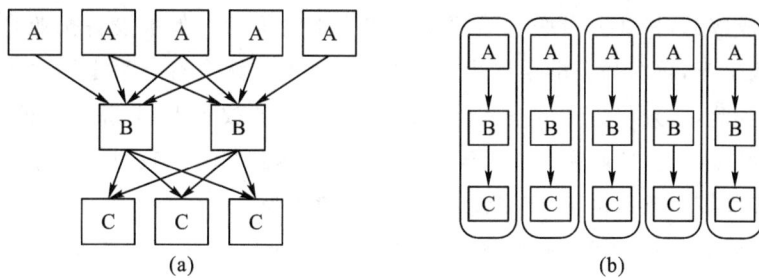

图 8 - 39　工艺原则布置与产品原则布置

c. 生产同步化。按照加工顺序布置好设备后,产品经过不同的工序设备而流动下去,如果各个工序的生产速度不一致,就会在各个工序形成在制品的堆积,从而破坏了一个流的顺畅性,像河流在流速不一样的交接点会产生积水混浊的现象,称之为浊流的生产现象。为了保证产品流动的顺畅性,消除浊流现象,必须将各个工序的生产速度严格按照生产节拍进行生产,即所谓的生产同步化。

d. 员工的多能性。一个流生产方式应尽可能朝操作多工序的作业方式来安排,这种操作方式与操作同一功能机器设备的"多机台作业"是不同的,如图 8-40 所示。能操作多工序的作业员称为多能工。在一个流生产中,作业员的多能工化是极为重要的,只有实现了多能工化,才能达到少人化。

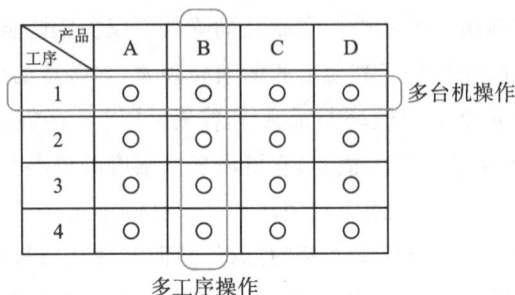

图 8-40　多工序操作

e. 站立式走动作业。在一些行业,如汽车制造或食品包装行业,站立作业已成为惯例,但在其他的一些行业,如航空制造业或电子设备加工行业并非如此。

如果在站与坐之间作一选择,多数人倾向于坐。然而,通过对在同操作台坐着工作的装配工人数年观察发现,坐着工作的短期舒适并不能转换成长时期的健康,它很容易导致颈椎或背部的疾病。事实上,从人因工程学观点来看,长时间的坐姿势操作比长时间的站姿势操作为佳,人因工程学最优的工作是坐和站的交替。然而,实际工作却很少能够这样,因为为了按照一定的顺序操作或管理多台设备,作业员必须是站着工作而非坐着工作,而且站着工作也会使得作业员在设备出现故障时能够快速地做出反应。

实施一个流生产,作业员的姿态必须符合一人多工序的作业方式的要求,一面走动,一面进行加工动作,即所谓"走动式作业"方式,而非仅是站在原地不动的站立作业方式。

f. 设备合理布置和设计。在一个流生产中,如果是采取多工序操作,将原材料经过一次次的加工而制成成品,作业人员必须沿着加工顺序走动下去。如果设备按照直线型进行排布,由一端投入生产,再由另一端生产出来,那么作业人员就会有空手走回原点的动作浪费和时间浪费。为此,必须将生产的投入点(Input,即材料的放置点)与完成品的取出点(Output)的位置尽可能靠近,这叫做"IO 一致"原则。为了达到"IO 一致"原则,生产线应该合理布置,一般排成像英文字母的 U 字型或 C 字型,一般称为"U"型线。

此外,设备的设计和选用也应符合一个流生产的要求。当进行大批量生产时,大刮设备或许仍是合适的,可是什么都能做的泛用型大设备,常积压了一大堆的在制品,使生产的流动不顺畅。当今市场的趋势已经走向多品种少批量,生产线也必须转向细流而快的复数生产线化(即多段短线),才能更有弹性地响应市场需求的快速变化。所以,机器设备应改为具有小型化、速度快、品质稳定和故障率低等特点。

以上介绍了实施一个流生产的 6 大要点,需要注意的是,将传统的大批量生产方式改为一个流生产方式只是实施流程化改善的起点,由于机器设备按产品原则方式布置,一旦机器设备出现故障或者产生次品,整条生产线必然跟着全部停下来,因此一个流的成功实施离不开其他的精益工具和方法,如自动化、标准作业等。

思考题 8

1. 请简单描述汽车制造四大工艺的定义与工艺内容。
2. 如何避免焊接过程中产生的缺陷,常用的焊接设备有哪些?
3. 涂装流程中需要使用哪些涂料,它们的作用分别是什么?
4. 汽车精益化生产与传统生产方式相比有哪些优势。
5. 精益化生产包括哪些内容,请简单描述。

参考文献

[1]张铁军,付铁军. 汽车法规[M].北京:机械工业出版社,2011.

[2]凌永成.汽车工程概论[M].北京:机械工业出版社,2015.

[3]姜浩,李晓鹏,陈志,于颖.提升汽车产业的中国经济支柱地位[J].科技中国,2020(04):
   49－58.

[4]中国汽车产业中长期人才发展研究/中国汽车工程学会,中国人才研究会汽车人才专业
   委员会.中国汽车产业中长期人才发展研究[M].北京:北京理工大学出版社,2018.

[5]朱绍中,余卓平等.汽车简史[M].上海:同济大学出版社,2008.

[6]张翠平,王铁.汽车工程概论[M].北京:国防科技大学出版社,2011.

[7]鲁植雄.车辆工程专业导论[M].北京:机械工业出版社,2017.

[8]肖生发,郭一鸣.汽车工程概论[M].北京:北京理工大学出版社,2019.

[9]左毓明,周杏.欧6排放法规及后处理系统对策分析[J].时代汽车,2017,(12):23－25.

[10]朱海波.浅析汽车制造的污染防治措施及环境评价[J].技术与市场,2016,23(06):239.

[11]李杰峰.关于对报废汽车造成的环境污染问题及回收管理的对策[J].环境,2010,
   (z1):116－117.

[12]蔡兴旺.汽车构造与原理[M].北京:机械工业出版社,2016.

[13]徐石安.汽车构造:底盘工程[M].北京:清华大学出版社,2011.

[14]崔胜民.新能源汽车技术"十三五"系列规划教材 现代汽车概论[M]:北京:人民邮电
   出版社,2020.

[15]崔胜民.新能源汽车技术[M].北京:北京大学出版社,2020.

[16]刘伟.混合动力汽车系统建模与控制[M].北京:机械工业出版社,2015.

[17]黄家贵.混合动力电动汽车关键技术分析[J].科学技术创新,2020,(14):60－61.

[18]Goodarz AKMSFA.纯电动和混合动力汽车机电控制技术[M].北京:机械工业出版
   社,2016.

[19]吴志伟,张建龙,殷承良.混合动力汽车用混合能量存储系统的设计[J].汽车工程,
   2012,34(03):190－196.

[20]崔胜民.智能网联汽车新技术[M].北京:化学工业出版社,2016.

[21]于秩祥.汽车传感器原理与应用[M].长春:吉林人民出版社,2013.

[22]王泉.从车联网到自动驾驶——汽车交通网联化、智能化之路[M].北京:人民邮电出版

社,2018.

[23]向泽锐.轨道列车工业设计方法与实例[M].北京:机械工业出版社,2019.

[24]付娟.电力机车控制[M].成都:西南交通大学出版社,2016.

[25]陆止刚,王文斌.轨道车辆设计[M].上海:同济大学出版社,2015.

[26]顾保南,叶霞飞.城市轨道交通工程[M].武汉:华中科技大学出版社,2015.

[27]刘树华,鲁建厦,王家尧.精益生产[M].北京:机械工业出版社,2009.10